東北中世史叢書 4

中世奥羽の仏教

誉田慶信

高志書院

目　次

まえがき

日本中世は、仏教色豊かな社会であった。仏の教えと救済、衆生の祈りと作善に満ちた社会であった。仏教は、政治・経済・法・外交、人生観(生と死)、医療、表象と建築など、人間社会の全てに関わる、壮大な知の体系であった。

仏教は、民族や国家を超える普遍的な真理を有したため、教えと行、仏教的行事、僧侶組織、寺院経済などは、都でも地方でも同じように見られることとなった。そのようなこともあり、大寺院が集中し、寺僧が一大社会勢力を有していた王都の京都が、仏教文化の中心と見なされた。王法仏法相依の思想のもと、京都・畿内の顕密寺院は、中世国家を支えることで、その宗教的正統性を確保していた。地方寺社を京都の顕密寺院に収斂していく脈管と位置づける黒田俊雄氏の顕密体制論[黒田 一九七五]は、日本中世国家の体制的仏教を総体的に考察する上での有力な方法論として、今までも揺るぎない権威を保っている。

しかし、ここ二〇年間にわたる中世奥羽、わけても平泉に関する研究は、このような京都中心の、はたまた中世国家という所与の統治権力体系からの視座でもっては、日本列島の各「地域」で生起し続けた多様な歴史発展の可能性を見過ごすことにならないのだろうか、という問題点を提起してきた[入間田 二〇一三d、斉藤 二〇一四、遠藤〔基〕二〇〇五、小川 二〇一五、誉田 二〇〇八、八重樫 二〇一五]。

そのような主張を生み出した背景には、平泉研究の格段の進歩があげられる。柳之御所遺跡・無量光院跡・白鳥舘遺跡・衣川遺跡群などの継続的な発掘調査から得られる膨大な研究成果は、一大仏教都市平泉の政治・文化・暮らしの実像を浮かび上がらせるものであった。そこで得られた知見から、積極的に京都の王朝世界と人脈的にも切り結び人的ネットワークを獲得しながら展開していく、自立性あふれる平泉藤原氏像も明らかになった。従来の京都中心の歴史認識では、一大仏教都市平泉の世界をとうてい説明できないものであった。

さらには、一〇トン以上ものかわらけ、博多に次いで大量の陶磁器が出土する平泉は、中世鎌倉に先行する大都市として位置づけられた。平泉は、まさしく国際的通商都市であった〔入間田 二〇〇二〕。平泉藤原氏は、蝦夷地(今の北海道)でとれる大鷲の羽やアザラシの皮などの名産品を入手し京都に送り続けていたのであり〔斉藤 二〇一三〕、本州の東北の端にある一地方都市というものではとうていなく、北東アジアという視座から見れば、平泉はむしろ国際通商世界の中核都市ともいうべき存在であった。

院政期国家の範囲をはるかにこえて、東アジアとの直接的交通関係のもとにあった平泉文化が浮かび上がってきたのである。中尊寺の金銀字交書一切経は中国の五台山のそれを、造寺造仏においても東アジアのグローバルスタンダードを、それぞれ模範としたものであった。それは、顕密体制論の枠組みを平泉の、アジアの側から逆に照射しなおしていくことにもつながった。平泉の仏教文化を、広く東アジア世界の仏教世界のなかで鍛えていく、現実的な視座と方法論が求められるようになった。

最先端の仏教文化が平泉に導入されている、と言うことのみならず、平泉仏教そのものがアジアとの接点を主体的に模索していったこと、通商立国としての平泉政権を位置づけること、それが平泉研究の重要な視座となっている。このように平泉研究をアジアに「開くこと」によって逆に、アジアという地域のなかにおける、日本列島の歴史展開、あるいは「奥羽」という「地域」の歴史展開を照射するという段階に、いま平泉仏教文化の研究は立っていると言える。東アジアへの視座なしには、中世奥羽の問題は解けない、ということが常識となっている。そして、歴史学・考古学・都市学・土壌地質学・植生学・庭園学・建築史・書道・日本文学からの考察、陶磁器やガラス玉の電子工学的分析、さらには、中国・インドなどアジア諸国の研究者との共同研究、等々、まさしく学際的・国際的研究の最先端を平泉研究は、走っている。平泉研究に代表される中世奥羽の研究は、新たなる段階に到達している。

もっとも、そうであればこそ、そのような歴史を持つ「東北史」とは何だったのか、という問いが再浮上することとなった。そもそも、この問いは、今を遡る六〇年も前に提起された高橋富雄氏の平泉論であった。同氏の奥羽独立王国論［高橋 一九五八］は、今でもその魅力を失っていない。この高橋説の検討から、平泉政権＝院政期国家による北方支配機構とする説［遠藤巖 一九七六］、また藤原秀衡の「平泉幕府論」［入間田 二〇〇四b］、あるいは平泉藤原政権は「未完の北方王国」なりとする説［斉藤 二〇一四］が唱えられた。特に後者の研究は、平泉が京都中心の歴史発展では説明しがたい、もう一つの歴史発展の道を歩んできたことを提起するものであった。ますますもって、平泉を研究することは、「東北史とは何か」「そのような東北史を有する日本史（日本列島史）とは何か」を考えることにつながっていった。

一方、中世後期の奥羽仏教に対する研究も、新たな段階に入りつつある。中世後期の奥羽社会では、むしろ蝦夷地との交易をも包み込んだ日本海交易によって開かれていたのであり、貨幣経済は奥羽の在地世界にも及んでいた、ということが明らかにされてきている。平泉藤原氏の時代以上の、さかんな商業活動が、点在する都市的な場を拠点に発展していたのであり、仏教は、そのような場にいち早く開花していったのである。熊野信仰に見られるように、遠隔地をつなぐ人的ネットワークの形成のなかで、人びとの信仰が生まれていた。さらには、室町幕府体制を作りだしている奥羽の武士たちの政治支配組織と交通命令伝達が、仏教政策をも内包しながら機能していくことも明らかになってきている。

以上のことを考慮に入れながら、本書では、個々具体的な歴史的瞬間における人的ネットワークの実像を明らかにすることにより、中世奥羽の仏教を柔軟に描こうとしている。もって、政治制度史(国家史)的な歴史分析からの脱却をめざしたいと思う。文化を支える社会集団の具体的行動を追いながら、その実像を浮かび上がらせることは、国家と仏教という固定化された概念規定では解明できない新たな中世社会像(地域像)をリアルに描くことに繋がると考えるものである。前述のように、発掘調査などにより個々の事物が発見され、人間の姿が垣間見られるようになるまで研究が進んでいる状況もあって、ますますこのような方法論が必要となっている。

そのためにも、中世奥羽という「場」で、改めて文献史学の立場から、史料を読み込んでみる必要がある。列島のなかの、アジアのなかの、奥羽(平泉)という地域、つまり「場」にあって、そもそもどのような社会集団が、どう行動していったのか。その「場」に立ち帰って、歴史を照射しなおすこと[戸田 一九九四b]。それこそが奥羽仏教を編み直すことに繋がる。そのように考えている。

仏教が「中世奥羽」の人間・社会集団と「切り結ぶ」決定的瞬間とは、どのようなものだったのだろうか。「歴史の場」に登場する為政者、僧侶集団、諸集団が、具体的に「いつ」「どこで」「何を」「どのようになしたのか」を徹底して見つめ、そこに潜む政治性(支配と隷属、交渉にみる政治主体の思惑)を再発見してみることにする。

中世奥羽の仏教を、内面的な信仰の発露という面にとどまらず、その思想を受容し、それに基づき「現実」に行動していく人間・社会集団の「政治性」において把握しよう、と私は考えている。このように「歴史の場」を検証し、そこから立ち上がっていく人間、社会集団の動きを浮かび上がらせることこそが、「地域」から日本列島史を編み直すことになるのであり、京都・畿内の歴史を奥羽から照射することになる、と考えるものである。

中世奥羽の仏教について、来世と現世との「接点」を、通時的な空間構成(仏神、聖なるものと俗なるものとの配置)

のなかでとらえる、いわゆる霊場論の観点からの研究がさかんである〔佐藤〔弘〕二〇〇三〕。人びとの来世空間に対する思想的研究は、霊場論の核心である。霊場は、観念的世界をコスモロジーとしてとらえる。そこでは、先祖供養や往生祈願の証として、仏（そして祖師）に結縁していく人びとの心性が分析の俎上にあげられる。また、地域霊場の重要な構成要素である、板碑・墓所（モノ）などに関する考古学的知見からの霊場論（宗教考古学）も近年、とみにさかんである〔東北中世考古学会二〇〇六、狭川二〇一一〕。地域の霊場としての「山寺」に対する豊富な考古学発掘調査の成果、堂塔や諸施設の実態分析をふまえ、山寺の空間や景観を全体的に明らかにした諸研究もあった〔『季刊考古学　山寺の考古学』第一二一号〕。さらには、奥羽の霊山に対する人びとの信仰の姿を、参詣路（登拝）を復元する中で明らかにする研究もあった〔月光一九七七、伊藤〔清〕一九九七〕。

以上のようなことをふまえ、そうであればこそ、奥羽の在地世界にあって、「地域霊場」と称される寺院は、社会諸勢力の思惑と軋轢、交渉を経て成立してくる、いかなる「場」であったのか、改めて問いたくなる。考古学的知見に学びながらも、再度文献史学的な読み込みが必要となっている。中世の在地社会に仏教が「定着」していくプロセスは、決して順風満帆ではなかった。では、どこに歴史的政治的画期があったのだろうか。

さらには、在地村落に根付く「霊的存在」のなかには、来世と現世との「接点」というものだけにあらず。むしろ、人びとの生活に禍をもたらす霊（御霊）もあった。権力の非合理を告発する霊もあった。そのような「御霊」にたいする信仰を解明することは、中世の在地世界にとって宗教の「場」とは何であったのか、という問いに答えることとなる。もって奥羽の在地世界に根付く信仰の水脈を探し出したいと考えている。中世奥羽の村落は、決して都市領主の従属物でないのであり、そうであればこそ、そこにどのような信仰が沈殿していたのか探り出す必要がある。

中世奥羽の仏教は、平泉藤原氏の仏教を抜きにしては語り得ない。本書で紙面の半分を当該時期にあてざるを得なかったのは、そのためである。

しかし同時に銘記すべきは、中世奥羽の仏教史は、平泉藤原氏滅亡後の方がはるかに長い、ということである。中世奥羽の仏教史は、平泉藤原氏の時代から中世末期までの長いスパンのなかで考察していく必要がある。奥羽の仏教は、平泉藤原氏が滅亡したあとの、実に四〇〇年間にわたってどのように展開していったのだろうか。それに対する全体としての見通しがあって初めて「中世奥羽の仏教」を編んだことになると考えるものである。

近年では、吉川弘文館から『東北の中世史』(全五巻)が上梓された。それは、五〇年前の豊田武編集『東北の歴史』につぐ、中世奥羽研究の集大成であった。第一巻の柳原敏昭編『平泉の光芒』には、最前線の平泉の研究成果がもりこまれていたし、二巻から五巻にかけても、山口博之[二〇一七b]・菊地大樹[二〇一五]・佐々木徹[二〇一六]・曽根原理[二〇一六]などの諸氏の筆になる仏教に関わる斬新な論攷が掲載されていた。

本書は、これらの個々の研究にふれながらも、奥羽全体としての仏教世界を通覧しようとするものである。平泉藤原氏の時代から織豊政権にいたる奥羽仏教を文字通り、叙述することである。奥羽と言っても、実は陸奥国の仏教であり、奥羽一体化のなかで出羽は陸奥の付け足し、ということではなく、文字通り、奥羽全体への目配せをしたときに、どのような中世奥羽の仏教世界が浮かび上がってくるのだろうか。そのような客観的な視座から、平泉藤原氏以後の奥羽仏教史を編んでみたいと思う次第である。

中世後期の奥羽の仏教について言えば、室町幕府体制との関わり合いで考察してみることにする。中世後期においては、室町幕府守護体制のもと、新たな仏教の枠組みが展開していった。守護が置かれていない奥羽にあっては、奥州探題家・羽州探題家・京都御扶持衆の仏教政策と密接に関連しながら展開していた。それでは、奥羽では、具体的にいかなる様相と特色を有していたのであろうか。

中世後期の奥羽の仏教は、北方蝦夷地世界や京都との新たなる都鄙間交通の進展と深く切り結んでいた。社会的変動が深化する中で、新時代に適応すべく、どのような僧侶集団が活動していたのであろうか。また、羽州探題家などの武士の拠点となった中世都市にあって、仏教体制はどのように構築されていたのか、等々、僅少な文献史料を今一度読み込み検討したい。

さらには、日本の仏教が、在地世界のすみずみに浸透し、圧倒的に優勢な仏教文化・仏教的倫理観と社会思想を形成したのは、中世前期ではなく、戦国時代であり、その時代は、日本仏教史上、画期的瞬間であった。「戦国仏教論」が提唱される所以である［藤井 二〇〇二、湯浅 二〇〇九］。このことをふまえながら、戦国期において、仏教教団が在地の信仰世界をとらえるときに、何がおきていたのか。それは、戦国期仏教の組織形態にいかなる特色を付与していったのか。このようなことを、奥羽の寺院史料の側から明らかにしてみたい。

寺院史料(聖教)については、近年、分析方法が錬磨されている。聖教や本尊を描いた仏画は、書誌学的な検討を加えることで、新たな中世後期奥羽の信仰世界を切り拓くものとなっている。戦国期奥羽において仏教がどのような社会集団との切り結びによって、新たな仏教として定着していったかについて明らかにしていくこと。それは中世奥羽仏教理解にとって不可欠なことである。

以下、本書で取り上げる論文の課題と構成にふれる。

第Ⅰ部「平泉・仏教の系譜」では、平泉仏教の系譜について、三つのことから明らかにしようとしている。第一章「中世平泉仏教の水脈」では、平泉仏教の歴史的系譜について、まずは先行する北方宗教文化圏の構造に着目するとともに、前九年合戦・後三年合戦と平泉文化との関係性を論じる。鎮守府将軍清原真衡護持僧の実像を明らかにし、また頼朝の達谷窟参詣に北方世界と平泉文化との関係を究明する。

第二章「平泉・仏教の系譜」では、平泉仏教に流れる系譜について、京都の仏教、そして中国仏教のなかから探り出すとともに、平泉仏教の特色を考察していく。また「中尊寺供養願文」に描出された「平和」とは何か、について論究する。

第三章「白河院政期の出羽守と平泉藤原氏」では、白河院政期出羽守をとりあげる。源信明、伊勢平氏正衡・美濃源氏国房、その子の光国、と十一世紀末から十二世紀前期にかけて畿内軍事貴族が出羽守に補任されていった。「都の武士」源氏の出羽国における行動を浮かび上がらせ、それが平泉藤原氏に与えた緊張状態について考察する。

第Ⅱ部「平泉の仏会と仏土」では、平泉で催された仏会の「場」に現われた人間(僧侶)を浮かび上がらせ、彼らの所為のなかに、平泉仏教の特色を見つけ出そうとする。第一章「唱導相仁と源忠已講」では、天治三年(一一二六)三月の鎮護国家大伽藍落慶供養にさいして、供養願文を読み上げた唱導相仁の行為(作法)を分析することで、同仏会の院政期社会における位置を明らかにするとともに、文治五年(一一八九)九月、源頼朝に平泉寺領安堵を求めた源忠已講の人物像から、奥州合戦直後の平泉側の動きを考察する。

第二章「平泉の園池と仏会」では、仏会が挙行される平泉庭園において、その時、どの「場」で、いかなる人びとがどう行動したのか、という観点から、舞台と楽に注目しつつ、平泉の仏会の様相と特色を明らかにしようとする。

第三章「藤原基衡の千部一日経」では、藤原基衡がなした千部一日経について、その仏会に参加した僧侶たちの実像を追い求めながら、基衡千部一日経が院政期社会において占める位置と千部一日経発願の背景にあった基衡をとりまく政治状況について論究する。

第四章「円隆寺額と藤原基衡」では、寺額が打たれるまでの人びとの具体的な動き、寺号額の作法についての分析から仏会勤仕の意味と思想、有職故実の世界について述べるとともに、寺号決定にいたる禁忌の問題を通して浮かび上がる政治の思惑、さらには藤原基衡の主体的選択としての「円隆寺」寺号について考察する。また、円隆寺額・色紙形を通して基衡がいかなる政治ルートを持っていったのか明らかにする。

第五章「奥羽の仏土から都へ」では、藤原秀衡の時の平泉の法会・問答講について述べる。「高野山検校阿闍梨定兼塔供養表白」を読み込み、秀衡一族が高野山五大多宝塔等身皆金色釈迦如来像の開眼供養の施主となっていくことの推移とそれが意味することを明らかにし、もって秀衡の京都・平氏政権に対する政治戦略について考察する。また奥羽につくられた「村ごとの伽藍」の実像とは何かを考察し、もって平泉藤原三代の歴史展開を日本列島上で位置づける。

第Ⅲ部「村と山寺の仏教」では、奥羽在地世界の仏教について考察する。第一章「骨寺村の御霊信仰」では、中尊寺領骨寺村荘園絵図に記載された金光上人に関わる御霊信仰について取り上げる。

第二章「山寺立石寺と置文」では、出羽国天台宗古刹山寺立石寺の仏教世界を空間的にとらえながら、如法経所碑への読みから慈覚大師祖師信仰について考察する。さらには、同寺と他地域の仏教世界とのネットワークに注目しながら、同寺院が、民衆や女性にどのような救済の装置を有していたかについて明らかにする。そして、戦国期の同寺の再興にさいして重要な役割を果たした置文について、古文書学的検討を加え、近世社会にまで継続していった古刹の歴史を解明する。

第Ⅳ部「中世後期の仏教」では、奥羽の仏教について、仏教を囲繞する政治状況、社会集団のありよう、進展する経済状況に裏打ちされた都鄙間交通をふまえながら考察する。第一章「中世後期出羽の仏教」では、室町幕府政治秩序のなかで、中世後期の出羽国の仏教体制がどのように進展していったかを、臨済・時衆・真言寺院の存在形態から明らかにし、貨幣経済の進展と曹洞禅との関係性に論究する。また戦国期社会の構造的変革によって、仏教体制が、どのように変化していったのか、あわせてこのような変革期に即応した「移動する寺院」の本尊とは何か、について考察する。

第二章「戦国期奥羽本願寺教団法物考」では、浄土真宗本願寺教団寺院に所蔵されている法物のうち、方便法身尊像、紙本墨書蓮如六字名号、その他の名号本尊に書誌学的考察を加えながら、寺院にとって「本尊」とされてきた法物のありようを分析するとともに、北上川流域と出羽国北部における本尊の存在形態の違いについて考察し、奥羽在地世界と京都本願寺とは、いかなる関係を結んでいたのかを明らかにする。

第三章「出羽国南部の本願寺教団」では、最上郡の触頭寺院に関わる史料に書誌学的な分析を加えながら、番衆寺院として、京都本願寺儀式体系の一端を担っていく在地側寺院のありようを分析するとともに、権威付与の装置をどのように形成していったのかについて考察する。

第Ⅰ部　平泉・仏教の系譜

第一章　中世平泉仏教の水脈

はじめに

十一世紀は、日本中世社会の成立の時であった。この歴史的移行期にあって、奥羽では、受領官鎮守府体制の成立と貢納制の強化、鎮守府在庁勢力の台頭が見られ、また北奥羽には防御性集落が成立していった〔熊谷 一九九四、遠藤巖 一九九四、斉藤 二〇〇六〕。それは、北方民族との交易交流が絡んだ激動の時代の到来を意味したが、同時に奥羽の住人は、日本史上類例のない、前世紀から続く長期間にわたる深刻な戦乱と緊張の時代を経験していった〔樋口（知）二〇一一、誉田 二〇〇八〕。中世奥羽の世界は、北方世界との密接な関わりのなかで成立していったのである。

そのことをふまえたとき、奥羽ではどのような仏教が開花していたのであろうか。長期間にわたる奥羽社会の戦乱の世にあって、仏教文化はどのような様相を見せていたのか。どこで、どのような僧侶が、どう行動していったのか。その意味するところは何なのか。このような問題意識のもと、十一世紀の奥羽仏教世界のなかから平泉藤原氏時代の仏教に流れていく水脈をくみ取り、平泉仏教につながる「系譜」を明らかにしてみたい。

第一節　北方世界と戦争体験

古代律令制国家から王朝国家への移行は、東北史を大きく変化させた。朝貢と饗給、城柵設置・住民交換を通した「内民化」（調庸の民）から「異民族」として「服属」と貢納を求める政策への転換は、交易制の進展とそれに伴う北奥世界の大きな変化を前提とするものであった〔熊田 二〇〇三、今泉 一九九二〕。それと同時に十世紀から十一世紀の鎮守府将軍の軍事権限は、九世紀に比して強化された。十一世紀において在庁官人制の一般的成立が見られると、鎮守府在庁の代表者として安倍氏が登用され、陸奥国府からの相対的独立のもと、国守・鎮守府将軍・鎮守府在庁安倍氏の体制が確立した〔遠藤巖 一九八六、誉田 一九九二、熊谷 一九九四〕。また、十世紀初頭に鎮守府将軍や秋田城介が受領官として位置づけられ、十世紀後半から連続して軍事貴族がそれに任命されるようになると〔斉藤 一九九八〕、胆沢城北側の世界は新たなる交易体系の中で、軍事的な緊張状態がおこり、北緯四〇度以北の地に「防御性集落」を出現させた。

かかる状況のとき、胆沢城の東方、北上川東側に国史跡国見山廃寺跡に見る堂社群が、十世紀後半から十一世紀後半に最盛期をむかえた〔杉本良 二〇〇六〕。とりわけ同廃寺が掘立柱形式から礎石建物へと変化をとげていくのは、再編強化された鎮守府の付属寺院へと発展していったことの反映であると考えられる〔菅野〔成〕二〇〇五〕。同寺の南方には、永承二年（一〇四七）の墨書銘のある僧形坐像を有する黒石寺、後に中尊寺金銀字交書一切経の助成写経をする江刺郡益澤院などの仏教聖地が広がり、豊田に藤原清衡が館を構える文化・政治拠点となっていった。

それのみでない。何よりも岩手郡の北部、安比川上流の「糠部口」に霊木化現仏たる聖観音立像を本尊とし、十一面観音立像・伝多聞天・広目天像などを擁する仏教の聖地があったことを忘れるわけにはいかない。天台寺は、北奥交易に手腕を発揮していた安倍氏主導で十世紀代に造られた寺院。『吾妻鏡』文治五年（一一八九）九月二十七日条に安倍一族とともに表記された境講師官照は、「境寺」天台寺の「講師」であるとの見方もあった［高橋〔富〕一九七七］。また奥大道が七時雨山を越える峠近く、今の八幡平市寺田の白坂薬師堂境内からは十一世紀代の線刻五尊像が、また今の久慈市旭町の昼場沢遺跡からは、十世紀後半から十一世紀前半の線刻阿弥陀三尊鏡像がそれぞれ発見されている［羽柴二〇一六］。これらは、北奥の地に仏教文化がいち早く伝播したことを示している。

また、青森市西部の新田遺跡は、十世紀から十一世紀の一大官衙センターであり、陰陽道関係祭祀遺物に混じって木製の仏像も出土している［三浦二〇〇五］。いまだ郡制がしかれない地域に、交易を最大の目的とする拠点がおかれたことの意味は重要である。蝦夷地からの交易品は、陸奥湾（後の外の浜）に面した新田遺跡（官衙）に集積され、木簡が附されて都へと送られた。十世紀後期において、原「奥大道」が成立し、七時雨山の北で前述の天台寺からいたる「陸奥道」と合流し、岩手郡から平泉に至る原「奥大道」となっていた［斉藤二〇〇六］。北海道への玄関口、原「奥大道」の出発点に早くも仏教的像がもたらされ、さらには、大道の沿線の津軽平野南側遺跡から仏教関係鉄製法具が出土していた［関根二〇〇六］。

安倍氏は、根拠地を鎮守府管轄と陸奥国府管轄の行政境界である衣川の北側（衣川柵）に置くとともに、長者ヶ原廃寺跡を創建した。それは、北方世界とのつながりのなかで寺院が形成されていく原型となった［斉藤二〇〇七］。北方民族との交易を強く意識することで形成された仏教のあり方は、平泉仏国土の重要な宗教上の系譜となっていった。

一方、清原氏の出羽国山北三郡においても、永延三年（九八九）八月三日秋田城在庁官人伴守光・女且守伴希子が願主となり仏師天台僧蓮如によって作られた「胎蔵界中台八葉院鏡像」が横手市雄物川町沼館から（『平安遺文　金石文編』七七号資料）、清原氏本拠地の館（大鳥井山遺跡）の近く今の大仙市中仙町豊岡三棟からは十一世紀中期の水神社蔵線刻千手観音等鏡像が［清水健二〇〇九］、さらには長元四年（一〇三一）の銘を持つ「諸尊鏡像」が大仙市上鶯から

(『平安遺文　金石文編』九四号資料)、それぞれ出土している。窪田大介論文は、横手盆地に鏡像をともなう仏教文化が存在したことを強調する［窪田 二〇一六］。

以上のことをふまえつつ、私は、北奥の在地世界が仏教に与えた歴史的刻印、すなわち、仏をカミとして信仰する北奥宗教世界のあり方に注目する。大矢邦宣氏は、陸奥国天台寺の本尊聖観音立像(カツラ材一木造、鉈彫り)を霊木化現仏とし、それは、カミがカミなる桂清水の霊木から示現してくる瞬間を表現した造像である、と述べる［大矢 二〇〇六］。同聖観音立像と桂一木の十一面観音立像とは一対をなしているという。さらにそこには在来のカミを観音菩薩に祀るシンクレティズム(宗教置換)が見られるとする。仏像二体セットの霊木化現仏は「滑らか仕上げ」の如来立像にも言えた。一対のカミが北奥のカミ観念であり、また二尊型の懸仏は岩手県北部二戸郡・九戸郡に色濃く見られ、懸仏の尊像の多くは、烏帽子をつけた神像であったという［大矢 二〇〇六］。

そもそも、カミそのものに対する祭祀においても、北奥は南奥と様相をやや異にしていた。それは、式内社のあり方に典型的に見られた。陸奥国式内社百座、出羽国九座のうち、岩手県と秋田県の式内社は全部で十一社。そのうち岩手では胆沢城がある胆沢郡に一番多く、七社であり、その基本的性格は、国土鎮護的性格を有する江刺郡鎮岡神社以外、川や山・岩・磐座を神体とする自然神・地主神であった［熊田 一九九二］。日本古代国家式内社の北限は、出羽国は、山と川をカミとする山本郡副川神社、陸奥国は石をカミとした志波郡のシカリワケノ(志賀理和気)神社であった［誉田 二〇〇〇b］。十世紀から十一世紀の北緯四〇度以北の在地世界は、その南の世界とは異なる宗教構造を有していたのである。

このような状況の背景には、北奥世界が北海道擦文文化集団との密接な交流のなかで歩んできた歴史が潜んでいた。鈴木琢也氏は、十一世紀から十二世紀において津軽海峡をはさみ、擦文文化集団及び東北地方北部集団が両地域を行き交う交易システムが展開していた、と指摘する［鈴木 二〇〇六］。さらに、三浦圭介氏は、北海道擦文人の北奥移住を展望していた［三浦 二〇〇六］。斉藤利男氏が言われるように「北奥の蝦夷社会は、南の日本社会と深く結びつつも、北の擦文文化社会の一員として自らを位置づけ、容易に日本社会に同化しない自立性の強い社会」［斉藤 二〇〇六］であり、それは、平泉藤原三代の仏土平泉を支える底流となっていった。

仏土平泉の基底に流れ込む水脈には、さらなるものがあった。八世紀終わりから九世紀初めの長期にわたる対エミシ戦争（三十八年戦争）、元慶二年（八七八）の元慶の乱、天慶二年（九三九）四月の俘囚反乱と平将門の乱への連動、天暦元年（九四七）の「狄坂丸」による鎮守府将軍派遣兵殺害事件、天延二年（九七四）の蝦夷反乱、そして前九年合戦・延久合戦・後三年合戦と、九世紀から十一世紀にかけて、東北地方は、エミシ（北方民族）問題を絡ませながら、日本史上類例のない長期にわたる「戦争と緊張」の時代を経験した。かかる戦争が実際に行われた在地に住む人びとの経験は、いかなるものであったのか。

『陸奥話記』は、安倍氏と源頼義・義家、清原氏の兵の奮戦ぶりとともに、この戦乱が在地世界に何をもたらしたかを叙述している。例えば、天喜四年（一〇五六）の「年凶にして、国の内飢饉し」官軍の粮食が給されなかったこと。「諸国の兵粮兵士、徴発の名ありといえども、到来の実ないこと。当国の人民悉くに他国に越えて、兵の役に従わず」「粮常に少ない」こと。飢餓状況のなか小松柵攻略のさいに官軍によってなされた往反の人物に対する略奪。官軍兵三千人による磐井郡仲村の田畑の稲禾の略奪。磐井川での射殺せる賊衆百余人、馬の略奪三百余匹。衣川関での激戦、白鳥村の大麻生野や瀬原柵での賊師の死者、数十人。男女数千人がこもる厨川・嫗戸柵攻撃にさいし、源頼義らがおこなった、村々の屋舎破壊、その木材で堀を埋め、「八幡三所」の神火によって城を焼き、あるいは囲みを開いて逃亡する賊徒を皆殺しにしたこと。安倍方の女性数十人が戦勝品として官軍に強奪されたこと、等々。かかるシーンは、飢餓の戦場で展開された略奪と奴隷狩りの戦国時代、雑兵たちの乱取りの世界とまったく同じであった［藤木 一九九五］。『陸奥話記』では、戦場でおきた惨殺（殺生）シーンは、八幡神の名の下に正当化され、源頼義をして

「名世殊功」と賞讃せしめた。『陸奥話記』原本の本文に近い尊経閣文庫本を分析した樋口知志氏は、同書が源頼義・義家の文章顧問ともいうべき藤原明衡の作であるとする上野武論文[上野 一九九三]をふまえ、『陸奥話記』には「源氏史観」の影響が強く見られるとする[樋口 二〇〇二]。なお、野中哲照氏は、『後三年記』が先に成立しその影響を波状的に受けて『陸奥話記』が作成されたと述べていた［野中二〇一七］。

それにしても、戦場は、衣川から磐井郡の奥大道上に散在する諸柵とその周辺の村々であり、飢餓状況のなかで兵たちの略奪と殺戮、乱取りが展開したのである。かかる戦場のほぼ真ん中に存在したのが、後に中尊寺が建つ関山であったことの意味は、絶大である。父、藤原経清が鈍刀で惨殺されたのは、清原清衡が七歳の時。前九年合戦の戦場のシーン、柵や民屋の焼け落ちる煙、漂う死臭、飢餓と略奪に苦しむ人民の声は、清衡の心の奥深く沈殿していたに相違ない。これが、幼少時代の清衡の「戦争経験」であった。

清衡二十八歳の時、後三年合戦が起きた。同戦争において、清衡・家衡は真衡館を襲う奥大道の道すがら、衣川柵の北に広がる白鳥村四百余家の在家を焼き払っている。清原真衡が病死し家衡と清衡の対立が激化すると、家衡は清衡の宿所を焼き払い、清衡の妻子を殺害している。さらに清原武衡・家衡がたてこもる出羽国金沢柵を取り囲んだ源義家・清衡・重宗の前で凄惨極まる籠城殲滅戦が展開された。大雪と飢餓に苦しむ柵中の女・小童に対して木戸をわざと開いて逃がすふりをして惨殺したこと、「城中の美女ども、つはものあらそひ取」る乱取りがおこなわれたこと、等々。それを目撃していた清衡には、幼少の時の戦争経験が強烈に蘇ったに相違ない。

また、八幡神の加護、阿弥陀仏の救済、仏罰など、神々や諸仏が戦場に動員された『陸奥話記』や『平家物語』と異なり、『奥州後三年記』（以下『後三年記』とする）では、神仏の救済加護の記述が見られなかった。あわせてその後半では、清衡の具体的行動も一箇所しか記述されていなかった。それは、逆に清衡が有した「戦争経験」の深刻さを暗示している。

野中哲照氏は、奥州において清衡本人の影響下で記述された文章のみの『後三年記』原本が、院政期初期（一一〇五〜二八）に奥羽（平泉）で成立したとする［野中 二〇一四b］。野中論文は、その描写において現場密着型説明・場面描写、特定人物の動きに密着した経緯説明、あるいは一者の発言が物語の展開を推進していくこと、会話が場面性を豊かにしていることなど、『後三年記』の臨場感あふれる叙述手法に注目する［野中 二〇一五b］。美辞麗句に満たされない、事実のみを生々しく表現する方法は、軍記物語としての文学的評価がないかのように考えがちだが、さにあらず、『平家物語』巻六「飛脚到来」にみるように、事実の羅列こそは、その歴史的事件の目撃者として、圧倒的な迫力を読み手に与えてやまないのである［石母田 一九九〇］。受難の事件は目撃され、民衆によって物語られていく［誉田 二〇〇〇d］。

義江彰夫氏は、康平五年（一〇六二）八月、清原武則が子弟一万余の大軍を率いて三千余の源頼義の軍と栗原郡営岡で対面したさい、武則が皇城を拝し八幡三所への中丹を誓ったところ鳩が軍勢の上を翔た、という『陸奥話記』の言説を根拠に、清原氏が関東武士の信じた八幡神を熱烈に信仰しており、それが平泉藤原氏へと引き継がれていく、と論じていた［義江 二〇〇六］。しかし、仏教都市平泉には、後述の通り、八幡社は勧請されていなかった。樋口知志氏が強調されているように、『陸奥話記』は源氏中心史観に満ちているのであり［樋口 二〇一一］、この言説をもって、清原氏、平泉藤原氏時代の平泉仏教に八幡信仰あり、とすることはとうていできない。

何よりも注目したいことは、『後三年記』に描かれた冷徹なまでの奥羽の人びとの「戦争経験」が、京都の貴族たちが有した観念的な怨霊への恐怖心とは全く異質なものであった、ということである。それは、形だけの鎮魂呪法が何らの意味を有さない無仏世界の発見であり、と同時に鎮守府体制下の寺院とはいえ、基本的に古代以来の仏教的伝統に拘泥していた安倍氏の宗教が、戦場において何らの救済装置にならなかったことの現われであったことを意味していた。安倍氏段階の宗教と平泉藤原氏段階の宗教とのあいだには、断層が横たわっていたのである。樋口知志論文は、安倍・清原氏の宗教的支柱の役割を果たしてきた国見山廃寺が、清衡の平泉開府のころに突然と衰退し、長者ヶ原・泥田・大竹・白山などの寺も相次いで廃絶していることから、平泉以前と以後との間に仏教文化の面で大きな断絶があると論じているが〔樋口 二〇一一〕、まさしくその通りであった。奥羽世界で展開した長期間にわたる「戦争経験」と平和の希求こそが、何よりも民衆の間で物語られ、それが清衡をして新しい仏国土平泉建設へ踏み出させる「系譜」となったのである。奥羽の住民を殺戮し、村々を焼き尽くした戦場の中心に位置した、関山。焼土の戦跡のど真ん中に、もっとも聖なる仏国土の中心を構築したのが、仏教都市平泉であった。

もっともかかる「戦争経験」を、いつの時代でも見られること、と一笑に付すことは許されない。防御性集落の出現を生み出した「戦争と緊張」は、「富」の蓄積をめぐる集落間の対立・抗争が北方の産物を対象とした交易体制と絡まって先鋭化し、それに王朝国家側の安倍氏・清原氏が介入していくという形で展開していったのであり、王朝国家の構造的矛盾がその根底に横たわっていたのである〔斉藤 二〇〇七〕。約三百年間の断続的な「戦争の時代」が続いたのも、北方問題を抜きにしては語れないのであり、それ故にこそ、奥羽の在地社会の「戦争経験」は、平泉藤原氏の仏土平泉における確かな水脈となっていくのである。

第二節　鎮守府将軍清原真衡の護持僧

この節では、北方世界と仏教・僧侶との関わりについて、『後三年記』の次の言説から考察してみる。『後三年記』の冒頭部分に以下のような記述がある。

海道小太郎成衡婚姻の宴のとき饗応すべく、吉彦秀武は朱の盤に金をうずたかく積んで頭の上に捧げ持ち庭にて跪いていた。ところが清原真衡と「真衡護持僧にて五そうのきみといひける奈良法師」とが囲碁に夢中になって目にも留めなかった。そこで「われ、正しき一家の者なり、果報の勝劣によりて、主従の振舞をす」という意識の持ち主の秀武は「情けなく、安からぬことなり」として、金を庭に投げちらし、郎等たち全員に武装させて出羽国に逃げ去った。このことを聞いた真衡は激怒し、秀武を攻撃、後三年合戦へとつながった、と。

このあまりにも有名な言説のなかで、真衡が一族の吉彦秀武をないがしろにしてまで囲碁の相手をしていた「五そうのきみといひける奈良法師」について、入間田宣夫論文では、かつてその名を伊賀国名張郡にとどろかし、同郡の私領主藤原実遠孫娘の当麻三子からむりやり相伝の所領をもぎ取ろうとした奸智に長けた「薬師寺五僧良算」（寛治七年〔一〇九三〕十二月二十五日官宣旨『平安遺文』一三二七号文書）その人である、とする。薬師寺五僧、つまり同寺五師（五人の役僧）であった良算は、延久六年（一〇七四）から永保三年（一〇八三）のあいだに奥州へ下向、その才知を買われて清原真衡の側近に召しつかわれた側近であった、と述べていた〔入間田 二〇〇五a〕。

これに対して樋口知志論文では、東北大学附属図書館狩野文庫蔵本『後三年記』の「五所のきみ」の文字表記から、「五所のきみ」を「春日四所明神にまつわる法儀に携わった興福寺僧」である、としている〔樋口 二〇一一〕。また野中哲照論文は、「五そうのきみ」の「五そう」とは、五僧でも五所でもなく「五相成身」に由来するとし、「奈良法師」も奈良出身の僧（つまり興福寺の僧）とする方が自然である〔野中 二〇一五a〕と述べる。

そこで改めて、摂関期・院政期畿内の寺院で使用された「ごそう」なる文言を調べていくと、以下のことが浮かび上がってくる。すなわち『後三年記』の「ごそうのきみといひける奈良法師」に関わって、「薬師寺五僧」は薬師寺金堂堂司（堂衆）のことであることは、十一世紀の奈良では知れわたっていた。薬師寺金堂が「検挍、別当、五僧、十僧幷堂司、堂童子」を置いて務めをなしている例にならい、承暦二年（一〇七八）、法隆寺金堂でも、別当職を置き衆中より謹厚なる者を撰んで五僧となし学侶方としていた（承暦二年十月八日法隆寺政所注進状案『平安遺文』一一五四号文書）。延暦寺妙香院においても「院司、七禅師、六禅衆、五僧、長講」（康治元年八月二十二日官宣旨案『平安遺文』

二四七七号文書)とあるように、「五僧」は平安期の畿内においては、学侶方役僧(堂衆)を表わす用語であった。時代をやや遡るが、寛弘三年(一〇〇六)十月二十五日京都法性寺五大尊開眼供養を藤原道長がおこなったさい、五大尊像供養の「五僧」を定めていた。その五僧には前大僧正観修、法性寺座主院源、律師慶命・兼掺・実誓の、そうそうたる僧侶があてられ、「堂五僧」とも称されていた(『御堂関白記』寛弘三年十月二十五・十一月四日条)。『後三年記』では「ごそうのきみ」と尊称されたのも、重要な仏会の役を務めていたからであった。やはり、「ごそう」を「五所」「五相成身」とせず、「五僧」と読み取る方が、正鵠を射るものであった。野中説を受けて「ごそう」を五相成身に由来する、とした前稿[誉田 二〇〇九]を、ここに訂正する。

ただし、『後三年記』の「真衡護持僧五そうのきみ奈良法師」と「薬師寺五僧良算」とを同一人物である、とする入間田説にはやや躊躇を覚える。「奈良法師」とあるのだから、薬師寺・興福寺など奈良法相宗系寺院の学侶役僧(五僧)のなかの一人、とするのが適切である。中世成立期北奥世界において法相宗系僧侶が、清原氏と連携して活躍していた[追塩 二〇〇六、菅野〔成〕二〇一〇]。

「真衡護持僧にて五そうのきみといひける奈良法師」と清原真衡との歴史は、これにとどまらない。国司下向にさいして側近として召し抱えられ、陸奥国の政治の場にて暗躍した「奈良法師」といえば、陸奥国守藤原師綱随身で「大剣を帯して武勇甚だしき者」と称された「山林房覚遊」を直ちに思い出す。陸奥国信夫庄司季春の公田横領を糾弾せん、と国守が検注のために国使を信夫郡に派遣したさい、季春の軍勢と合戦に及び、国司方に負傷者が出たが、その合戦の場からいち早く逃亡し、ために人びとから「先陣房」と揶揄された(『古事談』巻四の二五)、かの僧を思い出さずにはおられない。入間田宣夫論文は、この山林房覚遊のような有力スタッフを随身として登用していった清原真衡のあり方に、鎌倉幕府に通じる武人政権の権力構造上の特質あり、と強調する[入間田 二〇〇五a]。「五そうの君奈良法師」もまた、清原真衡政権内の重要スタッフの一人であった。かの覚遊は、武者がかったことが得意な散楽法師であり、平安後期に京都を中心に暗躍する「悪僧」の姿にも通ずるものがあった〔五味 一九八四〕。

「護持僧五そうの君奈良法師」のごとき僧をさらに追い求めていくと、十一世紀「国講師」の有名無実化が問題となるなかで、国司が自らを護持するべく任国下向のさいに京都から僧侶を随身させていたことにたどりつく。『朝野群載』「巻二十二諸国雑事　国務状々事」では、「一、可レ随二身験者、并智僧侶一両人一事　人之在レ世、不レ能二無為一為レ国致二祈禱一、為レ我作二護持一」と記していた。国のために祈禱をおこなう験者の他に、国司の護持をになう智ある僧侶を随身すべし、とあった。西口順子論文は、国内における最高の宗教的権威であった国講師が有名無実化するなかで、それに代わる者、国司随身の私的な立場ながらも国のために祈禱していたのが国司随身の僧であった、と述べる〔西口 二〇〇四〕。清原真衡護持僧「五そうの君奈良法師」とは、まさしくこのような僧侶だったのである。

また国司随身の僧の典型的姿は、『今昔物語集』巻十五の十五「比叡山の僧長増往生の語」に描かれた清尋供奉でも見られた。すなわち、藤原知章が伊予守となって下向する時、「事の縁あるによりて祈りの師に語らひければ、守に具して下」った国司随身の祈禱僧清尋は、国司新造の房に居し、国司の差し向けた宿直と食事世話係りを従者にして修法をおこなうとともに、「房の延には菓子、御菜持て来て、所なくすえ並め」人を追いののしった、と。まさしく、国司の権威を笠に着た横暴きわまる宗教的ブレーンである。それは、臣下の礼をとる吉彦秀武に対して、囲碁に興じ、清原真衡とともに威圧的・非礼なる態度をとった、かの「五そうの君奈良法師」に、これまた相通じていた。

そう言えば囲碁に関して、『古事談』巻第三「深覚囲碁打ち、藤原教通の腹病平癒の事」(『新日本古典文学大系』岩波書店)には、興味深いことが載せられていた。東寺長者・勧修寺長吏にして禅林寺僧正の深覚は、藤原教通の病を周囲の笑止をはばからず囲碁でもって平癒させた、という。深覚は、藤原道長や後一条天皇の病気平癒を祈願し、さらには長和五年(一〇一六)の大旱魃にさいし神泉苑で祈雨をおこなった有名な僧侶であった(『古事談』巻第三「深覚僧都神泉苑に祈雨功験の事」)。ちなみに神護寺において、囲碁は、双六・将基・蹴鞠などとともに博奕の一つに考えられ、寺中において禁止されていた（元暦二年正月十九日僧文覚起請文『平安遺文』四八九二号文書）。前述の深覚が囲碁によって病気の快癒を図ろうとしたことを諸人が嘲笑したのも、その悪ということに起因する。その悪は、一面では、人知を超えた神仏に通じるような力を意味していた〔網野 一九八六〕。

受領の私的な祈禱僧、「護持僧」として地方において辣腕を振るう僧侶の典型的な姿を、『日本高僧伝要文抄』第二「池上阿闍梨伝」（『国史大系』第三十一巻）のなかに見つけることができる。かの有名な池上阿闍梨皇慶は、伊予守藤原知章とともに下向し、普賢菩薩延命法を修したこと。師檀（皇慶と知章）が一夜共に夢をみたこと（まさしく夢告の同時性）。普賢菩薩が六牙の像にのって「道場」に来たり、護法のために一時も離れない、との夢告があったこと。また、丹波国で同守源章任に仕え十臂毘沙門法を修していること、等々。まさしく、前述の国司随身僧（護持僧）「可レ随二身験者并智僧侶一両人一事、人之在レ世、不レ能二無為一、為レ国致二祈禱一、為レ我作二護持一」と同じである。密教的呪法の典型である普賢延命法を修し、一夜中、国守の護持をしていたのであり、それは「天皇の寝所たる夜御殿に隣接する二間に夜居し、天皇の身体安穏を祈念する密教僧」〔上島享 二〇一〇a〕である護持僧の姿に通底していた。

鎮守府将軍清原真衡「護持僧五そうの君奈良法師」も、以上のような随身の僧侶であり、将軍の身体安穏を普賢延命法などの密教的呪法によって護持していたと考える。護持僧に関しては、天皇護持僧の観点から多くの研究成果が公にされている〔堀裕 一九九七、湯之上 二〇〇一a、上島享 二〇一〇b〕。天皇の護持僧は、「国土観」「二十二社体制」と深く関わり、また宮中における王城鎮守諸神勧請の儀式こそがその中核的な役目であった〔上島享 二〇一〇a〕。真衡「護持僧五そうの君奈良法師」が、都にてかつて天皇家護持僧を務めたことのある僧侶であった、とすることはできない〔野中 二〇一五a〕。ただし、鎮守府将軍護持僧として、陸奥国には、「五そうの君奈良法師」のごとき強力な験力を持つ僧侶が畿内より招請されていた、ということこそが看過できない重要なことであった。やや時代は遡るが、南都の僧侶浄蔵の子供の一人が出家し、「才芸修験異二於他人一、修行之次、於二奥州一、早亡夭逝」ということもあった（『日本紀略』康保元年十一月二十一日条)。

いずれにしても、注目すべきことは、「五そうの君奈良法師」が鎮守府将軍清原真衡の「護持僧」であったという点であり、それこそが入間田宣夫氏の言われるように「真衡が奈良法師に心を引かれた」最大の理由であった。陸奥国胆沢郡衣川にあった清原真衡館は、奥大道の幹線ルートを通じて、鷲羽・海豹皮など、北方の産物がもたらされる都市的な場にあり、「五そうの君奈良法師」の活躍する所であった。吉彦秀武が庭にて跪き臣従の体をなしているのに、囲碁に興じてそれを無視するほどの護持僧とは、鎮守府将軍の祈禱身体護持という宗教祭祀上不可欠の人物であったことを意味する。

十世紀から十一世紀の奥州が天台一色にそまらず、多くの南都系僧侶が来住するなかで、鎮守府周辺では付属寺院のにぎわいを形成していた〔菅野〔成〕二〇〇五、杉本良二〇〇六〕。菅野成寛氏は、清原真衡護持僧五僧の君は、国見山廃寺に寄寓していたのではないか、と述べる〔菅野二〇一〇〕。その可能性は否定できない。

これらのことをふまえてさらに言うならば、十一世紀後期、鎮守府将軍清原真衡にふさわしい鎮護呪法が、延久合戦後の北方蝦夷地支配をにらんで、重要な宗教的役割を果たしていた。まさしく清原真衡にとって、「護持僧五そうの君奈良法師」こそが、鎮守府将軍の宗教的・呪術的権威者の身体護持を保障する要人であったのである。そのような僧侶であればこそ「威勢父祖に勝れ」た清原真衡の専制ぶりを補佐することとなったのである。それ故に、その「護持僧五そうの君奈良法師」は、清原一族内紛、そして後三年合戦開始の決定的瞬間に登場することとなった。清原氏の専制的な護持祈禱の宗教システムは、奥羽の地に平和でなく戦乱を再びもたらしたのである。

第三節　達谷窟にみる系譜の断絶

文治五年(一一八九)九月二十八日、平泉から鎌倉への帰路についた源頼朝は、一青山に臨み、その号を尋ねて以下のことを見聞している。すなわち、達谷窟は、坂上田村麻呂と利仁が綸命を受けて征夷しようとしたとき、賊主の「悪路王」と「赤頭」らが塞を構えた岩屋であること。窟の前の路は北方へ十余日で外の浜に隣していたこと。坂上将軍が窟前に鞍馬寺を模した九間四面の精舎を建立し、多聞天像を安置し西光寺と号し水田を寄付した、と(『吾妻鏡』同日条)。

この「悪路王」について、大石直正氏は、「悪路王」とは「あくる王」であり、「つかる」とならび称された、中世の語り物の固有の地名であると述べる[大石 一九八〇]。また、入間田宣夫氏は、征夷大将軍(坂上田村麻呂)の任務は悪路王の退治にあり、という認識が、鎌倉前期の東国社会において一般的であったとし、鬼の住処が岩屋であるという京都風の通念が先にあって、それが鎌倉末に武家風の悪事の高丸、または安倍高丸の呼称に取って代わると論じている[入間田 一九九八]。また、「あくる王」が悪路王と表記されるにいたった背景に、安日が鬼王と呼ばれたと同じ事情があること。その悪路王は田村麻呂に抵抗した伝説の英雄、大墓公阿弖流為と考えられている、とも述べる。けだし、卓見といえよう。一方、外山至生論文も、「あくろ」は中世においては東北地方の辺境にある一定のゾーン、奥六郡であるとする[外山 一九八六]。

それでは「悪路王」とともに出てくる「赤頭」を、どのように考えればよいのだろうか。このことを考察する上で、『吾妻鏡』では、田村麻呂と悪路王、利仁と赤頭がワンセットになって記載されていることにまずは注目したい。利仁は、先述の『吾妻鏡』では綸命を受けた将軍として夷を制したと表記されていることから、鎮守府将軍藤原利仁のことであると考える[貴志 一九七九]。まさしく、征夷大将軍坂上田村麻呂と鎮守府将軍藤原利仁とがセットとなって、悪路王・赤頭の塞ぐ達谷窟を撃破し、蝦夷征伐が成し遂げられたのだ、とするのが『吾妻鏡』のコンテクストである。鎌倉武士政権の政治意識の中に脈々と生きてきた鎮守府将軍、辺境軍事貴族による異民族支配の輝かしき瞬間、武者の世の淵源、東夷成敗の歴史的場面が描出されている。

この利仁は『尊卑分脉』によれば、延喜十一年(九一一)に上野介に任じられ、同十二年に上総介に遷り、同十五年に鎮守府将軍の宣旨を拝した人物に比定されるか。『鞍馬蓋寺縁起』(『続群書類従』第二十七輯上釈家部)においては、宣旨に基づき下野国の群盗蜂起を鎮圧した人間として登場してくる。これらの史料より、高橋昌明論文と野口実論文では、利仁を東国軍事貴族の鎮守府将軍補任の確実な初例としていた[高橋(昌)一九七五、野口 一九七七]。一方、熊谷公男氏は、同時代史料である『侍中群要』の分析から、この説を否定し、東国軍事貴族で鎮守府将軍に補任された確実な初例を平貞盛としている[熊谷 一九九四]。また、斉藤利男氏は、十世紀二十年代から鎮守府将軍に軍事貴族が任命されたとする[斉藤 一九九八]。

行論上、注目したいのは、征夷大将軍田村麻呂以外に「鎮守府将軍」と「意識させる」人物(利仁)が、達谷窟「悪路王・赤頭」の制圧に不可欠の存在であったという、『吾妻鏡』編者の意図である。十世紀から十一世紀にかけて辺境軍事貴族が次々に受領官として奥州に下り、軍事再編に重要な役割をはたし、日本武士団成立に画期的な意味合いを有したこと、そのもっとも象徴すべき官職は「鎮守府将軍」であった点こそが重要である。二百年間に及ぶ関東武人の奥羽乱入、前九年合戦・延久合戦・後三年合戦の記憶は、奈良末期から平安初期の蝦夷征討と連動され、天皇の命をうけて奥羽に派遣された武者の象徴として鎮守府将軍が「利仁」という人物の形をとって『吾妻鏡』文治五年九月の舞台、達谷窟に蘇ったのである。

それでは、この「利仁」に制圧された「赤頭」とはいかなる歴史的意味を有していたのだろうか。この赤頭に関して、外山至生論文では石毛荒四郎とする[外山 一九八六]。その根拠となったのは、『義経記』巻第二「義経鬼一法眼が所へ御出の事」に載る「本朝の武士には、坂上田村麻呂、これを読み伝えて、あくじの高丸を取り、藤原利仁これを読みて、赤頭の四郎将軍を取る」の文面に注目しつつ、「赤頭の四郎将軍」に付された『日本古典文学大系　義経記』

（岩波書店、一九五九年）の頭注、つまり「常陸大掾伝記」（『続群書類従』第六輯上　系図部）に「石下荒四郎、後号赤頭之四郎将軍」（平政幹）とみえ、藤原利仁が「下野国高坐山の賊蔵宗蔵安を退治した伝説に混入したか」という岡見正雄説であった。しかし、『義経記』は室町期の編纂物であったし、「常陸大掾伝記」も戦国期に編集されたものだった。ちなみに「常陸大掾伝記」に見る赤頭の四郎将軍は、他に下総平氏六頭、鹿島は六頭、行方は五頭、と表記されるように、有力武士団の頭目の意味で使用されているので、達谷窟の赤頭とはまったく異質の用例であった。それをもってして鎌倉初期の達谷窟に当てはめることに、私は躊躇する。

そもそも前述『吾妻鏡』「達谷窟」のコンテクストの根幹には、坂上将軍・利仁鎮守府将軍による蝦夷征服に正統性あり、との思惑があった。京都風の境界意識、同心円の世界認識によって創られた「悪路王」〔入間田 一九九八〕の歴史的実体は、坂上田村麻呂に抗した蝦夷の首長、阿弖流為であった。それに対して達谷窟の「赤頭」については、阿弖流為のように具体的な歴史上の人物名が比定できなかった。それにもかかわらず、征夷大将軍坂上田村麻呂、鎮守府将軍藤原利仁による征夷征討の前に、「悪路王」とともに「赤頭」が登場してくるのは、「頭」には境界に対する人びとの強力な信仰が宿っていたからであった。達谷窟を塞いだ「赤頭」の第一義的意味は、「悪路王」とともに京都の朝廷に抗する北方世界の首長、固有名詞を有さぬマジカルパワーを有した異民族の権者の形象化ではなかったか。赤は、境界を表現する色彩であった〔黒田〔日〕一九八六〕。京都の北、大江山に出没する酒呑童子は疱瘡神として真紅に描かれていた〔高橋〔昌〕一九九二〕。達谷窟の「赤頭」は、境界領域に塞を構え、北方蝦夷社会の酋長の権化「悪路王」とともに、王朝国家秩序の攪乱を企てようとしたのである。このような赤頭への意識構造は、直接的には京都公家政権の世界観であったが、同時に、「出羽国立石寺慈覚大師木彫頭部」や『陸奥話記』の「鬼こうべ」などとともに、奥羽在地世界に広がっている「頭部」の霊力に対する宗教的心性〔山口〔博〕二〇一七a、誉田 一九九五・二〇〇九〕にも通底していた。

『吾妻鏡』では、達谷窟の前途は、北に至ること十余日で「外浜」に「隣」す、と記していた。「外の浜」という王朝国家の北の境界と達谷窟が「隣」し直結していたのは、達谷窟が一つの境界であると意識されていたからである。岩屋が別空間の位相に直結するいわばトンネルの役割を果たしていることは、『今昔物語集』などにおいて数多く掲載されており、境界の多層構造と連動性は王朝国家側の世界観でもあった［誉田 二〇〇〇b］。奥大道という交通上の大動脈にあり、仏教都市平泉の南からの玄関口、その境界に位置していたのが達谷窟であった。その達谷窟に塞する「悪路王」「赤頭」の眼前に、坂上田村麻呂が九間四面の精舎を鞍馬寺に模して建て、多聞天像を安置して西光寺と号したのであった。北狄から都を守護する神、毘沙門天を安置することにより、蝦夷地世界の「悪路王」「赤頭」は封じ込められ、征夷は達成された。結果として、平泉から外の浜の「途」は王朝側に確保されたのである。

さて、西光寺は、『吾妻鏡』文治五年九月十七日条の「寺塔已下注文」には記載されなかった。しかし、このことは、西光寺が仏教都市平泉とその外縁の仏教世界において、微々たる存在であったことにならない。慶安五年（一六五二）四月三日伊達忠宗黒印状のなかに「西光寺領」として「磐井郡西岩井達谷村三百文」が充てがわれた、とあった（『平泉町史　史料編一』一四六号文書、以下『平史』〇〇号文書と記す）。近年の西光寺境内の発掘調査により、中島を有する蝦蟇が池という園池、水際の玉石護岸、十二世紀後半の手づくねかわらけを多数検出している［平泉町教委 二〇〇四・二〇一五］。『吾妻鏡』文治五年九月二十八日条では、西光寺寺領を「東限北上河、南限岩井河、西限象王岩屋、北限牛木長峯」とし、「東西三十余里、南北二十里」としているが、このような広大な寺領を有するに相応しい寺院、それが西光寺であった。近世史料ではあるが、元禄九年「毛越寺・中尊寺・達谷旧跡書出控」（『平史』二六三号文書）や安永四年『風土記書出達谷村』によれば、今の西光寺の子院（無量寿院）や堂社は、東側は毛越寺境内の西に達していた［平泉町教委 二〇〇四］。

園池を有し、かわらけを使用しての仏会が繰り広げられた西光寺は、仏教都市平泉の周縁部、南（西）の入り口に位置する一大聖地であった。『吾妻鏡』に記載された九間四面の精舎は、けっして誇張ではなかったのである。そして何よりも十二世紀後期の西光寺をもっとも象徴するのが、達谷窟に続く崖面に刻まれた日本最大級の、かの岩面大仏である。この大仏を、大日如来あるいは弥陀如来、とする諸説がある。大矢邦宣論文では、その制作年代を平安時代末期とし、薄肉彫りの岩面大仏を弥勒菩薩であると述べる［大矢 二〇一三］。しかし、後述するように、平泉仏教の中核的寺塔では大日如来はみられないことから（本書第Ⅰ部第二章）、この岩面大仏を大日如来とすることはできない。安永九年（一七八〇）作成の「奥州磐井郡達谷窟之図」（平泉郷土館『平泉の古絵図』一九九一）に描かれている岩面大仏は、弥勒菩薩ではなく定印を組む阿弥陀如来坐像と思われること、岩面大仏は、阿弥陀如来を図絵した一町ごとに笠卒塔婆の立つ奥大道が南から都市平泉に入らんとする真上に立つこと（阿弥陀仏ロードとしての奥大道の連続性）、西光寺そのものが平泉の西方（阿弥陀浄土）を意識して建てられたこと、さらには、岩面大仏の真下に文保元年（一三一七）阿弥陀如来種子の板碑が立つこと（鎌倉期になっても岩面阿弥陀如来への信仰が生き続けている）などから、今は崩落して頭部しか現存していない岩面大仏は、阿弥陀如来であったと考えるものである。そしてなにより留意すべきは、仏教都市平泉の南（西）の境界領域にある一大聖地、西光寺・達谷窟・磨崖大仏の光景は、中国洛陽南の入り口の龍門石窟と通底していたということである。

文治五年（一一八九）八月二十二日の平泉占領、その後、陣岡・厨川へ進軍した後、平泉に戻った源頼朝は、前後あわせて平泉に十六泊している。そのなかで、頼朝が「目撃」した平泉仏教都市は、炎上した平泉館、無量光院、安倍氏の本拠地衣川地区、そして達谷窟の四つである。そもそも藤原泰衡の首が陣岡に届けられていたにもかかわらず厨川まで進駐したのも、奥州合戦が源頼義の故実に基づいておこなわれ、全国から動員した武士たちに「前九年合戦」を追体験させるためであった［川合 一九九六］。平泉より鎌倉に帰らんとする前日に、滅亡ののち「廃墟」と化した衣川地区をわざわざ訪れたのも、勝者頼朝の威信を安倍氏の本拠地に上塗りしたいからであった。

そして、これと同じことが、達谷窟でもおこなわれたのである。前述のように、辺境の蝦夷の首長である「悪路王」と赤頭が塞いだという達谷窟の眼前に、坂上田村麻呂が王城北方鎮護の寺、鞍馬寺「多聞天像」(征夷北方の守護神毘沙門天)を勧請し安置して西光寺となした、という故実と歴史を頼朝が「目撃・確認」したのである。それは、平泉藤原氏時代の仏土平泉(平等)とは正反対のものであった。確かに征夷大将軍の任務は悪路王の退治にありとする認識が鎌倉期の東国社会には見られたが〔入間田 一九九八〕、何よりも頼朝の達谷窟での「追体験」は、東夷成敗権の行使〔遠藤巖 一九七六〕につながっていく歴史的事件であった。つまり、前述したように、はるか北方蝦夷地まで広がる平泉仏土の平和の水脈(系譜)を否定し、そのことによって逆に己が北方世界の支配者たらんとしたのであった。達谷窟から外の浜にいたる広大な領域支配が、その瞬間に坂上田村麻呂から頼朝に引き継がれたのである。頼朝の達谷窟の「目撃」は、逆に、平泉仏土に北方世界、そして奥羽在地の人びとの戦争経験の深みを表出させたのである。頼朝が岩屋信者であることもさることながら〔高橋(慎)二〇一〇a〕、鎌倉帰途の日、頼朝が達谷窟でおこなった「目撃・確認」の行為は、鎌倉幕府成立に向けての、重要な宗教戦略となったのである。それは、平泉仏教世界の底流にあった「北方からの系譜」を封じ込めることでもあった。仏教都市平泉の北(衣川地区)と南(西光寺)の歴史景観の目撃に見る源頼朝の営みは、前九年合戦時代の、そして平泉藤原氏時代の奥羽仏土世界を否定したのである。

おわりに

本章では、平泉藤原氏時代の平泉仏教に至る水脈、宗教的な系譜について、北方世界と戦乱の観点から考察を試みた。北方世界と戦争経験から流れ出た水脈は、平泉仏教世界の基盤を構成していった。十一世紀の奥羽社会に、いち早く仏教が伝わり、天台・南都法相宗の祈禱僧や行者が、安倍氏、清原氏の宗教的ブレーンとして活躍していた。決して無仏世界が平泉仏土の前夜ではなかったのである。

護持僧の呪法による鎮守府将軍清原真衡の身体安穏の確保は、鎮守府将軍が北方蝦夷地に住む異民族支配という「異」なる世界に直接に関わることから、きわめて重要であった。専制的鎮守府将軍に近侍する宗教的権威者であった故に、その他の仏教勢力を統合することにはならなかった。北方世界の水脈は、平泉藤原氏時代が滅亡した、その瞬間に源頼朝によって断ち切られ、東夷成敗権のなかに逆に編入されていった。それは、平泉から外の浜にいたる約百年間続いてきた平泉仏土の歴史を、はるか以前の征夷大将軍坂上田村麻呂・鎮守府将軍藤原利仁による蝦夷の酋長悪路王、赤頭征討の故事でもって戦略的に塗り替えようとしたのであった。それは、奥羽仏土が北方世界にいたる系譜と水脈を保ち続けたことを、逆に示すものであった。

鎌倉将軍によって、北方世界の酋長の悪路王が、調伏の神、軍荼利明王の尊格に逆転して祀られていた。鎌倉期のことではあるが、蝦夷調伏の神である三面八臂片足立ち軍荼利明王が悪路王としていまの千葉県神野寺に祀られ、それが鎌倉後期の蝦夷問題の深化にともない、日本海側北方蝦夷支配の護持祈禱を担う出羽国羽黒山にもたらされていた［誉田 二〇〇〇e、長坂 二〇一五］。北方世界の宗教の水脈は、主客が逆転して、鎌倉期の奥羽在地世界に流れ続けたのである。

第二章　平泉・仏教の系譜

はじめに

平泉の仏教文化に関する膨大な研究は、豊富な考古学的知見をふまえ、基本的に王権・都との交通関係に導かれた平泉の宗教的特色を問題としてきた。その研究成果に学びながらも、中世仏教を論じようとしたとき、日本中世国家全体のなかの仏教、その代表的視座である顕密主義・顕密体制〔黒田（俊）一九七五〕と平泉宗教構造との関連・比較、位置づけを念頭に置かざるを得ない。

おりしも平泉論においては、日本封建社会・日本中世国家の展開史のなかで、もう一つの幕府という視座からの「平泉幕府論」が展開され〔入間田二〇〇四b、斉藤二〇〇七・二〇一二〕、また、北方世界と密接にその歴史を編んでいく平泉藤原氏の動向が注目されている。武士政権への飛翔を内包した「兵」の歴史展開の可能性は、仏教と領主制との新たな関係を提起している。

こうした研究動向をふまえた場合、国家論との関係、あるいは「地方の時代」を成立させていく在地領主制（兵の時代）のなかで、平泉仏教の日本中世国家における位置を見据え、そこにおける日本中世の歴史発展の多様性を動態的に考察していく必要がある。黒田俊雄氏の顕密体制（顕密主義）論そのものの持つ歴史学的地位が、今もその生命力を有している最大の理由は、歴史発展の全体的構想のなかで宗教の機能について論じていたからである。それを東北史に援用するならば、十二世紀の院政期における荘園公領制をふまえたなかで、「兵」に光をあて、全体としての奥羽仏教史を論じていく必要がある。中世都市平泉は京都のような荘園領主の階級的結集の場とは違い、基本的に「兵」の結集の場であり、その限りにおいて在地領主を抜きにした議論は展開し得ない。顕密主義論は、領主制に立脚した中世仏教論を批判するが、そうであればこそ、兵、平泉藤原氏と平泉との関係をその系譜の面からたどることにより、日本中世国家における、平泉の仏教の史的特色を、逆に照射することが必要となろう。

もっとも、兵の仏教は、日本封建制の多様な発展のなかにあって、「日本」という個別的・閉鎖的世界において展開していたのだろうか。近年の中世都市平泉研究は、東アジア世界との国際関係や交通関係のなかで論じられてきたが、平泉仏教史の淵源と系譜も、当然のこととして東アジア世界との関係が問題となろう［川上二〇一二a］。

第一節　王都からの系譜と差異

京都の最先端の仏教文化、浄土文化が平泉仏教世界の基本的な核となっていることに関しては、この十年間における柳之御所遺跡の発掘調査や中尊寺・毛越寺・無量光院などの諸研究から明らかになっている。平泉の仏教世界は、王都からの最先端の文化を導入することなしには成立しなかったことは、多くの論者によって紹介されているところである。一例を記すならば、西方極楽浄土の擬似体験の場としての無量光院が宇治平等院を限りなく近く模したこと、毛越寺の遣水が『作庭記』に基づいて造成された現存する我が国唯一のものであること、平泉の園池構想は、平泉の都市プランの心髄であり、それは、京都の王朝都市に淵源性を有すること、大長寿院(二階大堂)の三丈の阿弥陀仏と九体の丈六仏、合わせて十体の阿弥陀如来像は九体阿弥陀信仰にあらず、比叡山の十界阿弥陀信仰そのものであったこと〔菅野〔成〕二〇〇六〕、今熊野社の勧請においても後白河法皇の今熊野社勧請に機を合わせて勧請されたこと、京都の手づくねかわらけ職人の大量移入など、今まで数多くのことが知られている。

しかし、平泉の仏教世界は、王都のそれと実に太い文化的系譜を有しながらも、その最先端の仏教文化をそのまま模倣したものでないことも、これまで数多くの論者が明らかにしてきたところである。それは模倣というよりは、むしろ王都の文化の系譜を引きながら「選択」していったということに直結してこよう。一例を挙げるとするならば、毛越寺が模範とした白河院法勝寺金堂の本尊は大日如来であり〔藤島 一九九五〕、池の中島には九重塔が佇立し、金堂の北西には夷狄調伏にもっとも重要な役割をはたす五大堂が存在していた。ところが、両者とも毛越寺には存在しなかったし、毛越寺の本尊も薬師如来坐像であった。それのみではない。現世における浄土往生擬似体験装置である平泉の無量光院〔菅野〔成〕一九九二〕は、「悉く以って宇治平等院に摸すところ」というが、それは平等院の部分的選択「印象的選択」であった〔杉本宏 二〇〇三〕。また、平泉の「御願寺」「鎮護国家大伽藍一区」の本尊には、他の京都にある御願寺と比較して、白河法皇の意向とは異なる尊像、つまり釈迦如来像が選択されていた。このことは、平泉仏教文化の相対的な自立性を見事に論証するものであった〔丸山仁 二〇〇六a〕。

それのみではない。顕密主義は、後述するように王城鎮守・中世日本紀の体制と密接な関係を有し、また王法仏法相依の思想を成立させる上で神祇体系が重要な意味を有していた〔小峯 一九九五、井上〔寛〕二〇〇六〕。造寺造仏において読まれた願文のなかでもそれは如実に表現されてくるのであり、その一例を示すならば、藤原敦光の手になる大治三年(一一二八)十月二十二日白河法皇八幡一切経供養願文(『本朝続文粋』巻十二)では、「そもそも神威を助けるは仏法なり、皇図を守るはまた仏法なり」と記述されていた。この石清水八幡宮一切経会の願文が特殊な事例でないことは、他の多くの願文に神祇イデオロギーを表わす文言が多見できることからも言えよう。ところが、「供養願文」には、顕密主義を支える神祇イデオロギーは一切描出されず、むしろ逆に、徹底した仏教(仏土)意識によって、その全体が作られていたのである。

都の顕密主義は、密教によってすべての仏教儀礼・意識構造が覆い尽くされ、仏教の統合がなされているところにその特色があった。それでは、平泉仏教文化の密教は、顕密主義を一方に見据えた場合に、どのように評価すれば良いのであろうか。近年、長岡龍作氏は、中尊寺の諸仏教芸術(文化表象)を逐一分析し、特に天治三年(一一二六)三月二十四日「鎮護国家大伽藍供養願文」(「中尊寺供養願文」、以下「供養願文」と略記する)に載る「素意はなんぞ悉地を成ぜん」の文章に注目しつつ「願文は、大乗仏教の菩薩思想を正しくふまえた祈願内容である」とし、特にその密教性に着目している[長岡 二〇一〇b]。同氏の曼荼羅像に関する緻密な論証には敬服するが、はたして、それが清衡が建立した「鎮護国家大伽藍一区」の本質なのだろうか。長岡氏は、「善根」の「素意」は「悉地」となすものという、まさしく「鎮護国家大伽藍一区」全体を、密教でとらえようとしているが、それは「悉地」の語句にあまりにも拘泥したからではなかろうか。

「悉地」という言い方は、たとえば、寿永二年(一一八三)五月十九日藤原(九条)兼実願文に「現世当生の悉地を鎮慕す」として出てくる(『平安遺文』四〇八九号文書、以下平〇〇号と略す)。この願文は、東大寺再建願文としてつとに著名であり、ここでは盧遮那仏の胎内に生身舎利を納めようとして作成された願文である。「悉地」は、狭義的には密教の信仰実践によって得られる結果としての種々の不思議な境地をいうが、成就とか完成の意でもある[中村元 一九八一]。先の藤原兼実願文においても「或いは法華如説の真文を写し」とあるように、「現世当生の悉地を鎮慕」する行為として、法華経信仰がその根底にあったことは見落とせない。「悉地」はより幅広い語義で解釈すべきであって、これをもって「供養願文」の密教性を強調することは、視野を狭くすることになる。杉本宏氏が、「平泉の仏教には密教色が薄い」と述べていることも、合わせて参考とすべきであろう[杉本 二〇〇三]。

さらに、殺生禁断イデオロギーに着眼してみたい。殺生禁断は、国家的・共同体的要因に基づくものであり、顕密主義イデオロギーの一環をなした〔平雅行 一九九七〕。先の大治三年十月二十二日白河法皇八幡一切経供養願文に「放生の善は、本より神感の催す所の故なり」とある通りである。ところが、「供養願文」の世界においては、殺生禁断の理念はまったくみられず、むしろそれとは異なり生類の殺生を大前提とし、「毛羽鱗介の屠を受くるもの、過現無量なり」としていた。藤原清衡の白河院への勤務が「羽毛歯革の贄は、参期違うこと無し」という「供養願文」にみる平泉藤原氏の院政期国家における地位とその意図からみたとしても、そこには王都と異なる、東北地方狩猟民族の社会意識を反映した宗教理念が色濃く存在していたのである〔伊藤〔喜〕一九九三〕。

このように、平泉仏教世界の系譜は、密教に統合化され大日如来と後述の中世日本紀に全体的に統一された王都の顕密主義とは異なる点に、その特色を有していた。

第二節　顕密主義の神祇体系と平泉

前節では、王都の先進的仏教文化と系譜的に関連しながらも、顕密主義下の京都とは異なる平泉の仏教世界について論述したが、本節では、「仏土」「国土」構築の宗教的淵源に大きな影響を与えたとされる神祇信仰を、宗教・政治的権威創設の正当性の面から述べてみたい。

顕密体制にみる王法仏法相依思想の支柱をなす神祇思想は、本地垂迹思想によっていた。とりわけ、中世国家の王権を正統化していく神話的作業は、『古事記』・『日本書紀』につながる「日本紀」の神々との系譜的連関性なしには存在し得なかった〔井上〔寛〕二〇〇六〕。特に王城鎮守と国鎮守の具体的神祇体系としての二十二社・一宮体制のうち、二十二社は院政期中央祭祀体制の核となって顕密体制を支え、そのなかでも一位の伊勢神宮、二位の石清水八幡宮や京都の賀茂社は、重要な位置にあった。そして、斉藤利男論文が強調するように、貢馬を通じて藤原摂関家との関係に気を配った平泉藤原氏の平泉には、藤原摂関家の氏神である春日神社さえも勧請されなかった〔斉藤二〇〇九〕。『吾妻鏡』文治五年(一一八九)九月十七日条「寺塔已下注文」(以下、「寺塔已下注文」と記す)の「鎮守事」では、「中央惣社、東方日吉・白山両社、南方祇園社・王子諸社、西方北野天神・金峰山、北方今熊野・稲荷等社」が勧請されていた。確かにこの中では、第六位の稲荷社が勧請されているが、それは菅野成寛氏が言われるように、紀伊の熊野詣でを果たした者は必ずや帰路に稲荷社へ詣で、護法送りをおこなった事実と関係したのであり、今熊野とセットになるものとして理解すべきであろう〔菅野〔成〕一九九四b〕。

菅野氏が論じたように、中世都市平泉の鎮守は、霊山神(日吉・白山・金峯山)と都市神(祇園・北野・稲荷)からなっていた〔菅野〔成〕一九九四b〕。特に、院政期国家の神祇イデオロギーとの関係で着目したいのは、中世天皇神話を共通の理論的基盤とし、王城鎮守のもっとも典型的な役割をはたす石清水八幡宮と賀茂社が都市平泉の鎮守となっていないことである。とりわけ天皇擁護の神として皇位継承を認証し、「中世天皇紀」を具現化する神である八幡宮が勧請されなかったことの意味は、重要である。

これらの鎮守と関係して、「寺塔已下注文」では「年中恒例法会事」として、「二月常楽会、三月千部会・一切経会、四月舎利会、六月新熊野会・祇園会、八月放生会、九月仁王会」が「講読師請僧、或三十人、或百人、或千人、舞人三十六人、楽人三十六人」のもとでおこなわれていた。このような仏会に見る儀礼や表象こそが、地域において「中心性」をたえず再生産し、政治支配の淵源を構成するものであった〔髙橋〔昌〕二〇〇七a〕。この「年中恒例法会事」は、鎌倉期になっても「毎年六ヶ度大法会仏神事」として挙行され続け、平泉の法会(宗教儀礼)の根幹を形成していた(嘉元三年三月日中尊寺衆徒陳状案『平泉町史　史料編一』第四四号文書、建武元年八月日中尊寺衆徒申状案『同』第六一号文書、以下『平史』〇〇号文書と略す)。この恒例の法会のなかで、少しく目を引くのは、放生会である。放生会というと、石清水放生会のそれは三大勅祭として八月におこなわれたことでよく知られ〔伊藤〔清〕二〇〇〇b〕、中世的放生会体制は石清水八幡宮を中心に展開していくことになる〔平雅行二〇〇五〕。

それでは都市平泉の放生会とは、どのようにおこなわれたのだろうか。その場は、都市平泉の「八幡社」であったのだろうか。事実はそうではなかった。一般的には国家三大勅祭としての放生会の場は、確かに石清水八幡宮であるが、全国的に見ても放生会は八幡宮のみでおこなわれたのではないということは、たとえば能登国気多神社で毎年八月十五日に放生会がおこなわれていたことの一例をもってしても〔中世諸国一宮制研究会二〇〇〇〕、容易に首肯できることである。

同様のことは都市平泉でも言えた。すなわち、平泉に八幡宮が鎮座していなかったことの問題である。斉藤利男氏は、弘長二年（一二六二）四月一日座主下知状案（『平史』二七号文書）の分析より、鎌倉期に入ってから、近くにある胆沢八幡宮が放生会の場となり、さらには「新八幡宮」が十三世紀後半になって平泉に勧請され放生会が挙行されたとし、それ以前の「中尊寺会」こそが「古代定会」「古例之大法会」であった、という事実に着目し、平泉における「中尊寺放生会」に注目している〔斉藤二〇一〇〕。しかも鎌倉期に胆沢八幡宮でおこなわれるようになった放生会も、本来平泉でおこなわれていた中尊寺放生会の人的動員力なくしては達成しがたかった。嘉元三年（一三〇五）三月日中尊寺衆徒陳状案（『平史』四四号文書）では、「胆沢八幡宮放生会」が「両国の所済物の内をもって、両寺僧の布施物に宛て行ふ」こと、「中尊寺衆徒、件の六箇度法会の左方請僧」を勤め、「両国の済物をもって、放生会の時、両寺請僧に配分せしめ」るなど、六箇度法会左方請僧の中尊寺と右方請僧の毛越寺なくしては、胆沢八幡宮の放生会も達成しなかったこと、逆に言えば、平安期以来の平泉の中尊寺・毛越寺による寺僧集団の儀式体系の重厚さを物語っていた。

二十二社の筆頭である「王城鎮守三社」、つまり、天皇家の伊勢神宮、異民族征伐にして王権の正統性を証する八幡社、京都守護の賀茂社の、そのすべてが勧請されず、さらには、藤原氏の氏神である春日社すらも平泉に勧請されなかったのである。王都に次ぐ都市平泉の神祇体系が、明らかに京都(王権)の神祇体系に列っせんとしたものでないことを、何よりも物語るものである。こうした顕密体制を支える神祇体系の二十二社体制とは異色の独自性が、平泉には存在したのである。

もっとも同様のことは、二十二社体制とともに「国鎮守」のあり方にも言えた。文治五年九月「寺塔已下注文」の「鎮守事」に記載された「中央惣社」について、菅野成寛論文は、藤原秀衡が国司神拝の場として新たに陸奥国惣社として勧請したものとしている[菅野〔成〕一九九五]。その史料的根拠として、菅野論文は、寛治七年正月五日陸奥守源義綱書状(『平』補一七八号文書)で「罷り下る後、神拝ならびに御馬の営みに依り」として出てくる「神拝」の名辞に注目し、その拝む対象を惣社とする。その論拠となったのは『時範記』承徳三年(一〇九九)二月二十六日条、『中右記』元永二年(一一一九)七月三日条に記載されている「神拝」が国守による因幡国惣社に対してなされたことをあげる。つまり、一宮への「参拝」と明確に区別して表記された「神拝」は惣社に対しておこなわれるものであり、もって「平泉中央惣社」が陸奥国惣社であり、秀衡陸奥守補任を契機として平泉に勧請された、とする[菅野〔成〕一九九五]。

しかし、国司の惣社・一宮参宮に関して詳細に記載された「若狭彦神社詞戸次第」(『小浜市史』社寺文書編)では、一宮参宮に対しても「神拝」の用語を使用していた。国司の神祇行為を惣社のみに限定するのは、国衙の神祇体系が、個別の惣社や一宮によって成立していたのでなく複合的な構造を有していた点からも[誉田二〇〇〇c]、首肯できない。前述の寛治七年正月五日陸奥守源義綱書状に見える源義綱(実は源有宗)の神拝先も惣社である、とは断定できない。平泉鎮守群の成立年代と同様に、惣社の勧請年代が藤原秀衡の陸奥守補任を契機になされたとする菅野説も、それを確証する史料がなく、疑問の余地なしとしない。そもそも、近年の考古学の成果によれば、藤原基衡期において中世都市平泉は街路を有するまでに一大発展をとげたとされている[羽柴二〇〇二]。とすれば都市鎮守の形成は平泉が大都市平泉へと変貌していくことと無関係とはいえない。秀衡の陸奥守補任を惣社勧請の契機とすると、このことの整合性を喪失してしまう。

本章では、旧説にそって陸奥国惣社を陸奥国府中の陸奥惣社宮とする。平泉藤原氏の時代、鎌倉期を通して、陸奥国在庁権力機構と所領形態を維持し、奥州合戦後、留守職が置かれるに至った状況に着目する。陸奥国府・留守所は機能していたと考えなければならない。同時に平泉「中央惣社」も、位置関係においては不明瞭な点もあるが、その基本は、一宮体制に連動していく「国鎮守」の一翼をになう「惣社」ではないことにこそ、最大の特色があった［補記二］。後述のごとく、中世都市平泉の宗教イデオロギーは、神社の比重が軽く仏教最優先であった。この点からも、陸奥国神祇体系の根幹をなす惣社を平泉に勧請する必然性は希薄であった。九月九日に惣社において大仁王会の仏事が挙行されていたことも、「神拝」「国鎮守」とは異なる仏教的な性格を濃厚にしたことの表われであった。まさしく、平泉の宗教は、顕密主義を支える一宮・二十二社体制という神祇体系とは異色のものであった。

第三節　多宝寺と中国からの系譜と

十二世紀初頭、平泉に一大仏教都市が造られたころは、日本院政期国家でも中世仏教が成立した時であった。遣唐使の廃止、唐大帝国の滅亡後も中国大陸と日本との交流関係は、奝然の入宋、明範の渡遼の企てに代表されるように、とだえることなく続き、さらなる展開を見せていった［川上二〇〇七・二〇一二a、保立二〇〇四b］。遼における大乗仏教の再編集とその原典の高麗(韓国)や日本への招来と、十世紀から十一世紀は、東アジア仏教世界の大きな変動期であった［笠沙二〇〇〇］。このような交流のもと、北宋や遼の動向が、密教への新たな関心を日本王朝権力の中枢部に芽生えさせていったのである［川上二〇一二a］。摂関期から院政期にかけての日本中世仏教は、東アジア世界とまったく無関係に自然成立したのではなかった。

こうした状況は、平泉仏教世界に対しても新たな問題を提起する。すなわち、東アジアのなかでの平泉仏教を説くことは、日本中世国家の仏教（顕密体制）との関係、そして相違を見つめることにつながる。その意味でも、中尊寺の創建は、九世紀から続く胆沢城鎮守府付属寺院（本質的に古代律令体制下の寺院）からの飛翔を物語るものでもある〔補記二〕。中尊寺の自己認識は、『吾妻鏡』文治五年九月十七日条の「寺塔已下注文」に集約されている。この「注文」が、五味文彦論文の述べるように〔五味 一九九三〕、すべてを記したものでもない「限界性」を有した寺領安堵のリストであったとしても、二人の僧侶によって提出されたリストには、それなりの「平泉寺々住侶」たちの「自己認識」が描出されている、とすべきであろう。「寺塔已下注文」は大きく四つの部分から構成されている。

第一は、「一、関山中尊寺の事、寺塔四十餘宇、禅坊三百餘宇なり。清衡六郡を管領するの最初にこれを草創す。まず白河の関より外の浜に至るまでに廿餘ケ日の行程なり。その路一町別に笠率都婆を立て、その面に金色の阿弥陀像を図絵し、当国の中心を計りて、山の頂上に一基塔を立つ。また寺院の中央に多宝寺あり。釈迦多宝像を左右に安置す。その中間に関路を開き、旅人往還の道となす」までの部分であり、文脈はここで区切られる。そして、その次の寺塔書き上げは「次」に「次」に、と連続していく。

すなわち「次に釈迦堂に一百餘躰の金容を安んず。すなわち釈迦像なり。次に両界堂両部の諸尊は皆木像たり。皆金色なり。次に二階大堂〈大長寿院と号す。高さ五丈。本尊は三丈の金色弥陀像、脇士九躰、同じく丈六なり〉、次に金色堂〈上下の四壁、内殿皆金色なり、堂内に三壇を構ふ。ことごとく螺鈿なり。阿弥陀三尊・二天・六地蔵、定朝これを造る〉」（〈　〉内割書）までの箇所であり、「次」にという接続詞によって、中尊寺内の寺院が列挙される。

三点目が「鎮守はすなわち南方に日吉社を崇敬し、北方に白山宮を勧請す。このほかの宋本の一切経蔵、内外陣の荘厳、数字の楼閣、注進に遑あらず」で宋本一切経蔵や鎮守のことを記し、四つ目として「およそ清衡在世三十三年の間、吾朝の延暦・園城・東大・興福等の寺より震旦の天台山に至るまで、寺ごとに千僧を供養す。入滅の年に臨みて、にわかに始めて逆善を修す。百ケ日結願の時に当りて、一病なくして合掌し仏号を唱へ、眠るがごとく閉眼しをはんぬ」として、清衡の修善と国際認識、往生の態を記している。

これらの内容はいずれも重要であるが、中尊寺のもっとも根幹をなすものとして冒頭の段落に注目してみたい。六郡を管領して「当国」の中心に当たる「山上」に「一基塔」が建立される。そして、寺塔の書き上げは第一段目と第二段目より構成されるが、両者は明確に意識して区別されている。しかも、必ずしも創建年代順に拘泥しているわけでもない。大長寿院の建立が嘉承二年(一一〇七)、釈迦堂の建立が天仁元年(一一〇八)であった(建武元年八月日中尊寺衆徒等申状案『平史』六一号文書)。とりわけ、大長寿院の建立が多宝寺(最初院)よりさほど時間を経ていないにもかかわらず、金色堂の直前に来ている。また、場所的にも大長寿院と多宝寺とは、その境内において接していた。弘安二年(一二七九)二月三日中尊寺経蔵別当永榮定文(『平史』三一号文書)には、大長寿院の南は、多宝堂の相の堀辰巳の角に接していた、とあった。

さらには中尊寺建立の理念の決定的要因として、奥大道の持つ意味は重大である。奥大道があって初めて「一基塔」を建立するのであり、さらには「その中間に関路を開き、旅人往還の道となす」とあるように、奥大道と「多宝寺」とは密接不可分の関係にあった。しかも「寺院中央に多宝寺あり」とあるごとく、関山中尊寺の寺院のなかで中核的な役割を果たしていたのが、多宝寺であった。さらには他の寺院にみられるような密教系多宝塔ではなく、二仏並坐の多宝寺と意識して建立されたことも、中尊寺仏教世界における多宝寺の有する仏教思想としての位置の高さを意味していた。それは、白河の法勝寺や他の六勝寺にも見られない、平泉仏教世界の最大の特色であった。仏の「国土」の表象たるにもっとも相応しい「奥大道」を強烈に意識し、最初に建立された多宝寺こそ、中尊寺の自己認識のなかで重要な要素を形成していたのである。

このような多宝寺に対する意識は、鎌倉期を通して維持されていく。その好例が、建武元年八月日中尊寺衆徒等申状(『平史』六一号文書)である。つまり、鳥羽皇帝の勅願、鎮護国家の道場である中尊寺は、何よりもその自己認識の最初に、堀河天皇の御宇、長治二年(一一〇五)二月十五日に「出羽・陸奥両国大主藤原朝臣清衡造立最初院」とし、最初院には「本尊釈迦多宝並座」と記してあった。二仏並坐の多宝寺が鎮護国家の道場の中心的位置を占めていることは、鎌倉期を通した中尊寺側の自己認識だったのである。

多宝塔は、法華経そのものをもっとも表象化した建造物であった。その依拠する部分は、法華経のなかでも重要な箇所「見宝塔品第十一」である。同経典部分は、地中から湧出した多宝塔に見る過去仏の多宝仏と現在仏の釈迦如来の二仏並坐が、過去から現在への仏の連続性、ひいては久遠実成の本仏たることをしめすものである。歴史的な人間としての釈尊は、多宝塔の出現によって永遠の存在へと大転換したのである。そして、そのドラマチックな状況の中で十方世界の膨大な数の諸仏は、釈尊に統合され、諸仏の空間的統一が図られるのであった。この多宝・釈迦二仏並坐の多宝塔信仰は、法華経の真髄にも通じていた［川勝 一九八四、菅野［博］二〇〇二］。

このような多宝塔信仰とそれによって構築された仏国土、無数の仏が散在し、多宝塔の釈迦に統合されていく状況は、「奥大道」の一町ごとに置かれた笠卒塔婆の阿弥陀如来図像に象徴されていた。さらには、奥羽の村ごとに建つ伽藍に安置された諸仏(『吾妻鏡』文治五年九月二十三日条)の統合でもあり、多宝寺の前が開放されて旅人往還の道が走っていたというのも、多宝寺のもとに集合するあらゆる衆生があたかも仏弟子として象徴化されていくことに通じるものである。両者はセットになって普遍的世界的な仏土構築のキーワードとなった。金色に図絵された笠卒塔婆が、仏土構築の「インフラ整備」である［入間田 二〇〇七a］と同時に、仏土を現実化させる意味があった。釈迦の空間的統合性と永遠性、世界性を現実化させた多宝寺は、中尊寺建立時のもっとも重要な意味を有していたと言わなければならない。多宝寺が「寺院の中央」にあったという「寺塔已下注文」もその重要性を物語る。さらには、この多宝寺が、長治二年(一一〇五)に清衡によって建立された最初の寺(最初院)であった、という意識も鎌倉時代を通じて一貫して認識されていたのである(『平史』六一号文書)。

このような平泉仏教世界の思想史的系譜に内在する「国際性」は、実質的な東アジア世界とのつながりによって裏打ちされていた。その好例が、中尊寺経にある寧波吉祥院版宋版一切経である。中尊寺経のなかに「開元寺版」一切経に捺印された「明州城下吉祥院大蔵経」とある「成実論上帙一十巻功」、さらには「思渓版」の一切経に「入吉祥大蔵内」と墨書された経典があることは、明州(後の寧波)から博多商人の手を介して、それらが直接に中尊寺へ搬入されていたことを物語る[菅野〔成〕一九九四a]。

東アジア仏教世界と直結するという平泉仏教の自己意識は、王都を中心に展開していた顕密主義(顕密体制)からの相対的独立性を意味していた。平泉の世界性とそれに裏づけられた普遍的仏土の成立は、十世紀前期、王審知がつくった通商立国・仏教立国のありようと類似していることを強調したのは、入間田宣夫氏であった。一方、二仏並坐の多宝塔信仰は、中国の雲崗や龍門・敦煌石窟でも見られ、また、中国五代十国の一つ閩の王審知によって「報恩定光多宝塔」が建立されていた[入間田二〇〇七a]。さらには、新羅王朝時代、韓国慶州の仏国寺にも多宝塔が建造されていた。釈迦多宝塔は、東アジアではごく一般的だったのである。

日本における多宝塔の初見は、藤原道長が寛弘二年(一〇〇五)、藤原北家一門の埋骨所である宇治木幡墓所に建立した浄妙寺に、二年後に建立・供養した多宝塔である[川勝一九八四]。しかし、院政期においては、このような純粋天台系の二仏並坐の多宝塔は、真言密教を重視した院政期仏教世界においては、傍流となっていった。斉藤利男氏は、京都白河法勝寺の八角九重の大塔(典型的中国仏塔様式)と高野山根本大塔(真言密教系多宝塔)が、十一世紀末から十二世紀初期にあいついで建立されていた状況のなかで、清衡が純粋天台思想ともいうべき「東アジア国際様式多宝塔」を建立したことに、清衡の奥州自立路線を発見している[斉藤二〇〇九]。

以上の点からしても、中国仏教との直接的な紐帯のもとに天台法華教学の一大聖地とならんとし「千僧供養を国清寺でおこなった」という中尊寺の自己認識は極めて重要である。入間田宣夫氏は、それが決して架空の虚構ではなかったことを述べる［入間田 二〇一三a］。国清寺千僧供養は、平泉仏土が直接的に中国に直結していたことを意味する。大日如来を中核とする顕密体制下の寺院とは一線を画する、という平泉側の意識がそこにはうかがえる。そして、このような意識は、平泉仏教が中国仏教世界において「認知」されていったことを意味した［誉田 二〇〇八］。

それでは、平泉仏土の世界性は、現実社会のなかでどのように培われていたのか。民族をこえるような広い国際感覚は、北方民族との日常的な交流あったが故のことであった。中尊寺の前期の寺院構成を多宝寺伽藍とする菅野成寛氏は、むしろ北方世界との関係で押領使という「王権」の表象としての伽藍構成がなされたことを強調する［菅野（成）二〇〇二］。しかし、北方蝦夷問題を「王権」論に収斂することには違和感を覚える。多宝寺が白河関から外の浜までを含む仏国土の諸仏の統合という理念を有し得た最大の根拠は、平泉藤原氏による交易・貢納の体系がまさしく北方世界とのなかで展開してきたことからくるものである。その現実的な交通関係こそが、最大限に直視されるべきであろう。「粛慎挹婁の海蠻、陽に向かう葵に類たり、羽毛歯革之贄」を朝廷に納めてきた、と「供養願文」にあるように、北方民族との濃厚な交易関係、現実的な交流・通商関係こそが、民族間の隔たりを相対化し、東アジアに通底するような「国際性」を創出していった最大の要因であった。王法仏法相依思想のもと、天皇王権の正当性をはかる中世日本紀の神々によって守護された都の仏教世界とは異なる仏土、それが平泉仏土であった。

第四節　「平和」と平泉仏教世界

以上、三節にわたる検討により、平泉仏教世界においては、都の顕密主義に比して神祇が軽い存在であることを指摘した。さて、同様のことを「供養願文」に流れる思想性においても言えるのだろうか。多くの論者が指摘するように、同願文は、仏教の名のもとの「平和」を祈願したものでもあった。後述する「二階鐘楼一宇」以下の文章は、その典型と言えよう。この時期において、戦乱後の「平和創出」あるいは「仏神の戦乱状況の停止」にさいしてなされる宗教的行為は、大きな意味を有していた。その一端は、摂関期・院政期に書かれた様々な願文からもうかがえる。それでは、その「平和」の理念とは何なのだろうか。そして、それらの願文に記された思想性と「供養願文」とのあいだには、いかなる相違点が横たわっていたのだろうか。

九世紀から十一世紀後期まで、東北地方北部は、他の地域では類例を見ない三百年間余にわたる「戦乱」の時代を経験した。北方民族問題をまきこみ、関東武士の移動と地元武士の再編、辺境軍事貴族の誕生、地元武士の離散集合のなかで繰り広げられたこれらの戦いは、防御性集落の成立をうみ出すほどの地殻的変動を北奥の地にもたらした［天野・小野 二〇〇七］。前章で述べた通りである。

「杖郷」（六十歳）に達した清衡の自己認識に強烈な影響を与えたのは、このような激動の戦乱（戦争経験）であった。「供養願文」において「生まれて聖代の征戦なきにあい」とは言っても、清衡の前半生は、前九年合戦・延久合戦、さらには後三年合戦の戦禍のただなかにあった。『後三年記』は、清衡の対戦乱意識を組み込んだ形で地元の側で作成され、「承安本」以前の原『後三年記』ともいうべきものが存在していたことが、野中哲照氏によって明らかにされている［野中 二〇一四a・b］。その持つ意味は、あまりにも大きいと言わなければならない。

宗教は、このような長期に及ぶ戦乱と深く関係しあっていた。近年の研究は「戦争もまた宗教的」であったとし、祈禱戦争がさかんにおこなわれ、天上の世界における神仏の戦いが展開していたことを明らかにしている［久野 二〇〇一、下村 二〇〇七］。寺社勢力は「安穏」、武士は「武勇」という単純な図式ではなかった。

たとえば『陸奥話記』においても、源氏のもとでは常に八幡神が守護の役割をはたしていた［義江 二〇〇六］。厨川柵の攻撃に際し、源頼義らは八幡神の力を総動員してまで神矢の攻撃をしかけており、『陸奥話記』の各所において神々を動員した戦場の様子が描かれている。安倍氏側の具体的な神仏は不明であるが、小松館の官照の存在は、安倍氏方にも宗教勢力の戦場参加が重要であったことを暗示させるものである。

それに対して異色であったのが『後三年記』である。後三年合戦でも当然のことながら天空における神仏の戦いが繰り広げられたであろうことは容易に想像されるが、同書には神仏は一切登場してこなかった。唯一、清原真衡の「護持僧にて五そうの君といひける奈良法師」が出現してくるのみであった。清原氏が熱烈な八幡信仰を有していたという義江彰夫氏の考え［義江 二〇〇六］は、源氏中心史観に潤色された『陸奥話記』に引きずられた誤解である。源氏と異なり、「兵」清原氏の氏神は不明であることに、大きな歴史的意義があると言わなければならない。前章で明らかにしたように、京都の貴族たちの観念的存在としての怨霊への恐怖心と、前九年・後三年合戦の悲惨きわまる戦争経験とは、異質なものであった。形式だけの鎮魂呪法は、意味を有さなかったのである［誉田 二〇〇八］。

このような戦禍の記憶は、平泉仏教世界にいかなる思想的影響をもたらしたのであろうか。後三年合戦の覇者、藤原清衡は奥羽支配の正当性をどのように論理づけたのであろうか。この戦争が宗教的な背景をもって戦われ、その結果もたらされた平和の本質とは何だったのか。このことを知る上で最良の史料が「供養願文」であることは、周知のことである。丸山仁氏が、「平安京の洛南鳥羽や洛東白河に造営された御願寺の供養願文において、御願寺御堂の造営を命じられた国守が願文中に自らのことを記載することはない」と指摘し［丸山 二〇〇六b］、また「供養願文」が、対陸奥国守に対する戦略的テキストである、と遠藤基郎論文が述べるように［遠藤 二〇〇五］、「供養願文」は奥羽在地世界の「平和」理念に関する思想を鮮明に叙述している。願文の起草者が京都の貴族、藤原敦光であることにより、そこに流れている理念は、平泉のものにあらず院政期京都の王朝公家意識である［川島 一九九八］、とすることはできないのである。

たとえば、同じ敦光が作成した願文である「中禅寺私記」（『群書類従』一八釈家部）においても、中禅寺湖の自然景観の描写に徹していた。まさしく、それは在地世界からの目線であったと言わなければならない。さらに日光山満願寺は、「鎮護国家のため、利益衆生のため、神祇を勧請し、仏経を造写す」とあるように、基本的に鎮護国家を祈る寺でありながらも、そのためには、神祇は欠かせない存在であった。さらには、湖の坤に一梵宮である日輪寺を造り、そこに不動・降三世・軍荼利・大威徳・金剛夜叉の尊像を祀り、調伏の尊像が重要な願文主体となっていた。このことを「供養願文」と比較して考察するならば、後者では、調伏の神々である不動・降三世・軍荼利・大威徳・金剛夜叉の五大明王が存在しなかった。また、神祇の世界が見られないのも「供養願文」の特色であった。

さらには、畿内の寺塔落慶供養や法華会などの場で読まれた願文においては、神祇の役割は無視できない大きなものであった。たとえば、大江匡衡の識した寛弘二年（一〇〇五）十月十九日為左大臣（藤原道長）供養浄妙寺願文（『本朝文粋』巻十三）では「釈迦多宝・妙法大乗・妙光法師・普賢薩埵を敬礼し、この道場に入りて功徳を証明す。天神地祇、およびこの山の幽霊善神等、如来の衣を被り、菩薩の座に著す」とあり、寛弘四年十二月二日供養同寺（浄妙寺）塔願文（『本朝文粋』巻十三）でも、「華夷災いを消し、幽顕益を蒙る」「天神地祇、恵日に向かい光を増す。精霊冤魂、法雨を浴びて離垢す」という表現に見られるように、明確な王都的神祇意識が露出していた。同様の事例は、天慶十年（九四七）三月十七日朱雀院被修御八講願文にも「天神地祇、威光を増し、随喜を以て、冤霊邪鬼、怨気を銷かし、以て真に帰せん」（『本朝文粋』巻十三）とあった。ここでも鎮魂呪法としての神祇の役割の大なることが言えるのである。

供養同寺（浄妙寺）塔願文で重要なのは、「華夷災いを消し、幽顕益を蒙る」「天神地祇、恵日に向かい光を増す。精霊冤魂、法雨を浴びて離垢す」とあるように「華夷」という意識構造であり、天神地祇を引き合いに出し、それとのセットで精霊冤魂が法雨を浴びて離垢す、という思想であった。神祇的な裏づけがあって初めて精霊冤魂の除災が可能とされたのである。このような思想構造は、平泉の「供養願文」には見られない鎮魂のあり方であった。なお、墓所としての浄妙寺については、黒羽亮太論文を参照されたい［黒羽二〇一五］。

さらには、「鎮魂の平和政策」「鎮魂の仏事」は、戦乱後の、あるいは紛争後の勝利者の重要な政策課題であった。鎮魂は戦後処理政策であり、自己の政治的立場の正当性にも直結していた［久野二〇〇二］。そこではどのような鎮魂の救済論理が展開していたのであろうか。このことを知る上で、建久八年（一一九七）十月四日源親長敬白文（『鎌倉遺文』九三七号文書）は、誠に興味深い。ここでは、治承・寿永の内乱の亡者供養のために源頼朝が八万四千基御塔建立を発願し、そのうち五百基・但馬国三百基の建立勧進奉行司となった源親長は、以下のように敬白していた。すなわち、平清盛を物部守屋の跡を継いで仏法を滅ぼした王法仏法相依の破壊者、と断じるとともに、源頼朝が「天に代わりて王敵を討ち、神に通じて逆臣を伏し、早く一天の陣雲を拂はん」としたこと。その上で戦乱により死んでいった夭亡の輩数千万が「恨を生前の衢に遺し、悲しみを冥途の旅に含ます」として、「すべからく勝利を怨親に混へ、抜済を平等に頒けるべし」との願いから、阿育王の旧跡を尋ねて八万四千の宝塔を造立しようとした、と。まさしく、王法仏法相依の思想に基づく国家による「鎮魂」と「平和創出」、その正統的担い手としての頼朝という論理構造が打ち出されていたのである。

ここでは典型的な「怨親平等、一切供養」による戦後処理と平和創出が見られるが、と同時に注目しなければならないのは、怨親はあくまでも戦勝者頼朝の「勝功徳」に混ぜられていったこと、つまりは頼朝による怨親の「絡め取り」がおこなわれていた、ということである。その意味で、勝利者による平和創出の正統性とその王法と仏法の「国家的善行」であった。したがって、転読一万巻の観音経も「祈請折伏、攝受方便」と意識されていたのであり、「五輪の宝塔宝篋神呪、討罰の亡卒を救ふ」とあるように、最後まで敗者の罰と亡者の討伐者とが区別して意識され、両者の平等性が確保されるわけではなかった。そしてそこでは、何よりも神呪が大きな役割をはたしていた。

「すべからく勝利を怨親に混へ、抜済を平等に頒けるべし」という願文の理念は、天慶の乱後の願文に淵源を有していた。大江朝綱の作になる天慶十年(九四七)三月二十八日朱雀院平賊後被修法会願文(『本朝文粋』巻十三)では、観音像六鋪の図絵と法華経六部の書写の行をおこないながら、「官軍にあるといへども、逆党にあるといへども、すでに卒土といふに、誰か王民にあらざらん。勝利を怨親に混じへ、以て抜済を平等に頒たんと欲す」とあった。反乱鎮圧者の王土の観点から、卒土における救済、「勝功徳」を怨親に交える、ということで国家的善行がなされたのである。王朝国家による「鎮魂」の担い手が、隋高祖、唐の太宗にまで遡らせるのも、鎮魂の正統性の「歴史」をそこに求めた結果であった。

以上のような、朝廷あるいは鎌倉幕府の「平和」と鎮魂の有り様は、平泉藤原氏のそれとは、大きく異なるものであった。その何よりも決定的に重要な点が、神祇思想が「供養願文」では皆無であったことである。源頼朝が神に通じて逆臣を討ったというあり方は、決して「供養願文」には出てこなかった。本地垂迹に基づく神々の到来がそこにはまったく想定されていなかった。純粋仏教国土の「平和」が強調されていることに、なによりも注目しなければならない。

「供養願文」の「平和」と「鎮魂」の理念は、「三階鐘楼一宇　二十鈞の洪鐘一口を懸く」以下の文面にあることは、あまりにも有名である。多くの論者が、その平和について論述しており、屋上屋を架することになるが、前述までの王都を中心に見られた中世国家と宗教のあり方から考察してみる。

「右、一音の覃ぶ所、千界を限らず。抜苦与楽、普く皆平等なり。官軍夷虜の死事、古来幾多なり。毛羽鱗介の屠を受けるもの、過現無量なり。精魂は皆他方の界に去り、朽骨は猶此土の塵となる。鐘声の地を動かすごとに、冤霊をして浄刹に導かしめん」と。ここでは、「抜苦与楽、普く皆平等」とまずあることにより、コンテクストとして平等性がまず担保されていた。その上で「官軍」と「夷虜」が死ぬことの多いこと、それらは「毛羽鱗介」の動物の死とともに、その冤霊を浄刹（浄土）に導かんとするものであった。前述の源親長願文に見られたような、戦勝者による善行（勝功徳）に冤霊を抱きかかえること、あるいは、神々の力を借りて勝利した為政者による鎮魂の自己正当化とその政権の正当性という理念が、「供養願文」には見られなかった。そして、このことは、藤原清衡が白河院の忠実な奉仕者にすぎず、それ故に自己の鎮魂の正当性とその淵源を歴史的故実に求めないのである、という見方では説明し尽くせるものでは、決してなかった。まさしく、法華経の平等理念を内外に強力にアッピールし、もって平和の鎮魂の論理を導き出していること、このことにこそ「供養願文」の思想的意義の核心があったのである。

前述のように前九年・後三年合戦では、地上のみならず数多くの神々による天空における戦争がおこなわれてきた。地上の平和は、天上の平和と密接不可分の関係にあった。しかし、「供養願文」では、「奉建立供養鎮護国家大伽藍一区事」に続く諸堂宇などの「個別的善根」の文面、あるいは「以前善根旨趣」から始まるいわば願文の主文においても、神々のことは一切記載されず、千部法華経の法華持経にみられるような、あるいは、洛中御願寺の主尊が大日如来であるにもかかわらず、鎮護国家大伽藍一区は釈迦三尊像であったように［丸山仁 二〇〇六b］、法華経に基づく釈迦浄土（浄刹）のもとにすべての怨霊が導かれるという理念によって貫かれていた。むろん、源頼朝に見られた、「すべからく勝利を怨親に混へ、抜済を平等に頒けるべし」という理念もなかったのである。

このように「供養願文」の理念は、院政期国家の顕密体制とは一線を画するものであったと言わねばならない。中世都市平泉の宗教構造が著しく仏教的色彩を濃厚にし、神国思想を生み出す異民族排除の論理を有していなかった。このような平泉、そして平泉藤原氏の宗教理念をその底流において支えていたものに、北奥蝦夷問題と北方民族との交易関係のなかで歴史を刻んできた伝統があった。それは、日本中世国家の正統的宗教構造といわれる顕密主義とは異色の、もう一つの宗教の系譜を構成していたのである。

おわりに

平泉は、京都の最先端の仏教文化をいち早くとりいれ、一大仏教都市を構築していったところに大きな特色があった。そこでは、王都の文化の単なる模倣ではなく取捨選択がおこなわれ、密教的な要素が顕密主義に比して希薄であった。さらには、顕密主義の大きな支柱でもある神祇信仰においてもその比重は低く、とりわけ王城鎮守の神々が中世都市平泉に鎮座していなかった。さらには、二十二社・一宮体制の一翼をになう「国鎮守」としての惣社も見られなかった。それはまさしく顕密主義とは異色の宗教世界であった。

平泉の仏教は思想史的に法華経の大きな影響下にあり、とりわけ二仏並坐に見られる多宝寺（塔）信仰は、中国大陸の一般的な仏教様式をとりいれたものであった。大日如来を主尊とする顕密寺院とは明確に異なる中国大陸の系譜が、そこには流れていた。平泉仏国土の底流には、日本史上類例を見ない長期間にわたる戦乱があった。「供養願文」にみられる「平和」と「鎮魂」の創出は、神祇の希薄さをふまえ、法華経精神に基づく絶対平等の仏国土の理念のもとでおこなわれた。顕密主義とは趣の異なるこのような「鎮魂」の創出の背後には、北方民族との現実的な交易関係が潜んでいた。そこに奥羽世界の仏国土としての理念が宿る最大の要素があった。その上に立って、王朝側の法華経仏教を純粋化することにより、王都に向かっても平等性をアッピールし、その結果として平泉仏土の相対的自立性を藤原清衡は獲得したのであった。

〔補記一〕

なお「寺塔已下注文」の「一、毛越寺事」のなかに「次千手堂、木像二十八部衆、各鏤㆓金銀㆒也、鎮守者惣社、金峯山、奉レ崇二東西一也」及び「一、鎮守事」のなかの「中央惣社、東方日吉白山両社」とある。この惣社について、毛越寺の惣社とする説〔五味 一九九三、義江 一九九一〕がある。大矢邦宣氏は、この惣社を、千手堂の惣社であるとし、その千手堂も京都の蓮華王院(三十三間堂)と同じ千手観音が安置されていたとする〔大矢 二〇〇八〕。一方、斉藤利男論文は、毛越寺惣社が金峯山とともに、藤原基衡の時に今の花立廃寺跡に東西相並ぶように建てられたとする〔斉藤 二〇一四〕。毛越寺惣社は、陸奥国中部以北の神々を勧請したものであるとも述べる。秀衡が実質的な陸奥守となった時点で、毛越寺惣社を都市平泉の中央鎮守惣社に読み替えていった。以上の斉藤説は、本章で考察したことを補強するものである。基衡段階の毛越寺(円隆寺)惣社が、秀衡によって「中央惣社」として、仏教都市平泉の惣社として読み替えられていったのであり、陸奥国府「惣社」の単純な勧請などでは決してない。また、斉藤利男氏は、「寺塔已下注文」は、平泉の草創期と清衡一代記、二代基衡時代の平泉藤原氏の発展物語、三代秀衡時代の全盛期平泉の注進という三部構成からなっている、と論じている〔斉藤 二〇一四〕。基本的には、仏土「荘厳」の個々の事がらを注進する性格の注進状に、円隆寺に係る「物語」をもう一つの柱にしたところに、本注文の特色がある。なお、円隆寺の物語については、本書第Ⅱ部第四章で詳述したい。

〔補記二〕

旧稿では、一基塔と多宝寺についての考察が不十分であった。菅野成寛氏は、岩手県北上市稲瀬町の国見山廃寺跡から見つかった方三間四方の建物跡は、五層もしくは三層の多層塔であり、藤原清衡が豊田館から平泉に移住するさいに、平泉関山上に移建されて、「寺塔已下注文」に見る「一基塔」となったことの可能性大なること、さらには胆沢城鎮守府の付属寺院としての役割を有していた国見山廃寺跡は、平泉関山の多宝寺伽藍(後の中尊寺)へと継承されたこと、を述べる〔菅野〔成〕二〇〇五〕。鎮守府権力公権と結びついた付属寺院が、鎮守府権力者藤原清衡とともに移動していくという論点は、多宝寺の歴史を知る上でも参考になる。平泉関山は、最初にまず多宝寺として出発したが故に「最初院」とも称されたのであった。もっとも、藤原清衡段階の鎮守府そのものの実体は何であり、それが仏教と具体的にどう関わってくるのか、なお検討すべき課題も残されている。前章でも述べたが、安倍氏・清原氏の国見山廃寺から藤原清衡創建の関山中尊寺には歴史的な飛躍がある。関山中尊寺の「一基塔」が、白河関から外の浜にいたる交通体系の中核を平泉藤原氏が掌握しようと、あたかも奥羽全体のラウンドマークのように建てられていた、とする斉藤利男説は、その意味でも注目される［斉藤 二〇一四］。そこには広大な奥羽の世界を仏土たらしめんとする戦略がある。

なお、清水擴氏は、初期の多宝塔とは、最澄が豊前・豊後・近江・山城・下野・上野の六処に千部法華経を安置した「六所宝塔院」（法華経塔）を計画し、上野・下野にて成就した「法華経塔」であり、その後、法華経を安置せず大日五仏を安置する段階、恵心僧都源信が再興した比叡山如法堂の法華経を安置した多宝塔と釈迦・多宝仏とを併置する様式を経て（法華経如来神力品に拠る）、宇治木幡浄妙寺の法華経見宝塔品に拠る釈迦・多宝仏二仏並坐（塔内には法華経を納めず）が主流になっていく、と述べていた［清水擴 一九九二a］。前稿では、この清水説に学ばなかった。改めてこの多宝塔の歴史についての諸説をふまえた時、平泉の多宝寺については、以下のことを確認するものである。文治五年九月「寺塔已下注文」に「安置釈迦・多宝像於左右」と、そして建武元年八月「中尊寺衆徒等申状案」（『平史』六一一号文書）に記載された「最初院本尊釈迦、多宝並座」とあるように、平泉多宝寺が、釈迦仏・多宝仏を左右に安置する二仏並坐の様式をとっていた。中尊寺多宝寺は、本文で述べたように、宇治木幡浄妙寺の多宝塔様式とその思想を直接的に採用していたのである。なお、入間田宣夫論文は、清水説をうけて平泉の「一基塔」には、法華経が納められていたとし［入間田 二〇一三a］、また長岡龍作氏は「中尊寺伽藍の核ともいうべき法身仏の毘盧遮那仏、一字金輪仏」が納められていると述べる［長岡 二〇一〇b］。また、斉藤利男氏は、この「一基塔」は、関山の一番高い所に建っており、今の大長寿院のある平地には、多宝寺がかつて建っていたとする。「寺塔已下注文」にあるように、「其中間開二関路一、為二旅人往還之道一」とは、奥大道が、一基塔と多宝寺の間を抜けていたことを語っている。これも斉藤利男氏の説くところであった〔斉藤 二〇一四〕。あわせて高橋富雄氏は、中尊寺には法華経功徳によって、その中央に地上仏国土を実現するところの此土浄土という性質があり、法華経を根本所依としていると述べていた〔高橋〔富〕一九八六〕。京都の浄土教との異質性を指摘し、阿弥陀堂（二階大堂）があったとしても、中尊寺は、それを中心とする寺院ではなかった、とも論じている。行論上、傾聴すべき見解である。

第三章　白河院政期の出羽守と平泉藤原氏

はじめに

白河院政期の出羽国、とりわけ今の山形県にあたる出羽国南部の歴史は、史料が少ないこともあり、いまだ十分に解明し尽くされたとは言い難い。そもそも、十一世紀末から十二世紀初頭の出羽国南部で、誰が何をしたのか。それは、同時代の日本全体の歴史展開とどう関係していたのか。さらには、その出来事が平泉藤原氏の歴史とどのように関わっていたのか、依然として解明されていない。そこで、平泉を中心とする陸奥国の歴史にともすれば埋没しまいがちな出羽国南部の政治状況を明らかにすることで、院政期奥羽の政治勢力の多様性とは何か、について考察してみたい。本章では、院政期の三人の出羽守、源信明・源国房・源光国に着目し、以下、論じていくことにする。

第一節　出羽守源信明は武士である

寛治元年(一〇八七)秋、後三年合戦が終了すると、陸奥守源義家は解任され、翌二年正月には大物貴族の藤原基家が陸奥守に補任された。それは、軍事貴族国守による奥羽支配から、文官貴族国守による奥羽支配へ、という朝廷の対奥州政策の転機を意味した［斉藤 二〇一一］。それでは、後三年合戦終了後の出羽守には、誰が補任されていたのだろうか。通説的理解では、その出羽守とは、源信明とされている［遠藤巖 一九七八b、大塚 一九八四、宮崎〔康〕一九九一］。出羽守源信明の史料上の初見は、『後二条師通記』寛治七年六月十八日条に記載された出羽守信明と東山道相撲使秦正重とが合戦に及んだ、という事件である。これ以前に信明が出羽守であったことを意味する。もっとも信明の出羽国内における動向として、『中右記』寛治八年（一〇九四）三月八日条に見える、平師妙の乱で山中に逃散した事件、及びこれに関わり、京都で見られたことを記さないわけにいかない。行論上、以下の点を確認しておきたい。

寛治七年（一〇九三）に信明が上京しようとしたとき、平師妙が反乱をおこし、信明の「館」を焼いた。ことごとく財宝を盗まれた信明は命を逃れるため山中に逃散し、在所不明という状況になってしまった。同年の十月十八日には、源義家の弟の義綱が陸奥守に任命され師妙追討の「下知」が出たが、義綱が任国に赴く前に、まず相尋ねるために郎等の字藤別当を遣わしたところ、師妙の首を斬ってしまった。翌年の三月八日申刻、陸奥守源義綱は、長戟の末に刺しそれに赤い小幡をつけた師妙と息子の師季の首、それを挟む三十人の歩兵、さらには降参した貞宗・貞房、郎等二百人余りを引き連れ、都の四条から二条に向けて凱旋パレードをした。首は検非違使に渡され、西獄門前の樹上に梟された。群衆は烏帽子を飛ばし恥辱に及んだ。その日のうちに師妙を搦め進めた源義綱に従四位上の賞（叙位）があてられた。以上のことを「武勇の威、自ずから四海の致すところか」と、藤原宗忠は『中右記』に記した、と。

まず何よりもふまえておきたいことは、源信明が出羽国に実際に赴いていることである。国守信明の住まいは、「館」（たち）と称されていた。国守の私的な宿館は、公的な政庁の役割をする「館」となっていた［斉藤 一九九二、入間田 二〇一三g］。さらには一歩進んで、国衙における政務形態の変化を「国庁から館」へととらえずに、もともと国庁と国司館のそれぞれで固有の儀礼・政務がおこなわれたのであり、国司の受領化とともに国庁の行事がそぎ落とされ、残る館の行事も受領館においてのみ残存していたとする小原嘉記論文もあった［小原 二〇一三］。さすれば、受領の「館」が襲われたことは、まことに深刻なるものであった。朝廷は、山中に逃散した出羽守源信明を見限り、陸奥守に源義綱を任命し、師妙追討の下知（宣旨）を下した。この義綱は、兄義家と対立して二年前に合戦に及んだ摂関家・天皇家に追従する如才のない人物。義家への荘園寄進の禁止を打ち出していた京都政権には絶好の、利用できる武士であった。再び河内源氏一門から陸奥守が任命されたのである。

平師妙は、『陸奥話記』に見える藤原経清の外甥である散位平国妙に近い一族であった［斉藤 二〇一一］。その国妙は、字を平大夫と称し、ゆえに「能を加えて不負」といった。散位は本来六位以下の貴族が、在外の者は国衙に分番上下する有力地方豪族が称していたし、大夫も本来五位以上だが、地方社会にあっては一種の身分表示としての尊称となっていた。平国妙も国守の郎従として出羽国へ関東から下向、土着した有力武士であった［大石 二〇〇一 a］。あるいは奥羽の北半分における「軍事専門家層の優位」の歴史と伝統を背負ったのが、平師妙ではなかったか［入間田 二〇〇四 a］。かかる出羽国有力在庁官人平師妙が、出羽国南部にあった出羽守信明の館を襲撃したことになる。それは院政期王朝の奥羽支配の根幹に関わった事件であったと言わねばならない。

源義綱の華々しい入京劇には、関白職の藤原師実から師通への譲渡を祝福し、新関白の権威を増大せんとする摂関家の思惑があったのかも知れないが［元木 二〇一一］、出羽国平師妙の乱が鎮圧されたことに対し都人が群集して歓呼の声をあげたことの最大の背景として、院政期奥羽の有する政治的問題があったことを忘れることはできない。この出羽国在庁官人平師妙の反乱鎮圧にさいし、義綱が藤原清衡の支援を受けたことは疑いない、と元木泰雄氏は述べる［元木 二〇一一］。『中右記』寛治六年六月三日条にあるように、「清衡が合戦を企てているらしい」との陸奥国解文が都に届いていることから、上記のような解釈が生まれたといえる。しかし、結果的には、師妙の反乱に加担したがゆえに再び奥六郡に遠征軍を差し向ける、という大義名分を清衡は、白河院に与えなかった。奥羽北半分の平和維持にむけて実効支配していくことに成功したのである。このことの持つ意味は重大である。

　また、師妙の乱がおきる前年の寛治六年、出羽守源信明は、摂関家領小田島荘の収公を企て摂関家と相論になる事件をおこしている（『後二条師通記』寛治六年十二月四日条）。源信明の小田島荘に対してとった行動は、寛治六年五月に出された源義家構立の荘園の宣旨に基づいたもの、と大石直正氏は述べる［大石二〇〇一a］。ただし、源信明を白河院政による荘園整理の忠実な実行者としてのみとらえることには、疑問を覚える。また、出羽国在地世界に発生した対立構図を、国府勢力（出羽守信明）対荘園の現地管理機関（師妙・藤原清衡）とする樋口知志論文の考察もあった［樋口二〇一一］。しかし、藤原清衡の政治力が小田島荘にまで及んでいたとは考えられないし、ましてや反逆者の汚名を着せられた清衡が追討軍源義綱から逃れるために京都に身を潜めていた、とする樋口説には従えない。

　さて、平師妙に襲撃されて山中に逃げた源信明とは、何者なのか。『尊卑分脈』からは、該当する人間を捜し出すことはできない。しかし、源信明は、決して醍醐源氏や村上源氏流の文官受領だったのではない。このことを如実に示すのが、『後二条師通記』寛治七年六月十八日条である。すなわち、東山道相撲使秦正重が非法の事を宛ててきたことに反発し、ついには出羽守信明が合戦に及んだ。秦正重の非法のことを訴えた信明からの申文二通が、右近衛中将源国信（村上源氏源顕房の四男で陸奥守源信雅の兄）に付され、奏せられることになった、と。何よりも『後二条師通記』の同日条に「相撲使出羽守合戦事」と朱書されるように、正重と信明は合戦に及んだことに注目したい。しかも信明の合戦相手の秦氏は、近衛府の下級官人を勤めた伝統ある「都の武士」。将監・将曹の地位は、秦・下毛野・播磨などの家によって独占されていた［高橋（昌）一九九九］。宮中儀礼としての相撲節の様相は、『後二条師通記』寛治五年閏七月条に詳述されている。相撲節を王朝公家社会の形式的儀礼としてとらえず、そこに「武芸」「武士」の本質ありとする高橋昌明氏の考え方に着目したい［高橋（昌）一九九九］。典型的軍事貴族である源頼光の従者坂田金時は右近衛府の府掌であり、地方に下って相撲節に出場する相撲人を募集していた。相撲使である秦正重もそのような武士であった［野口実　一九八八］。信明が合戦するに相応しい「武士」であった。なお、畿内武士論については、生駒孝臣氏の研究を参照されたい［生駒 二〇一四］。

第二節　伊勢平氏正衡と美濃源氏国房

源義綱の陸奥守補任は、朝廷にとって当座しのぎの便法であった。義綱の華々しい凱旋パレードから十ヶ月後の嘉保二年（一〇九五）正月、源義綱は、河内源氏ゆかりの美濃守に任じられた。大栄進であり、それは源頼義以来のこと。義家ですらなしえなかった［元木 二〇一一］。さらに、同月二十八日には、文官貴族で村上源氏の源有宗が陸奥守に任命された。以後、承徳二年（一〇九八）八月に文官貴族醍醐源氏源国俊の陸奥守任命を経て、康和二年（一一〇〇）九月には藤原実宗が陸奥守に補任され、同年十二月には鎮守府将軍を兼務するにいたった。それ以後、陸奥守が鎮守府将軍を兼任し、文官貴族が任命されていくことになった。同時に奥羽の奥六郡・山北三郡及びその北に広がる世界を実効支配する藤原清衡の政治力を朝廷が認めるとともに、河内源氏本流を中央政界からも東北地方の支配機構からも疎外していった。辺境軍事貴族を陸奥守・鎮守府将軍・出羽城介に任命した十世紀から続く奥羽政策の最終的放棄、仏教都市平泉の成立が本格的に始動していったのである［斉藤 一九九八、誉田 二〇一〇・本書第Ⅰ部第二章］。

以上のような陸奥国、平泉藤原氏の歴史展開を念頭においた場合、出羽国の政治史は、都との関係でどのようにとらえ直すことができるのであろうか。

寛治八年（一〇九四）三月八日の源義綱の入洛直前の二月二十二日に、源信明に代わり藤原季仲が出羽守に任ぜられた（『除目大間書』）。『尊卑分脈』によれば、藤原季仲は長良系藤原氏であり、季仲の父親は藤原範永。範永は蔵人から尾張・但馬・阿波守などに任じられた実務官僚系貴族であった。季仲も蔵人から出羽守に任じられたし、但馬守藤原能通の娘を母親とする兄の良綱と清家も、蔵人から阿波・但馬・周防守や伊賀・相模の国守となっていた。しかも、季仲の兄弟姉妹のなかには、藤原頼宗の女房になった女、藤原忠綱の妻となり長兼や基兼を産んだ女、藤原良綱の妻となった女がいた。従兄弟の俊清や俊房はいずれも白河院の判官代として、院の近臣であった。実務官僚系の文官貴族が平師妙の乱の後に出羽守に任命されたのである。それは、文官貴族が源有宗以降絶えることなく補任されていった陸奥国の動きと同じであった。藤原季仲は、永長元年(一〇九六)に内裏大垣の建設費用徴収のために出羽国への官使派遣の解を提出している(『中右記』同年十月二十四日条)。白河院政期にあって、出羽守季仲はごく一般的な地方支配をおこなっていたかに見える。藤原季仲は、承徳元年(一〇九七)ころまで国守であったか。しかし、出羽国の政治史は、その後、陸奥国とは別な動きをしていく。

康和元年(一〇九九)一月二十三日の除目で従五位下の平正衡が使巡により出羽守となった(『本朝世紀』同日条)。検非違使大夫尉からの転進である。かかる検非違使から受領への転進は京都軍事貴族の常道であった〔玉井 一九八一、高橋〔昌〕一九九九〕。この正衡こそ平正度の五男、かの平維衡の孫であった。維衡の父は有名な平貞盛である。『尊卑分脉』の記載から、平維衡の本流をついだ正度と正済の兄弟が、一〇三〇年代後半から前九年合戦までの間に出羽守であった可能性を大塚徳郎氏は指摘する〔大塚 一九八四〕。承暦三年(一〇七九)六月二日におきた延暦寺僧徒一千人の強訴にさいして、右衛門尉平正衡は検非違使大夫尉平季衡らとともに朝廷の有力警備部隊員の一人として活躍し、また藤原師実の家人として儀仗兵的「侍」でもあった〔高橋〔昌〕二〇一一〕。京都の軍事儀仗部門の一翼を担い、後の平家隆盛の出発点をなした軍事貴族「都の武士」である。白河法皇の寵愛を得て伊勢平氏台頭の主役となった平正盛は、この正衡の子であった。確かに、康和元年ころの伊勢平氏は、いまだ勢力が弱かったのであるが、都の軍事貴族が出羽守に任じられたことの事実に、なによりも注目したい。平正衡が受領として出羽国に実際に赴任したか否かについては、史料がなく確かめられない。しかし、平正衡が出羽守に任じられたことは、出羽国在地世界にとって看過できないことであった。それは、平正衡という「都の武士」の実像を知ることで明らかになる。

この平正衡は、一〇七五年ころから延暦寺良心阿闍梨と結託し、伊勢・美濃・尾張の国境付近にある多度山の多度神社の東寺末寺神宮寺(法雲寺)所領荘園に対する押妨、本寺(東寺)の使者を責凌する非法を繰り返している(『平安遺文』一一一五・一一二八号文書)。その結果、正衡一族の師衡は神宮寺俗別当職に補任され、平氏の伊勢とその周辺支配の足がかりを得るにいたり、平正衡流は平家本流となっていく[高橋(昌)二〇一一]。長治三年(一一〇六)に、平正衡は伊勢国多度郡神宮寺所領・尾張国大成荘田畠在家を横領し、後述する源国房と争っている。延暦寺随一の悪僧と結託して策略を練り、さらには伊勢多度郡神宮寺の神の力をちらつかせ、郎等を遣わしては武力で荘園の横領を重ねる平正衡が出羽守になったのは、康和元年(一〇九九)正月であった。子息の正盛も翌年には若狭守となっており、伊勢平氏が白河上皇の寵愛を得て院政期軍事貴族として跳梁し始めたのであった。そのような正衡が出羽守に任命されたのである。

この康和元年は、平泉藤原氏にとっても画期的な意味を有する年であった。すなわち同年の九月十七日(『本朝世紀』同日条)、小野宮右大臣実資の曾孫にあたる藤原実宗が陸奥守を拝任し、十二月には鎮守府将軍にも任命されていたのである。それは、軍事貴族を国守に補任して軍事支配をおこなう、という十世紀以来の陸奥政策の最終的な放棄を意味した。前述の通りである。斉藤利男説を思い起こされたい[斉藤 一九九八]。しかし、こと出羽守への軍事貴族の補任は、陸奥守とは異なり、康和元年以後も続いたのである。この事実をまずもって肝に銘じておきたいのである。

平正衡の次に出羽守として史料に登場してくるのは、『殿暦』天仁二年(一一〇九)二月十七日条に記載された「出羽守(源)光国」である。平正衡と源光国のあいだをうめる出羽守として藤原季仲を推定することも不可能ではないが[遠藤巖 一九七八a]、確証は得られない。むしろ、私は、光国の父親である源国房に注目したい。と言うのも、『中右記』長治元年(一一〇四)二月五日条には白河上皇の広隆寺参籠に同行した藤原宗忠が、前摂津守(源)俊輔朝臣や藤原家通の長男の出家とともに「前出羽守源国房出家」と記していたのである。源国房は、長治元年以前に出羽守であった。このことに何よりも注意しなければならない。

源国房と言えば、摂津源氏源頼光の孫で美濃源氏の祖。父は源頼国。兄弟には多田源氏の祖となる頼綱や源頼資がおり(『尊卑分脈』)、清和源氏の嫡流ではないものの、終生かの源義家とも対峙し続けた軍事貴族。『古事談』巻第四の一七では、「笠とがめ」の非礼を国房から糾弾されて弓弦を切られた、との郎等の報告に逆上した源義家が、国房の館を襲撃した事件を記載している。国房は、自流こそが正統な清和源氏の嫡流である、との認識を捨てようとしなかった[奥富 一九九七]。前九年合戦後、源国房は、源頼義の本拠とも言うべき美濃国経営に邁進し、源義家とも対立していく[元木 二〇一一]。美濃国に盤踞しながら京都の検非違使の武力装置の中核的部分を担い、河内源氏の傍流であることに決して甘んじることはなかった。永長元年(一〇九六)には、役夫工米使を国房の郎等が凌轢したので、美濃守源義綱(義家の弟)に犯人を召し進すべし、との宣旨が出ているが、国房は応じなかった(『中右記』永長元年十二月一日条)。また国房は、美濃国東大寺領茜部荘の荘司の地位を利用して、勇士を派遣し同荘内の田地を隣接する私領の鶉郷に組み込む非法をおこなっている(『平安遺文』一三五三号文書)。荘園公領制研究ではあまりにも有名な事件の当事者である。さらには、尾張国大成荘(前述の伊勢国多度神宮寺領)においても、延暦寺悪僧の仁与と共謀して嘉承元年(一一〇六)八月、随身する数多の軍勢を同荘に派遣し、住人の私財を奪い庄田の稲を刈り取るという乱行をおこなっている(『平安遺文』一六六三号文書)。大成荘は、前述の伊勢国多度神宮寺領荘園。神宮寺は東寺領であり、伊勢平氏の氏寺であった[高橋(昌)二〇一一]。

美濃国を拠点に京都との間を往来(留住)し[戸田 一九六七、保立 二〇〇四a]、検非違使などの院の武力装置を担い、白河上皇に取り入るとともに、検非違使の巡により、信濃・伊豆守に補任され、国衙行政の一翼につかせて郎等らの私領拡大の私欲をかき立てる。延暦寺の悪僧とも連携しながら「都の武士」であることを最大限に利用して荘園乱入をくりかえし、自らも私領拡大を図る。その非法ぶりが訴えられると、美濃の本領に逃げ込み、都からの追求を逃れる。それが源国房の姿であった。かかる「都の武士」が出羽守となったのである。

国房は、『中右記』永長元年(一〇九六)正月二十三日条では伊豆守、『本朝世紀』康和元年(一〇九九)正月四日条では従五位上「治国信濃伊豆守」、同月二十三日条では「常陸介従五位下源国房　任中」とあった。『中右記』長治元年(一一〇四)二月五日条では、「前出羽守源国房」は出家したとあった。詳細な考証は省略せざるを得ないが、国房が出羽守となったのは、出羽守平正衡のあと、康和四・五年のごく短期間であった、と考える。しかし、それは決して無視しても良いようなことではなかった。何よりも留意すべきは、出羽守国房の一族や郎等が、美濃国や尾張国でおこしたと同じような非法が出羽国でも発生しうる、ということである。そして、それは、実に国房の子の出羽守源光国によって引き起こされた。

第三節　寒河江荘に乱入した源光国と平泉藤原氏

源国房が短期間の間にせよ出羽守になったことは、子息光国の出羽守補任への重要な布石となった。そして、天仁元年(一一〇八)夏に出羽守に補任された源光国は、翌年秋ころ出羽国に下向し、摂関家領寒河江荘への乱入事件を引き起こしていった。院政期出羽国南部でおきた、有名な事件である。光国のこの行動は、天仁元年十一月に出された新立荘園停止令をうけてなされたことであり[入間田 一九八二]、白河院政期に日本中のどこでも見られた事象にすぎない、と言えよう。ただし、この「都の武士」光国の行動を奥羽あるいは京都を視野に入れて見つめ直した時、別の世界は開けてこないだろうか。

源光国の母は、木工大夫の女。光国は、久安三年(一一四七)二月に八十五歳で亡くなっている。光国は、高藤公孫の藤原家実(藤原為房の弟)の娘と結婚し、二人の間には「鳥羽院四天王其一なり」と評された源光信が生まれている(『尊卑分脉』)。また、光国の叔母は藤原為房と結婚し顕隆を産んでいるし、叔父多田源氏頼綱の娘は白河上皇の后となり賀茂斎院官子の母となっている。顕隆と光国は従兄弟同士、官子の母とも光国は従姉だった。葉室流顕隆及び白河上皇との人脈関係が鮮明に浮かび上がってくる。河内源氏の傍流と言われながらも、父の国房同様に源義家の本流と拮抗しつつ、白河院の近臣として院政期政治史に光国が登場してくる所以である。

光国は検非違使右衛門尉(大夫尉)として、京極殿(藤原師実)御堂の十種供養への女院参御(『中右記』永長元年二月二十二日条)、白河上皇の賀茂祭・石清水八幡宮参詣(『同』嘉承元年七月二十七日条)の御車の扈従を勤める。それは、まさしく院政の京都に見られた武・辟邪の原理、「都の武士」の世界であった〔高橋(昌)一九九九〕。

天仁元年正月二十九日、但馬守平正盛が源義親を討伐し、その首をかかげて入京、西大宮路をパレードするということがあった。「見物する上下の車馬道をせばめ、京中の男女、道路に盈ち満ち、人びと狂う如し」という平正盛凱旋パレード隊のなかに検非違使大夫尉光国がいた。もっともこのパレードで、前九年合戦の敗者安倍貞任の首を受け取りパレードを司った大夫尉源頼俊が束帯の重服をとった、という先例に準じて束帯を着たのは、平兼季(出羽守平正度の孫)であった(『中右記』同日条)。白河院政において、やはり美濃源氏光国は、二流の「都の武士」として位置づけられていたのである。

同年四月二十六日夜、尾張権守藤原佐実の雑色が土御門富小路付近で皇后宮大進源仲正に斬りつけられるという事件がおきた(『中右記』天仁元年五月二十一日条)。佐実は、源光信(光国の子)の妻の父である。犯人は検非違使大夫尉光国や平兼季、左衛門尉藤原盛重らによって捕らえられるが、その功賞として盛重は従五位下へ叙され、光国は出羽守、平兼季は上総介になった。藤原宗忠は、このことを「非常の時、非常の功あり」と記している(『中右記』同年五月二十一日条)。

出羽守となった光国はすぐには任国に下向しなかった。というのも、河内流源氏の内紛に関わらざるを得なかったからである。翌天仁二年（一一〇九）二月十七日、源義家の弟源義綱が三男義明と乳母夫藤原季方の理不尽な自害に怒り東国に向けて出奔するという事件がおきた。この時、義綱追捕を命じられたのが出羽守源光国と源義親の四男為義であった（『殿暦』天仁二年二月十六・十七日条）。義綱一族は近江国で自害、義綱も佐渡に流罪となった。河内源氏は嫡流の後継者義忠と、有力者義綱を失うことになった。河内源氏の嫡流をめぐる凄惨な争いであった〔元木二〇一一〕。この源氏の内紛を巧みにくぐりぬけ、美濃国で着実に地盤を築き、さらには「都の武士」として河内源氏本流と対峙しつつ清和源氏のアイデンティティーを守ろうとしたのが、光国であった。

この義綱事件のあと、天仁二年の夏から秋にかけて源光国が出羽国へ赴いた可能性は大なり、と考える。そして任国に赴いた光国は、ほどなくして寒河江荘に乱入したのである。

翌、天永元年（一一一〇）三月二十七日、摂政藤原忠実は、寒河江荘に出羽守源光国が乱入した、との出羽国現地荘官からの報告をうけ、白河上皇から家使を出羽に遣わすべし、との仰せを得たのである（『殿暦』同日条）。しかし、その後も事態は解決しなかったと見え、時間のみが推移する。そして、天永二年（一一一一）七月二十九日の陣定において「出羽守（源）光国、去年より美濃に住む、去々年下向、去年美濃国に還る」「光国の事においては、彼の身を召し上げ尋問せらるべきなり」との定（『殿暦』同日条）があった。去々年、つまり天仁二年に出羽国へ下向し、秋には寒河江荘乱入事件をおこし、去年、つまり天永元年には本拠である美濃国に光国は戻ってきたのである。白河上皇の仰せに基づき摂関家の家使が出羽国に着くや、状況が不利と思った光国は、国務を捨て本拠地美濃国内に雲隠れするというように行動に出たのである。

天永二年六月五日には、「出羽守光国本国に赴かず、また京都に帰らず、途中の美濃国にありて年月を送る、早く其の沙汰あるべき事なり」という白河上皇の命を藤原忠実に伝え返事をするよう、藤原宗忠が仰せつかっている（『中右記』同日条)。七月二十九日には、「出羽守光国任国より上洛し、美濃国所領に留居す。追い下さるべきか、まさに任替すべきか」との蔵人頭権右中弁藤原実行の提案に陣定の場では、光国に子細を問いただしてから申状に従って「量行」せらるべし、との論があった(『長秋記』『中右記』同日条)。光国は同年の十月には任国出羽より勝手に上道したことに関する陳状は提出するが、国司の任の放棄は、陣定の場では、認められなかった。美濃国本拠に居座る光国に対し、陣定では、早く官使を光国のもとに派遣し、光国を任国出羽に追い下すのが得策か否か、で論が続いた(『中右記』同年十一月十九日条)。

注目されるのは、この一連の過程で、寒河江荘乱入事件につき、光国の「任国乱すの由、遅言」したことが「罪」とされ、すでに「会赦」とする頭弁藤原実行の意見や「本国乱逆ならびに言上せざる罪、ともに会赦」とする意見がだされて論が展開していたことである。佐竹昭氏や入間田宣夫氏が述べるように、赦は公卿僉議の場においては、荘園公領制の体制創出のために公家方が利用した手段であった〔佐竹 一九八三、入間田 二〇一三c〕。公卿僉議の場にあって藤原実行、藤原宗忠がともに源光国の寒河江荘乱入を、「任国乱」「本国乱逆」の罪と断じたのである。その意味するところは、重大である。十二世紀初頭、もはやたとえ「都の武士」院の近臣、河内源氏の傍流、美濃源氏の光国であっても、また朝廷側にあっても、日本列島の東北、出羽国における荘園制社会成立の勢いは止められず、したがって光国「乱逆」という裁断が出たのである。そのように考えたい。「券契」がたずねられ、荘園がたてられるという、領域型荘園が成立するのは、十二世紀中期の鳥羽院政期より遡った白河院政後期である、との研究もあった〔川端新 一九九六〕。そこには、「券契」の成立にいたる、在地からの、京都の摂関家・天皇家・大寺社からの、幾重にもわたる諸集団の結びつきがあった。

日本列島の北、奥羽では国衙の政治力の及びにくい、離れた地域から荘園は成立していった〔大石 一九九〇〕。出羽国南部の摂関家領小田島荘、寒河江荘はその典型的事例であり〔入間田 一九八二、両荘ともに十一世紀前半に成立した。しかし、留意したいことは、寛治六年（一〇九二）出羽国小田島荘をめぐる出羽守源信明との争いで、摂関家領荘園であること証明する「させる文書」のないことを藤原師実が吐露していることである〔佐藤〔健〕二〇〇五〕。寒河江荘も同様だったのではないか。かかる荘園であればこそ、摂関家の力だけでは荘園は維持できず、現地の荘園管理者として在地領主が不可欠となる。摂関家領寒河江荘や小田島荘の現地管理者（在地領主）は、平泉藤原氏ではなかった。平泉藤原氏にはつながらない、村山地方の在地領主たちの、摂関家へのはたらきかけを見いださずにはいられない。

院政期国家が平正衡・源光国という武官を出羽守に登用し、蝦夷地までも郡郷制を強引に施行せんとの国策を彼らに担わせようとした、と遠藤巖氏は指摘する〔遠藤巖 一九九三〕。しかし、彼らの行動を出羽の在地社会から史料に即して見つめたとき、このように断言できるか疑問を感じないわけにいかない。やはり北奥世界における平泉藤原氏を核とした「軍事専門家層の優位」のネットワークは、出羽国南部において濃いものではなかった、ということをふまえたい。さらには言えば、軍事貴族とりわけ源国房や光国の出羽守就任と任地下向によって発生した出羽国南部の政治混乱は、平泉の藤原清衡にとって「対岸の火事」にしか過ぎなかった、とはとうてい思えない。その意味でも、「都の武士」出羽守補任は、「王地を押領」し謀叛をたくらんでいるとの疑いが消えない藤原清衡にとっては、朝廷側の戦略的威圧に他ならなかった。それ故に清衡には、陸奥守・鎮守府将軍藤原実宗との連携のもとに徹底した平和外交を模索する必要があった。京都から多くの僧侶や儀式次第を知る文人貴族を招請し、盛大なる仏会をおこなうべき場（伽藍と庭園）を造設し〔本書第Ⅱ部第二章〕、もう一つの日本の歴史発展を模索しつつ、仏教最優先の都市建設に邁進していく藤原清衡の視線の奥には、出羽国南部の地平があった。

おわりに

後三年合戦終了直後から、例外的事例としての源義綱を除き、陸奥守には「都の武士」でなく文官貴族が補任された。それは、奥六郡・山北三郡及びその北に広がる世界を実効支配する藤原清衡の政治力を認めたからに他ならなかった。このような陸奥国側の歴史展開にも関わらず、出羽国では、「都の武士」が国守となる状態が、むしろ一般的であった。しかも、河内源氏の本流と対峙しつつ、美濃国と京都との間を「留住」していく美濃源氏の国房・光国が二代わたって出羽守に任じられ、出羽国南部の荘園制社会成立にいたる在地世界に大きな影響を及ぼしていた。

源光国のあと、出羽守に「都の武士」が任命されたか否かは不明である。永久二年(一一一四)源光信(光国の子)が出羽守となったか、とする見方もあるが〔遠藤巖 一九七八a〕、『尊卑分脉』に「出羽判官と号す」「出羽守」と記載されていることのみをもって判断することには、躊躇せざるを得ない。もし、この年に出羽守に補任されたとするなら、光信二十二歳の時。大抜擢となる。『中右記』元永元年(一一一九)から大治五年までに十九回登場してくる光信は、一貫して検非違使尉・左衛門尉であった。源光国のあとの出羽守は、元永二年に藤原俊季、天治元年(一一二四)に紀宗兼、大治四年(一一二九)に伊岐致遠と、文官貴族が続く。そして保延三年(一一三七)、摂関家家司受領として著名な平知信が出羽守に補任される〔佐藤(健)二〇〇五〕。鳥羽院政期、出羽国は摂関家の知行国であった。奥州平泉の藤原基衡は、清衡の時よりも出羽南部への政治力を強めていく。出羽国は、さらなる時代に入ったのである。

第Ⅱ部　平泉の仏会と仏土

第一章　唱導相仁と源忠已講

はじめに

日本中世仏教の成立を東アジア世界との関わりの中でとらえ直そうとする研究が、相次いで発表されている［横内二〇〇八b、上川二〇一一a］。東北地方の北に広がる世界に着目しながら、「神国の論理」を拒否し、むしろ東アジアのグローバル・スタンダードな仏教を模索していった平泉の宗教構造も明らかにされている［斉藤二〇一〇、誉田二〇一〇、本書第Ⅱ部第二章］。これらの研究は、日本中世仏教研究の最大の方法論である黒田俊雄氏の顕密体制論［黒田一九七五］を検証しようとするものであった。

また、平安期の京都では、仏教が王権と深く関連し合いながら展開していったことから、仏教儀礼（仏会）をおこなう諸集団の具体的行動とその政治的意味をとらえ直そうとする研究も数多く発表されている。本章では、それらの研究のうち、上島享・遠藤基郎両氏の仕事に多くの点を学んでいる［上島二〇一〇a、遠藤（基）二〇〇八］。

十二世紀の平泉は、他では類例を見ない一大仏教都市であった。その歴史的特色を探るためには、都市平泉で活躍した社会集団、とりわけ僧侶たちの具体的行動と、彼らの立つ「歴史的な場」をできるだけ具体的に見つめる必要がある。彼らはどのような日本中世仏教を背負って平泉という「場」にいたのか。なぜ、彼が、その時、「その場」にいたのか。「その場」とは、いかなる歴史的・文化的特色に満ちた「場」であったのか。このような素朴な疑問に答えようとするのが、本章である。平泉の仏会で読まれる願文、導師、そして、文治五年(一一八九)九月、奥州合戦終結直後、陸奥国志波郡陣岡に宿営していた源頼朝の前に参上した、源忠已講という僧侶を徹底して見つめることにする。

第一節　導師が願文を読む

天治三年(一一二六)三月二十四日「鎮護国家大伽藍供養願文」(「中尊寺供養願文」以下、「供養願文」とする)は、平泉仏教文化を考える時の根本史料である。現在、国の重要文化財になっている「藤原輔方本」と「北畠顕家本」については幾多の考察があるが、基本的に石田一良氏の考察をふまえ[石田 一九八八]、「北畠顕家本」の奥書にある本願文の草案作成者の藤原敦光、「藤原輔方本」の端書にある「唱導相仁」に着目して論を進める。

「供養願文」は、前後に二分できる。前半には、釈迦三尊像を安置する三間四面檜皮葺堂、三重塔婆、金銀字交書一切経を納めた二階瓦葺経蔵、二階鐘楼、園池、千部法華経・千口持経者(千僧御読経)、五百三十口題名僧(一切経会)の、七つの善根と各々の有する作善の意味内容を、後半にはこれらの善根をうけて、鎮護国家大伽藍供養の発願旨趣を記す。この「供養願文」の記述スタイルは、『本朝文粋』や『本朝続文粋』『江都督納言願文集』などに載る諸願文を一瞥したとき、類例のあまりない様式であることに気付く。多くの願文は、具体的な作善の項目とその意図・内容を本文のなかに組み込んで表現している。藤原敦光起草の他の願文も同じ傾向にある。

ただし、「供養願文」と極似する表現形式を有する願文が、ないわけではない。それが、天治二年(一一二五)十一月二十三日鳥羽院参御熊野山願文である(『本朝続文粋』巻第十二)。本願文と「供養願文」とでは、「霜露」「玉扆」

「功徳林」「宝算」「禅定法皇」などの用字例においても共通するものがあった。天治三年三月二十四日「供養願文」が敦光のもとで作成されたのは、前年の秋であったと思われ、ほぼ同時期に、一つは鳥羽院の高野山参詣のために、一つは平泉「鎮護国家大伽藍」落慶供養のために、藤原敦光によって願文が作成されたのであった。

「供養願文」を起草した藤原敦光は、当代きっての儒者・漢学者であった〔大曽根 一九七七〕。数多くの願文の作成に携わり、また、詔書の作成、改元にともなう新元号の候補の進言、親王宣下にも関わった。天治元年(一一二四)六月一日の「読書」においては、『後漢書』の「明帝紀」を読んでいた。「敦光所ㇾ読者、周易・左伝・孟子・礼記・論語・孝経・史記・後漢書・文選等」(『本朝続文粋』巻第七、保安三年(一一二二)十二月九日上啓両箇所望事)とあるごとく、まさしく院政期の鴻人であった。この敦光によって起草された「供養願文」には、仏教経典からの引用は当然のこと、広く中国の漢籍からも引用されていた。たとえば、大矢邦宣氏は、「供養願文」の「明時」は『後漢書・班固伝』を、「従風如草」は『論語・顔淵篇』に載る「君子の徳は風なり、小人の徳は草なり」を、「寧息」は『史記・秦始皇紀帝』を、それぞれふまえたとしている〔大矢 二〇〇四〕。それだけではなかった。「供養願文」中の有名な「聖代之無征戦」の一節は、白居易の「新豊折臂翁」の一説と完全に一致していたし、「蓬莱殿上、日月之影鎮遅」は、白居易「長恨歌」の「蓬莱宮中日月長」からの引用であった〔劉海宇氏のご教示による〕。

そもそも敦光は、保延四年(一一三八)に「白居易祭文」を書いていた(『本朝続文粋』巻第十二)。白居易の文学は、平安中期の貴族に大きな影響を与えていた〔新間 二〇〇三〕。「供養願文」の「功徳林中」も、前述の敦光作「鳥羽院参御熊野山願文」に「殖善根、以成功徳之林」とあったし、『和漢朗詠集』(下、仏事・五八九)に「百千万劫菩提種、八十三年功徳林」とあり、院政期の日本ではよく見られた用例であった〔小峯 二〇〇六a〕。「供養願文」に見る「毎鐘声之動地、令冤霊導浄刹」という表記も、大治二年(一一二七)十一月四日太上皇(鳥羽)高野御塔供養山願文では「鐘声和韻」とあり(『本朝続文粋』巻第十二)、鐘声に独特の仏力を付与する表現としてごく一般的であった〔藤原 二〇〇〇〕。

この「供養願文」が、藤原敦光のみ表現可能な、漢文学の粋を尽くして作られた独創的修辞法に満ちたものである必要はない。その意味で、院政期社会においては常識的な用語によって表現されていたのである。清衡は、それで十分である、と考えた。敦光は藤原清衡のために、その叡智の総力を尽くして他の文人では絶対に書けないような文学的にも仏教思想的にも輝ける願文を作ったはず、と考えるのは先入観である。願文作成の裏の主人公(作者)は、あくまでも藤原清衡である。「供養願文」に見る清衡の北方世界への強い関心を物語る表記には、清衡の勝れて豊かな国際感覚が宿っていた。願文が清衡の要請をうけて書かれたことを如実に物語る。

さて、「供養願文」には、三つの仏会が記述されている。その一つは「千部法華経、千口持経者」「千僧之声定達天」とある千僧供養、二番目に五百三十口題名僧による「五千余巻之部帙」を尽くす一切経会、そして「設万灯会供十方尊」とある万灯会である。このなかでもとりわけ重要なのが、一日の内に一人一部の法華経を転読した千僧供養である。千僧供養こそが、鎮護国家大伽藍落慶供養の最大のハイライトであった〔本書第Ⅱ部第二章〕。「供養願文」は、この落慶供養において、三つの仏会それ自体が「善根」として修された後に、拝読されたのである。

ではこれらの仏会の歴史的な場に立った時、どのような光景が浮かんでくるのだろうか。そもそも、仏会のどの局面において、誰によって願文が読まれたのか。このことを知ろうとするとき、京都の寺院における仏会の状況は参考になる。藤原敦光が作成した願文が読まれた事例として、『中右記』大治五年七月二日条「白河九体新阿弥陀堂供養、白河法皇一周忌」がある。そこでは、講師興福寺別当権大僧都経尋が礼盤につくと、総礼、行道、唱讃、御誦経の後、御願文を読んでいる。『中右記』長承元年(一一三二)十月七日条の白河九体丈六新阿弥陀供養でも、僧侶たちの行動の時空がさまざまな楽によって区切られるなか、仏会は進行し、仏会の後半に導師法印権僧正忠尋が表白をおこなっている。つまり、左右大臣以下の公卿たちが座に着くと、乱声が発せられ、獅子が舞台の艮・巽の庭前に伏し、従僧らが敷草座に入り、楽人が東中門に出て衆僧を迎え、諸僧を率いて仮屋座に着く。船楽が楽を奏でるなか、楽人が導師と呪願僧を迎える。呪願僧正覚猷と導師権僧正忠尋（比叡山座主）が輿に乗り登場、舞台の東で輿を降り、十弟子等を率いて舞台を経て礼盤につくと導師・呪願僧とともに僧侶全員で一斉に総礼。金鼓が打たれ、供花。廻盃楽が奏でられると唄師が発声する。さらには蝶八人を先頭に、四十人の衲衆（僧侶）と讃衆二十人・錫杖二十人の行道。韶応楽のあと讃衆の頭が舞台に進み唱す。楽が奏でられ梵音の頭も舞台で唱す。錫杖もその後に同じく唱す。そして、堂童子が花筥を取って退出すると、導師表白の後、説法もおこなわれた。

このように、長時間にわたる供養会は、舞台を中心に執りおこなわれた〔本書第Ⅱ部第二章〕。多数の公家・楽人・僧侶・舞人らが参加する仏会において、僧侶集団の扇の要とも言うべき役割を担った人物は導師であり、その導師によって願文は読まれたのである。

仏会のかかる執行形態については、治安二年（一〇二二）七月十四日無量寿院（法成寺）金堂供養会から、さらに鮮明に知ることができる（『大日本史料』第二編之十八「諸寺供養類記」）。つまり、乱声の奏でられるなか、後一条天皇・三后・東宮、藤原道長・公季・頼通・教通及び公卿らが所定の座に着くと、獅子が舞台の艮・巽の庭前に伏し、壱越調の調子が吹かれ、仏会が開始された。楽人による衆僧、楽人と玄蕃頭ら貴族による導師（延暦寺座主権僧正院源）・呪願（興福寺別当大僧都林懐）の迎えがなされ、輿にのった両者が舞台の下に至り、輿を降りて舞台をへて礼盤に着し、礼仏ののち高座に登ると菩薩舞・伽陵頻舞が舞われた。非常赦の詔書が読まれ、花筥を頒つこと、散花・楽人の発音、定者・散花・引頭・證誠・衲衆・讃衆・梵音衆・錫杖衆の並びでの大行道、讃衆・梵音衆・錫杖衆によるそれぞれの唱讃がなされた。所定の楽と打金鼓によって、僧侶や従者の行動と時空が律せられた。そして、導師の延暦寺座主権僧正院源による表白がなされ、参議式部大夫藤原広業作の願文が読まれたのである。願文を読んだのは、院源であった（『栄花物語』巻十六）。さらに文章博士善滋為政の作った呪願文が興福寺別当大僧都林懐によって読まれた。午の刻に始まった供養会は、酉の刻に導師と呪願が高座から降りることでようやく終りへと向かった、と。

康和四年(一一〇二)七月二十一日白河の尊勝寺供養では、大行道のあと、威儀師景俊・義尋が舞台上の行香案下に跪いて願文・呪願を挟みこんだ文杖からそれを取り、高座にいる導師大僧正隆明と呪願僧正増誉にそれぞれ授け、隆明が表白ののち願文を読んだ(『中右記』同日条、「尊勝寺供養記」『群書類従』一八釈家部)。舞台上の行香机にたてかけた竿に願文・呪願文が挟まれてあり、威儀師がそれを取り、導師・呪願師に渡したところで導師の表白があり、その後、導師によってその願文が読まれるという仏会の次第は、長元三年(一〇三〇)八月二十一日の藤原彰子法成寺東北院落慶法要でも見られたし(『小右記』同日条)、安元三年(一一七七)七月五日の建春門院平滋子一周忌(御宸筆法華八講)では、黒漆螺鈿の文刺に指し行香机に寄せ立てていた願文を威儀師覚俊が講師公顕(天台座主)に授け、講師が啓白したのち、その願文を読んでいた(『玉葉』同日条)。願文を杖に指すべきか否かについて、藤原兼光が九条兼実について質疑している。この時、公顕は導師となっていないが、それは、導師をもともと置かない仏会だったからであり、公顕の地位は、導師そのものであった。ちなみに公顕といえば、承安二年(一一七二)三月十九日、平清盛が福原で催した千僧供養、承安三年十二月二十四日の建春門院平滋子持仏堂供養の導師を勤め(『玉葉』同日条)、安元三年(一一七七)五月二十四日の最勝講、同年七月三・七日法勝寺御八講の證誠となった(『玉葉』同日条)、まさしく園城寺教学体系のトップに君臨した高僧であった[高橋(昌)二〇〇七b]。仏会の中核的役割を果たした導師を勤め得たのは、多くは比叡山延暦寺の座主や興福寺別当など顕密寺院の頂点にいる僧侶たちであった。

また、法勝寺などでの千僧供養(千僧御読経)では、御願趣を、公家沙汰の場合は蔵人が、院中沙汰の場合は院司が、それぞれ読んだ[遠藤(基)二〇〇八、菅真城一九九七]。一例をあげるならば、元永元年(一一一八)二月二十一日の法勝寺千僧御読経は、公家沙汰であり、行道のあと、蔵人頭左近中将藤原宗輔が「公家有二御慎一之上(聖朝安穏)、天下泰平之由可二祈申一」の御願趣を述べ、講師(興福寺永縁)が敬白し、説法。その後、御読経(百巻転読)が申刻まで続けられた(『中右記』同日条)。天永二年(一一一一)正月十九日の法勝寺千僧御読経は、院中沙汰でおこなわれ、左中弁で白河院の院司の藤原顕隆が御願趣を告げた(『中右記』同日条)。この時は仁王経が転読され、講師は前述の永縁であり、奉読した願文は『江都督納言願文集』のなかに残された。千僧供養の運営者である院司の述べる御願趣と導師の読む願文とは、別物であることは言うまでもない。

壮大な仏会の場において、大江匡房や藤原敦光ら文人が起草した願文を読む前に、自らが作した「表白」を導師は読んだ。「読願書次第」(「仁和寺蔵表紙小双紙」ト の5仁和寺紺表紙小双紙研究会『守覚法親王の儀礼世界—仁和寺蔵紺表紙小双紙の研究—』本文篇二、勉誠社、一九九五年)には、仏事一般に通用する、導師が施主の奉った願書を読み上げる作法として、「次表白、次読願文」とあった。山本真吾氏は、願文は導師が宣読するも書き手の立場はあくまでも施主である、と明言していた[山本 二〇〇六]。

それでは、願文が導師によって読まれるとき、願主(施主)は、どこに座していたのだろうか。このことを知る上で京都船岡山の麓にある知足院でおこなわれた仁平三年(一一五三)三月一日の堂供養の光景は興味深い。そこでは、三間四面の檜皮葺堂の中央間に大日如来像、南間に釈迦三尊像、北間に阿弥陀三尊像が安置され、主尊の真正面に位置する東庇の中尊前に黒漆大壇一脚を立て、その東に礼盤を設け、礼盤の右の机上に金泥法華経と願文を置き、同じ東庇の正面北間に高麗端の畳を敷いて導師の座とした。願主は、正面を避けた北庇に座し、参列した殿上人はさらに外側の中門西廊に座した(『兵範記』同日条)。また、同様のことは、久寿二年(一一五五)十月二十三日法性寺殿最勝金剛院法要でも見られ、殿下御座や女院御所は側面であった(『兵範記』同日条)。導師は、本尊の正面に、祈願者(参詣者)は側面あるいは背面の庇(局)に着座した。平安期では、俗人は正面を避け、地位によって側面、もしくは背面に参詣するのが、大原則であった[山岸 一九九〇]。本尊の正面に置かれた願文を俗人である願主が手にとって読む、ということはありえなかった。

以上のように京都御願寺などにおける仏会の光景を、その場に立って浮かび上がらせてみると、全く同じことが天治三年（一一二六）三月二十四日の奥州平泉でも見られたと考えるものである。すなわち、「供養願文」を読んだのは、藤原清衡ではなく導師であった。清衡は釈迦三尊像の正面ではなく側面にいて、唱導（導師）相仁の読み上げる願文を聞いていたのである。願文を読み上げたのは藤原清衡であるとした石田一良氏の見解が〔石田 一九八八〕、長く通説となっていたが〔入間田 二〇〇七ａ〕、そうではなかった。「供養願文」を読みあげたのは唱導（導師）相仁である、とした藤島亥治郎説〔藤島 一九九五〕を再確認したい。また、願文を信仰内容にまで立ち入り仏教の論理を読み取った工藤美和子氏も、願文は、法会の場で導師をつとめる僧侶によって人びとの前で披露される、と論じていた〔工藤 二〇〇八〕。近年、仁和寺蔵紺表紙小双紙に関する総合的研究はめざましい発展をとげているが、その研究成果においても、願文は導師によって読まれた、としていた〔仁和寺紺表紙小双紙研究会 一九九五〕。自説を補強するものである。

第二節　鎮護国家大伽藍落慶供養と唱導相仁

「中尊寺供養願文」（藤原輔方本）の袖に「唱導相仁已講」と記載されていることは、よく知られている。唱導とは、導師のことである。大治二年（一一二七）十月、白河法皇・鳥羽上皇が高野山に行幸し、十一月塔供養をおこなった。そのさい読まれた太上皇高野御塔供養（『本朝続文粋』巻第十二）においては、「当山長吏法務権僧正法印大和尚位勝覚」を「唱導之師」としていた。そして、この塔供養仏会の始終を記した『長秋記』大治二年十一月四日条や『中右記』同日条では、勝覚を「導師」と明記していた。「供養願文」は、唱導、つまり導師相仁によって読まれたのである。前述のように、藤島亥治郎氏は、この相仁を比叡山僧侶であるとした。菅野成寛氏は、藤島説をさらに一歩踏み込み、相仁を『中右記』元永元年（一一一八）五月二十三日条に見える「相仁　延暦寺」、同「仏事部類」保安三年（一一二二）十二月十九日条の「山　相仁」、翌年正月八日条における「相仁已講」その人であった、とする〔菅野〔成〕二〇一〇]。

この菅野説は、間違いないと考える。では、この相仁とは、どのような僧侶であったのか。『中右記』では、元永元年正月十四日条をはじめとして、保延元年(一一三五)五月二十四日条まで二四箇所において、また『兵範記』長承元年(一一三二)十二月二十二日条にも相仁が登場してくる。その大半は、朝廷における最勝講の論議会の場における相仁の姿である。以下、略述してみる。

元永元年正月十四日大極殿論議会の問者(相仁大法師、答者は経覚大法師、証義は永縁か)、同年五月二十三日最勝講の聴衆(相仁　延暦寺)、元永二年五月十八日最勝講結願の夕座の問者(呪願証誠は法印永縁、藤原忠実の参加)、同年六月二十九日論議会の三番を勤める(相手は静厳)、保安元年(一一二〇)五月十二日最勝講の聴衆、同月十六日最勝講結願の問者、保安二年十二月十九日円宗寺法華会の講師(講師啓白)、保安三年十二月十九日円宗寺法華会の講師(講師啓白)、大治二年(一一二七)一月八日御斎会で呪願三礼(相仁已講)、同月十四日大極殿御斎会の論議会で一番を勤める(已講相仁)、同年二月十九日円宗寺最勝会の呪願三礼・問者、同年三月二十八日仁王講結願に参列、大治四年七月十日の三会已講として御前僧二十口に数えられる(呪願は覚猷、導師は覚基)、同年十一月七日白河法皇月忌法要の講師(相仁已講、藤原基隆による供養)、同年十二月三日御堂御八講竪義で問者(相仁已講)、同月七日白河法皇月忌で講説、同月二十日内御仏名の導師(相仁已講)、長承元年(一一三二)閏四月十七日法勝寺千僧御読経で散花を勤める。同年十二月二十二日中宮皇嘉門院聖子の御仏名の導師を勤める。同二年三月十二日法勝寺阿弥陀堂念仏結願で導師(相仁已講)、同年五月一日法勝寺阿弥陀堂三十講始の証義(山座主忠尋の参列)、長承三年二月十七日法勝寺金堂金泥一切経供養の衲衆、保延元年(一一三五)五月二十四日の僧事にさいし「北京三会一」とある。

以上のように、相仁は、白河・鳥羽院政の仏会世界にて活躍した僧侶であった。最勝講や法華講・仁王講など、院の論議会で問者を勤めた天台宗山門の高僧であった。相仁とともに論議会を構成していたのは、山門の僧侶のみならず、南都興福寺や真言宗東寺の高僧であった。そう言えば、当時の論議が南都と山門の両方から問者と答者が出てきて構成されていた、とする上島享説もあった［上島 二〇一〇a］。

平泉に招請される大治元年以前には、最勝講という院政期のもっとも重要な論議会において相仁は問者になっており、また藤原忠実の前でおこなわれた論議会に参加していた。その場では、白河法皇の寵愛をうけた南都の永縁が証義を勤めていた［菅真城 一九九七］。さらに注目したいのは、相仁が北京三会の一つ円宗寺法華会の講師を勤めていたことである。保安二年十二月十九日から、上卿の藤原宗忠のもと開催された円宗寺講堂における法華三十講では、楽の奏でられるなか輿に乗って参上し、高座に登った。万歳楽・地久楽の舞が舞われ、唄師の発音、花筥の分かちのあと、講師相仁が啓白をおこなっている。翌日は竪義がおこなわれ、法勝寺十学士の三井寺懐俊が竪者、問者は已講覚基、探題は忠尋律師であった。二十三日の法華会結願の時も相仁は参加し、布施をもらっている。論議会全体の始終、まさしく北京三会の一部始終を知り尽くした院政期仏教教学のエキスパートであった。

北京三会（円宗寺法華会・法勝寺大乗会・円宗寺最勝会）や様々な論議会に公請された学侶たち。白河上皇はかかる論議会を通して寺院勢力を統制しようとしていた［平雅行 一九九二］。国家的法会としての北京三会（論議会）は、院権力による教学振興の柱をなしていた［上島 二〇一〇a］。その教学体系の一翼を担っていたのが相仁であった。

ちなみに相仁は、論議会の講師として、教学の専門家のみにとどまっていなかった。大治二年二月十九日の円宗寺最勝会において、已講相仁は呪願三礼を勤仕し、長承元年閏四月十七日の法勝寺千僧供養では散花の役も勤め（『中右記』同日条）、論議会の儀式全体をも把握できる、まさしく院政期法会体系の中核を担う象徴的僧侶であった。天仁三年（一一一〇）五月十一日金泥一切経供養式に基づき式の原案を作った藤原宗忠は、法勝寺金泥一切経供養僧名を、証誠（一名）・八僧（八名）・衲衆（六二名）・讃衆（三十名）・梵音衆（三十名）・錫杖衆（三十名）・定者（一名）の順で記しており、このなかで已講相仁は衲衆と位置づけていた（『中右記』長承三年二月十七日条）。

都の論議会の中枢部にいた相仁は、比叡山延暦寺、あるいは摂関家とのネットワークを有する平泉藤原氏により平泉に招請され、天治三年三月の鎮護国家大伽藍の落慶供養で導師を勤めた。それは、平泉での落慶供養を京都の御願寺でなされるような仏事次第にそって執りおこなう上で、どうしても必要なことであった。京都でおこなわれる千僧供養・万灯会・一切経会に近似の仏会が繰り広げられ、これらの時空を「楽」が創出していた［本書第Ⅱ部第二章］。供養願文を読み上げたのも、藤原清衡ではなく、相仁であった。前節の通りである。願文を読み上げる僧侶は在地の僧侶にあらず。院政期日本仏教の儀式次第、論議会を熟知した僧侶である必要があった。「供養願文」の書き出しは、「敬白」。願主に代わって信仰告白(積善行為の意図)を仏に伝えるのは、重責であった。白河法皇は、法勝寺千僧供養において講師に興福寺の学僧として評価の高い永縁を繰り返し指名した［菅真城 一九九七］。願主の意向が仏会実行に大きく反映していた。洛南鳥羽や洛東白河にある御願寺落慶供養の導師・呪願を勤めたのは、延暦寺座主・園城寺長吏・東寺長者・興福寺別当といった南都北嶺の独立権門寺院のトップであるという［丸山仁 二〇〇六a］。

もっとも、学僧として研鑽を積んだ高僧を、願主の意のままに願文をただ読むだけの存在、とすることは不適切である。導師によって、願文の字句修正がなされることもあった。例えば、応徳二年(一〇八五)八月二十九日に故藤原賢子(白河上皇中宮、堀河天皇生母)一周忌にあわせておこなわれた法勝寺常行堂供養では、願文の草案を大江匡房が書いたが、「先皇后」の文字をめぐり、議論が展開された。関白藤原師実が草案を賢子の叔父(源俊房)に見せて検討し、大江匡房に再確認したが、導師(仁和寺師明親王性信)が「皇之字」を削った、という(『為房卿記』・『水左記』同日条)。小峯和明氏は、法会の直前まで願文の記述表現に神経が使われたことを指摘する［小峯 二〇〇六b］。また、人びとに披露される願文は、仏教教理に誤りがあれば正されるのであり、仏教界の認証も必要になってくる、との工藤美和子氏の指摘もあった［工藤 二〇〇八］。奥州平泉で読まれた供養願文に相仁がどのような注文をつけたかは、不明である。しかし、相仁のような高僧によって供養願文が読まれた、ということそのものが、願主(藤原清衡)、起草者(藤原敦光)、導師(日本中世仏教界)、鎮護国家・御願寺(白河上皇)の対峙関係を経て、最終的に今ある「藤原輔方本」(「藤原朝隆清書〔摸本〕・藤原輔方奥書本」)の「供養願文」につながっていることになるのである。

鎮護国家大伽藍落慶供養のさいに願文を読み上げる導師の選定には、藤原清衡の大きな思惑があった。このことを根底にふまえながら、唱導(導師)相仁によって願文が読まれることには、院政期仏教界による平泉仏国土の認証という意味があったことに注目したい。清衡が奥羽北方世界に創りだした仏国土を「成就」するうえで、唱導(導師)相仁のはたした役割は大きい。天治三年三月の鎮護国家大伽藍落慶供養の仏会を構成する中心は、願主としての藤原清衡である。それ以外にも、仏事の式次第に通じた貴族(仏会を通じた、世俗的序列関係の確認、故実に詳しい人物)、願文の草案の作成者(藤原敦光)、そして「願主」の菩薩行の実践、善根の表明を「願主」に代わって仏に伝えるとともに、院政期日本の仏教世界からもその行を「認証」させられる相仁のごとき導師、の三人のキーパーソンがいたのである。この節では、唱導(導師)相仁に注目して論を展開した。

第三節　源忠已講とは誰か

天治三年三月二十四日に供養願文を読んだ相仁は、大治二年(一一二七)には已講となっていた。そもそも已講とは、天台宗の学僧であれば、国家的仏会である北京三会(円宗寺法華会・法勝寺大乗会・円宗寺最勝会)の講師を勤めた僧侶のことであり、平安後期の国家的仏事体系(論議会)と深く関わっていた。そのような高僧が、はるか平泉の地に登場することの意味は、大きい。そして、この已講は相仁のみにあらず、文治五年(一一八九)九月十一日、志波郡陣岡蜂社に宿営中の源頼朝に心蓮大法師とともに寺領安堵を申し出、さらに同年九月十七日、厨川に「御館」を定めて滞在していた源頼朝に「寺塔已下注文」を提出し、平泉内寺領安堵を求めた「大法師源忠已講」その人であった(『吾妻鏡』同日条）。今までは、中尊寺経蔵別当心蓮への関心が高かったが、心蓮に劣らず重要な人物こそが源忠であった。

この源忠已講は、鳥羽から後白河院にかけての国家的法会体系のなかで活躍していた学僧であった。応保二年（一一六二）正月十四日大内裏清涼殿で御斎会があり、亥の刻に加持香水がおこなわれたあと、御論議三番があった。その三番問者を勤めたのが源忠（天台）であった。相手の答者は、興福寺の隆兼である（「後七日御修法請僧交名并裏書続紙」『大日本古文書　家わけ第十　東寺百合文書　ろ』）。論議会では、南都と北嶺の僧侶が問答しあうのが一般的であった［上島二〇一〇a］。御斎会の日の論議会では、法眼覚安が講師となり、三井寺園城寺の覚智已講と行禅已講、増宗、東大寺の覚光も参加した。御斎会は、平安初期に形式が定まった国家的法会の象徴的存在。朝廷が国家的法会への出仕を顕門寺院の学僧へ要請した「公請」の典型的法会である［上島二〇一〇a］。

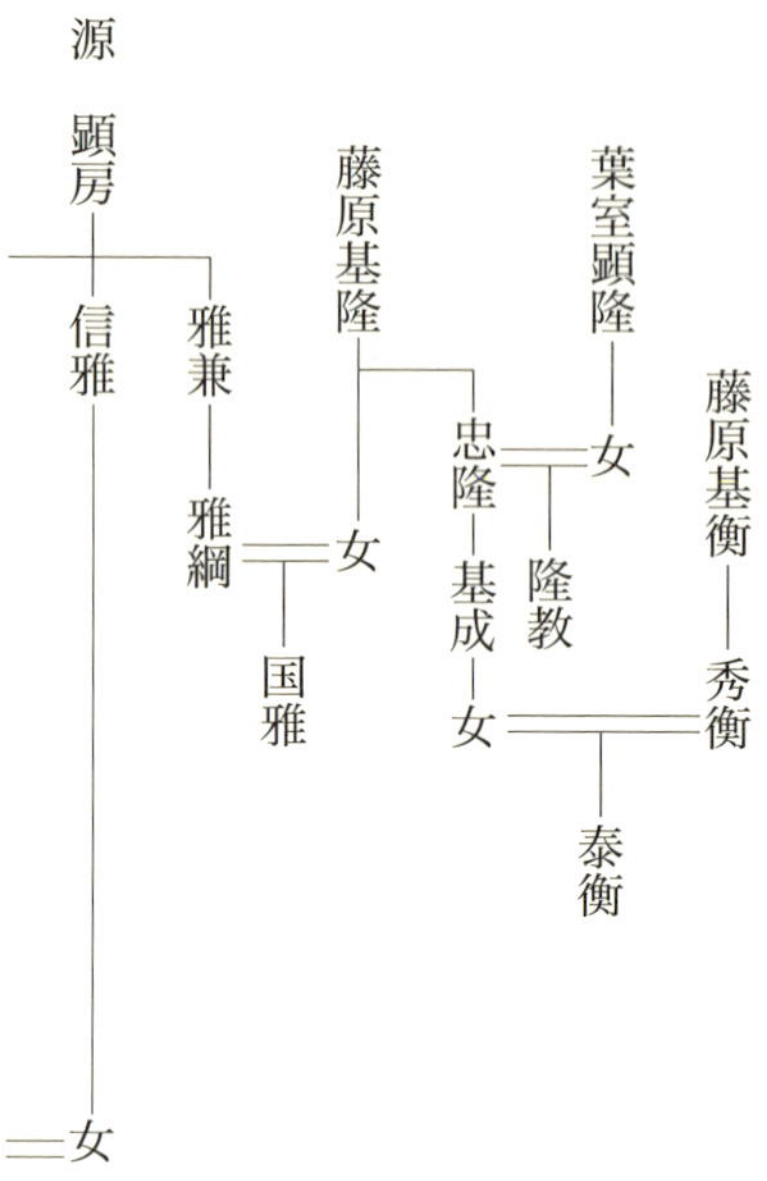

源忠関係系図（『尊卑分脈』より作成）

さらには、七年後の嘉応元年（一一六九）八月十八日、大法師源忠に宣旨が出されている。来る十月の法勝寺大乗会への出仕要請（公請）を辞退したい、と源忠が後白河院に申請したからであった。源忠の代わりに永弁が講師にあてられた（『兵範記』嘉応元年八月十八日条）。源忠が、公請の辞退を申請した理由は定かではない。いずれにしろ大法師源忠は、平安末期の都の仏教教学界において重要な位置にいたのである。嘉応元年八月の法勝寺大乗会講師となるべき僧侶は、まさしく已講であった。

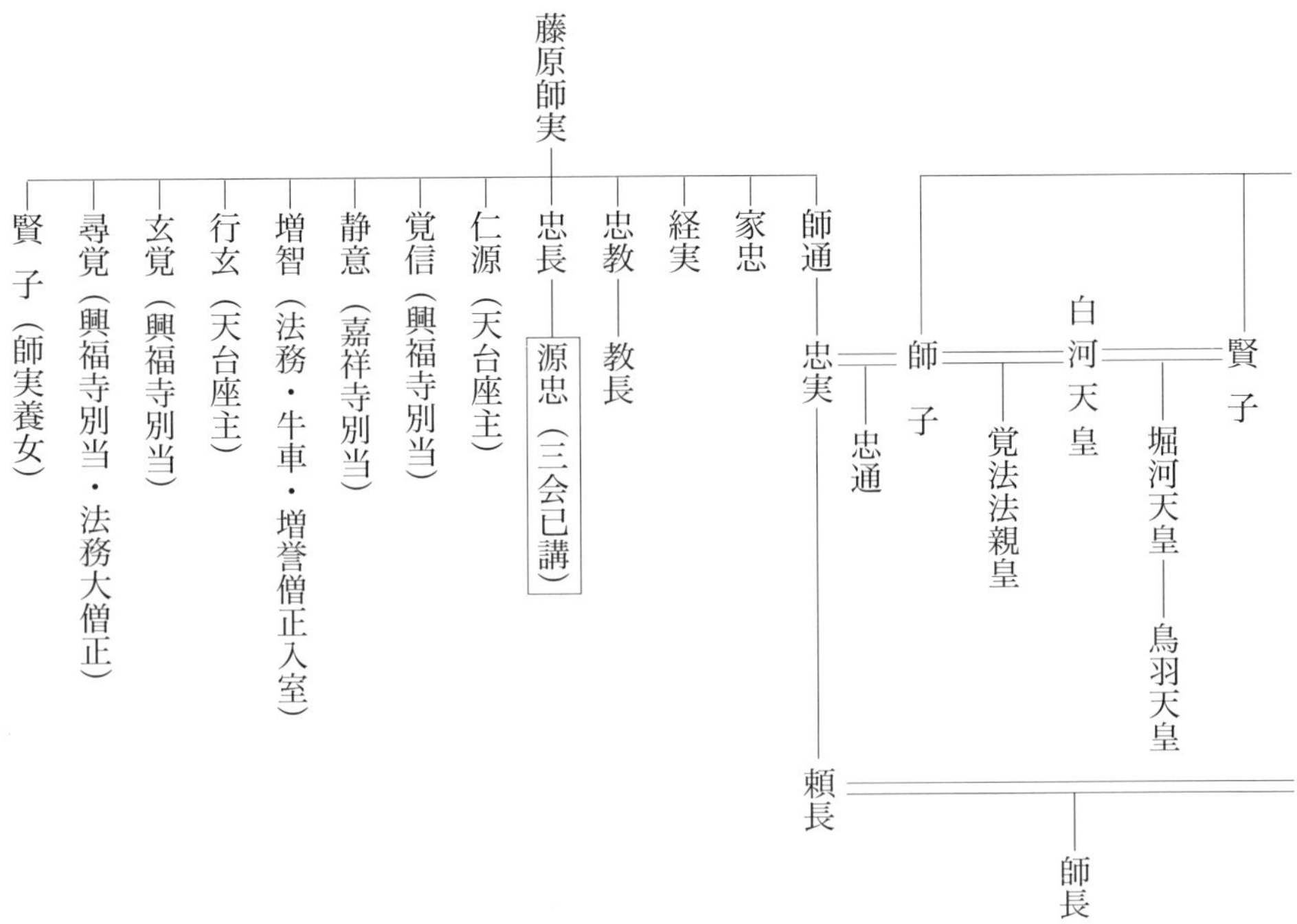

では、この源忠とはどのような家系の出身なのか。実は、源忠の父親は、藤原師実の子の忠長であった。母方は不明である。『尊卑分脉』（国史大系）では源忠に「山　三会已講」の注記があった。藤原忠長は、民部権大輔から民部卿、左兵衛佐を経て阿波守になり、元永元年（一一一八）正月には宮内卿に、保安元年（一一二〇）には皇后宮権亮に補任された（『中右記』）。白河院と鳥羽院の近臣として活躍した人物である。ただし忠長には子孫がなかった、と『尊卑分脉』（国史大系）に記載され、事実、忠長の子の源忠と長智は、いずれも出家している。注目すべきは、源忠の親族。叔父には、関白師通・左大臣家忠・大炊門流始祖経実・大納言能実、また忠教、白河上皇が溺愛した中宮賢子（師実養女、堀河天皇国母）がおり、尋覚（大僧正、興福寺別当）・玄覚（大僧正、興福寺別当）・行玄（大僧正、天台座主）・増智（僧正）・静意（嘉祥寺別当）・覚信（大僧正、興福寺別当）・仁源（大僧正、

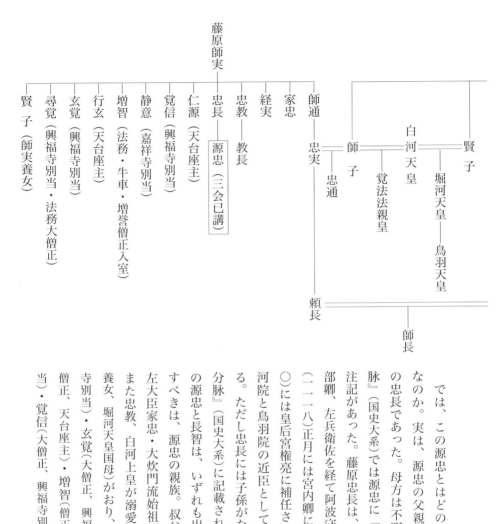

天台座主、法性寺座主、日吉社別当)・覚実(一身阿闍梨)・尋範(大僧正、興福寺別当)など、実に院政期の聖俗界の最上層部を構成していた人びとがいたのである。源忠が北京三会の講師として、鳥羽院政期の顕密論議会において中心的な役割を果たしていったのも、けだし当然のことと言える。ちなみに源忠の弟は長智であり、阿闍梨として園城寺にて活躍し、また論議会にも参加していた。

輝かしい家系に生まれ育ち、王都の教学体系の上位にいて、論議会・仏会の次第を知り尽くした源忠が平泉に行くようになったのは、一一七〇年のころであったか。かかる高僧を平泉仏教のさらなる飛翔のために招請したのは、藤原秀衡であった。嘉応二年(一一七〇)五月には藤原秀衡が鎮守府将軍に任命されていた。「鎮護国家大伽藍一区」の落慶法要という平泉仏教の画期とも言えるときに招請されたのが相仁であった。源忠は藤原秀衡による平泉仏教、外交戦略の新展開のなかで招請されたと考えられる。源忠が、奥羽の一有力地方寺院毛越寺僧侶の一人などという存在でなかったことは、言うまでもない。

それでは、源忠と平泉藤原氏との接点はあるのだろうか。ごく常識的に考えれば、北京三会の講師を勤めた源忠が、延暦寺の僧侶であったことから、比叡山を介して平泉との関係を持ち得た、といえる。ただしそれ以外の具体的人脈を探ることも可能である。一例を示すならば以下のようになる。源忠の叔父に増智がいる。増智の父は藤原師実、母は藤原永業の女である。増智は白河僧正とも称され、崇徳天皇の護持僧でもあった(「護持僧次第」『続群書類従』第四輯上)。院の仏事体系の最中枢部にいた人物である。白河院の加持修法にて絶大な功績を果たしていた(前)大僧正覚円の推挙により、増智は一身阿闍梨となっている(『中右記』永長元年十二月二十九日条)。また、長承元年(一一三二)九月二十六日には藤原忠実とともに宇治平等院の一切経蔵に入り宝物を見ている(『中右記』同日条)。長承三年閏十二月五日、大僧正覚猷とともに法務の最重要僧職に任命され、保延元年(一一三五)七月十一日には、牛車宣旨を受けている(『中右記』同日条)。白河・鳥羽院政期の国家的仏会の最上層にいた僧侶、それが増智である。増智は、若くして増誉の弟子となっている。この増誉は、藤原道隆流の経輔の子で、白河上皇・堀河天皇の護持僧。院政期京都仏教界に君臨していた。大僧正であり、法務も勤め、輦車・牛車宣旨をうけた高僧である。

このような王都仏教教学のトップと平泉とのネットワークは、白河院政の時代から構築され、それが時代とともにその網の目がより密になっていった。たとえば、永久四年（一一一六）から保安二年（一一二一）ころまでに陸奥守となった藤原基信の父は白河院近臣であり、母は後二条師通家女房だった。陸奥守藤原基信は、摂関家と白河院との繋がりを有していた〔遠藤〔基〕二〇〇五〕。増誉の甥にあたる藤原基信が陸奥守となって下向したのは、永久四年（一一一六）であり、藤原清衡が鎮護国家大伽藍創建にむけて金銀字交書一切経の写経事業に取りかかっているころであった。特に注目すべきは、基信自身が、京都の顕密仏教教学体系との深い繋がりのなかで暮らしていたことである。たとえば、兄弟の春円は勝金剛院上座であったし、叔父には園城寺の増誉、延暦寺僧で法興院別当法眼仁恵、阿闍梨菩提院陳弥覚、悪僧隆観がいた。このなかでも特筆すべき人物が、前述の増誉であった。増誉と言えば、白河上皇と堀河天皇の護持僧を勤め（「護持僧次第」）、長治二年（一一〇五）に天台座主、天王寺別当、三井寺長吏・熊野三山検校になった院政期顕密仏教の頂点に立つ僧侶である。嘉承二年（一一〇七）七月十八日、法華経方便品を念誦しながら死を迎える堀河天皇のすぐ脇の二間にて尊勝陀羅尼を読誦し延命の祈禱をおこなっていた（『中右記』同日条）。

もっとも、京都の顕密教学の大物と陸奥守が人脈において通じていたことは、清衡段階だけにあらず。清衡が亡くなった年に陸奥守となった源信雅の甥には、天永三年（一一一二）十二月に親王宣旨を受けた白河天皇第四皇子で仁和寺第四代門跡の覚法法親王がいた〔遠藤〔基〕二〇〇五〕。清衡没後の平泉藤原氏の一族内紛に勝利した藤原基衡は、鳥羽院第一の近臣藤原家成とその一族に接近し、子息の秀衡と基成の娘との結婚に成功する。そして、基成・隆親・信説・雅隆・国雅・雅隆と二十年間にわたり、基成一族で陸奥守が独占される状況下、基衡は、京都文化を積極的に平泉に導入した。平泉は新段階に入ったのである〔岡田〔清〕一九九三、斉藤二〇一二〕。藤原基隆の弟の仁和寺阿闍梨行範が陸奥国に来住していた。保元の乱ころの陸奥守、藤原雅隆の叔父でもあった。京都の仏教教学の第一人者が、平泉に来住したことは、基衡さらには秀衡段階になって途絶えることはなかった。

以上のように考えれば、源忠已講が平泉に来住していることに、何らの不自然性はない。文治五年九月、頼朝の前に現れた老僧の源忠は、きわめて重要な役割をはたした人物であったと考えざるを得ない。

第四節　「寺塔已下注文」の言説と源忠已講

『吾妻鏡』文治五年(一一八九)九月十七日条に記載された「寺塔已下注文」はあまりにも有名である。もはや、研究されつくしたのかも知れないが、この注文を源頼朝に提出した源忠已講に注目し、改めて読み直すと、次のような事実が鮮明に浮かび上がってくる。まず、頼朝軍が平泉を占領した後の時系列を『吾妻鏡』の記載にそって確認してみる。

文治五年八月二十二日に平泉を占領した頼朝軍は、夷狄嶋を目指して逃亡しているという藤原泰衡を追討すべく九月二日に平泉を出発し、四日に志波郡陣岡蜂社に陣をはる。同日、全頼朝軍の旗ぞろい。六日、河田次郎が泰衡首を持参する。九日、高水寺の「住侶禅修房已下十六人」が、同寺金堂壁板十三枚を「放取」った関東武士の非法を頼朝に訴える。犯人宇佐美平次の僕従を加刑に。同日、頼朝は比企朝宗を岩井郡に派遣し、泰衡は成敗するものの僧侶は「不レ可レ有二牢籠之儀一」こと、「可レ注二進仏閣員数一、就レ其可レ被レ計二宛仏性灯油田一」を寺々に伝える。十日、奥州関山中尊寺経蔵別当大法師心蓮が頼朝のもとに参上。清衡・基衡・秀衡三代が建立した寺塔について申し述べる。重要なのは、この時、心蓮が「可レ注二進巨細一之由言上」したこと。頼朝は、まず経蔵別当領を安堵する「御奉免状」を心蓮に下す。十一日、平泉内寺々住侶源忠已講、心蓮大法師、快能らが頼朝のもとに参上。頼朝は「清衡之時、募二置勅願円満御祈禱所一之上、向後亦不レ可レ有二相違一之由、賜二御下文一。同日、陣岡を出発、厨川に着き「御館」を定める。十七日「清衡已下三代造立堂舎事」を「源忠已講、心蓮大法師等」が頼朝に「注献」する。頼朝はただちに御信心を催し「寺領悉以被二寄附一」。円隆寺南大門に「押す」壁書が下される。そこには「於二平泉内寺領一者、任二先例一所二寄附一也」と記してあった。そして、『吾妻鏡』は、「寺塔已下注文曰衆徒注二申之一」と書き続けた、と。

　さて、誰しもが知っているこの出来事を丹念に読み返してみると、実に当たり前のことであるが、次の点に着目せざるを得ない。第一は、八月二十二日、頼朝軍は泰衡軍が逃亡したあとの平泉を無血開城していること。平泉で十二日間頼朝軍が滞在中、平泉周辺への政策は実施されていないこと。百年以上にわたって平和が続いてきた平泉・奥六郡の住民は、パニックに陥ったこと。第二に、頼朝軍の乱暴狼藉の禁止は、志波郡高水寺僧侶の要請に応えるかたちでなされたこと。中世社会の自検断原則に従えば、高水寺金堂の壁板を放取った犯人を僧侶たちが捕捉し、頼朝に突きだしたことになる。それをうけて、頼朝が平泉へ寺領安堵を告げる使節を出していること。第三に注意したいのは、その時に頼朝は「仏閣員数」を注進せよ、と言っているに過ぎないこと。第四に、この頼朝の命令が出された時は、すでに心蓮大法師が寺領安堵を申請すべく比爪館(高水寺)周辺に到着していること。第五に、心蓮にまず経蔵別当領骨寺村の安堵状が頼朝から下されるが[丸山 二〇〇六b]、巨細については別に注進したい、と心蓮が述べていること。つまり、「仏閣員数」の注進で平泉寺社安堵をなそうとする頼朝に対して、「巨細」を注進したい、との要求を受容させていること。第六に、源忠已講と心蓮が頼朝のもとに再び訪れて寺領安堵の御下文を発給してもらうが、それは清衡の時に募り置いたものであり、寺塔の「歴史」やアイデンティティーを頼朝が認めたものとはほど遠いものであったこと。源忠と心蓮らは平泉にひとまず帰り、平泉の僧侶・学侶の叡智を結集して、「巨細之注進状」(つまり、寺塔已下注文)を作成したこと。そして、それを持って再び十七日、厨川にいる頼朝の前に言上したのである。

　以上のように、『吾妻鏡』を読みこむことができる。注目したいのは、源頼朝が、決して無条件に平泉寺社を安堵しようとしたのではない、という点である。平泉の僧侶たちによる平泉仏教を守るための必死の要請行動は、まさしく頼朝軍による平泉占領のその瞬間から開始されたのである。その運動は、まずは平泉の寺塔(仏教世界)を「巨細の注進状」によって頼朝に申し述べる、という場を設定することから始まった。藤原泰衡の首が頼朝のもとに届けられた、ということを平泉の僧侶も知ることとなったに違いない。一大仏教都市平泉の最大の保護者を失ったその瞬間、源頼朝による平泉支配の「未来」を予想しなければならなかった。何にもまして重要なことは、平泉仏教世界(仏国土)の「歴史と文化」(アイデンティティー)、「先例」を頼朝に認めさせることであった。何をどのように説明するか、虚偽なく、脱漏なく[入間田 二〇一三f]。まさしく「寺塔已下注文」は、頼朝政権下で平泉仏教が生き延びるための戦略的テクストであった。「先例」を勝ち取るためには、京都や東アジアの仏教世界をも熟知している僧侶、頼朝と堂々と交渉できる高僧、つまりは京都においてもそれなりに名が通った「権威」を有した僧侶が必要とされた。「寺塔已下注文」に対する頼朝の詰問にも明確な根拠を揚げて説明できる僧侶、それが源忠已講であった。

遠藤基郎氏は、「供養願文」や「寺塔已下注文」を戦略的テクストとして読むべし、と強調していた[遠藤(基)二〇〇五]。また、五味文彦氏も「寺塔已下注文」が寺院を中心に書かれている、という史料的性格を強調していた[五味 一九九三]。柳原敏昭氏もこの説をうけ、「注文」のなかの「館事」を描くさいに金色堂と無量光院という二つの基準となる視座が設定されたことを述べていた[柳原 二〇〇七]。もともと、この「寺塔已下注文」は、平泉寺院勢力が寺領安堵を勝ち取ることを最大の目標に書かれたものであった。当然のことながら、そこには寺院中心に仏教文化を守るための文脈が記載されていたのである。「寺塔已下注文」が「関山中尊寺事、寺塔四十余宇、禅房三百余宇」「毛越寺堂塔四十余宇、禅房五百余宇」とまさしく「員数」の記載から始まっていたのはそのためである。

また、「寺塔已下注文」は、全部で八つの項目からなるが、その後半に、「年中恒例法会之事、両寺一年中問答講之事、高屋之事」とあることは、仏教都市平泉において、ひときわ重要であったからに他ならない。一年に八回もおこなわれる法会こそが平泉仏教世界の象徴であった［誉田 二〇一五a・本書第Ⅱ部第五章］。いくら中尊寺・鎮護国家大伽藍・毛越寺・無量光院という箱物としての仏閣があったとしても、そのなかで仏会、法雨の垂れる時がなければ、衆生に仏の教え（声）が響いていなければ、とうてい仏土とは言えなかった。それ故に鎌倉後期の平泉復興は仏会の維持によって図られたのである［斉藤 二〇一〇］。舞人・楽人も仏会を執りおこなう上で必須の存在であった［誉田 二〇一三b・本書第Ⅱ部第二章］。問答講がわざわざ記載されたのも、京都の北京三会に見られるような論議会の世界が平泉で繰り広げられていたからであり、その教学振興こそが、平泉仏教世界の根幹をなしたからに他ならない。「高屋之事」も、観自在王院前の倉町が平泉のメインストリートであり［羽柴 二〇〇二］、仏会のパレードが繰り広げられたからである［入間田 一九九三］。倉は仏教興隆の物的基盤をなしていた［斉藤 一九九二］。

わざわざ「車宿」まで記しているのも重要である。それは、駐車場施設などというものではない。長保元年（九九九）七月二十五日太政官符では、六位以下貴族の牛車乗用は禁止され、外記官史・諸司三分以上・公卿子孫・昇殿者・蔵人所衆・文章得業生が例外的に牛車の乗用を認められていた（『政事要略』巻六七「糾弾雑事」）。佐多芳彦氏は、牛車乗用資格にはいわゆる「昇殿制」が深く関与している、としている［佐多 二〇〇八］。また、古谷紋子氏も宇多天皇の寛平年間における牛車政策について論じ、その政策に天皇を頂点とする身分秩序の構築が目されていたことを明らかにしていた［古谷 二〇一三］。京樂真帆子論文でも、乗り物文化としての牛車のことが詳細に述べられていた［京樂 二〇一六・二〇一七］。ことほどさように、王朝社会にあっては、牛車は、身分標識の上で重要なものであった［櫻井［芳］二〇一二］。それは、身分秩序の可視的確認の体系である仏会の場においても、重要な意味を持ったのである。

院政期京都においても、宮城に入る時は、牛車にて上東門まで行き、そこで降りて輦車に乗り換え春華門まで向かったが、特に宣旨（牛車宣旨）を得た者のみが宮城門を牛車に乗り通過することを許されていた。その牛車宣旨を拝領できるのは貴族であった。僧侶においても前述の増智や増誉のような顕密教学の頂点に位置する高僧が特別に牛車宣旨をもらった（『中右記』保延元年七月二十七日条）。

さらには、車宿に到着するところから儀式・仏事は開始されていた（『殿暦』永久三年九月二十一日条）。「寺塔已下注文」に記載された車宿の遺構が、毛越寺と観自在王院との間を走る道の観自在王院側から発見され、今も保存されている。その地点は、毛越寺東門の目前。まさしく、仏会がおこなわれる場の入り口であった。京都以外の地では見られないようなこの車宿（牛車）こそは、平泉仏教の象徴的な場であった。それ故に、寺領安堵としての戦略的要請書である「寺塔已下注文」に記載されたのである。平泉藤原氏三代にわたって築き上げられた仏土の総体（文化と歴史）を、「先例」として頼朝に認めさせるための戦略的テクスト、それが「寺塔已下注文」であった。

以上のように考察してくると、「寺塔已下注文」に記載された以下の部分についても、新たな問題点を見いだせる。それは、毛越寺（円隆寺）に関わる京都の仏師雲慶に仏像制作を依頼したところ、比類なきできばえに鳥羽法皇から洛外に出すことを禁止され、藤原忠通の取りなしで平泉への搬送勅許を得たこと。円隆寺の額が藤原忠通の自筆であったこと。これまたあまりにも有名な毛越寺の「歴史」創設［川島 二〇〇三b、斉藤 二〇一四］。この「歴史」と真逆の言説が『今鏡』巻五・『古事談』巻第二の二四であった。それは、忠通が御室（仁和寺覚法法親王）を通して寺号額揮毫の依頼を受け、送ったところ、それが藤原清衡の寺号であることがわかり、御厩舎人菊方に命じて召し返させた、という、かの物語。同一の歴史事象を京都公家社会とは反対の事象として平泉側がとらえていることに、平泉藤原氏の相対的自立性を見いだす遠藤基郎氏の研究もあった［遠藤（基）二〇〇五］。そう言えば、藤原忠通の書の師範役であった藤原教長が、円隆寺堂中や小阿弥陀堂の障子の色紙形を書いた、と「寺塔已下注文」には記していた。詳細については、次章［第Ⅱ部第四章］で論じることにする。

それにしても『古事談』で記載されたような「事件」を平泉の側からの言説にして、それを頼朝に認めさせることは、容易なことでなかったに相違ない。それは、毛越寺のみならず平泉全体の「歴史」を守る上での根幹をなしたからであり、単なる地元出身の毛越寺の一僧侶ができることではなかった。それ故にこそ、京都の教学世界でトップクラスにいて、京都での出来事も平泉の状況も熟知していた源忠已講が語った「寺塔已下注文」の内容には、逆に頼朝をして「忽催二御信心一」せしむる説得力があった。前述の通り、源忠は、藤原師実の子の忠長の子。しかも忠長と教長の父忠教とは異母兄弟であり、教長と源忠は従兄弟であった。天台座主や興福寺別当になった叔父たちもいた。

北方世界の覇者として、平泉藤原氏の平泉仏教の「実」をいかに守るか、その仏土の正当性を頼朝に確認させることこそが、文治五年九月平泉藤原氏滅亡直後における平泉僧侶たちの最大の課題であった。その歴史的課題を一身に担ったのが、京都仏教界の学識者でもある源忠であった。平泉仏教の伝統を守り抜くための戦略的テクスト、それが「寺塔已下注文」であった。

おわりに

平泉藤原氏滅亡後、「歴史」と伝統のある仏教都市平泉を支配する責任者（平泉惣別当）に任命されたのは、密蔵房賢祐であった。賢祐は、鎌倉鶴岡八幡宮別当円暁の配下にあり、建久四年（一一九三）三月、鎌倉における初めての千僧供養のさい、百僧の頭人となり、鎌倉幕府宗教体制の上層部に位置する僧侶であった〔遠藤巌 一九七四〕。平泉仏教世界を統括できる僧侶は、源忠已講や中尊寺経蔵別当以上の実力者でなければならなかった。

天治三年（一一二六）三月の鎮護国家大伽藍落慶供養の根幹をなしたのは、千僧供養であった。千僧御読経は、大極殿・法勝寺・延暦寺や興福寺・東大寺などでしかおこない得ないものであった。清衡の千僧供養を入間田宣夫氏は、「破天荒」なことと述べる〔入間田 二〇一四ａ〕。私は、平泉の千僧供養も、その名にふさわしい実態をもったものである、と考える〔誉田 二〇一三ｂ・本書第Ⅱ部第二章〕。その千僧供養を、仏教都市平泉でおこなった事実こそが重要であり、そこには藤原清衡の外交戦略が隠されている。十二世紀、日本列島の東（平泉）では藤原清衡の千僧供養、西（福原和田浜・厳島）では平清盛の千僧供養がおこなわれていた。「地方の時代」の深化にあって、その「首都」は、制度によって、また儀礼や象徴を通して中心性を演出していた〔高橋（昌）二〇〇七ａ〕。日本列島の北方世界を「実効支配」し維持するために、「仏の平和」を京都政権から先取りしたのが藤原清衡であった。

京都の差別的な平和とも一線を画し〔誉田 二〇一〇・本書第Ⅰ部第二章〕、東アジアに通底する「仏の平和」へのコンタクトを求めたのも、平泉藤原氏の仏教の大きな特色である。十一世紀から十二世紀、唐大帝国崩壊後の東アジア世界では、周辺諸民族が新王朝を建設し、仏教を共通理念とする国際秩序を樹立していた。「自国」の内在的発展だけではとらえきれない「中世」仏教が日本でも展開していく〔上川 二〇〇七〕。本章では、相仁と源忠という二人の僧侶に注目し、彼らの行動、彼らの目に映った歴史的な場を徹底して追い続けることにより、十二世紀平泉の仏教世界を考察した。歴史的な場における社会集団の行動を具体的に追うという基礎的な作業は、日本中世仏教へのまなざしを抜きにしてはできない。

〔補記一〕

前稿では、「東大寺供養次第」「最勝寺供養式」「成勝寺供養次第」「得長寿院供養次第」『諸寺供養部類』（『続群書類従』第二六輯下）を引用しつつ、「導師敬白は御願文を読むことである」とし、「導師敬白」「導師表白」を一律に、導師が願文を読むことと即断してしまった。前稿を公表後、山本真吾氏〔山本 二〇〇六〕や仁和寺紺表紙小双紙研究会〔同 一九九五〕の研究に接し、表白には、導師によって執りおこなわれる神分・表白・願文・諷誦文から回向と続く一連の典礼を表白とする広義の表白と、導師によって作成され読まれる狭義の表白とがあり、啓白は狭義の表白を指すこともある、との知見を学んだ。啓白・表白と願文とは別物であるが、「得長寿院供養次第」のように「導師表白」

と記載される時であっても、式部大輔起草の願文が導師表白の後に読まれていた(『中右記』長承元年〔一一三二〕三月十三日条)。導師の願文奉読を省略して記載したり、あるいは広義の「表白」に包含されていたのである。いずれにしても、願文を読んだのは、導師であった。ちなみに、永村眞論文〔二〇〇〇b〕では、東大寺維摩会の講問論議は、講師の「表白」により始まり、問者の「表白」と「問」、講師の「自謙句」と「答」により終わり、「表白」「自謙句」は問・答を飾り立てる役割を果たしている、としている。

〔補記二〕

「中尊寺供養願文」は鎌倉後期の贋作(偽作)である、とする説が、五味文彦氏によって発表されている〔五味 二〇〇九・二〇一二・二〇一四〕。「中尊寺供養願文」偽作説は、すでに目時和哉論文で提起されていたが〔目時 二〇〇七〕、これをさらに権威づけたのが五味氏であった。五味論文の「中尊寺供養願文」偽作説については、入間田宣夫論文が藤原清衡段階から南北朝時代にわたる同願文伝存状況や中尊寺の諸寺塔の具体的変遷までも逐一明らかにすることで反論を加え、偽作説は成立しない、と論破している〔入間田 二〇一三h〕。すでに詳細な反論が入間田論文によってなされており、屋上に屋を重ねることになるが、本章で明らかにしたように、願文をめぐる人びとの具体的動き(願文の作法)から、同願文のもっとも疑問な点とされた願文末尾の年月日に関してのみ考察を加えてみる。

「中尊寺供養願文」では、日付が天治三年三月二十四日となっており、それは天治三年正月二十二日に大治元年と改元されていることより、齟齬を来しており、本願文の真実性に対する最大の疑問であり、もって願文そのものが後世の偽作である、と五味・目時の両氏は主張していた。はたして、そうなのだろうか。第一に、一切経会・千僧供養・万灯会の三大仏会を執りおこなうような一大仏教イベントである鎮護国家大伽藍落慶供養において、供養願文が、天治三(大治元)年三月二十四日当日、あるいは前日に藤原清衡のところに届けられる、ということは絶対にあり得ない。このことにまず注目する必要がある。このような落慶供養では、習礼がおこなわれるのが通例であった。本章で述べた通りである。それは京都の寺院にとどまらず、たとえば平清盛ら平家一門が安元三年(治承元・一一七七)十月安芸厳島神社に参詣して執りおこなった壮大なる一切経会・千僧供養・万灯会の仏会においても、前日の十二日に導師も参加して習礼をおこなっていた。習礼の場には、願文は置かれていた。建久四年(一一九三)十一月二十七日鎌倉の永福寺薬師堂落慶供養では、願文が、供養法会当日の二十日前の十一月八日にはすでに鎌倉に届いていた(『吾妻鏡』同日条)。京都より招請された導師真円一行が持参したと思われる。導師は、鎌倉勝長寿院などを訪れ、頼朝によって歓待されている(『吾妻鏡』同日条)。落慶供養には、式次第を故実に準じて事前に作成し、それを確認し合い、習礼することが必要となった。本章でとりあげたように、その場では、楽は重要であった。平泉の鎮護国家大伽藍落慶供養の導師相仁は、都の仏会を熟知しており、その才覚も評価されて平泉に招請されていた。当然のことながら、「中尊寺供養願文」も相仁の教学によって検証された。以上のような仏会の次第、それに向けての準備のなかで本願文を位置づけることが重要である。願文は、遅くとも天治三年(大治元)二月末か三月初には、平泉に到着していたのである。

それでは、願文を携えた使者が京都を出発したのはいつなのか。『延喜式』「主計式調庸条」によれば、陸奥国から調庸を京に運ぶべき法定日数を「上りは五〇日、下りは二五日」と定めていた。多賀城から平泉までは、さらに日数を要する。京都から平泉までは最速でも一ヶ月かかると思われる。ちなみに、文治五年の奥州合戦後、源頼朝が平泉を出発したのは九月二十八日、鎌倉に戻ったのは十月二十六日であった(『吾妻鏡』)。以上のことから推して、中尊寺供養願文が京都を出発したのは、最大に遅くても天治三年一月中ころであり、実際はさらにその前であった。大治元年の改元は、天治三年正月二十二日である。「改元部類」(『続群書類従』第十一輯上)では、疱瘡の流行するなか、鳥羽上皇も正月十五日に罹患し、急遽二十二日に改元された。この時には、すでに「供養願文」を平泉に持参する使者は京都を出発していたのである。もっとも、藤原敦光によって願文草稿が完成し、それが藤原朝隆に届けられ、清書され、美装本として仕立てられるには、さらなる時間を要した。逆算すれば、敦光が願文を起草し終えたのは、天治二年秋のことであった。

もっとも、「中尊寺供養願文」の日付について、願文作成の根幹にふれることが横たわっていた。周知のことであるが、同願文には、「藤原輔方本」と「北畠顕家本」がある。この二つの願文の写真版と名児耶明氏の解説が二玄社『日本名跡叢刊　平安　藤原朝隆中尊寺建立供養願文(模本)　南北朝　北畠顕家中尊寺建立供養願文(模本)』(一九七八年)に掲載されている。ここに掲載された写真は、料紙の皺までわかる鮮明なものであり、名児耶氏の筆跡分析にまで立ち入った注目すべき見解が施されている。さらに、斉藤利男氏がより踏み込んだ分析をおこなっている[斉藤二〇一六]。それによれば、いわゆる「藤原輔方本」は、正確には、藤原朝隆の直筆になる願文の忠実な模本であった。藤原朝隆直筆の正本は、入間田宣夫論文が述べるように[入間田二〇一三h]、嘉元三年(一三〇五)までは、中尊寺に実際に所蔵されていたのであり(嘉元三年三月日中尊寺衆徒陳状案『平泉町史　史料編一』四四号文書)、鎌倉末期におきた地頭の葛西宗清との相論のさい幕府方に証拠文書として提出されたが戻ってこなかった。そのさい亡失にそなえて中尊寺側で、藤原朝隆直筆本(正本)の忠実な模本を作成しており、藤原朝隆の子孫の輔方の極め書き(お墨付き)を得ようとした。それが、「冷泉中納言朝隆卿筆」である。

さて、願文の文末の年号に関わって、本文中に、「宝暦三年青陽□月□曜宿相応」と一文字分の空白がある。それに対して北畠顕家本は、この空白がなく「青陽三月」と記していた。このことにこだわって藤原輔方本を草案とする考え方が石田一良論文[石田一九八八]や目時論文[目時二〇〇七]などによってなされてきた。青陽の本来の意味は春正月であるが、一～三月までをさす[大矢二〇〇四]。藤原朝隆清書本に三月と記載されなかったのは、起草者の藤原敦光に鎮護国家大伽藍落慶供養が天治三年の春に挙行される、としか知らされていなかったからである。これまた、斉藤利男氏の言う通りである。さらに述べるならば、寺塔の落慶供養の実施期日が、半年前にはまだ決まっていないのは、ごく当たり前であった。たとえば、康和四年(一一〇二)七月二十一日京都白河の尊勝寺落慶供養の場合では、落慶供養の日時・僧名を定めたのは、六月十八日のことであった。その日時勘文では、陰陽寮に予め吉日を占わせている(『中右記』康和四年六月十八日条)。また、承安三年(一一七三)十月二十一日建春門院平滋子新御堂(最勝光院)の落慶供養の定は、八月二十三日、日時勘文は九月二十五日であった(『玉葉』同日条)。すなわち、数ヶ月前の段階で、落慶供養の日程、仏会の次第、僧名が定まり、それにそって願文の供養月日が記入されている、というのではないのである。藤原敦光に願文の草案依頼があったのは、天治二年以前のときであり、この段階で敦光には、来春(つまり天治三年春)に落慶供養の予定、としか伝えられていなかったのは、ごく自然なことであった。

以上のように考察してみると、石田一良氏の説、すなわち「供養願文」本文に見える「宝暦三年」が崇徳天皇治世三年のことから、願文は保安四年(一一二三)正月から天治二年(一一二五)十二月末のあいだに作成された[石田 一九八八]、との推定は妥当である。私も、「供養願文」は天治二年秋までには草案がなり、藤原朝隆によって清書され、平泉に送られた、とするものである。京都と平泉には、実際の距離以上の「政治上の距離」「時空の差」があったのであり[遠藤〔基〕二〇〇五]、「供養願文」は、そのことをふまえて考察する必要がある。地理上の距離は、政治上の距離でもあり、その政治集団の自立に関わってくる[高橋〔昌〕二〇〇七a]。

ちなみに五味文彦論文では、この時の藤原朝隆は弾正少弼で三十歳と若く、清書を依頼されるような身分年齢でない、としているが、すでに能書ぶりは政界でも知れわたっていた。朝隆は、二十七歳にて上表文を書き[小松 一九七三]、大治二年(一一二七)三月十九日京都白河円勝寺三重塔(西塔)の落慶供養にさいしては願文を清書していた(『中右記』同日条)。この時、願文を起草したのは藤原敦光であり、西塔造立の担当奉行は白河院近臣藤原基隆であった。藤原朝隆が「供養願文」を清書することに、歴史上の矛盾はない。

「供養願文」の最後の行「天治三年三月廿四日弟子正六位上藤原朝臣清衡敬白」については、以下のように考える。

藤原朝隆清書にかかる正本の最後の行には、「天治三年」と記載されてあったが、三月廿四日とは記載されていなかった。その日付は、鎮護国家大伽藍落慶供養の日時勘文があり、式次第が確定した段階で、平泉において記入されたものである。すでに大治改元の情報は平泉には伝わっていたと思われるが、藤原朝隆清書の正本としての供養願文に天治三年と記載されており、大治元年と訂正することなく、落慶供養で使用されたのである。願文の最後の行の月日が記載されていない願文は、別に「中尊寺供養願文」だけではない。たとえば『本朝続文粋』巻第十三　願文下(国史大系)の「右府室家為亡息后被供養堂願文」、六地蔵寺善本叢刊『江都督納言願文集』(汲古書院)巻第三の「内府金峯山詣」など、多見できる。月日はおろか年も記載されていなかった。また、建武元年九月二十三日後醍醐天皇東寺塔供養勅願文(石清水文書、相田二郎『日本の古文書　下』岩波書店、一九四九　東寺文書御宸翰)では、日付と諱の加署は後醍醐天皇の宸筆であった。願主の加署は、願文作成の最終段階であった(『玉葉』文治四年四月二日条・『同』建久六年三月十二日条)。佐藤健治氏の御教示によれば、『定長卿記』文治四年(一一八八)十二月二十一日条において、長講堂落慶供養にさいしては、清書された供養願文を願主が御覧になり、「諱」を記入して願文として完成された。

さらに言えば、「中尊寺供養願文」の年号があわないことそれ自体が、この願文が偽文書でないことを逆に証明していた。五味、目時の両氏が述べるように、もしこの願文を鎌倉後期に偽作するならば、一一二六年三月は、大治元年であることを中尊寺の僧侶は知っているのであるから、最後の行は「大治元年三月二十四日」と記すのである。このことを確認しておきたい。

なお、出羽国鳥海山では、暦応五年壬午(一三四二)七月二十六日、藤原守重の息災延命を願って鰐口が懸けられた(『山形県史　古代中世史料2』三八一頁)。同鰐口は、古代から『六国史』に頻出する大物忌神社の鎮座する山(鳥海山)の頂の神社に懸けられた。「鳥海山」の初見史料であり、山形県指定文化財(工芸品)となっている。注目したいのは、暦応の年号は、四月二十七日までであり、二十八日には康永元年と改元されていることである。しかるに鰐口には康永元年とせず暦応五年と刻してあった。それでは、この鰐口は後世の偽作なのだろうか。さにあらず。鰐口の制作依頼、鰐口の完成と送付、山頂での神社建造、神事勤仕の打ち合わせ、という一連の動きが、一三四二年春から夏にかけて展開していたことを考えていけば、暦応五年の元号使用は何ら不自然ではない。ちなみに京都の改元情報は、約三〜四ヶ月後には、出羽国庄内地方に届き、新年号が使用されていた〔武田 一九八三〕。改元の不整合性の背後に、実は仏事・神事勤仕、あるいはそれに至る人びとの行動があることを、まずは考える必要がある。現代社会の情報伝達のありようをもって、過去に遡らせることは、実態を等閑視することになる。

なお脱稿後、劉海宇論文〔二〇一八〕に接した。同論文では、「中尊寺供養願文」を書の視点から一字一句分析し、従来「天高徳卑」と読んでいた文字は「天高聴卑」が、「霧露之気長霽」は「霧露之気長藁」が、「林盧桂陽」は「林慮桂陽」がそれぞれ正しく、いずれも中国の『史記』・『漢書』などに典拠があること。「藤原輔方本」は、現存する藤原朝隆の遺墨の書風と比較すると、書体・筆跡を同じくする文字が多い、と強調されていた。「中尊寺供養願文」が偽作でないこと、ますますもって明らかとなった。

第二章　平泉の園池と仏会

はじめに

庭園は、仏会がおこなわれる「場」であった。寺院と庭園は、総体として仏土世界を成立させていた。「聖なる」仏会がおこなわれる庭園には、参集した人びとの社会・政治・思想・権威と支配など、「世俗的思惑」が色濃く反映していた。それは、平泉の庭園においても同じであった。本章では、平泉の寺院庭園の場に立ち、そこで何があったのか、について考察してみる。

庭園史研究は、考古学の発掘成果に基づく分析、建築史学の建築復元からの接近、古典文学の庭園表現を素材にした考察、あるいは庭園の植栽分析の立場などから、近年、飛躍的に研究が進んだ分野である。まさしく学際的研究の申し子ともいえる。そのもっとも象徴的な成果は、二〇一一年に奈良文化財研究所が公刊した『平安時代庭園の研究古代庭園研究Ⅱ』であろう。二十二本の珠玉の論文は、庭園史研究がもはや人文科学・自然科学・社会科学の分野をはるかに超えた地平でなされていることを痛感させるものである。また、近年では、白幡洋三郎編『「作庭記」と日本の庭園』に掲載された、十四本もの秀逸な論文があった［白幡 二〇一四］。

平泉庭園研究においても、状況はまったく同じである。考古学上の発掘成果に基づく造園パーツの意匠に関する幅広い知見に基づき、日本古代国家段階に中国から導入された庭園文化が日本の在来文化と融合して日本化し、それがはるか平泉に伝来し開花したことを鮮明に描いた小野健吉氏の研究は、その代表とも言える［小野 二〇〇九］。平泉庭園に古代中国の神仙思想が色濃く流れている、という藪敏裕氏・劉海宇氏の研究も［藪・劉 二〇一一］、庭園をグローバルな視点から研究することの必要性を促すものであった。

このように学際的研究が鎬を削るなかで、実は文献学としての歴史学からの接近は、思いの外少ないことに気がつく。京樂真帆子氏［京樂 二〇一一］や山下信一郎氏［山下 二〇一一］が文献史料を用い、社会集団（仏会）から庭園を照射し直す必要性を強調する所以である。本章では、二人の提言と研究手法に学びながら、現存する平泉庭園に関する文献史料を初心に帰って読み直してみることにする。その時、庭園のどの場所で、いかなる人びとがどう行動したのか、という素朴な疑問を明らかにすることで、平泉仏教の歴史的特質を垣間見たい。そのさい、平安後期の天皇家や摂関家と仏教との関係に関する歴史学の研究成果をふまえることにする。

第一節　仏会の核としての舞台

二〇一〇年、無量光院跡第二十三次調査発掘において、注目すべき発見があった。舞台状遺構の検出である。舞台状遺構は、東中島の西端から池中にあり、規模は約五・九メートル四方で正方形をなし、三間×三間の総柱。柱の間は一・九メートル、中央の間隔は二・一メートルである。島に一番近い西端の列は掘り込み、それ以外は打ち込んで柱を立てていた。柱の部材は、栗材。舞台状遺構の中軸線は阿弥陀堂の中軸線と一致するという。なお、この遺構の東端から東中島上場までの距離は八・〇メートルであった［平泉町教委 二〇一二］。また舞台の西端から西中島の礎石までの距離は、ほぼ一五メートルある。さて、この舞台状遺構は、調査報告書、そして島原弘征氏の見解の通り［島原二〇一二）、舞台とみなしてよいと判断する。今回発見された舞台の広さ約五・九メートル四方（約方二丈）は、無量光院阿弥陀堂及び東中島や池などの大きさと調和させた広さである。やや後世のことだが、建長五年（一二五三）十二月二十日、御斎会に準じた法勝寺阿弥陀堂供養のさいに立てられた舞台は、方三丈三尺であった（『経俊卿記』建長五年十二月十八日条）。

かつて一九五二年に東中島が調査され、三棟の建物跡を検出していた［文化財保護委員会 一九五九］。東中島の三棟の建物については、その西端の石敷方三間の建物を拝所とする藤島亥治郎氏［藤島 一九九五］・菅野成寛氏［菅野 二〇〇二］の説や、東から楽屋・拝所・舞台とする見方がある。しかし、このたびの無量光院第二十三次調査発掘において発見された舞台により、以前に発見された東中島三棟と同時期のものなのか、はたまた東中島の三棟そのものが同時期のものなのか、再検討せざるを得なくなっている［佐藤（嘉）二〇一二］。東中島の西側遺構は、三間×三間の礎石建物跡で根石と根石の間に川原石を列状に並べたもので「地覆」の基礎にあたり、拝所であった可能性も生じてきた。そして、何よりも特筆すべきは、阿弥陀堂の建つ西中島の本堂北側翼廊の延長上に橋脚跡があり、さらにその北に北小島があり、橋跡翼廊へ至るには北岸から北小島にかけられた橋を通ることが、二〇〇四年から二〇〇七年までの十五次〜十九次発掘で明らかになったことである［平泉町教委 二〇一〇］。

以上の考古学上の発掘成果をふまえた時、仏会における人びとの以下のような行動を考えないわけにいかない。つまり、今のところ西中島から舞台、そして東中島にいたる橋脚は未確認であるが、東中島に至るには、無量光院の池の北岸より橋（宇治平等院鳳凰堂では平橋）を渡って北小島に行き、さらに北小島から橋（宇治平等院では反橋）を渡って西中島に建つ阿弥陀堂北翼廊に至り、その前庭を通り、仮橋を経て目前の舞台から東中島に至るルートこそが無量光院の仏会において取られたルートであった、と判断するしかない。第二十二次調査で池の東岸一帯の発掘調査が行われたが、東中島の東端から東門方向に伸びる橋脚跡は発見されなかったこと［平泉町教委 二〇一二］を合わせて考えてみても、この北からのルートこそが基本となるものであった。そして何よりも重要なのは、それが平等院鳳凰堂と同じである［平泉町教委 二〇一二］、ということである。

　今回の無量光院の舞台の発見は、全国的に見て初例ともいうべき希有のことであった。舞台は、無量光院の東と西の中島のあいだ、つまり池上に立てられていた。ちなみに舞台は、例えば『後二条師通記』寛治五年（一〇九一）十二月十七日条に「舞台立二庭中一」とあるように庭上に設けられたが、『小右記』寛仁二年（一〇一八）十月二十二日条に、新造された藤原道長土御門殿に後一条天皇の行幸に加えて、東宮（後朱雀天皇）と藤原道長の娘たち太皇太后（彰子）・皇太后（妍子）・中宮（威子）らを参列させたさいに、「雅楽寮於二池上舞台橋上一奏二童舞一」とあるように（同日条）、池中に舞台は「立てられた」。平泉無量光院にも影響を与えたと言われる［藤島 一九九五］鳥羽勝光明院の造営でも「池中舞台可レ突二石壇一事」とされていた（『長秋記』保延元年六月一日条）。また、宇治平等院で元永元年（一一一八）閏九月二十二日におこなわれた十種供養にさいし、舞人・楽人・菩薩らが「出二立楽屋前一吹二調子一、経二舞台前池橋一、歩二進堂前一、左右相分、経二廊壇上并南北橋一、各向二集会幄一」とあった（『中右記』同日条）。池はいうまでもなく浄土世界の宝池であり、その宝池にある舞台とは、まさしく中国敦煌壁画の西方浄土変相図にみられる宝池上の舞台につながる。西方浄土変相図では、たとえば敦煌莫高窟一七二窟にあるように、舞台は諸菩薩の楽と舞の施される場であった。

　ここで注目したいのは、その舞台上で何がどう展開したのか、ということである。再度、元永元年閏九月の宇治平等院阿弥陀堂の十種供養に注目したい。『中右記』や『殿暦』からわかる人びとの動きは、以下の通りである。寛子をはじめ、泰子・藤原忠実・忠通らが阿弥陀堂前の小御所に、公卿・殿上人がその南にそれぞれ着座すると、持幡天童・菩薩・迦陵頻・舞人・楽人らが楽屋前を出立し調子（黄鐘調）を吹き、舞台前の池橋を経て阿弥陀堂前に進み、左右に分かれて廊壇上並びに南北の橋から各々会幡に向かう。衆僧が仏前で頌し「南無極楽難値遇妙法蓮華経」と称して拝礼し復座すると、持幡童・菩薩らが十種を、鳥・蝶が供花を持ち舞台をへて仏前の机上にそれを置く。鳥・蝶が舞台上の左右草墩に着くと、菩薩は舞台上に留まり、衆僧も並び立ち、仏前で誦した。礼拝後、楽人の発声、菩薩・鳥・蝶の舞が舞台であり、衆僧を従えた散花が舞台に上がった。持幡童を先頭に天童・菩薩らが舞台に登り、堂前庭へと進行した。その後、礼楽人に従い衆僧らは南北の橋を通り阿弥陀堂を一巡する行道をおこなっている。

以上のように、十種供養は舞台を中心とした極めて動的な仏会であった。同様の仏会は、その他にも数多く見いだすことができる。仏会供養の模範とされた承暦元年(一〇七七)十二月十八日の法勝寺供養では、船楽が慶雲楽を奏するなか、白河天皇が金堂に遷御。公卿らが堂前に着席すると乱声の楽があり、獅子が舞台の巽坤に伏した。衆僧が着座すると導師と呪願が輿に乗って舞台の巽坤に至り、舞台を経て礼盤に着き衆僧とともに礼仏する。その後、迦陵頻・胡蝶などの舞、沙弥の礼仏、唄師の楽など、すべて舞台を経るか舞台上で展開したといっても過言ではない。東寺・天台僧讃衆の唱讃も舞台上でなされたし、金堂・講堂を経る東西大行道も舞台を経由していた(「法勝寺供養記」『群書類従』十九釈家部)。舞台というと『年中行事絵巻』に描出されたような、舞人が舞う場としてとらえがちであるが、それは一面にすぎなかった。舞台は、実際は半日に及ぶ仏会においてさまざまな楽人が立ち、衆僧・導師・呪願僧らが行道する、躍動感に満ちた仏と僧と楽・舞との交感の場、仏の法説が響いた場であった。

康和四年(一一〇二)七月二十一日に御斎会に準じておこなわれた尊勝寺供養は、舞台上で展開した仏会の情景をより具体的に記している(「尊勝寺供養記」『群書類従』十八釈家部)。十五日には「大宋御屏風」「唐錦縁龍鬢土敷」「唐錦毯代」「唐錦褥」など、まさしく「唐尽くし」の荘厳が施された。前庭で金堂の南階から南に一丈の所に高座が一脚設けられ、高座の中央には二脚の礼盤が置かれた。高座から南に二丈五尺のところに舞台が立てられ、その上には五香入りの金銅壺を置いた仏布施机、行香机一脚、式部大夫正家が草した御願文と藤原敦宗が草した呪願文を置いた机が設けられていた。迦陵頻・胡蝶・菩薩などの舞、散華、楽、讃衆の唱讃、大行道も舞台の上か舞台を経由してなされた。舞台の位置が金堂の南に約一〇メートルというのも、平泉無量光院の距離とほぼ一致する。願文・呪願文が舞台の上に置かれており、それを舞台より持参して導師・呪願師が表白していた。前章で詳述した通りである。ちなみに宇治平等院阿弥陀堂の仏後壁前面画では舞台上の四人の舞人、左に四人、右に五人の楽人とともに舞台の奥に前机が描かれ、その上には、火舎と華瓶、六器が描かれている〔秋山一九九二〕。

以上のように見てくると、舞台とは、仏会において楽人・舞人・衆僧・導師ら仏土の構成員が行動するさいのもっとも重要な場であったことがわかる。願文すらもが舞台の上に置かれていた。舞台は仏会のおこなわれる庭園のなかで、扇の要とも言うべき最重要空間であった。もっとも舞台については、大内裏の豊楽院でおこなわれる正月七日儀において「儀式」や「内裏式」でも詳述されており（『神道大系　朝儀祭祀編一　儀式・内裏式』）、「自二殿南階一去十一丈七尺、高三尺、方六尺」とあった。庭上舞台が仏会にだけ備わっている施設ではなく、むしろ「儀式」の舞台を踏襲していることは言うまでもないことである。

菅野成寛氏は、精緻な考証に基づき、加羅御所・東門・東中島三棟建物・無量光院本堂・金鶏山（経塚）・落日という聖なる座標軸（それは清衡命日の旧暦七月十六日・盂蘭盆会）が形成され、無量光院は宇治平等院と異なり、池の中島から極楽浄土への蓮華化生、極楽浄土を観想する一大装置であったとする〔菅野〔成〕一九九二〕。菅野論文は、かかるあり方は、観無量寿経に説かれた日想観を平泉の自然環境（山容）の利をえて実現させたものであり、完全に池中の遙拝所（東中島）に観者がいるという点で宇治平等院よりもさらに深化させた浄土教装置であったこと。また、秀衡は加羅御所からも無量光院を東門越しに遙拝し、また加羅御所から無量光院東門へ、池の東岸から橋を渡り東中島の拝所にいたった、と述べる〔菅野〔成〕二〇〇二〕。無量光院が観無量寿経で説かれる十六観の初観の日想観のための装置であることは、菅野説の通りである。しかも秀衡自ら狩猟の体を図絵した下品下生図も描かれていた。それは菅野氏が強調するように、宇治平等院よりさらに踏み込んだ悪人往生の思想との関連も推察させる。

しかし、舞台と北小島から橋を渡り中島に至るルートの発見、東中島から東門方向に伸びる橋脚が発掘調査によって確認できなかったこと、東中島の三棟のなかで東棟が一棟でないこと等々は、今までの無量光院、特に東中島の意味をさらに一歩踏み込んで理解すべし、とするものであった。無量光院でおこなわれた仏会において、僧侶・楽人や藤原秀衡とその一族たちが行動するルートは、東門から東中島ではなく、北門、池の北端から北小島にかかる橋を経て北小島に至り、西中島上の本堂に至り、舞台へと到達するというルートであったと考えたい。平泉無量光院の造形は、阿弥陀堂・庭園、さらにはそこで展開された仏会をも含めてのことでなかったか。『吾妻鏡』文治五年九月十七日条「寺塔已下注文」に「院内荘厳悉以摸二宇治平等院一」と、同月二十三日に「摸二宇治平等院地形一」と記されたのは、日想観以外にも、たとえば十種供養のような仏会がおこなわれたこと、つまりは宇治平等院に見られたような諸人間の参集する仏会をおこなうに相応しい「器」として、無量光院が存在したことを意味する。

仏会空間の中核となった舞台は、平泉藤原氏滅亡後の平泉の寺社興行においても重要視されていた。建武元年（一三三四）八月日中尊寺衆徒等申状案（『平史』六一一号文書）に、鎌倉末期の中尊寺諸堂の顚倒ぶりを記載していく中で「願成就院・常住院・山王社・釈尊院・大長寿院・成就院・千手院・瑠璃光院・金堂前舞台等、可レ為二寺務沙汰一処、衆徒等不レ耐二于悲歎一、而加二修理一」とあった。金堂前の舞台が、大長寿院や願成就院の堂舎と同列の意識のもとに修理されていたのである。金堂とは、入間田宣夫論文によれば、「鎮護国家大伽藍一区」の釈迦堂のことであり、嘉暦二年（一三二七）三月日「中尊寺衆徒等解文案」には「本堂号大釈迦堂」とみえるとする［入間田 二〇一三b］。金堂の舞台がまがりなりにも鎌倉期まで存在し続けていたこと。鎌倉末まで中尊寺諸堂と同じレベルで舞台が修理の対象として重要視されていたことに注目しなければならない。舞台は、中尊寺伽藍修造の名目として創作された虚構では決してなかったのである。

第二節　鎮護国家大伽藍の楽

中世平泉文書において、庭園関係文献史料は僅少である。そのなかで第一級史料こそは、天治三年（一一二六）三月二十四日「鎮護国家大伽藍供養願文」（「中尊寺供養願文」以下、「供養願文」と記す）である。「供養願文」の前半では藤原清衡が七つの善根を積んだこと、後半ではその善根全体の旨趣について記載している。七つの善根とは、三間四面檜皮葺堂（釈迦三尊像）・三重塔婆三基・金銀泥一切経の経蔵・鐘楼・大門等・千僧供養・五百三十口僧の題名僧である。七つの善根各々について、その趣旨が記してあるのが、この「供養願文」の特色でもある。庭園に関する直接的表現は、五番目の善根にある。「大門三宇、築垣三面、反橋一道（廿一間）、斜橋一道（十間）、龍頭鷁首画船二隻、左右楽器、太鼓、舞装束（卅八具）」とそれに続く「右、築レ山以増二地形一、穿レ池以貯二水脈一、草木樹林之成行、宮殿楼閣之中レ度、広楽之奏二歌舞一、大衆之讃二仏乗一、雖レ為二徼外之蠻陬一、可レ謂二界内之仏土一矣」という箇所、つまり「築山を造成し、池を掘って水脈をためた。基準にあった宮殿・楼閣に相応しいように、さまざまな草木・樹木を植えた。この世のものとは思えない美しい音楽で歌舞を奏し、僧侶たちは、大乗の仏の教えを讃えた。この地は、境界の外の蝦夷地であったとしても、境界内の仏土というべきである」と。注目したいのは、庭園をもって「界内之仏土」としていることである。

このような表現は、願文の後半の旨趣を述べるところでも繰り返されている。「占二吉土一而建二堂塔一、冶二真金一而顕二仏経一、経蔵・鐘楼・大門・大垣、依レ高築レ山、就レ窪穿レ池、龍虎協レ宜、即是四神具足之地、蛮夷帰レ善、豈非二諸仏摩頂之場一乎」としている。「吉い土地を占って堂塔を建て、純金で経典を書写した。経蔵・鐘楼・大門・大垣をつくり、高い所には山を、窪みには池を造成した。東には流れ、西には大道が走っており、青龍・白虎・朱雀・玄武の四神に守られた地である。異民族蝦夷は善に帰依しており、どうしてこの地は、諸仏の功徳を直下にうけない所、といえましょうか」と。まさしく庭園こそが法華経巻第八普賢菩薩勧発品の一説をふまえた「諸仏摩頂之場」であった［長岡 二〇〇八］。

このように庭を仏土とみる表現は、「供養願文」のみに見られる特殊な表現技法ではなかった。『栄花物語』巻十七では、治安二年（一〇二二）七月十三日の法成寺金堂供養において「にはの砂は、すいしやうのやうにきらめきて、いけの水きよくすみて、いろいろのはちすのはななみおひたり。そのうへにみなほとけあらはれ給へり。ほとけの御かげはいけにうつりえいじ給へり。東西南北の御堂〳〵、経蔵、鐘楼までかげうつりて、一仏世界とみえたり」とあった。池は観無量寿経あるいは、浄土変相図の宝池に擬せられていた［清水擴 一九九二b、本中 一九九四、奈良文化財研究所 二〇〇九］。

いわば箱物としての「橋」「山」「池」「水脈」「草木樹林」「宮殿楼閣」などの物質的表象は、考古学あるいは庭園学の対象となっていた。しかし、庭園を成り立たせていたのはそれだけではなかった。「歌舞」「大衆」があったことを忘れることはできない。さらに「供養願文」には、「龍頭鷁首画船二隻、左右楽器、太鼓、舞装束三十八具」「広楽之奏歌舞」という表現があり、これらは「界内の仏土」を構築する上で重要な要素であった。仏会の場で楽が奏せられたことは当然のことであり、さしたる問題にもならないように思われるが、本当にそうなのだろうか。鎮護国家大伽藍の庭園の場における「楽」とは、いかなる意味があるのだろうか。山下信一郎氏は、儀式のおこなわれる庭園の具体的描写から、庭園が儀式の場として建物と一体化した空間となっていたこと、庭園の船楽による荘厳で豪華な視覚的・聴覚的演出がおこなわれたことを指摘している［山下 二〇一一］。では、平泉の法会の場（庭）で、楽はどのように展開したのだろうか。

観無量寿経・阿弥陀経では、浄土世界において、妙音が重要な構成要素であった。阿弥陀経では白鵠・孔雀・鸚鵡・舎利・迦陵頻伽・共命の鳥が昼夜六時に和雅の音声を出し、さらには宝行樹および宝羅網が微妙の音をだし、百千種の楽が同時にともになすがごとし、とあった。宇治平等院鳳凰堂においては、雲中供養菩薩像群五十二体のうち、楽器を持つものが二十八体であったことからも、いかに妙音の世界が浄土空間を現出する上で重要であったかがわかる。そしてこの雲中供養菩薩の表象は平安後期の平泉でも見られた。今の岩手県一関市東山町松川二十五菩薩堂に安置されている雲中供養菩薩がそれらである〔冨島 二〇一七、鈴木〔弘〕二〇一七〕。また、何といっても極楽浄土の音の形象化は、中尊寺金色堂の孔雀であり、金色堂内具の迦陵頻伽を透かし彫りにした金銅華鬘であった。『栄花物語』巻十七には、治安二年(一〇二二)七月十三日の法成寺金堂供養を「楽所のものゝねども、いといみじくおもしろし、これみなのりのこゑなり。或ハ天人聖衆の伎楽歌詠するかときこゆ。香山大樹緊那羅のるりの琴になずらへて、管絃歌舞の曲には、法性真如の理をしらぶときこゆ」とあった。楽は仏法、仏説の響きそのものだったのである。

平泉の鎮護国家大伽藍の池に浮かぶ龍頭鷁首は、そのような楽の中核をなすものであった。龍頭鷁首の用例の初見は、楽書『御遊抄』に記載された延喜十七年(九一七)三月十六日の醍醐天皇六条院行幸の際の「龍頭鷁首、楽人昌歌者之乗」であるという〔倉田 二〇一一〕。さらには、仏会のおこなわれる場では、楽は舞とともに不可欠の存在であった。龍頭鷁首の船楽の持つ重要性については、『中右記』嘉保二年(一〇九五)三月二十一日条では、石清水八幡宮臨時祭行幸のさい船のことが問題となり、浮橋を使用することになったが、その時でも龍頭鷁首はあるべし、と裁可された。同じことは『小右記』万寿元年(一〇二四)十一月二十三日条にもあった。

問題なのは、かかる楽が法会の全体進行のどの局面、どの場所でどのような曲目を演ずるかについて、供養式で細かく決められていたということである。供養式は供養会のつど作成されたが、それには一定の形式があった〔遠藤徹 二〇一〇〕。ここでは供養の一例として、『中右記』に記述された長承元年(一一三二)二月二十八日の法成寺東西両塔供養をあげる。まず同年二月二十二日に藤原宗忠が藤原忠実のところに参上し、関白藤原忠通とともに終日、「塔供養沙汰」をなし、翌々日には忠実の命により供養式を宗忠が作成し、二十六日にはその式に基づき「習礼」（予行演習）がなされた。二十八日の寅の時、西塔に金剛界大日四体、東塔に胎蔵界大日四体を安置し、神分の小音声が発せられると長い供養の法会が開始された。藤原忠実・忠通らが南大門四腋門から入ると龍頭鷁首が河水楽を奏し、さらに東庭に進むと、楽屋で発声があり、この間に忠実と中宮聖子が御塔の前を経て南仮屋御所に入り、左大臣藤原家忠以下の公卿が着座すると乱声、船楽をやめる。童二人が前庭に進み出て一曲を奏し終わると船に乗り退く。そして「左右楽人出レ自二楽屋一、吹二調子一、一越調一、出二南大門左右戸一迎二衆僧一、先発レ音、（安楽鹽、先発レ楽行向不レ可レ然也、楽行事相二具菩薩鳥蝶一相共）、舟楽同音発、楽人等更経二本道一、□楽屋前立（楽不止）」とあった。つまり「左右の楽人が楽屋より出て、調子、一越調を吹いて楽器の音調を整えた。南大門の左右戸を出て衆僧を迎えた。まず音楽を発した（安楽鹽、まず楽を発して行き向かうはふさわしいことではない。楽行事が菩薩・鳥・蝶をつれて共にした）。船楽も同音で奏でた。楽人らは本道を経て楽屋の前に立った。この間、楽はやまなかった」と。衆僧の先導においても楽は重要な役割を担った。まさしく、楽は供養進行の人びとの動きに応じて、折々の仏事空間を構成する上で決定的に重要な役割をはたした。

船楽と楽屋の楽とが式次第にそって合奏されていた。楽は、仏事の場に参加するあらゆる人びとの行動を律していた。『中右記』の作者である藤原宗忠は、かかる楽を含めた仏事全体の式次第を作成する人物でもあった。たとえば同年十月七日の白河新阿弥陀堂（宝荘厳院）供養に際して、前月の二十九日に御願供養式を鳥羽上皇の命により作成し、三日の習礼を執行している（ちなみに宝荘厳院供養の呪願文を作成したのは藤原敦光である）。七日の供養では、たとえば、最初の乱声に万秋楽が奏されたことに対して「或依二永久例一入二慶雲楽一、而依二別仰一奏二万秋楽一、尤可レ然事也」と記していた。「永久の例」のことを宗忠が知っており、さらには宗忠の楽への見識は相当なるものがあった。当時の貴族が自ら笛や琴・笙などの楽を奏でたことは、よく知られている。

この長承元年十月の楽は、承暦元年(一〇七七)十二月十八日の法勝寺供養式に基づいていた。同式の作成者は宇多源氏の源経信。笛・琵琶・和琴の名手であり、能書・歌人・「作文」・郢曲の名手として名高い。父の道方、子の基綱と、三代にわたって大宰権師となり、自らも大宰府にて没した名家であった(『尊卑分脉』)。また経信の記した延久二年(一〇七〇)十二月六日円明寺(後に円宗寺)供養式は、『朝野群載』巻第二「文筆中　式」に掲載されることとなった。源経信の作成した承暦元年十二月十八日法勝寺供養次第の法会調子音楽は、「舞楽要録」(『群書類従』十五管弦部)に転載されており、そこには「調子　一越調、行幸入御　乱声・慶雲楽・船楽、迎衆僧　安楽塩・新古、導師呪願参上　河曲子・新古、供花　十天楽、唄　廻坏楽、散花大行道　渋河鳥・新古、讃　昇・韶応楽・降・北庭楽、梵音　昇・一弄楽　降・酒胡子、錫杖昇・鳥向楽、降・白柱、導師呪願退下宗明楽、新古子」とあった。長承元年の白河阿弥陀堂供養会は、行幸入御の際の楽が万秋楽であること以外は、この承暦の法勝寺供養式の通りに演じられていた〔小野〔功〕一九六六〕。

平安後期に盛行した大法会の舞楽法要は、庭園の場に参加(出仕)するさい、新楽古楽の二部楽による音楽主体の供養式となり、その端緒は応和元年(九六一)の村上天皇雲林院多宝塔供養の楽に原型があった〔遠藤徹二〇一〇〕。平安後期の舞楽法要では、荘厳の意識が変わり、貞観までの「仏世界の荘厳」から僧侶の所作を荘厳する「人界の荘厳」に変化した、とする佐藤道子説も参照されたい〔佐藤〔道〕二〇〇〇〕。ちなみに藤原宗忠は元永元年(一一一八)閏九月二十二日の宇治平等院十種供養にさいし、十五日に藤原忠実から十種供養次第と楽について式を作るように沙汰されている。宗忠が藤原寛子のところに参上し式を新作した。「彈試」すこぶる「有興」だったという(『中右記』元永元年閏九月十五日条)。藤原忠通は十種供養の次第について、十八日終日尋ねおこなわせている(『殿暦』同月十八日条)。供養式が主催者によって練りに練られ、仏会に参加する集団全体の共通認識になっていたことがわかる。後述するが、千僧供養のハイライトともいうべき行道の先頭に立つのは楽人であった(「諸寺供養類記」『大日本史料』第三編之十八)。

さて、船楽の龍頭鷁首が二隻でなければならないことは、それが王権に関わる問題を有していたことと関係する。

龍頭鷁首に鳥羽上皇がいかにこだわったのかについては、『長秋記』保延二年（一一三六）二月一日条が象徴的である。鳥羽離宮の池造作にあたって鳥羽上皇は、焼失した龍頭船の新造を厳命している。さらに『中右記』嘉保二年（一〇九五）三月二十一日条でも堀河天皇の石清水八幡宮行幸にさいし、御船の行幸によらず浮船を用いようとする動向に対して、左大臣源俊房は後冷泉天皇の例を引き、「猶レ有二龍頭鷁首一、之度楽船専不レ可レ依二御船一、日吉行幸時、唐崎有二龍頭鷁首一、何依二御船一哉、行二幸大河辺一之時、是為二厳重一可レ有二楽船一也」と猛反発している。天皇の権威と船楽との密接な関係を感じないわけにいられない。船楽と天皇家（宮廷儀礼）との結びつきについては、山下信一郎氏が『日本紀略』延暦二十一年（八〇二）二月癸巳条に「幸神泉、神泉泛舟、曲宴」とあることに注目している〔山下 二〇一二〕。その神泉苑は、桓武天皇が中国西周の文王の霊囿にまねてつくった、と『太平記』巻一は記述している。藪敏裕氏・劉海宇氏の考察〔藪・劉 二〇一二〕を参照されたい。中国の皇帝は、日本の池に比すれば湖のように大きな池に船を浮かべて遊興していた、とのご教示を藪敏裕氏からいただいた。日本の造園思想に中国の神仙思想が色濃く流れていることについては、田中淡論文をはじめとする多くの研究があった〔田中淡 一九八八・二〇〇九、多田 二〇〇二〕。そもそも楽は、古代中国の礼楽に淵源を有していた。前述のように楽を含む供養式が儀式の体系そのものであったのも、古代中国で礼儀と音楽の実践と表現において君臣、上下の規範を守ろうとしたことに通じていた〔孫玄齢 一九九〇〕。楽は、古代から中世の日本王権に関わる重要な文化表象であった〔豊永 二〇〇六、荻 二〇〇七〕。

平泉の鎮護国家大伽藍落慶供養の園池に浮かぶ龍頭鷁首で奏でられる楽は、院政期京都の御願寺や摂関家邸宅で挙行された楽の世界にあい通じていた。「供養願文」に記載された龍頭鷁首には、そのような意味があった。

実は、前述のような楽の光景は、京都以外でも見られた。平清盛が治承元年（一一七七）十月に平氏一家と名だたる舞人三十八人（童舞十二人・妓女十二人・舞人十四人）、楽人二十一人を率いて、安芸国厳島神社で有名な千僧供養・一切経会を挙行していた。そのなかには、平清盛や九条兼実の楽の師範役もつとめ、後に楽所預にもなった中原有安のような楽人（舞人）もいた。同法会に関する小松茂美氏の詳細な研究〔小松 一九九六〕を参照されたい。厳島神社が建つ海を宝池に見立てた、壮大な楽の世界が展開したのである。

この厳島神社の千僧供養・一切経会に参加した楽人・舞人とほぼ同じ人数が、平泉の仏会空間を構成していた。『吾妻鏡』文治五年九月十七日条「寺塔已下注文」に、「一、年中恒例法会事」として「舞人三十六人、楽人三十六人」とあることを想起されたい。その数は大変なものであった。決して虚構でも誇張であったわけでもない。三十六人という数字と、古代中国の礼楽の制度において諸侯の舞踊隊は三十六人だったこととは、あるいは関係するのだろうか。さらに注目したいのが、この「注文」が源頼朝のもとに提出される二十五日ほど前に、平泉館を占領した源頼朝軍が、火災の難を逃れた平泉館宝倉より沈紫檀以下唐木厨子のなかに納められていたまばゆいばかりの財宝のなかに「象牙笛」を発見していることである（『吾妻鏡』文治五年八月二十二日条）。武士と笛、と言えば『平家物語』の敦盛の段。そう言えば、長承元年（一一三二）九月二十六日、宇治平等院の経蔵に入った藤原忠実らが経蔵内で何よりも「見物」したかったのは、楽の最大の構成要素である笛であった。横笛（水龍）と高麗笛（名黒丸）を見た藤原宗忠は、「見㆑之誠以神妙也」と感嘆している（『中右記』同日条）。

楽人・舞人三十六人を招請するには、膨大な経費がかかった。そのために藤原清衡は所領を寄進していた。その「楽人・舞人三十六人所帯」が、鎌倉中期に発生した中尊寺衆徒隆覚と権別当方栄賢との相論においても重要な論点になっていた（文永元年十月二十五日関東下知状『平史』二八号文書）。嘉元三年（一三〇五）三月日の中尊寺衆徒陳状案（『平史』四四号文書）では、平泉仏教の象徴でもある鎮護国家大伽藍落慶供養の伝統を引く一切経会などない、と虚偽を述べた葛西宗清と勝弁に対して、中尊寺衆徒側は「供養願文」を提出し、「出羽・陸奥散在居住伶人等、於㆓彼会参勤時之雑掌㆒者、為㆓当国伊沢郡成河所役㆒、于今無㆓退転㆒」と主張し、葛西側の暴論を一蹴している。鎌倉前期の一切経会では、伶（楽）人が奥羽各地の寺社から参勤していたことを示している。

もっとも、平泉藤原氏時代の平泉の楽は、奥羽の在地世界の楽だけで成り立たなかった。京都からの一流の楽人が平泉に来住しており、それが平泉の楽を特色づけていた。その好例として朝廷の楽所の一員であった右近府生正元（本名成正）がいる。正元は、天養元年（一一四四）四月に擯出されて陸奥国に下向し、久安三年（一一四七）に上洛し七月の法性寺御堂供養の日に楽所一員として還著した。笛の名手であり、法性寺御堂供養では篳篥を吹いた。朝廷にあって雅楽寮以外に楽曲を教習せしむる楽所の一員が、京都より陸奥国に下向し、さらに京都に戻って摂関家の法性寺御堂供養の楽をなしていた（「楽所補任」『群書類従』三補任部）。院政期の京都の楽が平泉に直輸入されていたのである。平泉の楽は、決して天治三年の鎮護国家大伽藍落慶供養だけで終わりだったのではなく、基衡期・秀衡期においても正元のような楽人を呼び込む形で継続していたのである〔遠藤〔基〕二〇一五、前川 二〇一六〕。平泉舞人の存在は、徳治二年（一三〇七）十月十六日「下野守某等連署施行状」（『鎌倉遺文』二三〇六三号文書）でも確認することができる。このような楽・舞の伝統が毛越寺延年の舞への水脈になっていった。正応四年（一二九一）三月二十四日別当了禅が白山神社に奉納した若女の面も、以上の考察を補うものである。鎮護国家大伽藍の庭園とは、如上の楽をなすに相応しい場であった。

第三節　東の千僧供養、西の千僧供養

平泉中尊寺の紺紙金銀字交書一切経は、鎮護国家大伽藍落慶供養の場において、五百三十口の僧侶によって読まれたものとして知られている。菅野成寛論文が述べるように、紺紙金銀字交書一切経は、日本では平泉以外類例がないことから、京都以外の地においては破格の仏会がおこなわれたことになる。菅野氏は、そこに「王家」の意向を読み取ろうとする〔菅野〔成〕二〇〇二〕。かかる破格の仏会がおこなわれた御願寺としての「鎮護国家大伽藍一区」建立は、

「供養願文」に正六位上の位階しかない藤原清衡では、公家政権内で見れば通常かなうべくもないものであった［入間田 二〇一三a］。この紺紙金銀字交書一切経を用いた一切経会と並んで重要なのが、「供養願文」の七つの善根のうち六番目にある「千部法華経、千部持経者」（千僧供養）である。千口の僧侶による法華経読誦の声は「聚蚊之響」をなして雷のようであり、千僧の声は天に達した、と。まさしく、千僧供養こそは「界内の仏土」を成就したのである。鎮護国家大伽藍とは、何よりもこの千僧供養がおこなわれた場であり、それに相応しい伽藍・庭園空間が広がっていたのである。

千僧供養が実際に平泉でおこなわれていたことは、『吾妻鏡』文治五年（一一八九）九月十七日条「寺塔已下注文」の「年中恒例法会事」に「三月千部会・一切経会」と記載されていることから、間違いない。千部会とは、鎮護国家大伽藍の落慶供養を起源とするものであった［斉藤 二〇一〇、誉田 二〇一五a・本書第Ⅱ部第五章］。嘉元三年（一三〇五）三月日中尊寺衆徒陳状案（『平史』四四号文書）には「一千五百余口題名僧遂供養」とある。一千五百余口は、法華経読誦僧千人と一切経題名僧五百三十人とする「供養願文」の数と一致する［大矢 二〇〇四］。

そもそも、千僧供養がおこなわれた寺院は、京都の大極殿や法勝寺・延暦寺、南都の興福寺・東大寺の大寺院であり、主催者も天皇家や摂関家。天皇の病気平癒や天下不静にさいしておこなわれる「鎮護国家」を祈願する一大法会であった［松尾 一九八八］。千僧御読経の主催者とその仏事達成のための財源・用途調達方法に関して、公家沙汰と非公家沙汰に分類し、そのあり方を院政期国家論や王権の問題にまで発展させる議論がわき起こる所以である。遠藤基郎［遠藤 二〇〇八］・井原今朝男［井原 一九九五］・上島享［上島 二〇一〇a］・菅真城［菅 一九九七］等の諸氏の研究を参照されたい。法勝寺でおこなわれる千僧御読経は、白河院の皇統確立の方策という政治的意図のもと［遠藤〔基〕二〇〇八］、綱所と行事弁とが主導するなかでおこなわれた。

天仁元年（一一〇八）十月六日、今まで大極殿でおこなわれていた千僧御読経が法勝寺でおこなわれるようになると、同寺では毎年のように、しかも一年間で数回、開催されるようになった。御斎会に準じて康和四年(一一〇二)七月二十一日におこなわれた尊勝寺供養では、供養の日時、僧名を定めよ、との仰せがあった。六月十八日のことである(『中右記』同日条)。法勝寺の例によって三百口、衲百廿人、讃衆・梵音・錫杖各六十人などが定められている。一ヶ月前のことである。公家沙汰や院家沙汰による組織的運営体制があって初めてなしえたのが、千僧供養であった[遠藤〔基〕二〇〇八]。

では莫大な費用と人的動員を要する千僧御読経は、京都と南都以外の地ではおこなわれなかったのか。そうではなかった。平氏政権の地盤ともなった福原で挙行されていた。たとえば、平清盛は、仁安四年(一一六九)三月二十一日に福原に後白河上皇をまねき、千部法華経をおこなっている(『兵範記』同日条)。以後、安元三年(一一七七)三月三日まで、平清盛は後白河法皇を招き五回の千僧供養を催している。千僧供養に招請された僧侶も、園城寺の僧綱・有職、延暦寺の覚快法親王、仁和寺守覚法親王など、まばゆいばかりの豪華キャストであった(『帝王編年記』承安四年十月十五日条)。福原の千僧供養は、入宋貿易の安全、国際通商の平和を祈願する平氏政権の政治戦略であった[髙橋〔昌〕二〇〇七b]。

治承元年(一一七七)十月には、平清盛・宗盛・経盛・維盛ら平家一門と郎党らが参詣するなか、安芸国厳島社にて千僧供養がおこなわれている(「伊都岐島社千僧供養日記」『広島県史　古代中世資料編Ⅲ』)。十月十二日に習礼、十三日に同社の臨時祭。その夜に万灯会、十四日の払暁から一日がかりの千僧供養(法華経の供養)、十五日に一切経会がおこなわれた。千僧供養では、舞殿の南北廊に各々五百人が着座した。南廊の六十六間に新たに仮の廊廿間を付け加え合わせて八十六間が設けられ、一間ごとに六人の僧侶、つまり僧一人当たり半畳が割り当てられ、一帳の経机に法華経が一巻置かれていた(「伊都岐島社千僧供養日記」)。詳細は、小松茂美氏の研究を参照されたい[小松一九九六]。

一方、法勝寺の千僧供養も金堂の東西廊に各々三百五十口、金堂中に三百口であった(『中右記』元永元年二月二十一日条)。法勝寺の金堂の翼廊は、二十二間であり、毛越寺の円隆寺と同じであった[大矢 二〇〇四]。千僧が集う堂宇・庭とはそれに相応しい広さを有していた。供養式に即して千僧は指定された座につき、読経し、行道した。藤原氏一族、来客の着座の位置と着座のタイミングも定められていた。三十六人の舞人・楽人は、仏会の時と空間を区切る重要な役割をはたした。このような長時間にわたる壮大な仏会が千僧供養であり、そのおこなわれる場が、平泉鎮護国家大伽藍の庭であった。以上のことを念頭に置くことが、まずは肝心なのである。

ところで、大極殿・法勝寺・東大寺・興福寺・延暦寺などでしかおこない得なかった千僧供養を、はたして藤原清衡は挙行できたのだろうか。千僧供養といっても、実態は多くて数十人の僧侶による法華経読誦ではなかったのか。平泉の千僧供養への疑念がわき起こる所以である。しかし、私は、天治三年三月に「鎮護国家大伽藍一区」で挙行された千僧供養とは、明らかに京都の王朝政権を意識し、さらには京都側からも千僧供養であると認識されてなされたものであり、千僧供養の名に相応しい大法会であったと考える。仏会催行の主導者は藤原清衡であり、京都王権の命令・許可のもとでおこなれた、というものではない。そもそも「願文」の願とは、誓願であり、仏に誓うことである。そこでは菩薩行が基本理念となる。ありもしないこと、できそうもないこと、嘘は書けなかった。工藤美和子氏が述べた通りである[工藤 二〇〇八]。「供養願文」に記載された千僧供養は、南都北嶺や法勝寺で御斎会に準じておこなわれた千僧供養に限りなく近いもの、つまり、京都側から見ても千僧供養である、と認識される一大仏会であった。

千僧供養に関連して、京都で承安四年(一一七四)三月二十二日、興味深い事件が起きた。「舟岡山辺有㆓千僧供養事㆒、而自㆓使庁㆒遣㆓下部等㆒、被㆓追散㆒云々」という事件である(『吉記』同日条)。京都大徳寺の船岡山で何者かが千僧供養をおこなおうとして、検非違使庁によって停止されたというこの事件は、相応しくない寺院が千僧供養を挙行すれば禁圧された、ということを意味するとともに、別言すれば延暦寺・法勝寺などの鎮護国家大寺院でない勢力が千僧供養をおこなおうとしていた、ということを示している。となれば、都からはるか遠く離れた平泉で、広大なる北東北地方、蝦夷地に対する実効支配をなし、北方世界の覇者として壮大なる仏教世界をつくり上げた平泉藤原氏は［斉藤 二〇一一］、「現実」として千僧供養をおこない得たのである。そこには、地政学上のはたらきが展開していた。その意味でも「供養願文」を、藤原清衡主導で産み出された天治三年三月段階の戦略的テキスト、と読みこむ遠藤基郎氏の考えは［遠藤〔基〕二〇〇五］、行論上、傾聴に値する。

それと同時に、千僧供養を開催できるだけのネットワークを平泉藤原氏が有していたことも重要である。そもそも藤原清衡は、比叡山の千僧供養を熟知していた。三十年近くにわたって清衡は、延暦寺千僧供養のための経済基盤を保持し続けた。清衡は陸奥守源有宗と結託して比叡山千僧供養のため公領の田地を取り込み「保」をたてはじめ、ついには七百町になった。そして、大治元年（一一二六）ころ、陸奥守藤原良兼に訴えられることとなった。奥羽に下り立保に活躍していた日吉神人が国司方に殺害される、という事件も起きていた（『中右記』大治二年十二月十五日条）。あまりにも有名な事実である。平泉と延暦寺との間には、密なるネットワークが存在していたのである。菅野成寛氏が述べるとおりである［菅野〔成〕二〇一〇］。

それだけではない。『吾妻鏡』文治五年九月の「寺塔已下注文」に記載された「自吾朝延暦・園城・東大・興福等寺、至震旦天台山、毎寺供養千僧」の一文も、あまりにも有名である。とりわけ中国天台山国清寺の千僧を供養したという清衡の姿は、注目される。千僧供養のためには莫大な費用が必要であった。そのために、清衡は陸奥の金を惜しげもなく送り届けた。園城寺の千僧供養にさいし清衡が「砂金千両を寺僧千人にほどこした」とする言説すら、生まれていた（『古事談』巻五、神社・仏事）。かくして、千僧供養の主催者として、清衡の名前は、東アジア仏教世界で認知されていくことになる［誉田 二〇〇八］。そもそも千僧供養の淵源は中国にあり、陳の後主陳叔宝が皇太子に菩薩戒を授けた智顗のために千僧斎を設けた、という南宋志磐撰『仏祖統記』の故事を小松茂美氏は紹介している［小松 一九九六］。また、清衡の仏教政策に仏教立国をめざす国際戦略あり、とする入間田宣夫論文［入間田 二〇〇七a、二〇一三a］もあわせて参照されたい。千僧供養の費用を送り続ける清衡には、北方世界から京都、博多、中国にわたる東アジアという広範囲のなかに生きる通商立国の主たる容貌があった。

平泉に「鎮護国家大伽藍一区」を建て、千人の僧侶、楽人・舞人、さらには供養式を熟知した貴族を招請し一大仏会を催行することは、南都北嶺等寺院の千僧会のために金を送ること以上に、政治的意味があった。千僧供養をおこなうに相応しい楼閣・堂、そして庭園が造成されなければならなかった。京都からは相仁のような高僧を、奥羽各地の村々からも僧侶が招請された。文治五年九月二十三日、無量光院を参詣した源頼朝に豊前介清原実俊が「清衡が村ごとに伽藍を建てた」と説明した（『吾妻鏡』同日条）、奥羽仏国土の細胞としての村の伽藍が必要であった。僧侶の招請には奥羽の郡・荘園の在地領主の協力（動員体制の存在）が不可欠であった。池を掘る人夫も動員され、また池・庭の「つくろい」のために定期的なメンテナンスをおこなう公事が「御分寺領村々所役」として設定されていた（嘉暦二年三月日中尊寺衆徒等解文案『平史』五七号文書）。

以上のような清衡の政治をふまえ、京都の院政期政権に向かっては白河上皇の長寿を祈るという名のもとに「平和」の先取りをなし、通商関係の進展と諸民族の成長、仏教を共通の政治理念とする国作りという十一世紀の東アジア世界の変化を見据えながら［上川 二〇一二a］、新しい仏教立国の象徴としての鎮護国家大伽藍の落慶供養がおこなわれたのである。庭園はこの仏教立国を確認し合う人びとのための壮大なる「器」だったのである。

おわりに

平泉の鎮護国家大伽藍落慶供養の夜に万灯会があった。万灯会こそ、仏国土を劇的に高める重要な仏事であった。池の水面に映じる千万の灯火は、無明の世界に生きる衆生に、もう一つの浄土（仏土）を感得させるものであった。

「極楽の宝池」としての池は、仏会にとって決定的に重要であった〔清水擴 一九九二b〕。浄土を出現させた万灯会と言えば、治安三年(一〇二三)三月十日の法成寺での万灯会が有名であり、その情景を『国史大系第二十巻　栄花物語』巻十九では、次のように記している。「いけのめぐりには、宝樹どもをめぐりてたてなめさせ給へり。七宝をもてみなつくりたり。それにみなしろがねのあみをかけて。火をともしたり」「孔雀・鸚鵡・迦陵頻などのかたをつくりてともしたり。いけにはいろいろのはちすをつくりて、それがうへにともし」た、と。「百余人のそううるはしくさうぞきて、行道していけのめぐりをまは」り、「こよひのともしびのひかり。十方浄土のほとけのせかいにいたるらんとみえて。かみはひさうてんまでにいたるらんとみえ。しもは黒闇の衆生もみなてらさるらん」と。

無明長夜に灯る光は仏の光、浄土そのものであった。さらには「四位五位のものまめやかなる人びと」が「われもわれもとおとらじまけじとしさはがせ給」「御堂々々の経蔵。鐘楼までみなあけひらかせ給へり」ということも注目される。万灯会は、多くの人びとに開放されたのである。まさしく菩薩行の極地であった。寛弘三年(一〇〇六)十月二十八日法興院万灯会でも「池東見物如〻斗(堵)数百来」とあり、深夜まで池上に灯された光明を見ようと集まった数百人の群衆で、池の東は垣根のようになった(『御堂関白記』同日条)。

東大寺の万灯会はあまりにも有名であるし、地方では筥崎宮放生会でおこなわれていた(『平安遺文』二五〇四号文書)。ただし、法成寺のような園池を舞台とし、なおかつ昼に千僧供養がおこなわれたとなると状況は異なる。夜の万灯会、昼の(法華経)千僧供養、翌日の一切経会という仏会の連結は、治承元年十月平家一門の伊都岐島社参詣でもおこなわれていた。十月十三日の万灯会は、厳島神社付近の海だけにあらず、大鳥居の外浜、東の宮崎と西の西崎との間を大鳥居の外を通って結ぶかたちで海中に棚を結びわたして松明を設け、さらには対岸の浜にも数十町に及んで松明を点ずるという壮大なものであった。水上の「灯明」は、万灯会を劇的に高め、聴聞衆・千僧の所従・結縁衆で、板敷はおろか浜辺においても人の立つ場所もなかったという(「伊都岐島社千僧供養日記」『広島県史　古代中世資料編Ⅲ』)。

平清盛は、宋との通商に情熱を注いでいた。福原の千僧供養と万灯会は、広範な人びとに「平家こそ海路の安全保障を実現する力」と印象づける意図があった、と高橋昌明氏は述べる〔高橋〔昌〕二〇〇七a〕。北方世界から奥大道をへて平泉へ、そして、京都・博多・寧波へ、と歴史を切り拓いていった藤原清衡の主催した万灯会。奥大道を通行する商人・僧侶・武士らに、清衡こそが奥羽・北方世界の安全保障を実現する者なり、ということを印象づけていたに相違ない。福原の万灯会を見て歌を詠んだ西行が、東の千僧供養・万灯会のおこなわれた平泉を訪れていた。偶然の一致ではない、と考える。

〔補記〕

脱稿後、前川佳代論文〔前川 二〇一八〕に接した。同論文においては、毛越寺庭園は、庭造りの専門家である仁和寺僧静意、待賢門院璋子御願の法金剛院造営を請け負った藤原基隆関係者の関与で造られ、京都御室地域の光景と共通性あり、と論じられていた。摂関家や白河のみならず仁和寺系(御室地域)の庭園文化が平泉の庭園に流れている、という指摘は、拙著第Ⅱ部第三章との関わりで示唆に富んでいる。

第三章　藤原基衡の千部一日経

はじめに

藤原基衡の時代は、それ以前の清衡期(十一世紀後期から十二世紀前期)、あるいは以後の秀衡期(十二世紀後期)と比較したとき、平和で都市文化の繁栄した時代という印象を人びとに与えている。計画的な街路形成をふまえて建立された毛越寺〔羽柴 二〇〇二、八重樫 二〇一三〕、園(苑)池造営〔前川 二〇〇八、佐藤〔嘉〕二〇一三〕、大量の白磁・青磁の移入などは、基衡期仏教文化を象徴する事例である。遺跡発掘の成果から浮かび上がった都市平泉の姿は、平泉研究をさらなる段階へと押し上げている。

その一方において、同時代史料の少ないこと、清衡と秀衡とのあいだに挟まれた基衡期への問題関心の相対的薄さもあいまって、文献史学の立場からの基衡期に対する研究にはまだやり残された部分がある。近年の平泉に関する歴史学研究は、白河後期院政の政治史〔遠藤〔基〕二〇〇五〕、平泉仏教文化集団と交通関係〔誉田 二〇一三b・本章第Ⅱ部第一章〕、北方世界との貢納関係に注目しながら、日本史全体の中で展開していく「地方の時代」の深まりを秀衡の平泉幕府構想への論理回路で解明しようとしている〔入間田 二〇〇四b・二〇一六、斉藤 二〇一一・二〇一四〕。

本章では、このような研究動向をふまえつつ、基衡期の同時代史料を丹念に分析し、それを院政期社会のなかに位置づけ、さらに当該時期の奥羽在地社会、藤原基衡にとってその意味するところは何であったかを明らかにする。もって、基衡期の平泉仏教の歴史的性格を論じてみることとする。

第一節　清衡の千僧供養、基衡の千部一日経

天治三年(一一二六)三月、平泉の鎮護国家大伽藍落慶供養のとき、千人の僧侶による法華経読誦(千僧供養)が執りおこなわれた。千僧供養こそは、京都の大極殿、法勝寺、比叡山延暦寺などの限定された場で実行される国家的仏会であり、院政期日本仏教を特色づけるもっとも重要な仏会であった〔海老名 一九九三、井原 一九九五、菅真城 一九九七〕。千僧供養の運営形態から公家沙汰と院中沙汰とに分類し、その手続きから、院政期王権と公家政権との構造的特質をさぐる研究もあった〔遠藤〔基〕二〇〇八〕。千僧供養は、正六位上の官位の藤原清衡が執りおこなえるようなものではなく、異例中の異例の仏会であった〔入間田 二〇一三a〕。天治三年の鎮護国家大伽藍落慶供養の千僧供養は、万灯会、金銀字交書一切経の供養会(一切経会)とともに、藤原清衡の仏教の頂点となる仏会であった。まさしく、清衡の千僧供養であった。

以上のように清衡期の仏会を把握した場合、基衡期の仏会をもっとも特色づけるものは何だったのだろうか。同時代史料が僅少なこともあって、このことを解明していくことは至難であるが、史料がまったくないわけでない。いわゆる中尊寺経のうちの金字一切経のなかには紺紙金字法華経約一〇三巻十七部以上もあることが、山本信吉氏によって指摘されている〔山本 一九七二〕。これらの紺紙金字法華経のうち、中尊寺外に流出したものも含めて七点の奥書を有する紺紙金字法華経が紹介されている。その七つのうち、以下の四点の奥書を分析対象とする。史料の所蔵者を最初に記す。〔史料一〕静岡県湖西市妙立寺蔵、〔史料二〕田中塊堂『日本写経綜鑑』(思文閣、一九七四)より、〔史料三〕

東京都個人蔵、〔史料四〕大阪府河内長野市金剛寺蔵。なお、山本信吉氏は、〔史料一〕と〔史料三〕は法華経巻第八の奥書とする。〔史料一〕から〔史料四〕の奥書は以下の通りである。

〔史料一〕

保延四年五月十六日、奉為先考藤原清衡成仏得道、奉書写千部一日経内、第六十二部也

弟子、藤原基衡

導師、伝灯大法師範耀

問者、阿闍梨範覚

〔史料二〕

保延六年五月四日、奉為先考藤原清衡成仏得道、書写千部一日経内、第二百二十四部也

弟子、藤原基衡

講師、伝灯大法師幸慶

問者、大法師兼耀

〔史料三〕

保延六年七月十一日、奉為先考藤原清衡成仏得道、書写千部一日経内、第二百七十一部也

弟子、藤原基衡

講師、伝灯大法師増忠

問者、大法師応円

〔史料四〕

久安四年閏六月十七日、奉為先考藤原清衡成仏得道、書写千部一日経内、第五百七十二部也

弟子、藤原基衡
講師、伝灯大法師乗恵
問者、大法師増忠

この四点の史料に記載された人物について、明らかにしてみたい。まず、上記の奥書には、共通して、「弟子、藤原基衡」の記載があった。この金字法華経写経は、基衡が「弟子」の意識のもとになされたことを意味する。では基衡以外の僧侶とはいったい誰なのか。まず、〔史料一〕の「問者、阿闍梨範覚」は、在地世界の寺院の僧侶にあらず。京都園城寺から千部一日経の問者として招請された僧侶である。三井寺範覚は、大治二年（一一二七）十二月三日に京都法成寺御八講の竪者をつとめていた（『中右記』同日条）。この法成寺御八講は十一月二十九日から開始され、三日の御八講では探題の予定者の忠尋僧都が所労によって精義できなかったので、忠尋の代役を範覚がおこなっている。忠尋といえば延暦寺東陽院流の始祖で、白河院政後期から鳥羽院政前期にかけて御願寺の諸供養・仏会で探題・導師などをつとめ、その威光は興福寺僧永縁とともに王朝貴族内で有名であった。『中右記』長承元年（一一三二）五月二十七日条では、最勝講結願にあたり僧事があり、範覚阿闍梨のことが触れられていた。

さらにこの範覚は、『国史大系　尊卑分脈』巻一によれば、藤原氏道隆流の家範の子、園城寺阿闍梨範覚であった。範覚の兄弟には、白河院院司、四位別当として活躍したかの基隆を筆頭に、家行・家保・宗隆らがいたし〔高橋（昌）二〇一二〕、範覚の妹（姉、あるいは姪か）は美福門院得子の女房となっていた。注目されるのは、範覚の兄弟に仁和寺の阿闍梨行範がいたことであり、この行範は仁和寺僧で陸奥国に住んでいたことである。この行範は、仁和寺孔雀明王堂の造営を担当し、覚法法親王と平泉との結びつきを取り持っていた〔遠藤（基）二〇一五〕。

行範の師は、「本朝傳法灌頂師資相承血脈」（『大日本古文書　家わけ第十九　醍醐寺文書之一』）によれば寛助であった。そして、この寛助こそは、まだ若き覚法法親王を扶持しつつ白河院政期に隠然たる力を発揮し、世に「法師関白」と称されたかの有名な僧侶であった。嘉承二年（一一〇七）には、鳥羽天皇の護持僧にもなり、大北斗法の供養導師をもつとめていた［栗本 一九九二］。この覚法は、源顕房の娘の師子と白河上皇とのあいだに生まれた法親王。そして源信雅も顕房の子であり、清衡没年の大治三年（一一二八）、陸奥守に任命されていた。この陸奥守源信雅こそは、藤原基衡が兄惟常との家督相続争いに生き残るための強力な後ろ盾となった決定的に重要な人物であった。範覚と陸奥・平泉との結びつきは、思いのほか強いと言わなければならない。ただし、この範覚を仁和寺信蓮院開祖の範覚（世豪）とする司東説もあるが［司東 一九七八］、首肯できない。保延年間、範覚は「世豪」と称していた（『中右記』保延三年五月二十七日条）。保延四年五月十六日平泉の千部一日経の問者をつとめた園城寺阿闍梨範覚と世豪（範覚）とは、別人である。

三井寺と平泉との関係は深い。藤原清衡が園城寺千僧供養のため資金を送っていた（『吾妻鏡』文治五年九月十七日条「寺塔已下注文」）。さらにはこれとの関わりで、『古事談』巻第五の三四「三井寺鐘の由来の事」の説話もあった。つまり園城寺にある龍宮の鐘は、もともとは粟津に住む粟津冠者なる武者が龍王からもらいうけ、建立した広江寺に鉤してあったもの。藤原清衡が園城寺の僧侶千人に施した砂金千両（千僧供養）のうち、わずか五十両でもって園城寺が広江寺から購入した、と。平泉藤原氏と園城寺との密接な関係を示す好事例である［入間田 二〇一三a］。そういえば、南都北嶺と陸奥国平泉との人脈には、陸奥守藤原基信の女と摂関家藤原忠通とのあいだに生まれた恵信（興福寺僧）もいた［前川 二〇〇八］。

前掲（史料一）の保延四年（一一三八）五月十六日の千部一日経の頓写供養において、導師を勤めた伝灯大法師範耀を、同時代史料から探し出し得なかった。ただし、上記の問者阿闍梨範覚が参加する仏会において導師を勤めた伝灯大法師範耀が、奥羽在地世界の寺院の僧侶であったとは、とうてい思えない。やはり範耀も、天台宗寺院権門のしかるべき学僧である、と判断せざるを得ない。範覚が園城寺僧であることから、伝灯大法師範耀は、あるいは延暦寺の学僧であったか。

また、「問者」阿闍梨範覚がいるということは、「講師」の存在を意味する。事実、〔史料三〕の保延六年の千部一日経では「講師」と「問者」がいた。さらには、鎮護国家大伽藍に納められた金銀字交書一切経の料紙が、延暦寺専当法師鎮徳や日吉舎宮師高満らによって調達されたこと（保安二年正月十八日那先比丘経巻上中尊寺金銀字経本紙墨書『奥州平泉文書』九号文書、国書刊行会）。また、天治三年三月の鎮護国家大伽藍落慶供養で供養願文を読んだ導師は、延暦寺僧侶の相仁であったことよりしても〔本書第Ⅱ部第一章〕、延暦寺・園城寺の僧侶が千部一日経のため、基衡によって平泉に招請されてもなんら不自然ではなかった。

上記の〔史料三〕と〔史料四〕に記載された増忠について、他の史料から確認することができる。この増忠は『尊卑分脈』によれば藤原道隆流の藤原経忠の子である。父の経忠と陸奥守（任一一一六〜一一？）藤原基信とは兄弟であった。藤原基信は白河院近臣として活躍し、白河上皇に接近しようとする藤原清衡の思惑を取り持った人物であった〔遠藤〔基〕二〇〇五〕。藤原基信の甥にあたる増忠の兄の阿闍梨増修は園城寺、行縁は都維

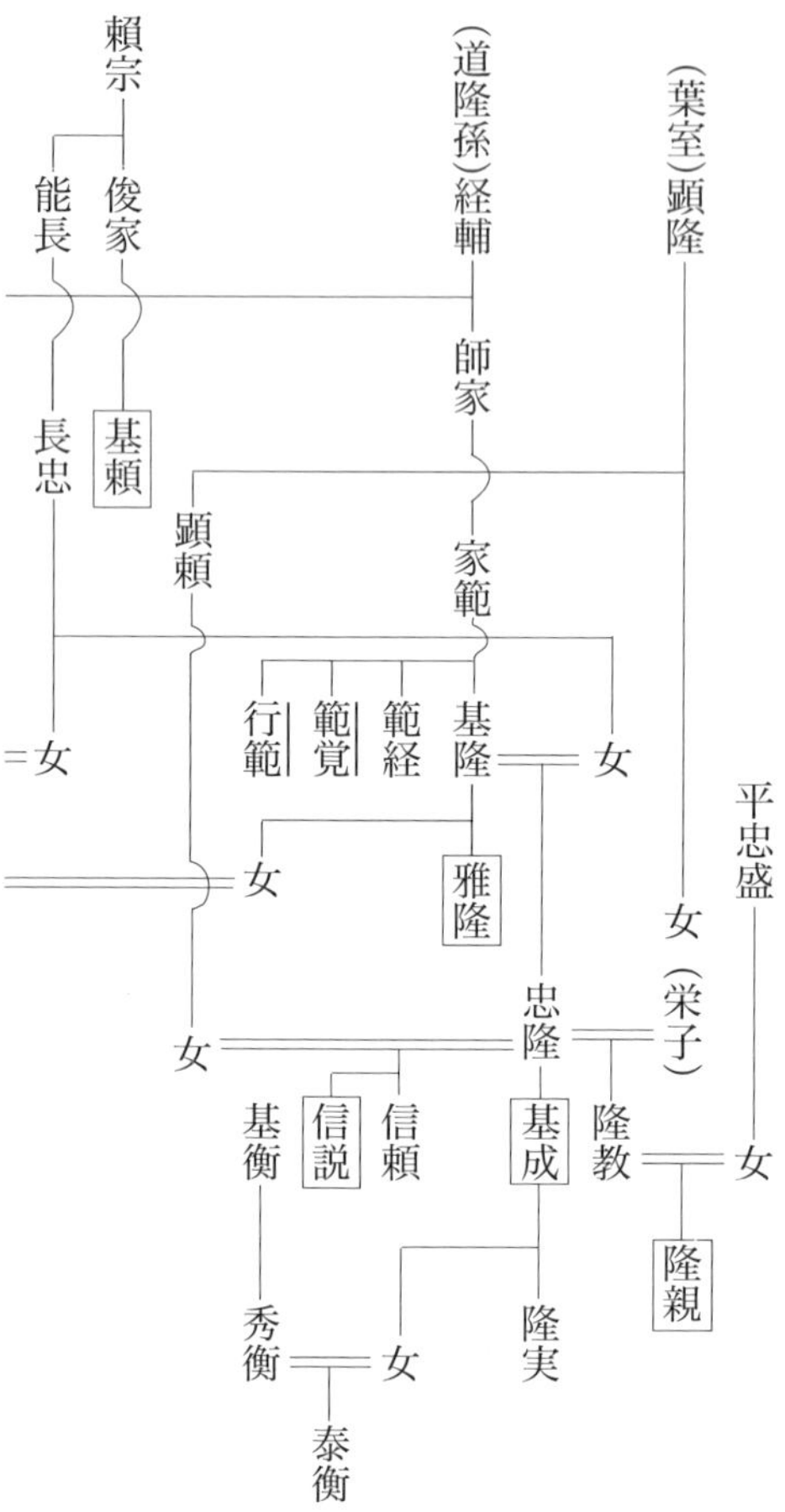

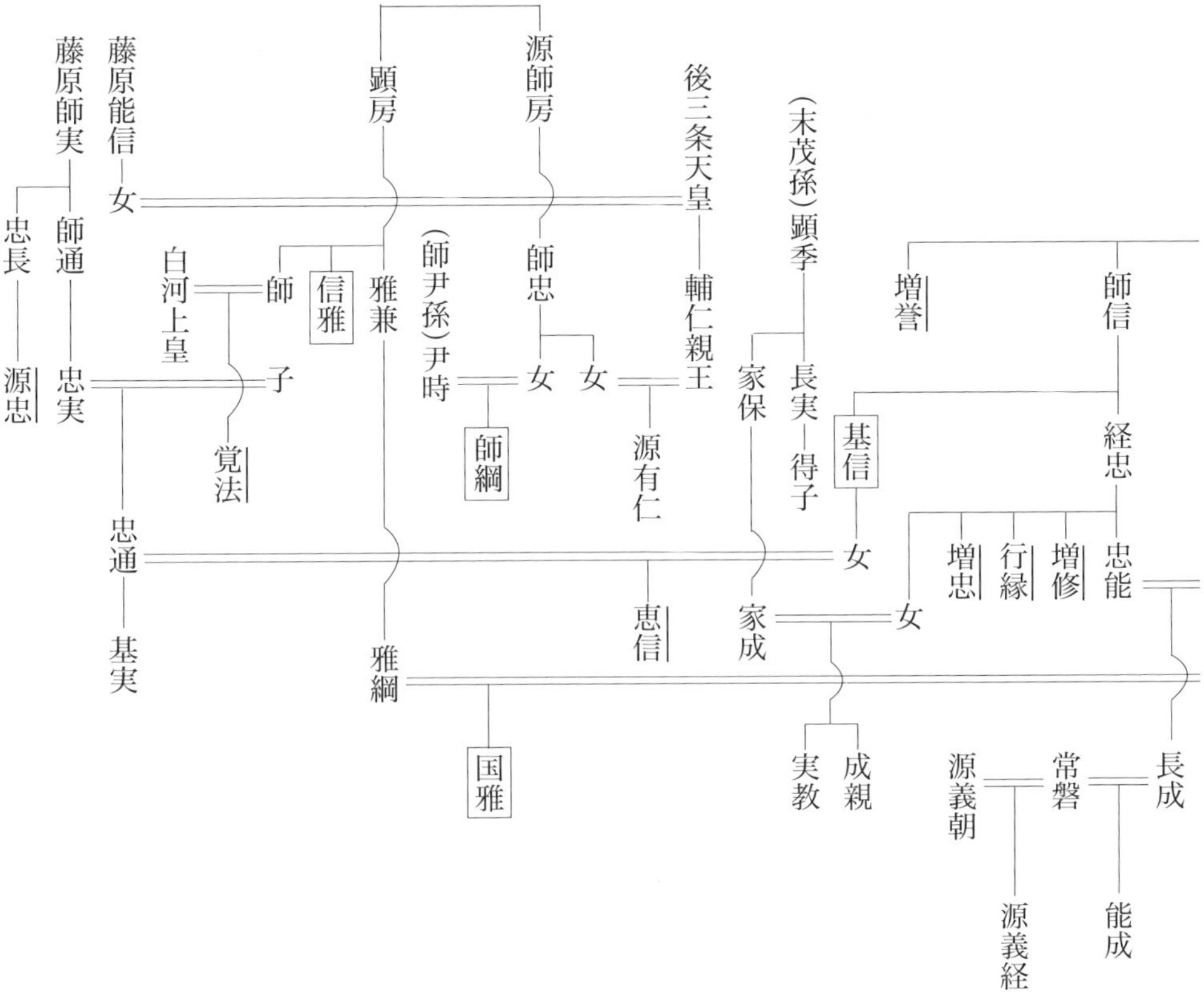

藤原基衡千部一日経関係人物の系図（『尊卑分脉』による）
□は陸奥守。僧名に傍線

那で最勝寺の僧でもあった（『尊卑分脉』）。あるいは、増忠も寺門であったか。さらに、増忠の姉妹は藤原家成と結婚していた。家成と言えば、大国受領系の院近臣家・末茂流出身で、美福門院得子勢力の中心人物であった〔元木 一九九六a〕。

増忠は、〔史料三〕にあるように、伝灯大法師として保延六年（一一四〇）七月十一日藤原基衡千部一日経の講師となっている。また、〔史料四〕にあるように、久安四年（一一四八）閏六月十七日には問者となっている。講師と問者とでは、一般的には講師が問者より教学の階梯において上であり、講師の発言に宗の碩学たる証義が論評を加えたという。もっとも、現実的には問者の問いに講師が返答に窮することもあった〔上島二〇一〇a〕。

一方、問者の応円は、保元元年(一一五六)三月十五日の祇園社恒例一切経会で呪願を読み上げていた(『兵範記』同日条)。この一切経会で導師となった弁覚は、久寿二年(一一五五)七月三日の法勝寺法華八講の証義をつとめたことのある、顕密教学の中枢部にいた僧侶であった(『兵範記』同日条)。ちなみに応円は、『尊卑分脉』巻四によれば、紀一族祇園社執行の行円の子であり、応円祖父の寛印は、恵心僧都源信の弟子、内供奉であった。藤原基衡千部一日経に招請された僧侶のなかには、京都の顕密教学体系において重要な役割を担った僧侶がいたのである。また、〔史料四〕久安四年閏六月十七日の千部一日経で講師を勤めた乗恵は、佐々木邦麿氏が述べるように石山寺別当実意の弟子であり〔佐々木〔邦〕一九七五〕、久安二年十月二十七日、藤原頼長の石山寺如意輪経供養法会にさいして導師を勤めていた。

さて注目したいのは、藤原道隆流に生まれた範覚と増忠とは、藤原長忠の二姉妹によって姻戚関係にあったことである。つまり、藤原基隆(範覚の兄)の妻は藤原頼宗の孫の藤原長忠の娘であり、さらに長忠のもう一人の娘は藤原忠能(増忠の兄)に嫁ぎ、長成を産んでいたのである。基隆の妻と増忠兄忠能の妻とは姉妹であった。藤原長成は平安末期において台頭してきた徳大寺系藤原氏に娘を送り「嫁家」ともいわれた名門貴族〔保立二〇〇四a〕。典型的な弁官系貴族であった。そして、この長成こそは源義経の生母常磐の夫であった。源義経と平泉藤原秀衡との接点に、常磐をめぐる女性たちの濃厚な人脈あり、とする保立道久論文を思い起こさずにはいられない〔保立二〇〇四a〕。

また遠藤基郎氏は、藤原基衡と道隆流藤原忠隆一門との人脈に注目すべし、と論じていた〔遠藤〔基〕二〇一五〕。陸奥守となって下向した藤原忠隆の子の基成と平泉藤原基衡との密接な連携こそが、街路形成をふまえた毛越寺の建立、仏教都市平泉のさらなる飛翔につながっていたのである。さらに基成後の陸奥守も、基成の甥隆親、弟信説、叔父雅隆、従兄弟の源国雅、ふたたび叔父雅隆と、基成を含めれば約二十年間にわたり忠隆流によって独占されていた〔斉藤二〇一二〕。八重樫忠郎氏は、考古学上の研究成果に基づき、毛越寺建立を十二世紀第3の四半期前半ころとしているが〔八重樫 二〇一三〕、まさしくその研究成果とこの政治状況とは一致するのである。本章では、このことを確認した上で、さらに以下の見解を付与しておきたい。すなわち、毛越寺建立の前史として、基衡千部一日経という空前の仏会が、基成の陸奥守補任以前から藤原基隆の弟たちとのつながりのもとでなされていた、ということである。前述の通り、千部一日経という一大仏会を執りおこなう上で、覚法法親王系列の人脈をつなぐパイプとしての範覚は重要な役割をはたしていたこと。陸奥守源信雅の死後も、覚法法親王と藤原基衡とのあいだのパイプは、行範や範覚を通して維持され、藤原基隆との接点も確保されていたのである。平泉―三井寺僧の範覚―行範―寛助―覚法法親王という人的ネットワークの存在を決して無視できない、と考えるものである。つまりは、清衡以来、京都への積極的な働きかけと人脈形成のなかで、藤原基衡は、仏教立国の道を維持していたのである。このような基衡千部一日経の上に、毛越寺が建立されたのである。

第二節　仏会としての千部一日経と基衡

そもそも千部一日経とは、法華経一部を一日で書写し終える写経供養を千回おこなうことである〔田中塊堂 一九五三〕。法華経は八巻二十八品からなる長大な経典であるが、さらに法華経の開経として無量義経、結経として観普賢菩薩経が加わるので、法華経書写は全体で三十からなっていた。一日経とは、まさしくこれを一日(実質は午前中)で写経する必要があった。とうてい一人の書き手による写経は不可能であり、必然的に集団による写経となった。鎌倉期建久年間に成立したという『二中歴』(『改定史籍集覧』第二三冊)に記載された「一日書写法華経支度」では、書手三十人、催二人、調巻師三人の人びとが必要であり、それぞれに浄衣三十領・書料布三十段、各疋絹、布三段浄衣が支給されるとともに、全体として墨三十廷、筆二十管、饗三十五前(料米三斛五斗)、酒肴一度(料米三斗)、外題書料布一段も用意されるべし、とあった。

この千部一日経は、どのようにおこなわれたのだろうか。千部一日経の作法、仏会としての具体的なようすを伝える史料を見つけることは、容易でない。そこで、法華経千部一日経ではないが、大般若経一部書写を取り上げてみる。寛治八年（一〇九四）三月十九日、郁芳門院媞子の平癒を祈願して大般若経一部書写がなされた（『中右記』同日条）。それは、以下のようなものであった。

まず大般若経本と料紙（白紙・焼表紙）が、両院別当・公卿・殿上人・受領・修法の僧侶・本院庁・前大僧正・天台座主・前関白らに一人一帙あるいは二・三帙ずつ配られ、鶏が鳴く早朝から書写が始まった。書写する場所は「六条殿近辺小屋」。そして写経と平行して辰の刻には会場設営がなされ、「今日のうちに図絵」した丈六の釈迦仏が母屋中央に掛けられた。未刻以前には経典書写が終了し、その経典が奉ぜられた。諸人、前関白から左右大臣など公家上層部のほぼ全員がそろい僧侶六十人も参上すると、白河上皇院司の藤原顕雅が御願趣を表した。導師権僧正隆禅による弁説の後、諸僧による読経、行香がなされ、夜の亥刻になって大般若経一部書写の仏会はようやく終了した。さらに講説のあいだ御邪気を守護人に託すと、それに呼応するかのように御加持僧がきた。このことを、『中右記』作者の藤原宗忠は「般若経の霊験が自ずから顕然なり」と感嘆した、と。

まさしく、大般若経写経は、単なる経典書写にとどまらず、仏会そのものであった。同様のことは、『中右記』天仁元年（一一〇八）八月十三日条から十八日まで六日間にわたっておこなわれた藤原宗忠家中女房催行の色紙五部大乗経書写でも見られる（『中右記』天仁元年同日条）。そこでは、「過去二親、一切衆生、滅罪生善のため、但しまた先には功徳上分をもって先帝（堀河天皇）の聖霊に資し奉り、朝恩の深きこと報いるところを知らざる故なり」とする藤原敦光起草の願文が読み上げられた。写経の後の仏会の会場である寝殿には、作られたばかりの等身金色釈迦像が安置され、その前で十二人の僧侶による講説がなされた。増珍・永縁・長誉・忠尋など顕密寺院を代表する高僧が出席していた。「天台法相英才兼能之人」の増珍と永縁が互いに講師また問者となった。講は開放され、「聴聞の男女皆以て随喜」「道俗賓客来集」したという(『中右記』天仁元年八月十四日条)。治安元年(一〇二一)九月の藤原道長の女房たちによる結縁法華経写経においても、永昭が講師として招請され、願文が読まれ、無量義経から普賢経にいたるまでの講説がなされていた(『栄花物語』巻十六「もとのしづく」)。

同様の事例は、久安五年(一一四九)十月八日、亡き鳥羽天皇皇女叡子内親王の御月忌写経にさいしても見られた。早朝から法華経の書写が三十人の経師によってなされ、午の刻に終了、校正のあと調巻され、その後、千日講がなされている(『兵範記』同日条)。また、「一日経」の作法は、寿永二年(一一八三)七月十四日に九条兼実が執りおこなった故皇嘉門院聖子(養和元年十二月没)の追善供養写経でも見られた。『玉葉』同日条によれば、やはり午の刻に写経が終わり、法華経の本門の内題字は徳大寺藤原実定が、迹門の内題字は九条兼実、外題字はすべてを九条兼実が記した、という。

寿永二年(一一八三)四月二十九日から開始され、六月七日に終了した法華経の写経を一族あげておこなった運慶写経は、硯水を三カ所の霊水に求め、経軸は東大寺焼失の柱残木をあてるという、仏師運慶のこだわりのなかでなされた(『平安遺文　題跋編』二九六一〜二九六七号文書)。礼拝結縁者は、写経中、礼拝五万遍、念仏十万返、法華経宝号十万返を唱え、さらにこれに在地結縁者の数万返の念仏・宝号が加わった。法華経受持(写経)の風景が繰り広げられたのである[林屋　一九五三、高木　一九七三a]。かかる、運慶の法華経写経は、珍賀・栄印という二人の書き手によって丁寧になされ、頓写でなかったため、四十日近い日を要することとなった。逆に言えば、頓写であったとしても一日(実質は午前中)で法華経を写すことが、いかに大変なことであったかがわかる。ましてや、午前中の書写と午後からの講説とがセットになった仏会を千回おこなうことは、実に遠大なことであった。

さて、以上のことを念頭においた場合、院政期公家社会において、千部一日経は、ごく一般的に見られた仏会であった、と言えるのだろうか。院政期社会におけるいわゆる国家的仏会の中核にあったのは、千僧御読経（千僧供養）であった。康平四年（一〇六一）から治承四年（一一八〇）までに、実に一二七回もの千僧御読経が執りおこなわれた〔菅真城 一九九七〕。それに比して、千部一日経について記述している史料は、思いのほか少ない。試みに『御堂関白記』『日本紀略』『小右記』『左経記』『後二条師通記』『中右記』『殿暦』『長秋記』を調べてみると、「千部法華経」の記載は、十二カ所であった。このうち、寛弘六年（一〇〇九）十二月十四日には、中宮藤原彰子安産の修善として千部法華経の摺がなされていた。摺とは印刷物のこと。十一世紀には経典が印刷されるようになり、寛治二年（一〇八八）には、興福寺で法相宗根本典籍である『成唯識論』が刊行されていた〔白石 一九九八〕。また亡くなる三ヶ月ほど前の、久寿三年（一一五六）四月七日に開始された鳥羽法皇発願の千部法華経は、石清水八幡社・上賀茂社・下賀茂社で、それぞれ毎日一部の法華経を供養し、三社あわせて三千部の法華経供養を成就しよう、というものであった（『兵範記』同日条）。下賀茂社に赴いた平信範は、同社舞殿奉仕堂の荘厳を具体的に記し、第一間の前机におかれた御経第一巻と願文などを確認している。導師法眼顕尋、題名僧による講演と説法が参列者に披露された。

さらに言えば、紺紙金字経の写経となれば、前述の様相と意味合いは違ってくる。金泥千部法華経の事例としては、仁平元年（一一五一）十一月八日、藤原家成（中納言）の金泥法華経千部供養があげられる（『本朝世紀』同日条、「濫觴抄」『群書類従』二十雑部）。金字法華経一部写経と供養は、院政期公家社会では一般的であったが、家成のこの金泥法華経千部供養は、当時の京都でも驚嘆されたと思われ、「濫觴抄」に記載されることとなった。この藤原家成こそ、美福門院得子とはいとこ同士。大国受領系鳥羽院近臣、美福門院の中心人物として権勢を有し、一一四一年ころからは、美福門院・藤原氏末茂流・村上源氏顕房流・藤原氏中御門流と待賢門院・藤原氏閑院流との対立構図の渦中の人物であった〔元木 一九九六a、佐伯〔智〕二〇一二〕。まさしく、鳥羽院近臣藤原家成ゆえになしえたのが、金泥法華経千部供養であった。

また、「千部法華経」の発願者が、藤原彰子・藤原道長・右大臣藤原実資・関白藤原師通・白河法皇・鳥羽法皇など天皇家・藤原摂関家であることも［龍口 一九九〇］、あわせて注目すべきことである。確かに摺写の技術が院政期社会に見られるが、千部一日経は、貴族とて容易になしうるものではなかったのである。『平安遺文　題跋編』に掲載された写経奥書のなかに、前節で検討した藤原基衡発願千部一日経以外の事例が見つからないのも、如上のことに相通ずるものがある。

時代はやや下るが、嘉禄元年（一二二五）五月二十二日、鎌倉で金泥経書写供養と千僧供養がおこなわれた（『吾妻鏡』同日条）。前年から続いた天災地変、北条義時の後妻の伊賀氏が藤原頼経を廃して一条実時の擁立を企てるという政争の下、「世上病死の者数千に及ぶ、その災を攘せんがため」、鶴岡八幡宮にて千僧供養（仁王経転読）が挙行され、同時に般若心経と尊勝陀羅尼経各一千巻の「摺経」があり、各百巻分に限っては金泥経の書写がおこなわれ、それは諸国一宮に下された。その後「供養の儀」があり、導師弁僧正定豪には十物十五種などの布施、千僧にも布施があり、「布施扇経袋等物巨多その数を知れず」という状況であった。

この嘉禄元年の鎌倉鶴岡八幡宮でなされた千僧供養と一千部の般若心経・尊勝陀羅尼経摺写（内百巻は金字経）は、死期を予感した北条政子の発願のもと、嵯峨天皇のときになされた弘法大師の般若心経書写にあやかって、わずか三週間の準備をへてなされたものだった。政子の発願ではあるが、その実質的執行者は北条泰時。前年に執権となったばかりの泰時が、幕府権力の正当なる掌握者として、天災地変・天下疫気を鎮めん、としたのである。この幕府の写経法会は、千僧供養とセットでなされたものであった。そのような鎌倉幕府であっても、金字経として写経されたのは、尊勝陀羅尼経と般若心経という比較的短い経文であった。

以上のように見てくると、藤原基衡の金字法華経千部一日経が鳥羽院政期の日本において有した位置を痛感せざるを得なくなる。天皇家や摂関家、あるいはその近辺にて活躍したごく一部の権力者が、強烈な発願（政治力）を発揮しながらなしえた遠大なる積善の行、それが千部一日経であった。法華経の行法(受持)は、読・誦・解説・書写からなるが［高木 一九七三b］、書写のみで終わるのではなく、読・誦呪・問答講とセットになっていた。事実、藤原基衡の千部一日経でも、第一節で検討したように、園城寺や延暦寺から招請された導師・講師・問者が、法華経講説をおこなっていた。そのような作善行為が平泉で二十年以上続いたこと。その事実を何よりも強調したい。天治三年(一一二六)三月、平泉鎮護国家大伽藍落慶法要のさいの千僧供養は、東の平泉千僧供養、西の平氏千僧供養とも言うべき大イベントであった［誉田 二〇一三b・本書第Ⅱ部第二章］。その意味で、藤原基衡の千部一日経も、当時の京都以外の地方ではとうていなしえない仏会であった。まさしく清衡の千僧供養に匹敵する、基衡の千部一日経であった。

第三節　基衡千部一日経発願の背景

本節では、千部一日経は、なぜ「その時」からおこなわれたのか、ということを考察してみたい。前節で明らかなように、遠大なる千部一日経は、京都の貴族でも容易になしえないものだった。千部一日経発願には、檀那の強力な菩提心が不可欠であった。それでは、基衡は、いつ千部一日経を開始したのか。

田中塊堂氏は、千部一日経の開始を保延三年(一一三七)の初ころと推測する［田中 一九五四］。この田中説の分析をもう少し詰めて考えてみたい。前節の〔史料一〕から〔史料四〕を見ると、保延四年五月十六日の法華経書写部数は、六十二部。保延六年五月四日は二百二十四部、同年七月十一日は二百七十部、久安四年(一一四八)閏六月十七日は五百七十二部であった。保延四年五月十六日から保延六年五月四日まで、ほぼ二年間で百六十二部の法華経写経がなされた。一ヶ月で六・七五部のペースで写経されている。ほぼ四日から五日の間をおいて一部写経がおこなわれたことになる。保延六年五月四日から同年七月十一日の二ヶ月間は、四十六部の写経がなされた。連日に近いような、一日経の名に相応しい状況であった。保延六年七月十一日から久安四年閏六月十七日までのほぼ八年間で三百二部の書写がなされた。一ヶ月間で、三・二部のペースである。残存史料の分析から言えることは、前半においては、四、五日に一部の割合で写経がなされ、保延六年には一日経書写がほぼ連日執りおこなわれたこと。後期にはやや写経のスピードが落ちること、以上の三点である。

さらに考察を進めると、以下のことが改めて浮かび上がってくる。第一には、この千部一日経は、基衡の生涯においてかろうじて達成できるかどうかの遠大なる事業であったことである。藤原基衡の没年は、相原友直『平泉実記』の保元二年(一一五七)とする説や保元三年とする説〔川島 二〇〇三a、斉藤 二〇一一、大矢 二〇一三〕がある。推定年齢は、五十五歳か五十六歳である。後半の写経ペースである一ヶ月につき三部の回数でいくと、千部一日経が成就するのは、久安四年閏六月から百四十二ヶ月(十一年と十ヶ月)後の一一六〇年となる。それは、基衡の死亡年とほぼ同じである。基衡は、己の生涯をかけて千部一日経を成就せん、と発願したのである。

最大の問題は、それでは、いつ千部一日経は開始されたのか、ということである。前述の分析では、写経事業の前半は四、五日に一回の割合で一日経がなされていた。これをもって六十二部が完成するには、二百七十九日間必要となる。そこで、保延四年五月十六日から二百七十九日さかのぼると、保延三年七月十六日前後になる。その七月十六日は、清衡の命日(十回忌)であった〔菅野〔成〕一九九一〕。私は、藤原基衡の千部一日経の開始が、亡父清衡の十回忌にあたる保延三年七月十六日に開始されたと考える。

もっとも、金泥法華経書は、この保延三年以前にも見られた。それは「平氏」が清衡没後の三七日にあたる大治三年(一一二八)八月六日におこなった、法華経の「一日中書写」である(『平史』十三号史料)。川島茂裕論文は、かの「平氏」を清衡正妻「北方平氏」ととらえる〔川島 二〇〇二〕。さらには、大治三年七月十三日にも「為清衡一日之中書写」がなされていた(日光輪王寺所蔵文書)〔川島 二〇〇三a〕。しかし、この二つの金字法華経書写は、基衡発願の千部一日経とは異質のものである。田中塊堂氏は、大治三年の二つの写経を先例とすることで、基衡の千部一日経が発願されたとしているが〔田中 一九五三〕、大治三年の法華経書写は、一日頓写であったとしても、それは当時の公家社会によくみられたものであり、これをもって基衡千部一日経の嚆矢とすることはできない。

それでは、なぜ、保延三年七月清衡没後十年にして、千部一日経が開始されたのだろうか。ごく常識的に考えるならば、藤原清衡の追善供養のため、となろう。田中塊堂氏が、清衡の追善供養、清衡慰霊のためと述べていた。何よりも、金字千部一日経法華経の奥書には「清衡成仏得道」と記載されていることは、この常識的見解の正しいことを証している。このことを否定するものではない。

本章では、この理解に立ちながらも、保延三年という年が、藤原基衡にとっていかなる時代であったのか、考えてみたい。まず、保延年間は、藤原基衡にとってもっとも試練の年、国司との緊張を強いられた時代であった〔遠藤〔基〕二〇〇五、斉藤 二〇一二〕。それは、信夫佐藤氏・藤原基衡と陸奥守藤原師綱との対立から、ついには信夫佐藤氏の斬首に至る、かの有名な事件である。『古事談』巻第四の二五と『十訓抄』第十によれば、それは次のようなものであった。陸奥守として下向した師綱は、藤原基衡が一国を横領して国司の権威を蔑ろにしていることを知り、朝廷に奏上。宣旨を申し受けた師綱が検注をしようとしたところ、基衡が信夫郡の在地を支配していた「大庄司季春」と心をあわせ抵抗したので、宣旨を帯びて入部した師綱と季春との合戦になり、国守方に負傷者が続出した。国守師綱の入部は先例がないことではあるが、宣旨に背いたことは「違勅之恐」なきにあらざることを恐れる藤原基衡の気持ちを察した季春は、自分の首を斬って国司に差し出すよう基衡に進言し、国司が派遣した検非違使所目代の前で気仙から出仕していた弥太郎に斬首させた、と。

まず、陸奥守藤原師綱の就任時を確認しておきたい。『中右記』保延元年五月十五日条には、陸奥守源信雅が卒去したと記している。藤原基衡にとって、京都政権との繋がりをなす上でもっとも重要なコネである陸奥守源信雅を失う、という重大事であった。信雅卒去をうけて、京都では、陸奥守を所望する輩が「東西を走迷す」という状況となった(『同』六月八日条)。藤原敦光も陸奥守に任じられようとして奏上を出している(『本朝続文粋』巻第六)。結果として陸奥守に任命されたのは藤原師綱であった。それは、保延元年(一一三五)のことである。大塚徳郎論文〔大塚 一九八四〕や斉藤利男論文〔斉藤 二〇一一〕が、述べている通りである。師綱の父親は、藤原師尹系の尹時であるが、重要なのは母方の家系であった〔遠藤(基)二〇〇五〕。師綱の母は村上源氏師忠の娘であり、しかも姉妹が後三条天皇皇子輔仁親王に嫁いで源有仁を産んでいた。母方の村上源氏との人脈を生かしてのし上がってきたのが、藤原師綱であった。

この藤原師綱が信夫郡の検注に入部しようとしたのは、国守に任命されて間もない時であった、と考える。出羽国でも似たようなことが起きていた。それは、天仁二年(一一〇九)におきた、出羽守源光国による摂関家領寒河江荘収公事件である。同事件は、出羽守光国入部直後に発生していた〔誉田 二〇一四b・本書第Ⅰ部第三章〕。『古事談』は、「依レ無二先例一雖レ追二返国司一」と基衡が大庄司季春に述べたのも、信夫郡の検注がこれまでおこなわれなかったからである。長年の先例が国守師綱によって否定されたから、信夫佐藤氏が抵抗したのである。季春(基衡)の国司検注拒否、師綱が都から宣旨をもらい季春らの非を糾弾、師綱による検田使入部を季春らが拒否、その非を糾弾する宣旨の要請とそれに対する師綱の武力行使、と事態はエスカレートしていった。そして、ついに基衡の身代わりとして信夫大庄司季春一族を斬首するという、やむにやまれぬ最後の手を使わねばならなくなった。藤原基衡の実効支配を黙認しない藤原師綱。そのために発生する在地勢力との対立。奥羽世界平和秩序の動揺。藤原基衡にとって見れば、もっとも緊張と苦難の時であった〔遠藤(基)二〇〇五、斉藤 二〇一一〕。基衡には、もっとも不安に満ちた時代でもあった。

この大庄司季春は、信夫郡司で「代々伝れる後見なる上、乳母子なり」と『十訓抄』にはあった。そもそも信夫佐藤氏は、平泉藤原氏と同じく藤原秀郷の流れをくむ由緒ある武士。鎮守府将軍のスタッフとして奥州に乗り込んできた佐藤師信は、清衡と連携を強めるなかで信夫郡に土着したのである〔入間田 二〇〇七b〕。川島茂裕氏は「信夫佐藤氏一族は、平泉藤原氏代々と外戚関係をもち、季春が乳母（乳父）として基衡を養育してきた」と述べる〔川島 二〇〇二〕。しかし、入間田宣夫氏は、乳母を差し出す家が平泉藤原氏と婚姻関係を結んでいたとは考えられず、むしろ信夫佐藤氏は家人の身分で奉仕していた、としている〔入間田 二〇〇七b〕。『吾妻鏡』貞応三年閏七月二十九日条に見る「武州（北条泰時）後見」などの事例より推して、信夫佐藤氏（大庄司季春）は、基衡への奉仕者であった、と私も考える。

それにしても基衡が「違勅之恐」を避けるために、もっとも信頼できる家人を斬首するということは、よほどのことであった。建暦二年（一二一二）成立の『古事談』に、藤原清衡と基衡は、それぞれ二回登場してくるが、この信夫佐藤氏の斬首とそれに至る陸奥守師綱とのやりとりは、詳述をきわめていた。清衡に関する記述では見られないことであった。建長五年（一二五三）成立の『十訓抄』でも同じことが言えた。「後見」信夫郡司佐藤季春の助命に女性外交を展開し〔大石 二〇〇一b〕、「構二女人沙汰之体一、再三遣二妻女於国司館一乞請サセケリ、其請料物凡不レ可二勝計一、沙金モ一万両云々」との話で都が持ちきりになるほどであった（『古事談』）。このことに注目したい。

「後見」は、単なる「頼りになる」という意味にあらず。「いざとなったら主人の身代わりになって身命をなげうつ」「もっとも親近の家臣・郎従としての役割をになう」という意味があった、と入間田宣夫氏は述べる〔入間田 二〇〇七b〕。このことをふまえた時、信夫佐藤季春と子息舎弟五人の首を斬ったということは、残された一族への手厚い保護をすべし、との責任が基衡に発生したことになる、と考えざるを得ない。入間田論文は、大庄司季春一族は滅亡したものの、従兄弟の佐藤師信系統の生き残りを支援し、信夫郡から荘園への切り替えを後押しし、佐藤氏の在地支配権の実質的保障をなした、と強調する〔入間田 二〇〇七b〕。「後見」佐藤氏への現実的保護策なくして、藤原基衡の為政者としての信頼は確保できなかったのである。さらに、このことに付け加えるとすれば、基衡が藤原惟常との家督相続争いで勝利できたときの最大の功労者「後見」大庄司季春一族を失うことは、たとえ苦肉の策であったとしても基衡には不安この上ないことではあったに相違ない、という点である。基衡は、保延六年夏、千部一日経をほぼ連日のようにおこなっていた。千部一日経それは、基衡の不安の深さを表わしている。

そもそも、基衡は清衡亡き後、清衡長男である惟常（小館）との争いをへて平泉藤原氏の家督を奪取していた。この基衡（御曹子）と惟常（小館）との家督争いは、上京し検非違使別当源義成と再婚した「清衡妻」（常陸平氏の吉田清幹の娘）［川島 二〇〇二］によって京都の公家たちに知られることとなった（『長秋記』大治五年六月八日条）。一年近く続いた争乱の背後に、基衡・惟常をかつぎだした独立性が強い家臣たちの存在を斉藤利男氏は指摘している［斉藤 二〇一一］。奥羽武士団社会の習いとしての次子相続は［大石 二〇〇一b］、決して無条件に次子に家督を与える、ということではなかった。清衡も基衡も、一族を二分する跡目争いに勝ちぬく必要があった。このことを忘れてはならない。

家督争いに勝利した藤原基衡は、権力の確立と家臣団統制の強化に乗り出した［斉藤 二〇一二］。それは、時間を要することであったに違いない。基衡は、自らの実効支配の地を京都に認めさせるために陸奥守源信雅と提携していった。しかし、信雅の死によって京都政権との絶好の太いパイプを失った。亡父清衡の時に平泉藤原氏抑圧策をとった、かの藤原良兼を想起させるような藤原師綱が、保延元年（一一三五）、陸奥守に任命されることによって、基衡の不安は一気に増大することとなった。案の定、師綱は、今まで実施されなかった検注を基衡方の信夫郡でもおこない、在地勢力と対立を激化させていった。領主支配権を確保していく上で発生する在地の政治状況、王朝貴族政権との必然的対峙関係が基衡にもたらされた、とも言える。しかも家督を清衡より受け継いだとはいえ、基衡権力が確立しているわけではなかった。それ故にこそ、何よりも平泉藤原一族の強力な結集が必要であった。

それには、清衡の成仏得道、追善仏事を徹底して成就すること、一族の結集を仏事に昇華させることこそが最良の策であった。かくして、自分の生涯をかけた清衡追善供養、つまり千部一日経を発願したのである。千部一日経の開始の時は、保延三年七月清衡命日前後である。時に基衡は三十六歳前後。基衡次男が、元服をむかえようとしたころであったか。

遠藤基郎氏は、基衡が現実味を持って危惧したことのなかには、南陸奥に拠点を有し、北陸奥の富の獲得と平泉への政治介入をはたすべく陸奥守就任の野心をかき立てる藤原摂関家忠実・頼長方の武士、源為義の存在をあげる〔遠藤〔基〕二〇一五〕。前述の信夫佐藤季春斬首の結末を記した『古事談』の言説は、朝廷側の観念的な理解である、とも述べる。源為義という奥羽の外からの武士勢力の介入は、奥羽の内部の在地武士勢力と連動し、平泉の藤原基衡がつくり出す政治秩序を破壊していくことになる。内憂外患、基衡の不安は、募るばかりであった。

中世社会において、追善仏事の背後に政治的思惑があった。樋口健太郎氏は、九条道家による藤原忠実追善仏事（法華八講）が、忠実死後七十年後の寛喜三年（一二三一）になって初めておこなわれたことに注目し、自分の子に災厄をもたらす忠実の霊を鎮めるためであったことを述べている〔樋口〔健〕二〇一三〕。また、治天の君による追善供養執行の背景に、その正統性を確立し地位を安定化させるため、追善仏事を積極的に継承し分立する皇統を吸収せんとする意図あり、とする布谷陽子氏の研究もあった〔布谷 二〇〇五〕。それは、基衡の千部一日経の背景に共通するものでもあった。

千部一日経を成就するためには、膨大な人力と財力が必要であった。書写された法華経を使用しての問答講を執りおこなうべく、都から学僧を招請することも必要であった。清衡は、鎮護国家大伽藍を造り、金銀字交書一切経を納め、京都と見間違えるばかりの仏事（一切経会）を執りおこなうことで奥羽全体を「平和な仏土」としようとした。この清衡の壮大なる仏事をふまえながらも、一回だけのイベントというよりは、千日ものあいだ金字法華経書写を続けるという、京都の公家でも容易に成就できない遠大この上ない千部一日経を基衡は発願した。さらには法華経書写と問答講には、衆生が結縁していった。つまり、千部一日経には、平泉藤原氏の私的積善に終わらない菩薩道としての意味もあったのである。弟子基衡を筆頭に一族、僧侶、職人、さらには結縁する衆生が日常的におこなう行によって、平泉は仏土として荘厳化されたのである。毎日のように法華経の唱題、滅罪生善の仏会が繰り広げられることで、基衡は仏土平泉に人びとを結集させることができたし、京都政権に「平和」を希求する仏土平泉を発信できたのである。

おわりに

藤原基衡の千部一日経発願の背後に、十二世紀三十年代段階の奥羽在地世界の政治的矛盾対立が横たわっていた。平泉権力の強化に向かう基衡の、深い不安も潜んでいた。本章で注目したことである。それは、基衡前期の政治的課題に遠因していた。基衡は南奥羽へも勢力をのばしていくが、それは、基衡の傘下に入る在地勢力の政治問題を基衡が背負い込むことになったのである。大庄司季春の事件の背後には、在地勢力と京都からの動きとのあいだで生じる摩擦・軋轢あり、と私は考える。かくして奥羽の実効支配を維持するため、さらなる仏土の荘厳化が必要になってくる。毛越寺の建立、そして円隆寺寺号の問題は、鳥羽院政期後期の基衡による仏土成就の象徴となっていく。その詳細は、第四章で述べることにする。

〔補記〕

なお、旧稿［誉田 二〇一四a］の発表後、叡山文庫蔵（滋賀院門跡蔵、葛川明王院旧蔵）の藤原基衡千部一日経の存在を知った。紺紙金泥写経軸十軸を納めた箱には「保延五年五月六日　藤原基衡朝臣　一日千部経写経之内、第一百五拾二部目也」と記されていた［野本 二〇一四］。この箱書きから、本文で触れたように、保延年間では、四日から五日の間をおいて金字法華経写経がなされていた、ということがますます明らかになった。また、本著の脱稿後、野本覚成論文［野本 二〇一五］に接した。同論文では、藤原基衡の千部一日経は「金泥磨き」がなされていない紺紙金泥の法華経書写であったこと、写経のみならず法華経十講も同日になされていたこと、千部一日経写経の開始が保延三年であること、などが述べられていた。本著での私見を補強するものである。

第四章　円隆寺額と藤原基衡

はじめに

『平家物語』巻第一「額打論」「清水寺炎上」に、以下のような物語が掲載されている。二条上皇が永万元年(一一六五)七月に崩御し、「御葬送の時、延暦・興福両寺の大衆、額うち論と云事しいだして、互に狼藉に及ぶ」という事件がおきた。亡き天皇の御遺体を御墓所に移すときは、御陵墓の周囲にまず聖武天皇の御願寺である東大寺が額を打ち、次に藤原不比等の御願寺の興福寺が額を打ち、京都側では興福寺の額に対して延暦寺の額を打ち、次に園城寺の額を打つ、という取り決めであった。ところが、今回は、先例に背いて延暦寺大衆が「東大寺の次、興福寺の上に延暦寺が額を」打った。このことに南都興福寺の大衆が怒り、大悪僧の観音房・勢至房が、延暦寺の額を切り落としてしまった。それに対して延暦寺大衆は、報復として興福寺末寺の清水寺を焼き払い、「御葬送の夜の会稽の恥を清め」たが、この延暦寺大衆の動きは後白河法皇が平家追討を延暦寺に命じたのである、とうわさされ、平家方に緊張が走り、六波羅警護のため武士が集結した、と。

鎮護国家大寺院である東大寺・興福寺・延暦寺・園城寺にとって、額は、まさしく寺院の権威を象徴するもの、表象そのものであった。額を打つ順番は、院政期国家内の序列関係に直結していたし、それ故に、そこには当時の政治状況が鋭く反映していたのである。御体を御墓所へ移すさいの寺額を打つ作法、先例無視が、「平氏追討の策謀あり」との政治的緊張状態へと発展していったのは、寺号額という文化の表象をつくり出していく人間集団に、さまざまな思想とそれに基づく行為、政治的思惑があったことを意味する。

この『平家物語』「額打論」を読むとき、平泉の藤原基衡の時代、毛越寺金堂（円隆寺）額についての次の史料を直ちに思い起こす。一つは、『吾妻鏡』文治五年九月十七日条「寺塔已下注文」に載る、毛越寺金堂円隆寺額は「九条関白家、染二御自筆一被レ下」という史料である。もう一つは『今鏡』巻第五「みかさの松」と『古事談』巻第二の二四にある、藤原忠通揮毫基衡の寺に関する言説である。これらの史料は、院政期社会における藤原基衡の政治的地位に関わるものとして、つとに有名であり、諸先学によってとりあげられてきた〔髙橋（富）一九五八、遠藤（基）二〇〇五、工藤（雅）二〇〇九〕。もはや研究し尽くされた感がする。

ただし、私にはどうしても以下のような疑問点がわいてくる。そもそも、寺院において、額が打たれる瞬間とは、いかなる時であり、そこでは何があったのか。その場にはどのような人間がいたのか。額が打たれるまで、どのように人びとは行動したのか。かれらの行為は、寺院の仏会全体のなかでどのような位置にあったのか。そして、寺院の象徴としての額は、どのような点において、その寺院をとりまく政治状況に関わっていったのか。本章では、このような問題意識のもとに「寺号額の場」について考察し、そこから藤原基衡の政治戦略を探ってみることにする。

第一節　寺院表象としての額

本節では、「寺号額の場」について、寺号額が寺院の門に打たれるまでの人びとの具体的な行動を明らかにしてみたい。康和四年（一一〇二）七月二十一日京都の尊勝寺落慶供養における寺号額について、まずはとりあげる。同寺供養では、同年六月三日・十日・十六日に、完成間近の「新御願寺」への堀河天皇の「御覧廻」「御覧造作」があり、諸国殺生禁断の太政官符が出されるとともに、十八日には新御願寺供養日時勘文と僧名について、法勝寺の例にならうとする「定」があった（『中右記』同日条）。同月二十九日に、堀河天皇・白河法皇の御幸のもと「新御願寺諸堂」に御仏が安置され、新御願寺は「尊勝寺」と定まった（『中右記』同日条）。七月に入り、十五日と十六日に習礼がなされ、二十一日の辰時から開始され子時にまで及ぶ壮麗なる尊勝寺落慶供養が執りおこなわれた（『中右記』同日条、「尊勝寺供養次第」『群書類従』十八釈家部、『百錬抄』同日条）。白河院政の総力をあげた尊勝寺供養は、御願寺供養の儀式次第にそった式文に準拠してなされ、「堂荘厳御装束式文」を作成したのは、かの村上源氏左大臣俊房。供養願文は式部大輔藤原正家が、呪願は藤原敦宗がそれぞれ作り、能書家の定実が清書をし、尊勝寺の寺号額は、源俊房が書いた。「優妙之由、人々感歎」した（『中右記』同日条）。落慶供養の次第のなかで、寺号額揮毫が重要な要素として位置づけられていたのである。

大治五年（一一三〇）十月二十五日の待賢門院璋子御願法金剛院落慶供養では、導師を仁和寺覚法法親王がつとめ、供養願文を式部大輔藤原敦光が起草し、内大臣源有仁が清書し、寺額は関白藤原忠通が記した（『中右記』同日条）。同様のことは、長承元年（一一三二）三月十三日の鳥羽上皇御願得長寿院（千体観音堂）落慶供養でも見られた（『中右記』同日条）。同院供養願文を式部大輔藤原敦光が、呪願文を文章博士藤原時定が、それぞれ作り藤原朝隆によって清書された。落慶供養の次第式は、右大臣源有仁によって作成された。この時に寺額を書いたのは、関白藤原忠通。長尾宮が寺号を撰した。長尾宮とは、仁和寺聖恵法親王のこと（白河天皇第五皇子、母は藤原師賢女）。まさしく法親王による王家御願寺仏教政策の象徴とも言うべき事例であった〔横山（和）二〇〇二〕。

かかる落慶供養の様相は、『帝王編年記』の言説にも明記されていた。すなわち康和四年（一一〇二）、堀河天皇御願尊勝寺供養については、「導師、覚行法親王。額、堀河左大臣（源俊房）。扉、（藤原）章綱書レ之」と。康治元年（一一四二)の美福門院御願金剛勝院供養では、「額、法性寺殿(藤原忠通)。扉、(藤原)定信(行成の玄孫、世尊寺流)」とあった。「濫觴抄」(『群書類従』二十雑部)にも法金剛院「額字関白(忠通)、願文敦光」と記載していた。落慶供養の一大仏会にあって、願文とともに寺額が、重要な表象であったが故に、『帝王編年記』「濫觴抄」に明記されたのである。寛弘二年(一〇〇五)十月十九日宇治木幡浄妙寺三昧堂供養の日、同寺に早朝到着した藤原道長一行は、何よりも「浄妙寺」と書かれた額名を見ている(『小右記』同日条)。供養の場に参列した人びとによって、寺号額は可視的に確認され、公のものとなり、仏会勤仕の起点としての意味を付与されたのである。

寺号額を書することは、名誉なことであるとともに、仏会表象の表現者としての重責を担うことであった。寛弘四年(一〇〇七)十二月十日、藤原公季の法性寺三昧堂供養にさいしては、寺額がいまだ打たれていないなか、能書でないと固辞していた藤原道長は、功徳のためとして揮毫し、落慶供養当日の午刻に南門に額を打っている(『百錬抄』『御堂関白記』同日条)。このとき西門に打たれた額を記したのは、かの藤原行成であった。寺額は、落慶供養の前におこなわれる習礼の場にあって、すでに打たれていることが通例であったと思われ、元永元年(一一一八)十二月十七日におこなわれた最勝寺供養では、藤原忠通が十二日に寺額を書いている(『殿暦』同日条)。しかし、先の法性寺々額のように、実に落慶供養の当日になって、それが書かれるという事例も散見する。治安二年(一〇二二)七月十四日法成寺金堂供養の寺号を、藤原行成が記したのは、落慶供養当日であった(『小右記』同日条)。

寺号額が、門に打たれるまでには、どのような状況が展開したのだろうか。このことを知る上で、承安三年(一一七三)十月二十一日最勝光院(建春門院滋子新御願寺)落慶供養に至るまでを記した九条兼実の日記『玉葉』は、興味深い。新御願寺落慶供養に関する議定が、左大臣藤原経宗、建春門院々司ら公卿七人によって八月二十三日に開かれ(『玉葉』同日条)、平時忠筆の定文に基づき、同寺供養を円勝寺の例にそっておこなうこと、蓮華王院行幸の例による行幸、法金剛院の例による渡御、来る十月十五・十七日の習礼などが決定され、九月九日に女院判官代藤原経房によって九条兼実に伝えられた（『玉葉』同日条）。御堂御所障子絵の支度についても細部にわたって、兼実に説明された。円勝寺々額を記した藤原忠通の例にそって、能筆の兼実に新御願寺額を記すようにとの要請であった。その背後には後白河院政に日常的に参画する建春門院滋子がいた〔栗山 二〇〇二〕。寺額揮毫を固辞する兼実に、再三にわたる要請が藤原経房より告げられている（『玉葉』九月十一日条）。十月五日女院新御堂御所御移徙の日、左大臣藤原経宗から額字（寺号）が十日に決定すること、額の寸法は円勝寺額を用いることが兼実に指示される。円勝寺は二階門、新御堂は四足門ではないか、という兼実の疑義をうけて、四足門額の寸法事例を集めながら寸法を決定する旨が兼実に伝えられる（『玉葉』同月五日・九日条）。しかし十二日になっても寺号が定まらず、「難レ堪事」と嘆く兼実に、十三日、額寸法を待賢門院璋子御願法金剛院の例とする、との「御定」が言い渡される（『玉葉』同月十二・十三日条）。額に記載される肝心の寺号名が最勝光院と議定されたのは、十五日夜であり、翌日、兼実に、それが伝えられた。十七日の習礼の日、額板が兼実のもとに送られた。兼実が最勝光院寺額を記して行事所に届けたのは、落慶供養前日の二十日。続紙で額を覆い帖紙で結んで長櫃に納め、衣冠を正した兼実の家司に命じて行事所に提出させたのである（『玉葉』同日条）。その一部始終は、かの藤原忠通寺号額送の故実に準拠していた。かくして、額は最勝光院南門に打たれたのである（『玉葉』同月二十一日条）。

寺額を門に打つまでの兼実の行動は、落慶供養にいたる法儀のなかの一コマであり、どの先例（式）にどう準じるかまで規定された、まさしく有職故実の世界であった。寺額提出前日の十八日、兼実は建春門院に参上し、中御門中納言藤原宗家と兵部卿平信範（滋子の叔父）とが額草につき検討している（『玉葉』）。同様のことは、承安四年二月二十三日の八条院暲子新御堂落慶供養（仁和寺蓮華心院、小堂）の時も見られ、供養日に先立つ同月九日、兼実は、「字様」を文章博士藤原長光に仰せ遣わしている。額の字様は、「夜鶴庭訓抄」（『群書類従』二一雑部）にあるごとく、それ自体が寺の表象の根幹をなしたのであり、まして御願寺の寺額となれば、その「字様」は、「評定」にさらされたのである(『玉葉』承安三年十月十八日条)。「字様」は御願寺、大内裏・諸寺・諸山によって、それぞれ異なっていた(「右筆条々」『続群書類従』第三十一輯下)。書体、額の大きさと落慶供養される寺院・門・儀式とのあいだで整合性が図られたのである。寺額を書すためには、能筆であることは当然として、仏会全体の法儀にも通じていることが求められたのである。

門に打たれた寺額は、寺院落慶供養の場に参列した人びとに真っ先に飛び込んでくる視覚的メッセージ、表象であった。その寺号を揮毫することは、最大の善根であり「功徳」でもあった。前述のごとく、能書ではないと自称する藤原道長が、法性寺三昧堂寺額を揮毫したのも、それが「功徳」(行)であるからであった。『古今著聞集』巻第七「法深房が持仏堂楽音寺の額の事」では、額を書くことは「一仏浄土の縁」となると記していた。寺額揮毫は、積善の最たるものであった。

もっとも、藤原忠通は、法性寺流の始祖として著名であった。寺号額や色紙形、能書に関しては、小松茂美氏の先駆的研究がある［小松 一九七三］。藤原行成の六代の孫・伊行が書いた世尊寺流書道の秘書「夜鶴庭訓抄」(『群書類従』二十一雑部)の冒頭に「入木とは、手かく事を申す。この道をこそは、なに事よりもつたふべけれ。されど額、御願の扉、また異国の返牒、御表、色紙形、願文など人かゝすまじ」と記し、六つの書道大事の筆頭に額をあげていた。さらに額に関しては「額は第一大事也。されどおほく古本を見て書。額にとりて大内額、書かふる所どものある也」ともあった。藤原行成揮毫比叡山横川霊山院古額を「一塵不レ違二點畫一」九条兼実が写している。破損した古額の揮毫とはいえ、兼実にとっては、「写二先賢之遺跡一、一ハ可レ悦、一ハ可レ恐」であった。かつて藤原伊房が人をして写し取らせた同院寺額の草本を兼実が所有しており、その写本と本物の額を校訂したところ、相違が多いので新写し、草にとどめている(『玉葉』治承四年八月二十三日条)。藤原定信写しの額本を入れた櫃が、上賀茂神社の神庫に伝存していた(『明月記』建保二年三月二十五日条)。それは、「日記の家」に通底する［松薗 一九九七］、額・色紙形揮毫にかかる

「能書の家」とでも言うべき有職故実の世界であった。

行成や忠通などの名だたる能書は、内裏殿舎諸門や京都御願寺・延暦寺・宇治平等院などの額を数多く書いている(『夜鶴庭訓抄』)。九条兼実も、十箇所の寺社の額を揮毫していた[小松 一九七三]。本章で注目したいのは、兼実が安芸厳島神社の額を記していること。かつて第五十世天台座主前大僧正覚忠(宇治僧正、藤原忠通の子)が書いていたが、今また鳥居を立てるので、そこに打つ新額の揮毫を九条兼実に平宗盛が請うたのである(『玉葉』承安五年七月十三日条)。安元三年(一一七七)六月十八日、宗盛のもとへ、続紙に写し紙形添付の「伊都伎嶋額」が送られている。「都」か「津」のどちらの文字を使用するか、「官文殿式正文」記載の文字を確認して、兼実は執筆している(『玉葉』同日条)。この額こそが同年十月、平家一門が安芸厳島神社でおこなった、かの有名な一切経会・千僧供養の法筵の場(鳥居)に打たれたのである。それは、瀬戸内海の海路の安全保障を約束する表象でもあった[髙橋〔昌〕二〇〇七b]。

第二節　寺号の決定と円隆寺

寺額には、寺号が記されていた。言うまでもないことである。先述の承安三年(一一七三)最勝光院では、九条兼実に寺号名が知らされたのは、供養がおこなわれる五日前であった。かかる事例は、決して最勝光院だけではなかった。たとえば、大治五年(一一三〇)十月二十五日落慶供養の法金剛院の寺号決定は、同月十四日であった(『中右記』同月十四日条)。院御所白河殿に藤原忠通・源能俊・藤原忠教・源師頼・藤原通季・源師時・藤原為隆が召されて院御所議定がなされた。覚法法親王と聖恵法親王、僧正二名が新御堂の法名について原案リストを五通、一懸紙にして提出したものを為隆が読み上げ、藤原宗忠が実勝院・殊勝院・蓮花蔵院を推挙、藤原忠通が法金剛院と蓮華蔵院を推挙した。公卿らの意見は左大弁為隆によって記載され院に奏せられ、法金剛院と実勝院が宜しとの仰せがあり、忠通の意向もあって法金剛院を法号とする定がなされた。法金剛院は、長尾宮(仁和寺聖恵法親王)が「撰」した法号であった(『中右記』十四日条)。鳥羽院政を支える仏教勢力の最上層僧侶が法号(寺号)の案をいくつか「撰」じ、そのなかから院御所議定によって寺号を決定していた。院御所議定は、鳥羽践祚後、家政的次元を超えた国政上の問題を扱うようになり、朝廷の最高審理機関であった[美川 一九九六]。そのような場で、新御願寺法号の決定がなされたのである。

同様のことは、長承元年(一一三二)二月二十六日、三条西御所においておこなわれた新造千体観音堂の法号に関する殿上定でも見られた。覚法・聖恵、二人の僧正、天台座主忠尋の、五人が「撰」した寺号名案(法号勘文五通)が藤原顕頼より忠通に奉じられ、忠通御覧のあと、寺号名案を藤原顕頼が読み上げ、公卿の意見披露を経て、忠通の意向をうけた法成就院・光勝寺に絞られ、最終的に法号を「法成就院」となす、とした(『中右記』同日条)。法成就院は、長尾宮聖恵法親王が「撰」したものであった。法号決定とともに、新御堂への御仏安置と落慶供養の日時勘文も勘せられた。寺号の決定は、新御願寺落慶供養に至る壮大なる仏事遂行の最終段階における重要な瞬間であったことを示す。

では、寺号は、具体的にいかなる要素を重視して決定されていったのか。得長寿院の寺号決定にいたる経過を見つめていくと、興味深い事実を見つけ出すことができる。長承元年二月二十六日、「新造千体観音堂」寺号を「法成就院」とする議定がなされ、落慶供養の準備も進み、三月九日には御仏安置と習礼がなされ、藤原忠通が法成就院の寺額を書き終え、明日の供養日を迎えるばかりの十二日、突然として、寺号を法成就院とすること不可なり、とされたのである。その理由は、「就字与二熟字一同義也、然者熟字随レ火、仍可レ有二禁忌一」というものであった(『中右記』同月十二日条)。落慶供養直前に寺号が突然と変更されたのは、十日に法勝寺阿弥陀堂御念仏に御幸中の鳥羽上皇が僧侶や参会の上卿に聞きただし、「難者申旨義不分明」「可レ用二得長寿院一」との鳥羽上皇の決定が藤原忠通に示されたたからであった。さすがの関白忠通も「得長寿院於二勅定一者、不レ可レ有二左右一」とせざるを得なかった。寺号決定において、仏教思想に基づく選択よりも、むしろ禁忌が優先されたのである。

同様のことは、天承元年（一一三一）でもあった。同年八月、九体阿弥陀堂三所（白河泉殿二所・鳥羽殿一所）の寺号を撰し申すべし、との鳥羽上皇の御気色を伝える頭弁藤原顕頼の書状が、皇后宮権大夫源師時に届けられ、蓮花蔵院・浄菩提院など九つの寺号案のなかから、白河については浄光明院と法蓮華院を、鳥羽については成菩提院を源師時は「撰」している（『長秋記』天承元年八月二十五・二十八日条）。ここで師時が指摘したのは、「鳥羽水難地」であることから、鳥羽の寺号には「三水字」は用いないこと、とりわけ「淨字是争水」であること。白河にはその難がなく、「於二法字一、法成時依レ去レ水可レ被レ用」というものであった。この師時の撰は、鳥羽上皇の御意に叶うとされた。さらに注目したいのは、寺号候補リストにあった「蓮花蔵院」に対して、たとえ（花か華か）一字たりといえども「当時親王房号」に加えるは「憚りあり」として、禁忌にしたことである。「当時親王」とは、仁和寺法親王聖恵のこと。花蔵院宮と称されていた（『御室相承記』『仁和寺史料』）。院政期公家社会では、王家一族の房号、法号の文字を新御願寺に使用することを禁じていたのである。かかる禁忌の世界は、前述の長承元年得長寿院（新造千体観音堂）法号撰の殿上定においても見られた。治部卿源能俊が円光院の寺号を推挙したことに対して、藤原宗忠は、醍醐寺円光院は白河上皇中宮堅（賢）子の御願名である、と批判をしていたのである。白河上皇寵愛の中宮賢子の御願名と同じにすることは、憚られることであり、それを無視した治部卿源能俊の言動を「奇怪なり」と藤原宗忠は断じたのである（『中右記』長承元年二月二十六日条）。

そう言えば、寺号のことではないが、前述の承安三年新御願寺（最勝光院）御所の「本文」について、命を受けた藤原長光が大嘗会本文に相似せて撰し進めたところ、左大臣藤原経宗から「種々疑難」として「可レ有二禁忌一」が指摘され、その中には「障子裏詩之中、金谷園花片々燃、此燃字可レ有レ忌」とあった。兼実は、「燃者花之盛之義也、更非二焼之儀一」と藤原経房に答申していた（『玉葉』承安三年八月十五日条）。新御願寺の寺号や装束は、憚り、禁忌をくぐり抜けて決定されていったのである。

寺号決定は、第一義的には、その供養法筵の場で照らし出される仏教思想(教説)から、供養の本質をズバリ集約的に示す「語句」を選択し、表象を紡ぎ出すこと、まさしく「撰」であった。ただし、実際の決定過程では、仏教的な行為の上に分厚い世俗的な禁忌の世界が覆い被さっていたのである。寺号「撰」に潜む禁忌は、王権による文化表象の独占と恣意的解釈の強制、「正統的」仏教支配の拡大堅持にもつながるものであった。世俗権力の恣意性を付度し、禁忌に敏感に走る院政期王朝社会が見え隠れしている。

十二世紀中期、鳥羽院政期の奥州平泉は、街路が形成され、一大仏土として大変貌を遂げようとしていた。京都の三井寺の阿闍梨範覚・増忠が基衡の千部一日経の問者・講師として平泉に招請されていたし、範覚の兄弟で仁和寺僧の行範も住んでいた〔本著第Ⅱ部第三章〕。康治二年(一一四三)には興福寺悪僧が平泉中尊寺周辺に居住していた〔前川 二〇〇八〕。これまで明らかにした寺号、寺号額が寺院表象において有する政治的意味は、平泉藤原氏に十分に伝わっていた。そのようななかで、平泉の円隆寺の寺号が「撰」されたのであった。

平泉の円隆寺については、「四円寺に因んで名付けられたであろう」とする五味文彦氏の見解があり〔五味 二〇〇七〕、嘉勝寺は、六勝寺にあやかったとする説〔高橋(富)一九八四〕や、鳥羽天皇即位年号の嘉祥にちなみ法「勝」寺をも強く自覚した嘉勝寺々号を力説する説〔菅野(成)二〇〇二〕がある。先学の通りなのかも知れない。強調しておきたいのは、およそ京都からはるか離れた奥羽の地にあって、院政期王朝社会の御願寺を連想させる寺号が、現実としてつけられたことの意味である。そもそも四円寺の円を意識した法号が、朝廷の方から藤原基衡の寺に付与されることは、ありえないこと。それにも関わらず京都の御願寺そのものとしか言いようのない円隆寺・嘉勝寺の寺号を「事実」として藤原基衡が付していた。京都においても寺号は、為政者の世俗的な思惑・価値判断によって決定されていた。円隆寺・嘉勝寺は、院政期国家の国策的寺院であるがゆえにその寺号がつけられたのではなく、あくまでも藤原基衡の主体的決断をへた寺院表象として、「撰」されたのである。

第三節　円隆寺額・色紙形に見る藤原基衡の外交戦略

額は、寺院表象の典型であったために、その寺院をめぐる世俗的動向を反映させていた。それは、平泉毛越寺においても見られた。『吾妻鏡』文治五年(一一八九)九月十七日条「寺塔已下注文」に記載された毛越寺金堂(円隆寺)額に関する、かの有名な言説も、寺号額の表象としてとらえ直すことができる。すなわち、円隆寺に関するこの文章は、二つからなり、前半は、「鏤二金銀一、継二紫檀赤木等一、尽二万宝一交二衆色一」と荘厳の華麗さを表現し、「本仏薬師丈六、同十二神将」を記し、「講堂、常行堂、二階惣門、鐘楼、経蔵」と伽藍を記した後に「九条関白殿下染二御自筆一被レ下レ額、参議教長卿書二堂中色紙形一」と記す。その後に続くのが、薬師丈六仏制作の雲慶への依頼、功物として奥羽・蝦夷地の名産の送付、鳥羽法皇が薬師仏の出京を禁じたこと、関白藤原忠通の力を得て安置に至った、とする有名な言説である。

さて行論上注目したいのは、何よりも円隆寺装束荘厳の要素として、藤原忠通によって揮毫された寺額が、明白に表現されていることである。この寺額が、二階惣門に打たれたことは申すまでもない。前述、九条兼実が「円勝寺者、二階門也、此御堂者(最勝光院)、四足門也、定令二相違一歟如何」と述べたように(『玉葉』承安三年十月五日条)、二階惣門の寺額は、四足門の門に打たれる額とは異なって、御願寺伽藍の威容を放っていたのである。確かに藤原忠通は、内裏殿舎門・最勝寺・証金剛院・宝荘厳寺などの寺号額を記していた。小松茂美氏は、忠通筆額の十一事例をあげている〔小松 一九七三〕。しかし、京都からはるか離れた平泉円隆寺の寺号揮毫は、異例中の異例であった。それ故にこそ、能筆忠通の活躍を記した『今鏡』巻第五「みかさの松」に、迎講として有名な延暦寺横川花台院の額〔鈴木〔治〕一九九二〕と「をくのえびすのもとひらとかいふがてら」の額とが、とりあげられることとなった。それは、「えびす」をも靡かせた関白忠通の威光を誇示するための言説として、もっとも適切であったからに他ならない。寺額は、前述の『平家物語』巻第一「額打論」に書かれている通り、鋭い政治性を内包する文化表象であった。

また、寺額を返し奉らじ、とした基衡を「しれごとなり」と戒めた女は、基衡の妻〔工藤〔雅〕二〇〇九〕。かの女は、『古事談』巻四の五及び『十訓抄』下第十に出てくる「女人沙汰」「妻女」と同一人物〔大石二〇〇一b、川島二〇〇三a、入間田二〇一四a〕。円隆寺額の返納折衝は、京都に対する平泉側の外交合戦を象徴していた。それ故にこそ、基衡の要求を拒否する忠通像の『今鏡』と、基衡の代弁者たる忠通像の「寺塔已下注文」という真逆の言説が生じてくる。そこには、平泉藤原氏が院政期国家の末端機構であるとはとうてい言えない、京都からの言説を不明瞭にさせてしまうほどの、奥羽・北方世界の覇者としての藤原基衡像を見いだすことができる〔遠藤〔基〕二〇〇五〕。

藤原基衡は、仁和寺覚法法親王を通して円隆寺額揮毫を藤原忠通に依頼していた〔遠藤〔基〕二〇〇五〕。基衡は、美福門院得子と、その従兄弟で鳥羽第一の近臣藤原家成を中心とする美福門院・院近臣貴族との繋がり、特には陸奥守藤原基成及びその一族との太いつながりのなかで、一大仏教都市建設を遂行していく〔菅野〔成〕一九九四a、斉藤二〇一二〕。藤原忠通と覚法とは異父兄弟。ともに母親は師子であり、師子の父は源顕房。顕房の子の信雅が陸奥守（任一一三一〜一一三五）であった。そこで培われた人脈を基衡が生かしたと言える。基衡千部一日経に見る講師増忠も家成の妻の兄弟であった〔誉田二〇一四a・本書第Ⅱ部第三章〕。ここで確認しておきたいことは、覚法が藤原忠通との繋がりの中だけにあったのではないことである。永治二年（一一四二）の待賢門院出家を契機として、覚法は、摂関家、特に忠実、頼長に近づいていく。むしろ異父・同母兄弟ながらも、忠通以上に忠実・頼長と覚法との間は緊密であった〔柿島二〇一三〕。覚法ルートが忠実・頼長の方にも開けていたことを意味する。

そこで注目したいのは、「寺塔已下注文」にあるように、円隆寺「堂中色紙形」を記したのが、参議藤原教長であること。教長は、忠通の入木の師であり、『今鏡』巻五みづぐき、には「處どころの額」「みどうのしきしがた」なども書いた、能書。そして、円隆寺堂中色紙形は、寺額につぐ寺院荘厳の文字表象であった。色紙形には堂中色紙形と障子色紙形があった［小松 一九七三］。「夜鶴庭訓抄」（『群書類従』二十一雑部）では、「額、御願の扉、また異国の返牒、御表、色紙形、願文」と記し「御願のとびら、本文をゑにあはせて、土代をして書に、とびらの上の色紙形は、すこしおほきに」書くとあった。この扉色紙形は、寺堂落慶供養にあわせて、当代きっての能書によって書かれた。一例をあげるならば、円勝寺の寺額は藤原忠通が、扉色紙形は世尊寺嫡流で康治元年（一一四二）近衛天皇大嘗会の悠紀主基御屏風を記したこともある藤原定信が、それぞれ書いていた。この堂中色紙形は、響き合う仏の教え（経文）の、文字通り表象であり、寺堂荘厳装束の中核であった。康和四年（一一〇二）七月二十一日尊勝寺供養について『帝王編年記』が「御導師覚行法親王（白川院皇子仁和寺御室）、額堀川左大臣（源俊房）、扉（藤原）章綱」と端的に記していることからも、如上のことは言えるのである。

平泉円隆寺落慶供養の場では、藤原忠通の書いた寺号額が二階惣門に打たれ、丈六薬師如来像が安置された堂中の壁扉ごとに、浄土世界を思わせる絵が描かれ、その色紙形には藤原教長筆の経文が書かれていた。それは、藤原基衡の京都に対する仏教戦略をも意味していた。すなわち、藤原基衡は、藤原忠実派公卿藤原教長［遠藤（基）二〇〇五］との人脈も確保していたのである。忠実（教長派）と親しかった覚法との人脈が一役買っていたと思われる。毛越寺円隆寺落慶供養には、藤原忠通・美福門院のルート一本だけにあらず、摂関家藤原忠実・頼長のルートがあったことを意味する。そう言えば教長の従兄弟にあたる源忠已講が、秀衡から平泉に招請されていた［誉田 二〇一三a・本著第Ⅱ部第一章］。藤原教長の参議在任は保延七年（一一四一）～保元元年（一一五六）。忠通死没は応保二年（一一六二）、覚法法親王薨去が仁平三年（一一五三）。ここから円隆寺落慶供養は保延七年～仁平二年、十二世紀四十年代から五十年代前半と絞り込め、それは近年の毛越寺境内発掘の研究成果とも符合する［八重樫 二〇一三］。円隆寺落慶供養にあたって藤原基衡は、忠実派、忠通派の二つの派閥と巧みにつながりながら外交工作を展開していた。それは、はるか東アジアに通底する仏教世界建設を模索した清衡以来の外交戦略を基衡も受け継ぎ、平泉仏土の自立性を確保しようとしたのであった。

おわりに——奥州合戦と伊豆願成就院の額——

文治五年(一一八九)九月十七日「寺塔已下注文」には、円隆寺薬師丈六像・十二神像は、雲慶作、玉眼嵌入像の「始例」なり、とあった。それは、決して虚言にあらず。平泉僧侶たちが、相模国浄楽寺阿弥陀三尊像や伊豆国願成就院不動明王像(運慶作)も玉眼嵌入像であることを知っていたがゆえに、注文に円隆寺本尊を記載したのであった。玉眼嵌入の円隆寺仏が雲慶作であったことの証人は、源頼朝以下の鎌倉武士であった[川島 二〇〇三b]。玉眼嵌入像「始例」の円隆寺仏とともに、源頼朝に強烈なるインパクトを与えたものが他にもあった。それが、かの藤原忠通の手になるという円隆寺々額である。二階惣門に高々と打たれた寺額は、京都御願寺も奥羽の地にもありなん、と頼朝をして痛感させるものであった。そして、その衝撃と鮮烈なる印象は、鎌倉に持ち帰られた。

奥州合戦を終えた頼朝が、鎌倉に帰着してすぐの十二月九日には、中尊寺二階大堂を模した永福寺造営の「事始」がなされた(『吾妻鏡』同日条)。それは、平泉仏教文化の継承と克服を期した頼朝宗教政策の重要な出発点であった。そして、まさしく同じ日、伊豆国願成就院北畔、頼朝が宿館を構えるべく犯土した所から「願成就院」と記した古額が出土したのである。「遠近雖ㇾ難ㇾ量、露點之鮮妍、蹤跡猶無ㇾ消」古額は、その寺号の権威と正当性を表象していた。そもそも願成就院は、「依二泰衡征伐御祈一、北条殿草二創之一」したもので、鎌倉出立直前の文治五年六月六日に伽藍営作が開始されていた(『吾妻鏡』同日条)。奥州合戦には、神仏も動員されたのである[久野 二〇〇一]。そして、奥州合戦が終了し、「両国静謐」の今、「任㆓御心願之所㆒㆑催、兼被㆓撰定㆒之處」一字の違いもない願成就院寺号の古額が出土したのであった。それは「自然之嘉瑞」であり、「誠是希代之厳重」「仏閣之不朽、武家之繁栄、不㆑可㆑違㆓此額字㆒」と、鎌倉武士政権の正当性と繁栄を保証するものであった。願成就院古額の出土は、藤原泰衡征伐と直結していた。鎌倉を凌駕する一大仏教都市平泉の威容を、都市平泉の玄関とも言える毛越寺南大門に打たれた藤原忠通揮毫寺額によって見せつけられた鎌倉武士にとって、平泉仏教の権威を超えるような文化の表象、古額の出土は、決定的に重要であった。

古額の出土は、地涌の文字を意味する。それは、祥瑞であり、神仏からのメッセージである［笹本 一九九六］。長承元年(一一三二)六月二十三日正八幡宮にて「八幡」の二文字を記した巨石二つが「自然出来」したとの報告が大宰府から都に送られていた(『百錬抄』同日条)。地中への埋経と地中からの文字湧出は、神仏と人間との言語交換である。『古今著聞集』巻第七「法深房が持仏堂楽音寺の額の事」にあるごとく、額は魔の妨げを撃破し、住僧安堵、寺領豊饒を保証する呪力をも有していた［パスカル・グリオレ 二〇一二］。毛越寺南大門に打たれた寺額は、「鳥羽上皇御願寺」としての威容の光を発する表象であった。それを乗り越え、奥州征伐「成就」の正当性を現出させるためには、異界からの古額出現という呪術的回路が決定的に重要であった。そう言えば、木村茂光論文では、巨大都市平泉が担っている奥大道—東山道の物流の求心性を潰そうとしたところに、源頼朝の奥州合戦の企図あり、と述べていた［木村 二〇一六］。頼朝による平泉仏教の否定は、まさしく物心両面からなされたのである。

第五章　奥羽の仏土から都へ

はじめに

十二世紀後期になると、都市平泉は、鎮守府将軍藤原秀衡の拠点たるに相応しい大都市へと変貌していった〔斉藤二〇一二〕。平泉館は、いままでの外側の堀を埋め、その内側に幅一四メートル・深さ五メートルの大きな堀をめぐらし、また四面庇建物から総柱建物の館へと大改造された〔八重樫二〇一五〕。平泉館の西方には宇治平等院をことごとく模した無量光院が建立され、また同院の東門には秀衡「常の居所」としての加羅御所が造営された。都市の中心部に惣社が、さらに東西南北の四方に京都の諸社を勧請した鎮守が設けられていった。一一七〇年代には源義経が、常磐と義父藤原長成の縁をたどって平泉に来住していたし、後白河院の落胤である「平泉姫宮」が、また、後白河院の近臣高倉範季、かつて陸奥守として威勢をきわめたが平治の乱で失脚した藤原基成や、山城守中原基兼などの多くの中下級貴族が住むようになり、さながら貴族社会の様相を呈していた〔保立二〇〇四b〕。

一方の京都にあっては、仁安元年（一一六六）の憲仁親王立太子や平清盛内大臣補任から、治承元年（一一七七）六月の鹿ヶ谷事件にいたる足かけ十二年間、後白河院と平清盛との蜜月協調関係のもと、政局が展開していた〔元木一九九六b、髙橋〔昌〕二〇〇七a〕。この間、福原に隠居しつつも必要とあらば京都の政界に関与していく清盛は、日宋貿易を強力に推進していった。清盛は、積極的な日宋貿易策により、東アジア世界を見据えてあらたなる政治を模索しようとしていた。それは同時に、「六波羅幕府」の道を歩むことでもあった〔髙橋〔昌〕二〇一三a〕。そして、このような都の情勢は、否応なしに平泉の藤原秀衡にも、清衡・基衡の時とは異なる新たな政治的対応をせまることとなった。それは、藤原秀衡の「平泉幕府」構想にも深く関わることであった〔入間田二〇〇四b、斉藤二〇一二〕。

本章で問題にしたいのは、そもそも藤原秀衡は、どのような仏教を模索していたのか、秀衡は京都・畿内などの寺社といかなる関係を結び、平泉仏土をいっそう荘厳なものとしていったのか、ということである。これらを明らかにすることで、平泉仏土の特色を洗い出してみたい。もっとも、無量光院や都市平泉の鎮守に関しては、秀逸の菅野成寛論文〔菅野一九九一・一九九四b〕がある。本章では、その知見に導かれながらも、まずは平泉、そして秀衡が関わった仏会がどのようにおこなわれていたのか、初心に帰って見つめてみることにする。

第一節　「年中恒例法会事」と「両寺一年中問答講事」

都市平泉では、藤原秀衡の時代になると、八幡神・賀茂・伊勢など王城鎮守体制の神々を配置しない独自の宗教構造が確立した〔誉田二〇一〇・本書第I部第二章〕。さらには、秀衡は仏教都市平泉に相応しい仏会（儀礼世界・年中行事、教学振興）の体系を構築していった〔斉藤二〇一〇〕。このうち「年中恒例法会事」は、二月常楽会、三月千部会・一切経会、四月舎利会、六月新熊野会・祇園会、八月放生会、九月仁王会からなり（『吾妻鏡』文治五年九月十七日「寺塔已下注文」）、鎌倉期に入っても「六箇度大法会」として、平泉仏会体系の根幹をなしていた（嘉元三年三月日中尊寺衆徒陳状案『平史』第四四号文書）。これらの法会のうち、舎利会について、遠藤基郎論文では、仁和寺で覚法法親王の発願により康治二年（一一四三）に開始されていたのを、藤原基衡が都市平泉の祝祭として積極的に導入したもの、と述べていた［遠藤 二〇一五］。また、六月の新熊野会も、後白河院によって熊野六月会を京都に移して承安二年（一一七二）に執りおこなわれた今熊野会が平泉でもおこなわれるようになったものである［菅野〔成〕一九九四b］。先代からおこなわれてきた祭礼が、藤原秀衡の時に、年中恒例「法会」（六箇度大法会）として統合されたことに意味があった。斉藤利男氏が述べるように、怨霊鎮撫・罪障浄化・王権擁護の国家的祭礼となった石清水八幡宮の放生会から、本来の不殺生戒・生類供養の祭礼へと改変して中尊寺の八月放生会となしていた［斉藤 二〇一〇］。「六箇度大法会」は、清衡以来の仏会の伝統を引き継ぎつつ、平泉藤原氏側の宗教装置創造のために主体的に法会・鎮守を選択しつつ、同時に院政期王都のような王家のための仏会という理念を取り入れない、という自立性に満ちたものとして、藤原秀衡の時に再編成されたものであった。

以上のことを念頭に置きつつ、さらに若干の考察を加えることにする。「年中恒例法会事」のうち、三月におこなわれた一切経会と千部会こそは、仏教都市平泉の仏会（六箇度大法会）の中核であった。とりわけ一切経絵は、平泉仏教の普遍性と権威に直結する法会として、鎌倉後期になっても、百二十人の講読師・請僧によって勤仕され、出羽・陸奥国各地から参勤した伶人が楽を奏で、仏会荘厳を作り出していた（嘉元三年三月日中尊寺衆徒陳状案『平史』第四四号文書）。秀衡時代の一切経会では、中国明州から船載された宋版一切経をテクストにして書写された金字一切経が使われた。平安後期には、出羽国寒河江荘の慈恩寺でも一切経写経事業がおこなわれていた［平川 一九八〇］。一切経は平泉の独占物ではなかったのである。そのような奥羽の仏教世界であればなおさらのこと、平泉の金字一切経の一切経会は、仏国土平泉の首都性と国際性とを内外に発信する上で、もっとも重要な仏会となったのである。

さて、この三月一切経会とセットになったのが「千部会」である。それは、天治三年（一一二六）三月の鎮護国家大伽藍の落慶供養にて執りおこなわれた千僧供養の伝統を引き継ぐものであった［斉藤 二〇一〇］。千僧供養が「千部会」として勤仕されていく事例は、興福寺千部会でも見られた。長寛二年（一一六四）八月興福寺では、法華経一千部の書写と千口僧侶を屈請しての千僧供養がおこなわれ、それを永代毎年勤修としての千部会へと継続していった（「三十五文集」『続群書類従』第十二輯上）。

千部会と似たものに、千日講と千部一日経がある。前者は、一日一巻（あるいは一品）の法華経講会を一千日間なすこと。後者は、一日のうちに法華経書写（講説も）一部をなし続けて千部を成就すること。恒常性を必要とする作善であり、千日講の催行者は、院・摂関家上級貴族などであった〔龍口 一九九〇〕。千部一日経は、藤原基衡がその終生をかけて修しており、法華経の教えのもと仏土を平泉に現出させていた〔本書第Ⅱ部第三章〕。福原あるいは厳島神社などを場にして、平清盛も千僧供養を年中行事としておこなっていた〔高橋（昌）二〇〇七b〕。平泉においても、千僧供養の伝統を引き継ぐ「千部会」が百人・千人請僧により催行されていた。

仏都市平泉では、年中恒例法会の他にも、日常的におこなわれる教学の問答もさかんであった。王朝社会において問答講は、政治の領域にまで踏み込んで影響力を有していた〔上島 二〇一〇a〕。京都・南都の竪義論義・講問論義にさいしては、疏釈・論義草・論義書・問答記など数多くの聖教が記録され、教学活動の根幹をなしていた〔永村 二〇〇〇a〕。「寺塔已下注文」に記載された「両寺一年中問答講事」のなかに「長日延命講、弥陀講、月次問答講、正五九月最勝十講等」があった。このうち最勝十講は、年中恒例法会としてではなく、中尊寺・毛越寺の問答講として位置づけられていた。留意したいことである。この最勝十講の時に掛けられたのが中尊寺所蔵「金光明最勝王経金字宝塔曼荼羅図」（藤原基衡時代の作）であり、そこには、藤原氏の滅罪生善の目的があったとも言われている〔浜田 一九七一、長岡 二〇一〇b〕。国家的法会の頂点に立つ最勝十講が〔上島 二〇一〇a〕、年中恒例法会ではなく、問答講としての純粋性を保ちながら、正・五・九月と三回もおこなわれていることに、平泉法会の特色があった。

「両寺一年中問答講事」には、長日延命講・弥陀講が選択されていた。長日延命講に関わることと言えば、院政期京都でさかんだった延命法が想起される。延命法は、金剛寿命陀羅尼経により、普賢延命菩薩を本尊とする修法であり、山門大法の第三にあげられるなど、台密で重視された。延命法そのものは聖武天皇の時にすでに勤仕例が見られるが［速水 一九七五b］、特に重要なのは、代始の三壇御修法が後三条天皇の時からなされたことであり、その起源は、後朱雀天皇護持僧仁海が宣旨によって長日延命御修法を修したことに求められる［土谷 一九八七］。「延命法者、東寺護持僧必所ㇾ修也」（『玉葉』建久三年三月十八日条）とあり、また覚法法親王が孔雀経法・愛染王法・大北斗法とならんで長承元年（一一三二）九月二十一日に普賢延命法を修していることなど（『御室相承記』）、同法は玉体安穏を祈念する修法であった。

王朝社会にあっては、普賢延命法とともに七仏薬師の延命法もさかんにおこなわれた。天徳元年（九五七）、良源が藤原師輔妻康子のためにおこなって以降、七仏薬師法は台密の修法として貴族社会で広まっていた［速水 一九七五b］。康和元年（一〇九九）四月六日天台座主仁覚が禁中にて七仏薬師法を修しているし（『後二条師通記』同日条）、『覚禅鈔』においても、「七仏経下曰、（中略）皆得二如意无病延年ヲ一、命終之後生二彼ノ世界ニ一」とあった。延命法の修法の場で、普賢延命像とともに薬師仏（あるいは七仏薬師）が同時に祀られる例は、『殿暦』嘉承元年六月二十二日条・永久二年六月六日条など多出する。

もっとも、薬師仏に延命を祈願する場合もあった。天永三年（一一一二）十一月二十五日、白河法皇六十歳の寶算の祝賀が法勝寺でおこなわれたさい、藤原忠実が等身の丈六延命像を造ろうしたところ、法皇の仰せにより等身薬師仏に変更されている（『中右記』同日条）。やや時代は下がるが、貞永元年（一二三二）六月二十八日沙弥仙尊田地寄進状の世界にも「夫薬師者、除病延命之本誓勝余仏」とあった（『鎌倉遺文』四三三五号文書）。

翻って平泉の仏会としての「延命講」とは何だったのだろうか。それは、何よりも円隆寺・嘉勝寺の本尊薬師如来の教えにかかる講説としての延命「講」であった。六勝寺が、密教の主尊大日如来によって統率され、五大明王により怨霊夷狄調伏をおこない、玉体安穏と鎮護国家をめざしたのに対して［清水擴 一九九二c］、平泉には、それらによって修される仏堂もなく、調伏思想を有さなかった〔冨島二〇〇〇、斉藤二〇一〇、誉田二〇一〇・本書第Ⅰ部第二章〕。以上のことから、平泉の延命のための仏事は、京都の状況を見据えながらも、薬師仏の教学問答講、まさしく延命講としておこなわれていたのであり、そこに特色があった。

平泉「両寺一年中問答講事」のなかの弥陀講を考えるさい参考になるのが、仁平三年（一一五三）六月十五日に白河御堂にて鳥羽法皇皇后高陽院泰子の十斎阿弥陀講とともに始行された阿弥陀講である（『兵範記』同日条）。丈六仏の前に法華経・阿弥陀経・般若心経がおかれ、殿上人らの参列のもと、導師相源・権律師覚算ら六人の僧侶によって講がなされた。読経・説経のあと式が講ぜられた。この阿弥陀講は、永観筆の式文『往生講式』に基づいていた。永観が説く浄土教は、本覚思想が濃厚なものであり〔大野一九七二〕、永観『往生講式』（『大正新脩大蔵経』第八四巻）は、『古今著聞集』巻第二「永観律師往生極楽の事」にあるごとく、院政期社会では著名であった。

阿弥陀講は、十五日をもって式日としていたが（『本朝世紀』久安二年三月四日条）、他に十日間おこなわれる阿弥陀講もあった（『本朝世紀』仁平元年十月十六日条）。天養元年（一一四四）十二月十四日から開始し、二十三日に結願した鳥羽法皇の「十楽講」も（『台記』天養元年十二月十四・二十三日条）、十楽式を読み込んだ十日間にわたる阿弥陀講であった〔伊藤（真）一九七四〕。永観作『往生講式』のほかにも、往生講式は数多く書かれた。例を示すならば、第三十七世天台座主一乗房仁覚の『順次往生講作法』『順次往生要行』や真源（勝陽房、比叡山東塔南谷）『順次往生講式』などがある。阿弥陀講においては表白が作成され、読み上げられた。「表白集」（『続群書類従』第二十八輯上）には、八十億劫の重罪が一称の誠に消えること、四十八願の大悲は迎接を十念の力に垂れ、一花一銭であっても捨てないのは、阿弥陀如来の摂取不捨の誓いが深いためであること、などと記した表白の例文を載せていた。

仏土平泉には、大長寿院・金色堂・観自在王院と小阿弥陀堂・毛越寺常行堂・無量光院の六棟もの阿弥陀堂が存在し、日本有数の天台浄土教の聖地であった。迎講の場としての無量光院は、極楽往生擬似体験の壮大なる装置であったし、観自在王院は金剛界の阿弥陀像を祀った密教空間、大長寿院は比叡山十界阿弥陀信仰に基づいていた［菅野〔成〕一九九一・二〇〇六］。「寺塔已下注文」の平泉の問答講に見える「弥陀講」も、このようにさかんな阿弥陀信仰の上に営まれていたのである。近年の調査によって明らかになった岩手県一関市東山町松川の二十五菩薩堂に安置された阿弥陀如来と菩薩・飛天像は、阿弥陀来迎の造形的特徴を持ち、宇治平等院鳳凰堂の雲中供養菩薩像に近い表現をとっており、冨島義幸論文では、平泉藤原氏（基衡）の周辺で造られ、観自在王院大阿弥陀堂に安置された可能性大なりとされた［冨島二〇一七］。

延暦寺の僧侶によって作成されたさまざまな講式は、平泉にもたらされていた。その一つに、藤原秀衡母請託の叡山僧侶澄憲作『如意輪講式』がある。この講式は、惣礼・敬白・教説・回向文を内容とし、騈儷対句の限りをつくした講式であり、特に第六門如意福徳門、第七往生極楽門には天台における弥陀思想が流れていた［佐々木〔邦〕一九九七］。平泉の教学問答が講式の模範を京都に求めていたとも言える。院政期社会においては、仏会・講問論議を執りおこなうべく、まさしくその数だけの講式が作成されていた［阿部二〇〇五］。平泉の弥陀講の場においても、多くの講式に関する問答がなされ、それが、平泉天台浄土教世界を成立させていた。

第二節　平泉の鎮守府将軍から高野山へ

藤原秀衡が、関東・白山・畿内にある寺社の興行に関わったとする、その地の人間の言説を記した資料が、各地に保存されている。具体例を挙げるならば、木曽義仲右筆興福寺僧信救（覚明）が起草した「筥根山縁起」（『群書類従』一神祇部）では、奥州住侶藤原秀衡が淥山（筥根山）の神力を緬仰し、銅をもって神像を鋳造し、故に武威を九夷の外に及ぼした、とある。それは同山の「武将は威を四夷に震わし、功を九州に均しくす」という神意にかなうものでもあった。また、「東大寺造立供養記」(『群書類従』十九釈家部二)によれば、養和元年(一一八一)八月、重源の東大寺大仏再建の勧進にいち早く結縁したのは「奥州猛者藤原秀平真人」であった。「殊抽二慇懃之志一、専廻二知識之方便一也、依二真人忠節一尽二奥州結縁一、従レ爾以降、一天四海、次第結縁」とあるように、秀衡の東大寺再建助成が先駆けとなり、重源の勧進活動に人びとが次々と結縁していったのである。重源の『南無阿弥陀仏作善集』にある「慈心院塔」に結縁した藤原資隆の母は、平安末期には「平泉姫宮」とともに平泉に住んでいた[保立二〇〇四a]。東大寺大仏再建の沙金を秀衡に勧進するようにとの重源の約諾をうけて、西行が平泉に赴いていたし、鎌倉では、秀衡と西行とは一族であると認識されていた(『吾妻鏡』文治二年八月十六日条)。

さらに、藤原秀衡は加賀白山本宮に五尺の金銅像を治鋳、奉納していた(「白山之記」『日本思想大系　寺社縁起』岩波書店)。また、十二世紀第3四半世紀の制作になる銅造虚空蔵菩薩坐像が、秀衡よって平泉から白山南麓の聖地、中居神社神殿に納められていた[井上正 一九八六]。十二世紀半ば、奥羽から北陸道・畿内に至る交通体系の上に、北陸白山と平泉の白山とがリンクしていたのである[菅野(成)一九九四b]。藤原秀衡は、奥羽はもちろんのこと、関東や畿内の寺社興行に積極的に関わっていたのである。

畿内・北陸寺社興行の一翼を担う藤原秀衡は、京都の政治動向と関わっていた。このことを示す史料として、『続群書類従』第二八輯上の巻八二五『表白集』に載る「承安三年(一一七三)十一月十一日高野山検校阿闍梨定兼塔供養願文」(以下「定兼表白」と記す)がある。この史料については、秀衡の京都に対する政治戦略としてとりあげられてきた[入間田二〇一三e、斉藤二〇一四]。本節では、本史料に対する書誌学的分析を加えながら、秀衡期の仏教の点景を紡ぎ出すことにする。

まず『続群書類従』に収録されたこの『表白集』について、以下のことを確認しておきたい。『続群書類従』収録『表白集』は、延文元年(一三五六)孟秋(陰暦七月)下旬に書写されたとの奥書を有している。この『表白集』は、名古屋市真福寺に伝存しているものを底本としており、自作の表白も含む勝賢の「表白集」断簡のうちの一つである〔阿部 二〇〇五、小峯 二〇〇九〕。院政期社会の盛況をきわめた諸仏会に関係する数多くの法儀についての「次第」が記録・類聚されていたが、それは守覚法親王が編纂した『紺表紙小双紙』に結実した〔仁和寺蔵紺表紙小双紙研究会 一九九五〕。さらには法儀の場で読み上げられた「表白」「願文」は、院政期顕密寺院学僧によって「表白集」として類聚・編纂された。そして、それらを集成し、より上位の水準における総合的な類聚である『十二巻本』(鎌倉初期成立、東寺観智院、早稲田大学など所蔵)として仁和寺守覚法親王が編纂していった〔阿部 二〇〇五〕。前述の「定兼表白」は、守覚の法儀・表白編纂事業の一翼を担った勝賢自身による表白類聚集のなかに採用されたものであった。

勝賢(一一三八〜一一九六年)は、藤原通憲(信西)の子、後白河院の乳母子である(『華頂要略』)。仁和寺最源の弟子として頭角を現わし、永暦元年(一一六〇)、二十一歳の若さで醍醐座主となった。その後、乗海一門との争いが原因で醍醐座主職を辞した勝賢は、応保二年(一一六二)に醍醐寺から重要書物を持って高野山に逃れていた(仁安二年春まで)。一時京都に戻るものの、嘉応二年(一一七〇)から承安四年(一一七四)まで再び高野山に移っていた〔柳澤 一九六七〕。注目したいのは、勝賢が守覚法親王に醍醐三宝院の大事、灌頂印明伝授を授け、承安元年(一一七一)高野山において、勧修寺寛信作『真言集』を、承安四年には勝賢の『秘蔵金宝集』『無名抄』『玄秘抄密』を伝授したことである。勝賢と守覚法親王とは法嗣関係にあった〔土谷 一九九八〕。勝賢は、後白河法皇とも親密であり、守覚最大のブレーンであった。そして、守覚法親王こそは、仁和寺を扇の要として営まれた宗教文化の中心的存在であった〔阿部 一九九八、横内 二〇〇八a、高橋〔昌〕二〇一三b〕。「定兼表白」は、この勝賢が高野山にいた承安三年十一月、五大多宝塔釈迦如来像開眼供養に際して読まれたものである。

定兼は、和泉国宇智郡出生の、第二十八世高野山検校(一一七九年〜一一八四年位、日野西眞定編集・校訂『新校高野春秋編年輯録』名著出版、『本朝高僧伝』巻十二)である。大納言律師と称され、醍醐寺理性院にて行厳から伝法灌頂を受けた後、高野山北室の兼賢を師とした（『続伝灯広録』）。高野山第二十一世検校兼賢の時、保元元年（一一五六）四月の高野山大塔落慶供養がなされるが、その仏会にさいして兼賢を補佐し大塔供養讃衆や請僧の動員に奔走したのが、定兼であった（『大日本古文書　家分け　高野山文書八』「又続宝簡集」一九七四号文書）。金剛峯寺方と大伝法院方との抗争の咎により二十三世検校宗賢が薩摩に流罪になると、嘉応元年正月二十四日高野山検校禅信のもとで、定兼は執行代となった。同年三月、後白河上皇の高野山登拝にさいし、先規のように奥院御法事があり、大塔不断行法宣下の御手印が下された（『新挍高野春秋編年輯録』）。鳥羽院政期末期から後白河院政期の高野山において手腕を発揮した僧侶、それが定兼であった。

なお、『続群書類従』「表白集」では、この表白に「高野山検校阿闍梨定兼塔供養願文」との題を与えているが、「中尊寺供養願文」と同様に、この一文は「表白集」の編集者が後に付したものである。「願文」とあるものの、願文は施主の立場、表白は導師の立場から記載されたことから〔山本〔真〕二〇〇六〕、厳密には「定兼表白」とすべきものである。

この「定兼表白」では、日域無双の霊区、弘法大師聖跡の高野山において研鑽をつみ阿闍梨となった定兼が、以下のように表白していた。

（前略）方今、奉レ建二立五大多宝塔一基一、奉レ図二絵四面扉八方天并眷属等像一、奉レ安二置等身皆金色釈迦如来像一体一、奉レ図二絵尊勝仏頂種子曼荼羅一鋪一、造営之功、成二輪奐之美一斯新、但、開眼供養之儀、志雖レ功二供仏一、施僧儲事未レ具、□奥州鎮守府将軍藤原朝臣者、生二将師累葉之家一、為二勢徳希世之人一、而仁儀受レ性仏法刻レ心、殊仰二真乗之教行一、専帰二当山之仏法一、故今、送二四年之衣粮一、表二三業之精誠一、因レ茲展二一日之法筵一、設二無遮之齋会一、財施旁及二三百余口之浄侶一、霞飡普播二一千余輩之衆徒一、加レ之当山長老之為二唱導一、実是上乗之軌範也、満堂諸徳之来二梵筵一、寧レ非二金剛之仏子一哉、大願云二満佳一事已畢、早以二此無辺之善根一、将レ祈二彼万歳之遐筭一、兼又彼室家並賢息、為二増福延寿一、年来修二尊勝仏頂之秘法一、星霜久積二薫修一已深、自今以後、移二件勤行於此道場一、遙可レ期二永代一也、爾則家門彌栄、払二災障於万里之外一、名誉益盛、保二福禄於千秋之中一、重乞二吾山安穏一、百王之帰依無レ改、四海波平、三密之法水遍灑、乃至法界平等利益、敬白

承安三年十一月十一日　金剛仏子定兼敬白

この表白から、以下のことが読み取れる。五大多宝塔（塔四面扉に八方天と眷属等像を図絵、等身皆金色釈迦如来像一体を安置、尊勝仏頂種子曼荼羅一鋪を図絵）の造営は修したが釈迦如来像の開眼供養は未遂であったこと。「将帥累葉家」の「奥州鎮守府将軍藤原朝臣」がその開眼供養の施主となった。秀衡は四年間にわたり衣粮を高野山に送り「三業之精誠」を表したので、「一日之法筵」「無遮之斎会」（開眼供養）を執りおこなったこと。秀衡は、三〇〇口余の浄侶に財施し、二〇〇〇余輩の衆徒に霞飡を施し、高野山の長老を唱導とした。また「彼室家」と「賢息」が増福延寿のため尊勝仏頂の秘法を修してきたこと。今後はその勤行を高野山に移して永代に期されたい、と。

まず注目したいのは、藤原秀衡が五大多宝塔釈迦如来像開眼供養の施主となったのは、四年間にわたって衣粮を高野山に送った作善の結果であること。奥州藤原秀衡から高野山への働きかけがあってこそ、釈迦如来像開眼供養への結縁がなしえたとも言える。この承安三年（一一七三）より四年遡ると、嘉応元年か二年に至る。そして、嘉応二年（一一七〇）といえば、七月に秀衡が鎮守府将軍に補任されていた。鎮守府将軍就任とほぼ前後して、秀衡が高野山へ衣粮を送り続けたことになる。そこには、先学が明らかにしたように、鎮守府将軍であることへの秀衡の強烈なアピールがあった〔入間田 二〇一三e、斉藤 二〇一四〕。

次に問題にしたいのは、尊勝仏頂秘法を修してきた「彼室家」とは、秀衡の室家、つまり陸奥守藤原基成の娘であり、「賢息」とは藤原泰衡（承安三年時点で十五歳）であること。高野山と奥州との繋がりは、秀衡の鎮守府将軍拝任で初めて開かれたにはあらず、遡ること二十年前すでに存在していた。すなわち、久安五年（一一四九）、造国司播磨守

平忠盛に高野山大塔建立の鳥羽院宣が出され、かの大塔再建が始まるが、その大塔本尊五仏造立の奉行に陸奥守藤原基成が、仏師に円信法眼がなり、仁平元年（一一五一）十月十三日に造作が開始され（『新挍高野春秋編年輯録』、「高野山興廃記」『大日本仏教全書』）、数度の困難を乗り越えて、保元元年（一一五六）四月、大塔供養・五仏開眼供養が大々的に執行されていた。五仏造立奉行者藤原基成の名声は、高野山歴代検校のあいだでも知れ渡っていたのである。

さらに言えば、基成の兄藤原隆教の妻は、かの平忠盛の娘であり、隆教との間に生まれた隆親も陸奥守になっていた。藤原忠隆（基成父）一族による陸奥守独占の時代は一一五九年平治の乱まで二十年間も継続していた［斉藤 二〇一二］。高野山大塔は、久安五年、鳥羽院の院宣を得た造国司播磨守平忠盛によって造営が開始され（『平安遺文』二六七〇・二六七一号文書）、忠盛の死後は、清盛がその後をついでいた。堀河天皇宣旨・鳥羽法皇院宣の高野山大塔再建事業を積極的に請け負うことで、平忠盛・清盛は勢力を拡大していった［高橋（昌）二〇一一］。藤原基成の大塔本尊五仏造立奉行は、かかる平氏政権の高野山興行の一翼を担うものでもあった。かの五大多宝塔一基造立、そして釈迦如来像開眼供養も、大塔造立に象徴される高野山興行に継続してなされたものであった。歴代御室が金剛峯寺に参詣し、堂舎整備、法会興行をなし、高野山興隆に深く関与していたなかにあって［横内 二〇〇八a］、妻の親である藤原基成の名声と縁は、秀衡にとっても戦略的に重要なルートとなった。

高野山には、藤原基衡が頼りとした覚法法親王が参詣を繰り返していた。高野山が、後継者覚性法親王の育成の場、さらには御室に後継法親王を披露することでもあった［柿島 二〇一三］。高野山において、後白河院の意向をうけて、勝賢から守覚法親王に聖教が伝授されていた［土谷 一九九八］。高野山にいる守覚の前で、五大多宝塔釈迦仏開眼供養の施主になることは、平泉仏国土の主たる藤原秀衡が、奥州鎮守府将軍であることを強く印象づけるものであり、「乱世之基」と嘆息する公家（『玉葉』嘉応二年五月二十七日条）に対し、その地位を納得させることにつながった［斉藤 二〇一四］。定兼をして「奥州鎮守府将軍藤原朝臣、将帥累葉之家に生まれ、勢徳希世の人」と言わしめたのである。この歴史的言説としての「定兼表白」は、法会後、高野山にいた勝賢の手にわたされ、勝賢の「表白集」のなかに編入されていった。また、高野山にて教修中の守覚を通じて後白河院へも、秀衡の名声は伝えられていたのである。異例の鎮守府将軍を実効あるものとすべくとった秀衡の、寺社興行策を梃子とする巧みな政治戦略であった。

「定兼表白」で読まれた高野山五大多宝塔には、等身金色釈迦如来像が安置され、四面扉には、八方天、つまり四方四隅の八方を守護する天神(帝釈天・焔摩天・水天・毘沙門天・伊舎那天・火天・羅刹天・風天)と眷属が描かれるとともに、「尊勝仏頂種子曼荼羅」が一鋪かけられていた。この「尊勝仏頂種子曼荼羅」には、善無畏訳『尊勝仏頂修瑜伽法軌儀』と不空訳『仏頂尊勝陀羅尼念誦儀軌法』があるが、堀河天皇護持僧寛助の別行では、善無畏訳の曼荼羅図は種子をもって表した〔『望月仏教大辞典』世界聖典刊行協会、一九三三年〕。尊勝仏頂曼荼羅は、仏頂尊の功徳や境地を讃えて尊勝陀羅尼を唱え、滅罪生善・延命増寿・浄除業障・破地獄を祈願する尊勝法の場で本尊として掛けられた。藤原忠通室の入棺のときに、光明真言・阿弥陀・尊勝の護摩三壇が設けられたように(『兵範記』久寿二年九月十六日条)、尊勝陀羅尼は、その功徳において光明真言や弥陀念仏と密接に関係していた〔速水　一九七五ａ〕。上川通夫氏は、院政期に尊勝陀羅尼の仏事が、一つには尊勝陀羅尼の読誦(念仏の一種としての作善)、二つには善無畏訳『尊勝仏頂修瑜伽法軌儀』や不空訳『仏頂尊勝陀羅尼念誦儀軌法』を典拠にすえた修法として、三つには天仁二年(一一〇九)八月鳥羽壇所で修された儀軌にない如法尊勝法に、と三分化の転回をみせ、日本中世仏教が中国仏教を相対視するなかで創出されていた、と述べている〔上川　二〇一二ｂ〕。

「定兼表白」にあるように、藤原秀衡妻と泰衡は、増福延寿のため、年来、尊勝仏頂の秘法を修していた。尊勝仏頂陀羅尼の読誦は、院政期の王家・貴族・顕密寺院では、一般的であった。一例をあげるならば、長治元年(一一〇四)五月一日、鳥羽殿では、仁和寺覚行が導師となり、尊勝曼荼羅をかけて、題名僧が着座するなか、巳の時から申の時までの間に十七万遍の陀羅尼が称された(『中右記』同日条)。尊勝陀羅尼といえば、『古事談』巻三の四七に、性信法親王が高野山で百日間尊勝法を修したとあるように、高野山はメッカであった。根来寺大伝法院本堂でも、中央の大日如来の脇侍に金剛薩埵像と尊勝仏頂像が安置され、尊勝仏頂法が修されていた〔中川 二〇一四〕。しかも、京都の御所や公家邸宅で開催された尊勝陀羅尼では、「人々所進之尊勝陀羅尼」とあるように、法会参列者が事前に読誦してきた陀羅尼の数が、その法会の場で報告、つまり結縁され、数万遍尊勝陀羅尼として成就された(『中右記』嘉承元年二月八日条)。承安三年の高野山五大多宝塔釈迦如来像開眼供養により、秀衡妻・泰衡が積んだ尊勝仏頂の秘法の勤行を高野山の道場に移すとは、彼らの作善が高野山に結縁していくことを意味した。

承安三年秀衡が施主となった五大多宝塔釈迦如来像開眼供養。この五大多宝塔とは、「五仏が安置された多宝塔」のことであったか。金剛界五仏は、金剛界大日如来に、東の阿閦仏、南の宝生仏、西の無量寿仏、北の不空成就仏が配されていた〔川勝 一九八四、濱島 一九八四〕。不空成就仏は釈迦牟尼仏と同体である。高野山では、空海入定後、胎蔵界五仏を安置する大塔、金剛界五仏を安置する西塔が建てられていた。それは、多宝塔形式であった〔山岸 二〇〇一〕。承安三年再建の多宝塔は、比叡山や宇治木幡浄妙寺、中尊寺多宝寺の多宝仏・釈迦仏の二仏並坐とは異なるものであったと考えられる〔川勝 一九八四、冨島 二〇〇一、斉藤 二〇一〇、誉田 二〇一〇・本書第I部第二章〕。いずれにしても、大日如来信仰のメッカ高野山で五大多宝塔の安置仏等身金色釈迦如来像開眼供養の施主に秀衡がなったことは、鎮守府将軍とともに平泉藤原氏の釈迦信仰の証を内外に示すものであった。清衡・基衡と続いてきた釈迦信仰は、平泉仏土のもっとも中核たる仏教理念として秀衡に受け継がれ、後白河院政へ向かって発信されたのである。

第三節　「村ごとの伽藍」と奥羽仏土

平泉藤原氏を武力で滅ぼし、平泉を離れる五日前の文治五年(一一八九)九月二十三日、かねてから宇治平等院鳳凰堂に関心を有していた源頼朝は、宇治の阿弥陀堂を模して造られた平泉の無量光院を拝観している。その時、案内した藤原秀衡の旧臣豊前介実俊は、頼朝に、清衡在世三十三年間「両国陸奥出羽、有二一万余之村一、毎レ村建二伽藍一、寄二附仏性灯油田一」と述べている。この「村ごとの伽藍」こそが、平泉、そして奥羽が仏土であることの何よりの証左であった。類い希なる仏教都市平泉は、「村ごとの伽藍」が点在する奥羽仏教世界の裾野の上に成り立っていたのである。

この「村の伽藍」を考える上で、近年再発見された宮城県岩沼市志賀の岩蔵寺は、大いに参考となる。同寺は、『封内風土記』によれば、慈覚大師開基伝承を有する天台宗寺院で、今も薬師堂のなかに丈六仏が安置されている。破損がひどく、阿弥陀如来坐像なのか、薬師如来坐像なのかは、断定しがたいが、まぎれもなく丈六仏である。ちなみに一九六八年に岩蔵寺を予備調査した高橋富雄氏は、本仏像は一木造の薬師像で平安後期の作である可能性を指摘し、また現存する薬師堂は、江戸前期の阿弥陀堂様式建築プランを有すると述べていた〔高橋（富）一九六八〕。さらに、近年実施された岩沼市教育委員会による発掘調査で、同寺薬師堂の北側に、板碑を伴う集石遺構と火葬骨片を検出している〔岩沼市史編纂室二〇一四〕。

近世に作成された「名取郡志賀村岩蔵寺先年境内分之絵図」には、薬師堂背後の山に経塚があること、またその北には「一切経堂跡」とも記していた。平安後期に丈六仏を安置し、経塚を営み、一切経堂まで備えた寺院とは、「伽藍」としか言いようがない。平泉藤原氏滅亡の後も、岩蔵寺は仏教の聖地として栄え、その霊的空間に結縁しようと墓所が営まれていったのである。同寺の境内は広い。西端には、これぞ岩屋とも言える見事なる岩窟がそそり立っている。岩蔵寺の山号、岩窟山は、この岩屋に因み、「南城了一氏所蔵資料2―1―1」では、「大師（慈覚大師）岩屋」「御禅定所」と記している。寺域の東端は深山権現。北は一切経堂のさらなる北方の山まで、南は不動堂に及ぶ。また薬師堂が建つ面より一段低い「字薬師」との小字名を有する一帯には、かつて私院が広がっていた。この岩蔵寺の景観は、まさしく「山寺」そのものであった〔誉田 一九九五・本書第Ⅲ部第二章〕。

この岩蔵寺は、名取郡を南下する奥大道から西に分かれて出羽国へと延びるルート上に位置していた。奥羽の村ごとに清衡が建立した伽藍とは、岩蔵寺のような寺院が中心ではなかったか。「村ごとの伽藍」とは、小集落にある小堂というレベルを超えるものであったと考える。

「村ごとの伽藍」には、平泉藤原氏が実際に「創建」したものの他に、奥羽各地の武士たちが直接の外護者・施主となって寺院を創建したもの、あるいは平泉藤原氏の平泉開府以前からの古刹寺院などが多く存在したと考える。前述『吾妻鏡』の「清衡創建」「村ごとの伽藍」とされる寺院は、これらの寺院を平泉仏教世界に包摂したものであった。たとえば、出羽国慈恩寺では天仁元年（一一〇八）、鳥羽天皇の命で釈迦（法華）堂と弥陀（常行）堂が再建されることとなり、その建造を担当したのは藤原基衡だった（「出羽国村山郡瑞宝山慈恩寺伽藍記」『山形県史　慈恩寺史料』）。同様に羽黒山でも、承安二年（一一七二）、藤原秀衡の奉行により田河次郎が本社建立をなしていた（「大泉庄三権現縁記」『山形県史　古代中世史料Ⅱ』）。

仏土平泉は、都市文化の求心性・先進性を内外に誇示していた〔髙橋（昌）二〇〇七ａ、本書第Ⅱ部第二章〕。この自説を何ら変更するものではないが、その上に立ってあえて付言するならば、仏土平泉の求心性の内側に隠れている、前述のような「村ごとの伽藍」の存在が、平泉四代の奥羽仏教世界の実像であった、ということである。

奥羽仏教世界が、平泉のそれと別な論理で動いていた事例をあげる。比爪藤原氏の仏教文化圏の一翼を担っていた「蓮花寺」の安置仏に、七仏薬師如来像、毘沙門天立像とともに五大明王（不動明王を欠く）があった（ともに平安時代後期の作、岩手県指定文化財）。五大明王のうち、東方の「降三世明王」、西方の「大威徳明王」、南方の「軍荼利明王」、北方の「金剛夜叉明王」は、顕密主義の申し子、夷狄調伏の守護神でもあった。

平泉藤原氏の仏教都市平泉は、このような夷狄調伏の思想を有さなかったところに最大の特色があった〔斉藤 二〇〇一〇、誉田 二〇一〇・本書第Ⅰ部第二章〕。しかるに、平泉藤原氏の一族である比爪氏は、五大明王を祀っていたのである。羽柴直人氏は、比爪を平泉に従属するものにあらず、両者は並立する同等の権力拠点であるとさえ断言する〔羽柴 二〇一四〕。都市平泉と比爪の宗教構造は、相反しており、矛盾するように思われるが、実はさにあらず。むしろ平安後期奥羽仏教が、平泉の仏教で均一化されていなかった、という事実こそが重要なのである。

福島県いわき市にある、かの白水阿弥陀堂は、秀衡の妹、徳尼が岩城氏の先祖の海道之小太郎業平に嫁ぎ、夫の菩提を弔うため平泉中尊寺金色堂に模して阿弥陀堂を建立した、との伝承を有する。しかし、そのよう伝説は誤りであり、白水阿弥陀堂は、中尊寺金色堂には見られない見事な浄土庭園を有し、平泉とは別系統の本格的伽藍として一一六二年ころに建造されたものであり、むしろ平泉の観自在王院に先行する阿弥陀堂建築であった〔入間田 二〇一六〕。入間田宣夫氏が述べるように、平泉の統治システムが、奥羽在地世界を覆い尽くしていたのでは、決してない。別言すれば、平泉藤原氏による奥羽仏土世界とは、奥羽各地の武士団が施主となって建立した寺院、あるいは平泉藤原氏以前からある古刹を、「緩やかに統合」していくことで成り立っていたのである。そこにこそ、平泉藤原氏時代の奥羽仏教の特色があったと言わねばならない。

このような奥羽仏教世界のあり方は、平泉藤原氏の権力構造にも相通じていた。文治五年(一一八九)の奥州合戦で源頼朝軍を迎え撃った平泉方の武士は、奥羽の武士団全軍にあらず。平泉藤原氏本宗家・比爪氏・信夫佐藤氏・出羽田河氏・秋田軍などの連合体であった〔斉藤 二〇一五〕。あわせて、頼朝の奥州進軍にあたって、陸奥国府の留守所と次官の陸奥介は平泉方からいち早く離反し、頼朝方に味方していた〔岡田〔清〕二〇〇四、七海 二〇〇二〕。

同年九月、捕虜となった泰衡郎従由利八郎維平は、礼を失した関東武士梶原景時の態度に忿怒し、藤原泰衡は「秀郷将軍嫡流之正統」なり、と弁明し、さらに「二十ケ日内、一族皆滅亡、不レ足レ言」と述べる源頼朝に対して、「尋常郎従、少々雖二相従一、壮士者分二遣于所々要害一、老軍者依レ不二行歩進退一、不レ意自殺」と奥羽軍の現状を述べた上で、源義朝軍は平治の乱で一日も持たなかったではないか、と反論していた(『吾妻鏡』文治五年九月七日条)。一〇年にわたる源平合戦で、実戦経験豊かで統率のとれた関東武士団と、平泉藤原氏方の緩やかな連合体としての武士団とでは明らかに様相が異なっていたのである[斉藤 二〇一五]。

思えば、煌びやかな仏教都市平泉の中に、「闇」が潜んでいた。そもそも基衡は、「王土を犯している」という朝廷側の疑惑を晴らすため、もっとも信頼する後見人信夫佐藤氏の首を斬るということまでしていた(『古事談』巻第四の二五)。さらに基衡は清衡の次男。次子相続が奥羽武士社会の慣習とはいえ、長男の小館と家督相続争いをし、小館を殺害して家督をもぎ取ったのである。だからこそ、仏教による平和共存、滅罪生善の菩薩行に徹していくこと。法華滅罪の千部一日経を発願し一生涯やり通すこと。内にも外にも仏土成就を発信していくこと。それが、藤原基衡にとって重大事であった[誉田 二〇一四a・本書第Ⅱ部第三章]。煌びやか仏土平泉に潜む政治の渦を見つめることが肝要である。京都王権の威光を受けた最先端の平泉仏教の素晴らしさを「顕彰」するという姿勢だけでは、「都」中心主義の焼き直しに陥ることになる。

平家の「六波羅幕府」[髙橋(昌)二〇一三a]、後白河院政の展開、源頼朝の挙兵という状況のなかで、藤原秀衡は、奥羽・北方蝦夷地の自立世界を守るべく、京都(朝廷)、そして鎌倉(源頼朝武家権門)を見据えながら、今までにない歴史的戦略を構築していく。それは、「仏国土」の上に「平泉幕府」を模索していくことであった[入間田 二〇一三d・e、斉藤 二〇一四]。文治三年(一一八七)、亡命してきた源義経を「大将軍」として迎え入れたのは、奥羽軍事権門としての力をより強力なものにしようとしたからに他ならない。文治五年九月の奥州合戦、藤原泰衡の敗死で平泉藤原氏は滅亡するが、そこに至る道は、「武」に秀衡が走り始めた時、すでに準備されていたのである[誉田 一九九三]。

平泉の歴史は、十〜十二世紀の東アジア世界で展開していた「地方の時代の深化」「周辺諸民族の台頭」という、大きな潮流のなかにあった。北東アジア東端の日本列島においては、平安時代から鎌倉時代、そして室町時代へと、一直線に発展するような京都・鎌倉中心だけでは、とうていとらえきれない多様なる歴史発展が見られた。それを浮かび上がらせたのが、「仏土平泉」「平泉幕府」であった。

おわりに

平泉の無量光院にて、豊前介実俊が源頼朝にむかって清衡在世三十三年間「両国陸奥出羽、有二一万之村一、毎レ村建二伽藍一」と述べたことには、平泉藤原氏百年の歴史の本質が集約されていた。それは決して虚言ではなく、まさしく、類例のない地域政権の宣言でもあった。入間田宣夫論文では「京都の論理と在地の論理の対話・交渉という、列島社会における通有の事象との関連においても、京都文化の模倣には止まらない、平泉文化の独自性の由来を考えてみることが必要」とし、平安末期には、どの武士団も天下をねらい幕府を構築する歴史的運動体にあったとし、諸国の豪族らに共通する存在としての「平泉政権」に注目する〔入間田二〇一六〕。地方の時代の運動法則のより先鋭化したのが秀衡の「平泉幕府」構想であったと言える。同説に付言して言うならば、藤原清衡の段階から基衡へと、かくも仏教最優先の地域作りをなし、仏土として内外に強力に外交策をアッピールし、仏の名の下に平和を維持し、強力な「地域性」「自立性」を維持し、他の日本列島地域には見られなかった「仏土」を「現実」として成立していった平泉藤原氏の歴史を、規定していたものは何か、ということである。

平泉政権の本質は、京都から見れば、朝廷の威光が相対化される（時には異民族征討の対象地となる）辺境地帯に位置し、その一方でまさしく日本列島から北アジアにかかる東北の境界地帯における通商世界のなかで歴史を刻んできたことである。平泉藤原氏が仏教最優先の政策をとり続けたのは、「辺境地帯」であるがゆえに、いっそう「中心である都」の論理に対抗するものとして、「普遍的平等」をとく仏教を外交・国際関係の理念として強烈に発信し続けようとしたからである。平泉がかくも仏土を強調していくのは、関東武士団とおなじような歴史のなかから生まれたのではない。鎌倉は決して仏教最優先の都市建設をなしえなかったのであるから。「東夷の遠酋」「俘囚の上頭」平泉藤原氏が、北方世界との通商関係を取りしきりかつ安全保障の覇者であったことから、平泉藤原氏の独自性と自立性が立ち上がってくる〔遠藤〔基〕二〇〇五、斉藤 二〇一〇、本書第Ⅰ部第二章〕。

現実として、半ば独立国のような奥羽仏土が成立し、継続していったのは、日本中どこにでもある運動法則とともに、より根底的には北方世界との交易関係という「国際秩序」の渦中にあったからであり、それがなければ平泉藤原氏の自立性は成立しえなかった。平泉藤原氏の立ち位置は、「日本の内・外にまたがり、北方社会と日本とを仲立ちし、日本と深くかかわりながらも日本をこえる」ことである、とする小川弘和論文〔小川 二〇一五〕は、首肯できる。

北方交易に生きる北のつわものが、平泉につわものの政権・都市（京都とは異なる北の都）をつくったことこそが本質である〔八重樫 二〇一五〕。そして、このような境界をまたぐ一大勢力（異民族・武人）が政権（国家・王朝）を築く時、仏教最優先の国造りをなし歴史的な中心地（都・朝廷）に向かって、国際的な平等性（平和共存策）を展開していくことは、東アジア世界の渤海や遼などにおいて見られたことであった。「非漢族の君主は、夷狄の宗教である仏教を信奉することで、伝統的な儒教や道教とは異なる価値観を表明するのが常だった」とする妹尾達彦論文〔妹尾 二〇一六〕は、そのまま、平泉藤原氏と仏土に言えることである。

思えば、平氏政権は、一一五九年の平治の乱から一一八五年の壇ノ浦合戦まで、わずか二十六年間の歴史であった。鎌倉幕府一五〇年間は、血なまぐさい歴史に彩られていた〔髙橋〔昌〕二〇一三c〕。平泉藤原氏は、朝廷派遣の武士が奥羽世界へ介入するような事態を許さず、柔軟で国際的感覚に満ちた政治姿勢のもと、奥羽に仏教最優先の「平和社会」を約一〇〇年間、矛盾を内包しつつも、とにもかくにも持続させた。この「事実」が有する歴史的意味は大きい。日本史上、類い希なる仏土平泉では、連日のごとく仏会がおこなわれていた。仏の「教え」と、人びとの敬虔なる「行」と「信」こそが、奥羽をして仏土ならしめたのである。平泉藤原氏は、仏教最優先の平和共存主義を、京都、関東、奥羽在地世界、北方蝦夷地社会、そして中国に向かって発信し続けたのである。

奈良時代末期に発生した「三十八年戦争」から十一世紀後期の後三年合戦にいたる実に三〇〇年間の、日本史上類例のない「戦争の時代」を奥羽の人びとは経験した。それ故に、戦争への反省、平和な社会への念願は、他の地域のどこにもまして強かったのである〔樋口〔知〕二〇一一、野中 二〇一四c、誉田 二〇〇八・本書第Ⅰ部第一章〕。平泉仏教を見つめるほどに、透けて見えてくる、歴史の重みである。

一九四五年八月十五日、アジア・太平洋戦争の敗戦以来、七十余年、戦争のない平和な日本社会が続いてきた、という紛れもない「事実」。そのような歩みを有した現代の日本は、仏土平泉に通底している、と思わずにいられない。

〔補　記〕

旧稿においては、岩手県紫波町遠山正音寺所蔵の四大明王像（五大明王像のうち不動明王像を欠く、岩手県指定文化財）について、不十分な考察に終わっていた。同明王像は、同地より南東へ二キロ余に位置する旧赤沢村の蓮花寺に安置されていた。赤沢字向原には、礎石らしき石も存在し、蓮花寺跡とされている〔羽柴 二〇一四〕。蓮花寺跡の北を流れる赤沢川の北岸の山には白山社が祀られ、さらにその麓には薬師堂があり、今、七仏薬師（平安後期の作、岩手県文化財）が安置されている。『御領分社堂』によれば、白山社の寺山号は寂静山蓮花寺であり、本地仏として十一面観音菩薩像が安置されていた。前述の四大明王像、正音寺所蔵の毘沙門天立像（平安後期の作、岩手県指定文化財）、さらに七仏薬師像は、志波郡東方最大の仏教文化圏「蓮花寺」を構成していた。大矢邦宣論文〔大矢 一九九九〕では、蓮花寺の四大明王の制作年代について、より踏み込んだ考察を加えていた。それによれば、平安後期とは言っても十一世紀後期の作であり、藤原清衡以前の清原真衡の祈願仏であるか、あるいは清原真衡の北方鎮護の意向をうけて、清衡が建立したものか、と記していた。また、田中恵論文［田中 二〇〇二］においては、本像の制作を、十一世紀ごろに遡ると結論づけていた。とすれば、平泉開府以前、藤原清衡というよりは清原真衡の願趣に基づき、この五大明王が作成されたことになる。しかし、本章で述べたように、藤原清衡は、異民族調伏のための宗教装置を平泉の地に置かなかった。真衡の意向を受けた清衡自身が、夷狄調伏北方鎮護の仏教を創り出したとする大矢説には、なお私は躊躇する。

もっとも、平泉仏教が栄えていた十二世紀に、蓮花寺の一帯は、志波郡の仏教の聖地であった。全国的に見ても珍しい七仏薬師、毘沙門天像が安置され、また前代からの五大明王像を引き継いだ形での鎮護の仏会が繰り広げられた。そのような仏教の檀那である藤原清綱（藤原基衡の弟）、その子の俊衡が居館を構えた比爪館は、東西幅約三〇〇メートル、南北幅約二〇〇メートルの堀に囲繞され、比爪館の東側には、奥大道に平行して走る小路、つまり街路が整備され、都市空間を形成していた［羽柴 二〇一四］。紫波町桜町字才土地遺跡からは十二世紀前半以前の白磁四耳壺も出土していた。平泉に次ぐ仏教都市比爪は、西方に新山寺、東に蓮花寺の聖地を擁していた。さらには、赤沢字田中の薬師堂裏には、「嘉暦四年六月二十三日」のキリーク・サ・サク（阿弥陀三尊）の種子に「如我昔所願、今者已満足、化一切衆生、皆令入仏道」の法華経方便品第二の偈頌を彫り込んだ高さ一二八センチの板碑を始め七基の板碑、また赤沢川対岸の向畑の「阿弥陀堂跡」といわれる場所にも三基の板碑が立っていた。蓮花寺は、平泉藤原氏が滅亡後も、仏教の聖地だったのである［羽柴 二〇一四］。

いずれにしても、十二世紀の蓮花寺には、平泉とは異なり五大明王像が安置され、藤原清綱、俊衡が住まいする比爪館の東方の仏教文化を創り出していた。蓮花寺は、平泉の宗教構造とは趣を少し異にしていたのであり、それはまた本文で述べたように、奥羽仏教世界の多元的構造につながっていた。

第Ⅲ部　村と山寺の仏教

第一章　骨寺村の御霊信仰

はじめに

本章は、中世村落の傍らに根付く宗教を発見してみようとするものである。表面には現われにくい信仰を紡ぎ出すことによって、村落の宗教世界の一側面を解明してみたい。

言うまでもなく、農村を捨象しては、日本中世社会を把握したことにならない。中世奥羽の仏教を理解しようとするとき、村落社会へのまなざしは不可欠である。そして、重要なのは、農村社会が、都市に集住する領主階級の従属物ではない、ということである。農村社会の年貢公事体制、あるいは年中行事が、荘園領主領家側の支配イデオロギーの所産であるように見えて、実は、農民側と領主側との共同確認、つまりは、農民側の強靭なる自立性を担保とした「政治折衝」の産物であった、とする藤木久志論文［藤木 一九八九］や榎原雅治論文［榎原 二〇〇〇b・二〇一〇］、苅米一志論文［苅米 二〇一三］の研究成果は、その意味でも重要な視座となる。

もっとも中世奥羽の農村の宗教を知ろうとすることは、畿内近国に比して、関連史料が決定的に僅少であるために、困難を極める。そのなかにあって、中尊寺経蔵別当領骨寺村は、絵図面や在家関係史料があることにより、これまで伊藤信［伊藤 一九五七］、大石直正［大石 一九八四］、入間田宣夫［入間田 二〇〇五b・二〇〇九］、吉田敏弘［吉田 二〇〇八〕、黒田日出男〔黒田 二〇〇〇〕、菅野成寛〔菅野 二〇〇九〕、鈴木弘太〔鈴木 二〇一四〕、小岩弘明〔小岩 二〇一五〕等の諸氏によって、研究が進められ、また骨寺村総合研究の集大成として統括報告書も上梓された〔一関市博物館 二〇一七〕。本章では、これらの研究成果に学びながら、金光上人という一僧侶に関わる信仰について考察し、もって骨寺村の宗教に何が潜んでいたのかを明らかにしてみたい。

第一節 「詳細絵図」の金聖人霊社

陸奥国中尊寺経蔵別当領骨寺村を描いた「簡略絵図」（仏神絵図）と「詳細絵図」（在家絵図）の二枚の絵図が、中尊寺に所蔵されている。前者については、建長三年（一二五一）の寺領検注をめぐり、後者は、乾元二年（一三〇三）磐井郡地頭葛西氏と中尊寺経蔵別当との骨寺村境相論にさいして作成された絵図である、とする大石直正説がある〔大石 一九八四〕。このうち「詳細絵図」のなかに記載された文字を拾うと、以下のようになる。「宇那根社」「骨寺堂跡」「六所宮」「ミタケアト」「房舎跡等也」「山王石屋」「七高山」「駒形」「在家跡」「宮」「金聖人霊社」「寺領」「大師堂」「不動石屋」「馬坂新道」「鎰懸」「在家跡」「田」「三反」「古道」「西」「東」「南」「北」。これらのなかで、従来あまり注目されてこなかった「金聖人霊社」について、考察してみたい。

「金聖人霊社」は、「金聖人霊」までは確実に読めるが、その下に続く一文字は、文字が潰れており不鮮明ではあるものの、「社」と判読可能である。この「金聖人霊社」五文字の読みは、松井吉昭論文〔松井 一九九一〕以来、黒田日出男論文〔黒田 二〇〇〇〕、大石直正論文〔大石 二〇〇四〕においても引き継がれ、定説となっている。「金聖人霊社」の墨色は、すぐ下に記載された「宮」の文字の墨色に比して若干濃い。「宮」の文字は、祠を描いた建物（六所宮・宇那根社）の墨色に近い。ただし、「金聖人霊社」の文字の筆跡と墨色は、「六所宮」「山王石屋」「駒形」の文字と同じであることから、「金聖人霊社」は、「詳細絵図」が作成された時のものと考える。

「詳細絵図」の馬坂新道の左に記載された「大師堂」は、後世(近世)の加筆であるが〔大石二〇〇四、菊池二〇〇九〕、だからと言って「金聖人霊社」も近世の加筆とすることはできない。同墨同筆の「六所宮」は、「詳細絵図」に明確に記述されており、「金聖人霊社」も鎌倉末期には骨寺村に祀られていた、と考えるのが自然である。

また「簡略絵図」には、「金聖人霊社」の祠と思われる建物は図示されていないものの、六所神田二段・山王田三段・宇那根田二段・首人分二段とともに霊田二段の表記がある。「中尊寺領骨寺村在家日記」(『平史』八六号文書)の「まつり田」にも「れい田千かり、山王田七百かり、うなね田五百かり、六所田三段、こまか田二段、若みこ千かり」とあり、「れい田」とは、あるいは「金聖人霊社」の祭礼と関係するのかも知れない。「詳細絵図」では、「金聖人霊社」のすぐ下に「宮」の文字が異墨で記してある。黒田日出男氏は、「金聖人霊社」という「宮」、と読んでいるが〔黒田二〇〇〇〕、「金聖人霊社」が祀られる前に、同所に別の社が存在していたのかも知れない。いずれにしても、鎌倉末期には、「詳細絵図」が作成された時に、「金聖人霊社」は骨寺村に鎮座していたのである。以上のことを、まずは確認しておきたい。

この「金聖人霊社」を、宮城県から岩手県南部にかけての村々に見られる法霊神(ホウリョウ)のこと、落雷の跡に祀られた農業神(水神)とする考えがある〔松井一九九二〕。確かに、建長三年(一二五二)十一月三日惣検取帳には、宇那禰神田三段に続き、法霊神田三段と記載している(三浦澄応編『中尊寺宝物手鑑』一九〇四年)。この惣検取帳は、中尊寺領黒沢村に関するものである、と入間田宣夫氏は述べ、また宇那禰社は、荘園制的な大規模水田開発が開始される以前から鎮座した神であった〔入間田二〇〇五b〕。民俗学的分布調査によれば、法霊神は平地部・山間部問わず存在し、水田に係る水源地によった土地神であるという〔大島一九五三、神谷二〇一五〕。

それでは、「詳細絵図」に見える「金聖人霊社」も法霊神のことなのだろうか。「霊社」という語句は、確かに岩手県南部に分布する法霊につながるように見えるが、それならば「詳細絵図」でも建長三年惣検取帳のように「法霊神」と記載すれば良いのではないか。「金聖人」という文字を「霊社」の前に付したところに、最大の意味があるのではないのか。このことを何よりも確認したい。

「金聖人」とは明らかに人格を有する、ある僧侶を意識している。では、その僧侶とは誰なのだろうか。そこで、骨寺村あるいは周辺地域の歴史から「金聖人」を探し出すと、金光上人が浮かび上がってくる。では、その金光上人とは、いかなる僧侶なのか。まずは、近世の栗原郡(いまの宮城県栗原市)で記録された『安永風土記』をとりあげてみたい。安永五年(一七七六)「賀美郡王城寺村往生寺書出」(『宮城県史　二四巻風土記』宮城県、一九六一年)によれば、金光上人とは以下のような僧侶である。

乞食の僧侶を扶助していたら僧侶が牛に変じて抜群の働きをしてくれた、という遠田郡の信心深い百姓の話しを羨ましく思った栗原郡の男は、真似をしようとして牛になってくれそうな僧侶を待っていた。嘉禄三年(一二二七)の石垣の金光上人が奥州布教のために来訪し、この百姓の家に泊まった。百姓は、金光上人に食事を与え牛に変化するのを待ったが、いつまでたっても上人は牛に変身せず、逆に自分が牛になってしまった。そこでその村は真似牛村と言われるようになった。金光上人はこの牛になった百姓の済度のために種々の行をなしたが効果がなかった。そこで、都に上がり法然上人に申し上げ、法然上人のお力をお借りしようと考えた。しかし、法然上人は、念仏を広める使命を道半ばにして捨てられない、と代わりに自らの尊像を金光上人に与え、民衆救済にあたるように諭した。金光上人が栗原郡の真似牛村にもどり念仏教化をすると、たちどころに牛は元の人身にもどった。そこで、その地に一宇の寺を建て法然像を安置し一向専修の道場とした。それが栗原郡真似牛村往生寺である。この寺は金光上人の遷化された地である。その後、大崎義隆が夢告により、同寺を賀美郡に移して再建し手厚く保護したが、大崎氏滅亡に伴い寺も荒れてしまった。その地名を往生寺村から王城寺村に改め、寺も禅僧の寺院となった、と。

上記の物語は、金光上人の真似牛伝承として、江戸中期の栗原郡では良く知られていた。そして、宮城県の中世浄土宗史を紐解く時には、この真似牛伝説が引用されていた（『宮城県史　十二巻　学問宗教』宮城県、一九六一年）。もっとも、この伝承のみをもって鎌倉期骨寺荘園の「金聖人霊社」を解明できたことにはならない。そこで、金光上人の史料をさらに探し出していくことにする。

第二節　『法然上人行状絵図』のなかの金光房

金光上人といえば、まず真っ先に京都市知恩院所蔵『法然上人行状絵図』の「石垣の金光房」が史料としては著名である。『法然上人行状絵図』とは、高等学校の日本史教科書にも掲載されている、かの有名な『法然上人絵伝』である。いわゆる『法然上人絵伝』と総称されるものには諸本が多数あり、それらは大きく「勅伝」「伝法絵」「雑と抄」に分類できる［井川　一九六七］。この「勅伝」と称される諸本のなかで『法然上人行状絵図』（以下、『行状絵図』と記す）こそは、巻数にして四八巻、段数にして二三五段という、量・質ともに上人絵伝の最高傑作である。『行状絵図』は、法然の弟子たちの行状を巻四一から叙述しており、最後尾の巻四八の第七段に「石垣の金光房」について、以下のように記している。

「石垣の金光房ハ、上人称美の言を思ふに、浄土の法門閫奥にいたれる事しりぬへし。嘉禄三年、上人の門弟を国々へつかハされし時、陸奥国に下向、つひにかしこにて入滅のあひた、かの行状、ひろく世にきこえさるにより て、くハしくこれをしるさす」と。

金光房は、法然が称美するような優秀な弟子であり、浄土教の奥義を知り尽くしていた。嘉禄三年（一二二七）に法然の門弟が諸国に派遣されたときに陸奥国に下向し、そこで入滅した。石垣の金光房については、広く世間では知られていないので詳述できない、と。

また、絵巻そのものにも金光房は描かれている（『続日本の絵巻3　法然上人絵伝　下』中央公論社、一九九〇年）。それは、僧衣を身にまとう馬上姿の金光房、法然采配の侍・従者、従僧などの一行十人が出京しているシーンである。この金光房の出京シーンは、人物のみが描かれ、周囲の様子をドロップアウトしている。かの行状広く世に聞こえざるによりて詳しくこれをしるさず、という詞書の文章と、絵の表現とは同調している。ちなみに金光房の前段にある「真観房感西」や「念阿弥陀仏」「空阿弥陀仏」など、法然の直弟子の往生来迎のシーンは、家のようす、看取る人びとの服飾、庭の木々まで詳細に描写しており、見る人の目を引きつけてやまない。

ところで、法然門弟が諸国に派遣された嘉禄三年は、念仏弾圧の嵐が吹きまくったときだった〔中井　一九九四〕。延暦寺が京都大谷の法然墓所を破却し、さらには法然弟子の隆寛・成覚・空阿弥陀仏らを流罪に処した、かの有名な嘉禄の法難がそれである。『行状絵図』巻四四の第一段から第五段では、法難により相模国飯山へと赴く隆寛が鮮明に叙述されている。かくも、嘉禄三年とは、法然教団にとって決定的に重要な年であった。同年、「門弟が諸国に遣わされた」とは流罪になったことを意味する。嘉禄の法難によって金光上人は陸奥国へ流人として来住したのである。金光上人が嘉禄の法難によって陸奥国に流された、という『行状絵図』の記憶は、奥羽の在地世界においても長らく人びとの意識のなかに生き続け、『御伝翼賛遺事』「石垣金光房事実」（『浄土宗全書』第十六巻、山喜房佛書林）に「依テ二台徒定照カ之讒訴ニ一、竄スニ金光房ヲ於奥州ニ一」として引き継がれていったのである。それは、金光上人が、嘉禄の法難で陸奥国へ流罪となった決定的瞬間であった。

前述の『行状絵図』の撰者は、後伏見上皇の命をうけた比叡山延暦寺功徳院の舜昌であり、正和二年（一三一三）から正中元年（一三二四）ころにかけて編集したものであった〔中井　二〇〇五〕。『行状絵図』に見られる法然の行状や法語・消息・問答については、聖覚・隆寛・源智ら直弟子たる「門人」の記録した「師の行業」を「実録」とみて編集された。実際には、直弟子の記録を伝授していた孫弟子のもとで「師の行業」「消息」を写し取ったことになる。そして、直弟子の行状も『行状絵図』に付け加えられたのである。このようななかで、功徳院舜昌は『行状絵図』の最後に金光上人の行実を採録したのであった。陸奥国に配流され、その地で金光房は往生を遂げた。都にいる舜昌には金光房に関する情報があまり届かなかったのであり、「彼の行状、広く世に聞こえざるによりて、詳しくこれをしるさず」と、記載されることとなった。

第三節　金光上人の行実

この『行状絵図』より五十年以上も前に、金光上人のことを記述したのが、『決答授手印疑問鈔』であった（『浄土宗全書』第十巻、山喜房佛書林）。著者は、浄土宗第三祖然阿良忠（一一九九～一二八七年）。文末に「康元二年（一二五七）二月七日　如法悤悤草記了」とあった。このなかで、金光房について、次のように記してある。「石垣ノ金光房為二所領ノ沙汰ノ一、於テ二鎌倉ニ一致ス二訴訟ヲ一、依テ三此ノ人為タルニ二学者一、亦タ請シテレ之ヲ為二同聞衆ト一、領解シ并ニ聞書ス、等同ニ誂イサナフ二此人ヲ一、此人聞テレ之ヲ、忽チ以テ発心シ捨テ二世間ノ訴訟ヲ一、即チ附テ二安楽房ニ一、永ク成二上人ノ門徒ト一」と。

石垣の金光房は、鎌倉で所領訴訟を担う学僧であったこと。後に建暦の法難で処刑されることになる安楽房に付して法然の弟子となったこと。さらには「上人在世之時、奉テレ問云、御往生ノ之後浄土法門ノ不審ヲハ、可キヤレ問フ二誰レ人ニカ一乎、上人答テ云ク、聖光房ト金光房ト委ク知レリ二所存ヲ一」ともあり、法然が往生した後、浄土法門のことを誰に教わればよいのか、と法然に問うたところ、聖光房（一一六二～一二三八年）と金光房がつぶさに知っている、との返答であった。

聖光房とは浄土宗第二代にして鎮西派の祖となる弁長のこと。弁長の弟子然阿良忠は、十三世紀中期、千葉氏の外護をうけて関東平野東部にて布教活動を展開した後、鎌倉にて大仏氏の帰依をうけて教勢を拡大した。その弁長と肩を並べ、浄土の法門を知り尽くした僧侶として、金光房が位置づけられていたのである。法然の弟子のなかでも、金光房は、鎌倉では名の通った僧侶であった。浄土教学に通じているとともに鎌倉幕府へ訴訟をかけあうような辣腕家でもあった。

さらに、南北朝の内乱が終わった明徳三年(一三九二)、浄土宗第七代の了誉聖冏(一三四一～一四二〇)が、良忠の『決答授手印疑問鈔』二巻の注釈書である『決答疑問銘心鈔』を上梓した(『浄土宗全書』第十巻)。そのなかで金光房について、以下のように記している。「石垣ト者別所ノ号也、筑後ノ国ニ有レ之金光房ト者、是レ彼ノ寺ノ別当也、至テ二奥州会津ト云所ニ一、遂ケ二殊勝ノ往生ヲ一了、本宗ハ天台也」と。すなわち、石垣金光房の石垣とは別所のことであること。金光房は筑後国の「彼寺」の別当であった。奥州会津に来て殊勝の往生を遂げたこと。元は天台宗の僧侶であった、と。

先の『行状絵図』においては、石垣金光房は陸奥国に遣わされた、とあるのみで、具体的にどこの場所であったのか特定できる地名が表記されなかったが、聖冏『決答疑問銘心鈔』においては、往生した場所が会津であると具体的に記載されることとなった。しかも、金光房が天台宗僧侶であることも明記されていた。先述の『決答授手印疑問鈔』を併せて考えると、金光房は延暦寺に学び、訴訟沙汰においても手腕を発揮し、さらには法然の教義を熟知した有力な学僧であった。

ちなみに浄土宗第七祖聖冏は、「随他扶宗」「随自顕宗」の独自の教理論のもと、天台宗円仁に連なる浄土宗の円頓戒の正当性を主張し、独自の授戒制を確立することに力を注ぎ、浄土宗の地位を向上させていった僧侶である〔東海林二〇〇九〕。関東地方を中心に活動していた聖冏が金光房を注目するほどに、陸奥国流罪人金光房の高名は、関東地方でも知れわたっていたのである。

もっとも会津における金光房の行実と伝承については、高橋富雄氏の詳細な研究があった〔高橋〔富〕二〇〇八〕。ただし、同研究は、『奥州東日流正中山大権現略縁起』『奥州行岳(浪岡)西光寺開山金光禅師行状史』(二つとも北津軽郡板柳町館野越の山崎文書であり、あわせて『金光禅師行状』と称され、『聖光上人伝』の付録として『浄土宗全書　巻十七　伝記系譜』に収録される)によったものである。『金光禅師行状』にそって、金光房は、津軽西光寺で、建保五年(一二一七)三月二十五日、六十三歳で入滅した。そのような解釈が、高橋富雄説〔高橋　二〇〇八〕、大橋俊雄説〔大橋　一九八五〕では唱えられていた。しかし、『金光禅師行状』は、江戸後期の文化年間に、浄土宗名越派良導寿源によって述作されたものであり、金光上人の没年月日が建保五年三月二十五日と言うのも「文化年間に作りだされたもの」であった〔遠藤〔聡〕一九九二、出光　二〇〇二〕。金光上人の生没年月日は不詳である。金光房は、嘉禄の法難で陸奥国に流罪になり、そこで示寂した。このことを私は重視したい。

さて、陸奥国会津で殊勝の往生を遂げた、と言われた金光上人は、宮城県北部栗原の往生院で入滅した、と後世の史料に出現するようになる。『行状絵図』の詞書の注釈書として、知恩院山内入信院義山と中阿円智によって編集され、元禄十六年(一七〇三)に公刊された『円光大師行状画図翼賛』(『浄土宗全書』第十六巻、以下、『翼賛』と表記)が、それである。『翼賛』では、注釈の文を付す場合には、先述の『決答授手印疑問鈔』『決答疑問銘心鈔』から多くのことを引用していた。『翼賛』巻四八の「石垣の金光坊」では、『行状絵図』の本文を記した後に「石垣は筑後国竹野郡なり」と記し、「閫奥」に関する字釈をしたあとに、前述の『疑問鈔』と『銘心鈔』の二つにある金光上人の行実を融合する形で叙述していた。さらに『翼賛』では、「今聞ク彼ノ国ノ父老相伝テ云ク当国栗原ノ往生院ハ、金光房ノ遺跡ニテ元祖ノ影像ヲ安置セラル、今ニ現在マシマシテ霊験多シ、就レ中村民常ニ衆病悉除ノ術ヲ申セハ、響ノ声ニ応スルカ如ニ益ヲ蒙リ侍ルトカヤ、後チ津軽ニイタリテ入滅スト云々」と自ら知り得たことを記していた。また『翼賛』の巻五八では金光上人の入滅の地として奥州栗原郡と津軽の二つがあることを紹介しながらも、栗原郡の往生院について民老の相伝として「有リ二或カ養テレ僧ヲ欲スレ令レ成レ牛、而主人還成ルノレ牛之事一、所謂ル僧ト者即金光房是ト也」の話を記載していた。知恩院山内入信院義山は、この『翼賛』の編集後に、『翼賛』の補遺・考証論である短編の『御伝翼賛遺事』を作成した(『浄土宗全書』巻十六)。そのなかに、「石垣金光房事実」があり、それによれば、前述のように、嘉禄の法難で天台比叡山の定照の讒訴によって、陸奥国に流罪となったこと、法然上人自作の寿像を安置する一向専修の道場を金光上人が栗原郡真似牛村に建て、往生寺とし、その地で金光房がなくなったあと大崎探題が賀美郡に往生寺を移転して伽藍を再建した、とあった。このような、金光上人の記憶は、そのまま『安永風土記』の金光上人にまつわる真似牛伝承へと引き継がれていった。

第四節　金聖人霊社と御霊信仰㈠

前節では、金光上人が法然教団のなかでも有力な僧侶であることを、その行状に即して明らかにした。これらをふまえて、鎌倉前期の法然教団は、統一的組織を有していたわけではなく、念仏上人が個々に指導する同法集団が、統合人格である法然をいただき連携しあうさらなる同法の聖的集団であった[伊藤(唯)一九八一]、ということを確認しておきたい。法然の弟子のなかには、建永の法難で処刑された住蓮・安楽、あるいは嘉禄の法難にあった前述の隆寛・成覚・空阿弥陀仏等以外にも、大勧進聖重源や勢観房源智(平重盛の孫、師盛の子)もいた。特に重源は焼失した東大寺の再建を担って、「東鄙」奥州から「西遐」九州へと広汎な勧進活動をおこない、さらには入宋・渡海に及んだ。重源が大陸に渡海するさいのバックグランドに黄金を産出する奥州、平泉藤原氏との関わりあり、と保立道久氏は指摘する[保立二〇〇四b]。

さらに源智と言えば、一族のみならず、僧侶や四万六千人以上の道俗男女からの勧進を得て、建暦二年（一二一二）、阿弥陀如来像を造立していた。いま滋賀県甲賀市信楽町勅旨の玉桂寺に安置されている阿弥陀如来像がそれであり、胎内からは源智自筆願文とともに数万人もの道俗結縁者の名前（交名）を記した文書が発見され、勧進念仏僧による広汎な救済活動の様相が明らかになった［伊藤（唯）一九八二］。寺院の建造や再興、仏像の造立にさいしては、勧進聖の力は不可欠であった。陸奥国中尊寺経蔵別当領骨寺も同じ歴史的地平にあった。既存の仏教世界から遁世し、禁欲的戒律主義の菩薩道に徹することができたが故に、重源のような勧進僧となり得たのである［松尾一九九五］。

寺領の開発、顚倒した寺院の再建という難行をなしていく勧進僧は強い霊性を持ち、容易に生身仏・聖霊に転化していった［中尾二〇〇二］。苦難（法難）にあった僧侶こそが生身仏なり、という宗教観を中世人は持っていた［誉田二〇〇〇d・二〇〇五a］。勧進僧「聖人」の強い霊性は、祀られたのである。ましてや、宗教弾圧で流罪人となって配流先で「不遇」の往生を遂げた聖人の霊の力は、募りこそすれ薄まることはなかった。

このような霊性を持った金光聖人が、配流先の奥州で亡くなったのである。金光聖人御霊の言説は、骨寺村にも届いていた。骨寺村に金光聖人が実際に来住していたか否かは、「金光聖人霊社」成立の決定的要因ではない。鎌倉後期には、中尊寺領荘園骨寺村の地に「金聖人」つまり「金光聖人霊」が祀られた。それこそが重要なのである。そう言えば、金光上人と同じ念仏衆が骨寺村にも住んでいた。「中尊寺領骨寺村在家日記」（『平史』八六号文書）には、「円阿弥在家」一軒の記載が見られ、骨寺村の在家のなかには阿弥号を有する念仏衆がいたのである。さらには、文和三年（一三五四）陸奥国比内郡重内郷にも経阿弥陀仏や相阿弥陀仏と称する念仏衆がいた（「沙弥浄光譲状」『新渡戸文書』）。かかる念仏衆の活躍は、金光聖人の霊が骨寺に祀られる歴史的土壌となった。

以上のことを念頭に置きつつ骨寺村「詳細絵図」の「金聖人霊社」について、さらに考察してみたい。「金聖人霊社」の五文字は、「金聖人」と「霊社」からなるが、両者は一体である。「金聖人」の用語のなかにある聖人とは、親鸞聖人・日蓮聖人のみにあらず、勧進聖人重源・東大寺聖人南無阿弥陀仏・文覚聖人・高尾聖人など、鎌倉時代に実在した僧侶たちの中から多数見いだせる。栄西が正治二年（一二〇〇）、その著『出家大綱』で、僧侶の遁世者を「聖人」と称し、「聖人」の踏むべき道とは「聖法」、すなわち「持戒」である、とも述べていた〔永村 一九八九〕。

もっとも「金聖人」をある特定の歴史上の人間ではなく、金光如来の人格化したものと考えたくもなる。確かに金と言えば、金光・金光明が連想され、何よりも『金光明最勝王経』を思い浮かべるからである。「金光」の語句は、経典のなかに多見する。たとえば、法華経巻第三授記品の「具二菩薩道一当レ得二作仏一、号曰二閻浮那提金光如来応供正遍知明行足善逝世間解無上士調御丈夫天人師仏世尊一」（『大正新修大蔵経』第九巻）や仏説仏名経の「南無金光明仏」「南無勝瑠璃金光明仏」（『大正新修大蔵経』第十四巻）や大方広仏華厳経世間浄眼品の「出二一仏世界微塵数等大菩薩衆一其名曰二海慧超越菩薩、無量師子吼菩薩、（中略）金光焰菩薩、（中略）、善超浄光菩薩一」（『大正新修大蔵経』第九巻）とあるように、仏や菩薩の名乗りとして用いられたし、また大方広仏華厳経の如来出現品第三十七之一に「其雲色相、無量差別、或閻浮檀金光明色、或毘瑠璃光明色」（『大正新修大蔵経』第十巻）とあるがごとく、普通名詞、抽象普遍的仏として用いられた。

しかし、「金光」という抽象的概念が、個人としての「御霊」として受肉化し、祀られることは決してなかった。また、たとえば親鸞聖人を「鸞聖人」と記述したように（「本願寺聖人伝絵」『真宗史料集成』第一巻、同朋舎出版、一九八三年）、祖師の法名の一文字を取り、それに「聖人」を付すことは中世社会においてよく見られた。金光聖人を金の一文字に聖人を付して「金聖人」となすことは、ごく当たり前のことであった。そして、その「金聖人」の「霊社」として、特定の人格の御霊を祀ったことこそが、もっとも核心的部分なのである。「金光聖人霊社」は、疫病信仰として有名な祇園御霊会において祀られる神、牛頭天王が起源をインドに発すること〔村山 一九八四〕とも異なり、日本史上の実在した人物、『法然上人行状絵図』（四十八巻本）の石垣金光房の「霊」が祀られた霊社、つまり御霊であった。

第五節　金聖人霊社と御霊信仰㈡

御霊信仰と言えば、貞観五年（八六三）の京都神泉苑における御霊会は、つとに著名であった。『日本三代実録』同年五月二十日条によれば、崇道天皇・伊予親王・藤原夫人（吉子）・観察使（藤原仲成）・橘逸勢・文室宮田麻呂らが、事に坐し誅されたため、冤魂が厲をなし、疫病が繁発し死亡する者はなはだ多し、という深刻な社会不安を引き起こした。この大災厄は彼らの御霊のせいである、として京畿・畿外において、夏と秋に「礼レ仏説レ経、或歌且舞」という御霊会が修せられたのであった。政争に敗北して、流罪となりその地で没した崇道天皇らの冤魂は慰撫されることがなく、その霊は疫病を流行させる悪神として都人のみならず畿内外の民衆にも襲いかかったのである。

この崇道天皇以下の御霊の特色は、民衆的基盤を有したことである。その御霊が祟るべきは相手が政敵であるなしに関わらず、疫病の蔓延となって民衆に襲いかかる、と意識された。ここにこそ、御霊信仰の本質的な意味があった［河音二〇〇三]。御霊信仰は律令制的政治支配に対する、民衆の反感・抗議の屈折した宗教的形態でもあった[髙取 一九八二]。

このような御霊信仰は、十世紀に入ると活動の絶頂期をむかえる。その典型は、菅原天神の御霊である。藤原時平との政争に敗れた菅原道真が、左遷先の大宰府で延喜三年（九〇三）二月に亡くなると、延喜九年に時平の早世、延長元年（九二三）醍醐天皇皇太子保明親王の薨去が、道真の怨霊の仕業とされ、延長八年清涼殿への落雷で藤原清貫らが死亡するという事態に及んで、貴族たちの恐怖は頂点に達した。さらに承平五年（九三五）には、平将門、翌年には藤原純友の乱が勃発し、都では御霊に仮託した民衆による宗教運動が発生する中で、ついには天慶八年（九四五）、自在天神（故右大臣菅公霊）を第一神輿に担いだ熱狂的な民衆宗教運動である志多良神東上事件（一種の世直し状況）がおきた。民衆運動としての御霊信仰が、もっとも輝きを放った瞬間である〔戸田 一九九四a、河音 二〇〇三〕。菅原道真の御霊信仰に決定的な影響を与えた「道賢上人冥途記」（『扶桑略記』第二十五）においては、菅原道真の御霊日本太政威天（自在天）は、十六万の悪神・雷神、さらには金峯山・八幡神をも支配下におき、一切の疾病災難を日本にもたらす最強の御霊神とされていた。

民衆的宗教運動としての御霊信仰は、この志多良神東上事件を最後に見られなくなり、北野天神は鎮座することにより慰撫され、招福の神へと変化していく〔黒田〔俊〕一九八二〕。民衆の御霊信仰は、外来（起源はインド）の神牛頭天王を行疫神として祀る祇園御霊会へと移っていく〔河音 二〇〇三〕。御霊は、特定の氏族や血流・個人に祟りをなし、それらの人びとにとって御霊へと変化していくという〔井上〔満〕一九八四〕。もっとも、史上最強の怨霊といわれた崇徳天皇の怨霊が、後白河院の周辺の人びとを苦しめたし〔山田 二〇〇一・二〇〇七〕、『太平記』に多見できるように、御霊信仰は南朝方の北朝への対抗手段として脚光を浴びた〔黒田〔俊〕一九八三、村山 一九九六〕。南朝方の拠点となった今の奈良県五条市の霊安寺は、井上内親王・早良親王・他戸親王を祀る御霊信仰の聖地であった。

崇道天皇の御霊信仰は、都・京都周辺だけではなく、安芸国にも見られ、その御霊を鎮めるべく霊社が祀られた。嘉禎元年（一二三五）十一月十二日安芸国三入荘地頭得分田畠等配分注文（『鎌倉遺文』四八四九号文書）に「庄内諸社、八幡宮（中略）、崇道天皇、件社者、堀内鎮守云々、仍両方寄合、有レ限神事、任二御配分之旨一、可レ令二勤行一之」とあるように、安芸国三入荘の熊谷氏堀内鎮守として、崇道天皇の御霊社が鎮座していたのである。さらには、寛元元年（一二四三）ころに作成された安芸国国衙領注進状によれば、崇道天皇免田が、佐西郡に二百三十歩、八木村（佐東郡）に六十歩、莇田郷（高宮郡）に六十歩、三田郷に百八十歩と、それぞれ設けられていた（『鎌倉遺文』一六八六三号文書）。また、建長四年（一二五二）十一月安芸国沼田本荘でも、仏神田十丁三反のうち崇道天王免田一反が設けられていた

（『鎌倉遺文』七四九七号文書）。ことほどさように、御霊信仰は、中世地域社会の信仰世界の傍らに生き続けたのである。

中世の地方社会の場から、御霊信仰の跡を発見することは、史料に残り難いこともあり、困難を極める。牛山佳幸氏は、西日本では、平安初期郡衙の近くに御霊神崇道天皇を祀る崇道神社が勧請され、それは、中世社会にも引き継がれていった、と述べる［牛山 二〇〇〇］。すなわち、崇道天皇も「そうとう」を「惣戸」「宗道」「惣堂」などの漢字表記の神社名に変えながら、中世地域社会の人びとの信仰対象になったこと。延暦二十四年（八〇五）諸国に命じて設置された崇道天皇御倉が、郡単位に設置され、この倉が廃絶した跡に崇道社が成立したこと。かかる崇道天皇御霊は、西国社会に多くあり、東国社会では、茨城県下妻市千代川村宗道に鎮座する宗道神社一例であることを牛山佳幸論文は明らかにする［牛山 二〇〇〇］。

もっとも、御霊信仰の足跡を東国社会から見いだすことも可能である。たとえば、『今昔物語集』巻二七第十一「或る所の膳部、善雄伴大納言の霊を見し語」では、応天門の変の罪により伊豆国に配流された伴善雄が同国で早世し、それが行疫流行神となって人びとを苦しめた、とあった。伴善雄の御霊は、菅原道真の御霊ほど強烈ではないものの［繁田 二〇一二］、東国在地世界へも浸透していたのである。そう言えば、北野大自在天神のように高い人格を持たない、鎌倉権五郎景政を祀る御霊神社が鎌倉では、つとに有名であった［柴田 一九八四、柳田 一九六九］。

早良親王の御霊を慰撫する「ソウドウ社」に、不遇の最期を遂げた足利義昭の御霊が、近世初期に祀られていた。現在の広島県福山市蔵王町惣戸山に鎮座する神社や同市津之郷町津之郷に鎮座する惣堂明神社が、その好例である［牛山 二〇〇〇］。在地世界に根付く御霊信仰の伝統の上に、新しい時代に生じた御霊社が、「上塗りされ」ていったのである。

井上満郎氏は、御霊が成立するためには、政治的な失脚者・敗北者であること（必要条件）と京都から追放され流刑地で死去したこと(十分条件)の両方を兼ね備えていることが肝要であると述べる［井上〔満〕一九八四］。この条件を満たした人物が御霊になっていくのに要する年月は、せいぜい長くて三十年であった。菅原道真の死は延喜三年(九〇三)で、延喜九年藤原時平の早世、延長元年(九二三)醍醐天皇皇子保明親王の夭折、そして延長八年内裏への落雷で、道真御霊の祟りは決定的となった。日本史上最強の怨霊となる崇徳院は、讃岐で長寛二年(一一六四)に穏やかに薨去するが、安元二年(一一七六)には、為政者の間でその怨霊が意識された［山田二〇〇一・二〇〇七］。御霊は、その人物をして憤死せしめた人間(為政者・政治的勝者集団、係累の人びと)が存命し、記憶が生々しい時に成立しているのである。御霊になるには、憤死した当の本人の怨みの矛先が向けられるに相応しい係累に不幸が生じ、または災害が惹起して、それを世人が死去した人間の怨霊の結果とする認識が必要であった［繁田二〇一二］。

さらに怨恨を捨てるべく修行を積んだはずの僧侶も御霊となっていた。たとえば、『小右記』長和四年(一〇一五)五月七日条では、三条天皇の病気は、賀静の御霊のせいであるとされ、律師心誉の御修法による御霊鎮撫がなされ、賀静御霊が天台座主を望んでいるとの夢想により、死後天台座主補任が画策されている［肥後一九八四］。『拾芥抄』霊書部第五(『増訂故実叢書』)では「八所御霊」の筆頭に吉備聖霊(真備)をあげていたし、『五代帝王物語』(『群書類従』二帝王部)「後堀河院崩御」には、天台座主の勅約を反故にされて憤死した十楽院僧正仁慶の祟りを記し、『太平記』巻二七「雲景未来記事」では大魔王となって愛宕山で密議する玄昉・真済・寛朝などの僧侶の怨霊を登場させている。

以上のように見てくると、「金聖人霊社」とは、金光聖人の御霊を祀った社である、とますます断じざるを得なくなる。『法然上人行状絵図』(四十八巻本)巻四八の第七段にあるように、嘉禄三年(一二二七)の法難で陸奥国に流罪となった金光房は、配流先の陸奥国で入滅した。その年は不詳だが、遅くても十三世紀中期であった。「怨みをもって死んだ上人」(と在地の人びとは意識した)は御霊に転化していった。ましてや、嘉禄の法難の当事者は、比叡山延暦寺であった。御霊は、その当事者にもっとも強烈に意識されていったのである〔小岩 二〇一六〕。まさしく先述の御霊成立の条件を満たしていた。「詳細絵図」が書かれたのは、「簡略絵図」より五十年ほど下った十四世紀初頭のことであった〔大石 一九八四〕。かくして「金(光)聖人霊社」が骨寺村に祀られ、「詳細絵図」に記載されることとなったのである。

東北地方のかかる御霊社については、従来あまり注目されてこなかった。御霊には本来、それを恒常的に祀る社殿・鎮座地などなかったとされ〔柴田 一九八四〕、史料上に現われにくい。その意味でも、牛山佳幸氏が崇道天皇霊社を埋もれていた「ソウドウ社」から再生させたことは、行論上、注目される。これと同様のことは、奥羽の地でも言える。その数少ない事例をあげるならば、『安永風土記』によれば、金聖人御霊の祀られた骨寺村のすぐ近く、磐井郡五串村本郷字八幡田に、御霊権現社が鎮座していた(『一関市史』第七巻資料編Ⅱ)。

管見では、東北地方で御霊社が一番多いのは福島県である。『新編会津風土記』(雄山閣、一九六二年)や『日本歴史地名大系第七巻福島県の地名』(平凡社、一九九三年)によれば、会津若松市船子村、下郷町大窪村・小出村・田代村・芦原村・水門村・刈合村、只見町上荒井村、川俣町川俣字大作、只見町下荒井村、棚倉町下手沢村、国見町藤田、南相馬市深野、などに御霊神社が鎮座している。これらの中で川俣町川俣字大作の御霊神社境内には、同町堂久保から移された「サ(聖観音)嘉元二年(一三〇四)十一月十日」「バク(釈迦如来)・キリーク(阿弥陀如来)嘉元四年十月十日」の板碑が立つ(『川俣町史　第二巻資料編一　原始・古代・中世・近世資料』一九七六年)。中世骨寺村の金光聖人霊社の裾野には、多くの御霊神社が埋もれているのである。

おわりに

鎌倉後期、金光聖人の御霊が骨寺村に勧請された。その時、骨寺村には、宇那禰社・山王社・若神子社・六所宮がすでに勧請されていた。これらのうち宇那禰社は、中尊寺経蔵別当領として骨寺村が大規模開発される以前から、湧水を利用して水稲農業をおこなっていた所に祀られていた、ベーシックな神社であった。六所宮も秀峰駒形山に対する古来からの信仰を受け継ぎ、六所宮、すなわち駒形山の口の宮として今の駒形根神社の場所に祀られていた〔入間田二〇一四b〕。一方の山王社は、骨寺村の大開発を先導し、馬坂新道を開鑿した天台系聖によって荘園制鎮守として、新たに勧請された〔大石一九八四〕。在地の伝統的な信仰とそれを担ぎ出した古代以来の農民、その上に荘園制的開発と京都からの新しい都鄙往来によって骨寺村に新しい宗教世界が付与されていった。

金光聖人霊社は、このような平泉藤原氏の時代を過ぎた鎌倉後期骨寺村の地に、新たな神社が勧請されたことを意味した。幾重もの宗教世界が積み重なっていたのである。もっとも、「詳細絵図」の「金聖人霊社」という文字の真下にある「宮」の文字は、元来その地に別の宮があり、そこに「金聖人霊社」が上書きされたのかもしれない。牛山佳幸氏が述べたように、崇道天皇霊社に「上塗り」して足利義昭の霊が祀られていたように〔牛山二〇〇〇〕、金光聖人の御霊以前に、ある神が祀られていたのかもしれない。

金光聖人を嘉禄の法難において弾圧した当事者は、比叡山延暦寺であった。金光聖人の御霊は、比叡山延暦寺に禍をもたらすことになる。そして、その災厄は延暦寺との深い結びつきで歴史を刻んできた平泉中尊寺へ、さらには骨寺村にいたる、という回路が存在していたとも言える。平泉金峯山から、骨寺村金峯山・山王石屋、そして満徳山須川岳(栗駒山)に至るルートは行人の修行の場であり〔斉藤二〇一四〕、彼ら行人が金光聖人御霊の言説を在地にもたらしたであろうし、骨寺には「三河房」と名乗る天台聖系住人や「蓮明房」(文保二年三月日中尊寺経蔵領骨寺村所出物日記『平史』五五号文書)、「円阿弥」(中尊寺領骨寺村在家日記『平史』八六号文書)などの住人がおり、念仏衆として金光聖人「憤死」(御霊)の情報をいち早く入手できていた。金光聖人御霊は、中尊寺経蔵別当からの、あるいは鎌倉惣別当からの一方的はたらきかけによって骨寺村にもたらされたにあらず。御霊信仰を成立させていた在地側の地平、すなわち怨霊から御霊への祭祀変換があってのことであった。

御霊の御霊たる所以は、弾圧した本人（あるいは係累の一族）とは無関係な民衆へ御霊の猛威が及ぶことにあった。中世村落社会において、御霊信仰は消滅したかのように思われるが、さにあらず。中世奥羽の骨寺村に、金光聖人御霊社として再生していたのである。御霊信仰は、在地社会から見れば、封建制支配の矛盾を告発する屈折した思想でもある［黒田〔俊〕一九八三］。それが、中世奥羽の村落社会から発見できることの意味は、大なるものである。

第二章　山寺立石寺と置文

はじめに

本章では、出羽国天台宗古刹として、古代から地域仏教の中核としての歴史を刻んできた山寺立石寺をとりあげる。まず同寺における仏教世界の構図を空間的にとらえながら、信仰の核がどのような歴史的意図をもって形成されていったのか。同寺の仏教が、地域の仏教世界とどのように切り結んでいたのか。さらには、同寺院が、地域住民、とりわけ民衆や女性にとって何であったのかについて注目したい。また、戦国期の同寺の再興にさいして重要な役割を果たした置文について、古文書学的検討を加え、近世社会にまで継続していった古刹の歴史を明らかにしてみたい。

山寺立石寺については多くの研究があるが、来世と現世との「接点」を、通時的な空間構成（仏神、聖なるものと俗なるものとの配置）のなかでとらえる霊場論からのアプローチ［佐藤（弘）二〇〇三］が、有力な学説となっている。霊場そのものは、観念的世界であるが、祈りの「物証」として板碑・五輪塔・墳墓などの〈モノ〉を、その場に残すこととなった［狭川二〇一一］。そのモノから得られる知見を、広く他地域の事例と照らし合わせて概括的に総合化し、霊場立石寺を組み立てる試みも提示されている［山口（博）二〇一七b］。

立石寺は「山寺」立石寺と称されている。日本各地に点在する「山寺」について、豊富な考古学発掘成果に基づき、堂塔や諸施設の配置をふまえ、その空間や景観を明らかにする総合的研究が、『季刊考古学　山寺の考古学』（第一二一号、雄山閣、二〇一二年）として上梓され、「山寺」研究は新たな段階に立っている〔上川 二〇一二c〕。さらには、中世の寺院を「聖なる信仰の空間」に限定せず、世俗的な社会性をも包含した歴史的な場、「山の寺」と把握することで、戦国大名支配下の都市成立以前に、地域社会の政治・文化・経済などにおいて「中心性」の歴史的役割をになってきたことに着目する仁木宏氏の研究もあった〔仁木 二〇一一・二〇一五〕。あるいは戦国期の最上家と伊達家という地域権力との政治関係のなかで、立石寺再建にみる文化戦略の実像を明らかにした斎藤仁論文〔斎藤 二〇一六〕もあった。

本章は、このような研究に学びながら、山寺立石寺という「信仰の場」の実像と、そこに登場する人びと（集団）のありようとについて横断的に、そしてその「歴史的瞬間」の意味について、文献史学の立場から見つめ直してみることにする。

第一節　立石寺境内のひろがり

出羽国最上郡立石寺は、平安前期に開基された出羽国随一の古刹である。円仁が立石寺を開山したとの伝承を有するが、実際の担い手は円仁弟子の安恵である〔伊澤 一九〇八、『山形市史　上巻原始・古代・中世編』一九七三年〕。第四代天台座主に任ぜられた安恵が、承和十一年（八四四）、出羽国講師となって下向すると、当時、法相・唯識を学んでいた出羽国の人びとは皆、天台に帰依するようになったという（『拾遺往生伝』巻上四『往生伝・法華験記　日本思想大系新装版』岩波書店）。佐伯有清氏は、天長六、七年（八二九、三〇）ころ、円仁の奥羽巡錫が実際におこなわれ、立石寺の前身となる寺にも円仁が訪れ、その後、安恵が出羽講師となって出羽に来るに及び、出羽国の天台化は進んだと述べている〔佐伯（有）一九八九〕。近年、菅野成寛論文では、この『拾遺往生伝』の成立が天永二年（一一一一）ころであることから、出羽国内における天台仏教の専制化は後世の曲筆であるとし、安恵の出羽下向によって国内の寺院がおしなべて天台宗と化した、とすることは不可なり、とする〔菅野（成）二〇一〇〕。出羽国の寺院がすべて天台宗化したとは断定できないのかも知れないが、「尊経閣文庫蔵類聚国史抄出紙片」第十一紙（『青森県史資料編古代1補遺』）に「為二出羽国講師一出赴山任、是時（国）内道俗、一学二法相宗一、不レ知二天台円教一、安恵入境之後、為二法相宗上首一者数十人、咸改二旧執一、帰二依天台一、教化所レ陶、于レ今无レ絶」とあるように、『類聚国史』に記載された安恵の事蹟が、貴族社会の通念であったことも事実である。

いま立石寺根本中堂に安置されている木造毘沙門天立像について、長坂一郎論文では、九世紀中期ころ地元で制作された一木彫の神像であること、その像容が延暦寺根本中堂多聞天と同形であることに注目し、胸上で腹帯を締める珍しい形式から、その造像は岩手県奥州市水沢区黒石寺四天王像、宮城県双林寺二天王像にも影響を与えていた、と指摘する〔長坂 二〇〇九〕。やはり、平安前期に立石寺は創建されたのである。やや時代は下るが、立石寺本坊に安置されている木造阿弥陀如来坐像が十世紀ころの作である可能性が高いこと。同じく立石寺華蔵院の聖観音立像が十一世紀を遡ることも明らかにされている〔長坂 二〇〇七〕。

八世紀から九世紀にかけて、奥羽の郡衙周辺には、「掘立柱仏堂」が造られ、また九世紀には、慧日寺（福島県磐梯町）・西原廃寺跡（福島市）・大蔵寺（同）・弘隆寺（福島県二本松市）・黒石寺（岩手県奥州市）・国見山廃寺（岩手県北上市）などの「山岳寺院」が建てられていった〔窪田 二〇一一〕。山寺立石寺から真西へ約七キロメートルほどの地点に吉祥院千手堂があり、平安初期の作になる千手観音立像が安置されている。この千手堂は『続日本後紀』承和四年（八三七）六月六日条の「出羽国最上郡済苦院」に当たるとも言われ、すぐ脇で発掘された今塚遺跡は、古代官衙であり、兵士に支給した米の量、そして、食糧の支給と請求に関わる木簡も出土している〔長瀬　二〇〇四〕。このような出羽古代寺院の歴史的土壌に、立石寺が開基されていったのである。

九世紀に創建された立石寺は、十世紀に新たな歴史を刻んでいた。長坂一郎論文は、慈覚大師入定窟の創設以前の十世紀後半に、良源の天台寺院再興の意図の下、山上に擬似横川、その象徴として五大明王像を安置する五大堂が横川勢力によって百丈岩の奥に建立され、山上伽藍が形成されていくとする〔長坂　二〇一三〕。この五大堂の東側の百丈岩に後述の「入定窟」が開削されたのはそれから一世紀以上たってからのことであった。また、このような五大堂は、陸奥国松島においても、天延三年（九七五）、延暦寺僧覚心によって再興されていた（「天台記」『松島町史　資料編Ⅱ』）。十世紀中期の立石寺に見られた横川勢力の活躍は、先進的なるものがあった。

現在の根本中堂の本尊である木造薬師如来坐像は、当時、一世を風靡していた柔和な阿弥陀如来の造像様式とは異なり、男性的な威厳を有しており、地方仏師の手によって、平安後期に作られた仏像であった〔麻木　一九八四〕。さらに、本仏像には、元久二年（一二〇五）八月二十八日墨書修理銘が付されていた（立石寺根本中堂木造薬師如来坐像銘『山形県史　古代中世史料2』三〇九頁）。

根本中堂の側には山王社が鎮座していた。同社は延久四年（一〇七二）四月に近江坂本より勧請されたとの伝承を持ち〔伊澤　一九〇八〕、天文三年（一五三四）六月に、最上一族「山形殿」（最上義守）・「中野殿」「東根殿」「高擶殿」などによって再建されたものである（立石寺日枝神社棟札『山形県史　古代中世史料2』三一一頁）。本地仏は、現在、根本中堂に安置されている木造釈迦如来立像（鎌倉後期）・阿弥陀如来立像（鎌倉後期）・薬師如来立像（鎌倉中期）である〔麻木　一九八四〕。比叡山より山寺の地に勧請された山王社のうち、上七社は山寺山内、中の七社は山寺の旧本村内、下の七社は立谷川上流の千手院から下流の荒谷・清池方面に拡がっていた〔日野　一九八一〕。また、下七社の分布する一帯には、成生荘型板碑が数多く立っている〔川崎　一九九五・二〇〇五〕。立石寺は、出羽国最上郡東部の信仰世界の中心であった。

立石寺の山門をくぐり姥堂から先に進むと、霊的な空間に入る。数百段に及ぶ石畳を登り、十王門（今は仁王門）を経て、その先は、開山堂・五大堂・釈迦堂・入定窟・地蔵堂、諸子院、そして如法堂（奥の院）に至る。このうち如法堂は、比叡山横川の楞厳院を強烈に意識して建てられたもので、立石寺の僧侶たちが円仁の手法と同様に石墨草筆で法華経を写したあと、開山堂の脇の納経堂に納めた。納経堂は百丈岩の頂部に建ち、その直下には慈覚大師入定窟がある。また、かつてここには「立石寺如法経所碑」が立っていた（これについては、次節で述べる）。この入定窟のなかには、二体の火葬骨と三体の非火葬骨が安置されている。また、骨（舎利）とともに木彫頭部が漆箔棺（金棺）に納められていた。木彫頭部は、眉を高く造り上げ、頬から顎にかけての張りの強さに著しい特色を有しており、見事な肖像彫刻である［小林 一九五〇］。同頭部は「慈覚大師絵像」を忠実に復元したもので、その製作は平安前期まで遡る［長坂 二〇〇六］。

立石寺東方山麓の千手院地区もまた奇岩が林立する霊的な空間であり、基壇跡・礎石が確認されている。滝の霊力が神格化した垂水不動尊の付近一帯には、文永九年・永仁四年・康永三年の銘のある板碑・五輪塔が散在している。また、十四世紀代をはじめとする建物跡や遺物が出土している［山寺峯の裏地区文化財調査会 二〇一一］。円仁の弟子の実玄と心能が、最初にこの千手院地区に立石寺を創建し、後に現在地に移したという説もあるが［佐々木（太） 一九八四、長瀬 二〇〇四］、立石寺根本中堂付近の池から、仁安二年（一一六七）三月二十三日の銘を持つ経筒が出土していることからも、立石寺の中核となる寺堂は、今の場所にあったと考えるものである。

立石寺の麓にもさまざまな寺院があった。解大山安養院という律院もその一つで、同院には白鳳初期の小金銅仏が安置されていた［伊澤 一九〇八］。立谷川を挟んで立石寺の南西に位置する芦沢地区には、今も数多くの板碑が立っており［加藤 二〇〇四］、立石寺の寺域は対岸を含めて広大であった［須藤 二〇〇六］。松本一笑軒「羽州最上山寺状」（『山寺状』山形県河北町教育委員会、二〇〇六年）の山寺絵図には、霊場山寺の西玄関口として地蔵堂・熊野堂が描かれており、立石寺寺域の広がりを知ることができる［荒木 二〇一二］。

立谷川沿いに西へ進むと、中世の羽州大道と交差する地点に、石鳥居が立っている。これは、鎌倉中期に立石寺が禅宗に改宗させられた時に建てられたもので、「本山総門」と称されたという［岡千仭 一九〇二］。現在、慈恩寺の仏事にさいし舞われている林家舞楽は、もともとは山寺立石寺に大阪四天王寺からもたらされたものであり［『山形県史 通史編第一巻』、「舞楽記録」『日本庶民文化史料集成 第一巻 神楽・舞楽』「羽州林家舞楽資料」三一書房］、立石寺の三月二十四・五日の祭礼などで奉納されていた。立石寺は、出羽国随一の天台教学の寺院であった。

十二世紀ころの立石寺は、平泉藤原氏とのつながりを模索していた。『山寺名勝志』は、常行念仏堂を藤原秀衡の菩提所、と記していた。文治五年（一一八九）九月二十一日、平泉の無量光院を参詣した源頼朝に豊前介実俊が、「その在世中に奥羽の一万余りの村々に藤原清衡が伽藍を造った」と述べている。藤原清衡、そして基衡・秀衡は、奥羽全土の仏教立国を推進した。前章で述べたように、清衡らが目指した「村ごとの伽藍」造営とは、平泉藤原氏以前からの歴史を有する立石寺や慈恩寺、羽黒山など奥羽の古刹を包摂することで初めて成就できたのである。

第二節　慈覚大師入定窟と如法経所碑

慈覚大師入定窟のある百丈岩の上に、かつて「立石寺如法経所碑」が立っていた（山形県指定文化財）。その石碑に刻印された銘文は、慈覚大師円仁に関わるものである、との理解が通説とされてきた。それに対して菅野成寛氏は、この「立石寺如法経所碑」に刻銘された「大師」とは慈覚大師ではなく弘法大師空海であること。十二世紀までは弘法大師の東密が立石寺の基本であり、立石寺霊場信仰の高揚にあって、鎌倉期になってから慈覚大師入定伝説に引きずられて九世紀代の「僧形像頭部」が岩窟の棺内に納められた、とする新説を展開した［菅野〔成〕二〇一〇］。菅野説によって、同碑の「大師」とは慈覚大師であり、同大師と立石寺との密接不可分の関係を当然視していた通説は、再検討をせまられることとなった。菅野説は、埋経信仰の担い手が天台宗僧侶(聖)一色ではない、という脈絡のなかで述べたものであり、このこと自体に私も異論を唱えるものではない。問題なのは「立石寺如法経所碑」の読みが、はたして菅野説の通りなのか、という点にある。そこで、改めて同碑文を検討してみることにする。

立石寺入定窟が弘法大師の入定窟であるとする根拠となる「立石寺如法経所碑」(以下、「如法経所碑」と記す)の全文は、以下の通りである。なお本資料は、竹内理三編『平安遺文　金石文編増補』(東京堂出版、一九六五年)の三〇一号「山形県立石寺如法経石碑銘」を手がかりに同書の巻頭にある口絵写真版によって記載した。また『山形県史　古代中世史料2』三〇八頁「立石寺如法経所碑銘」(山形県、一九七九年)も参考にした。

　立石寺如法経所碑并序
維、天養元年歳次甲子秋八月十八日丁酉、真語宗
僧入阿大徳、兼済在心、利物為事、同法五人、凝志一
味、敬奉書妙法蓮華経一部八巻、精進加行、如経所
説、殊仰大師之護持、更期慈尊之出世、奉納之霊崛、
願既畢、願令参詣此地之輩、必結礼拝此経之縁因、
一見一聞、併慶巨益、上則游知足之雲、西則翫安養
之月、于時有釈以慶、乃作銘曰
　善哉上人　写経如説　利益所覃　誰疑記莂

以下、菅野説の論拠をあげてみる。菅野氏は、まず真語(言)宗の「入阿」は密教の阿字観からきたものと述べるこ

とにより、同碑文銘に描出された天台宗のイメージを薄めるとともに、東密真言宗僧侶の法華経信仰の例として、兵庫県香寺町須加院出土の瓦経願文に「願主東寺真言宗僧禅慧」が法華堂で長日法華講を挙行したことなどをあげ、真言宗東密僧侶と法華経との関わりから、法華経信仰は天台宗聖だけではなく広範にあったとし、立石寺もその脈絡で解釈しようとする。さらに天台宗聖であった場合は、「天台僧」「天台沙門」「金剛仏子」などを名乗るのに対して、「如法経所碑」ではそうなっていないことに着目する。また「大師之護持」「慈尊出世」「霊崛」のキーワードは、永久二年（一一一四）の高野山埋経資料に「法華経」「高野霊窟」「弥勒出世」「弘法大師入定」「大師護持」が「見いだせ」、「如法経所碑」が「上述の通り東密の真言宗であれば」という仮定の上に立ち、「大師」は弘法大師空海であるとする。さらに、自説を補強すべく、仏像彫刻研究の成果から「慈覚大師」木彫頭部それ自体は九世紀代のものであるが、頸部切断の技法は十二世紀後期に出現した「いも接ぎ」の技法であるとする浅井春和氏の指摘を引用し、十三世紀代に入ってからいわゆる木彫頭部が入定窟に入れられたものであること。したがってこの頭部と「如法経所碑」段階の「大師」とは結びつかないこと、要するに立石寺慈覚大師創作は、鎌倉期の慈覚大師伝承に引きずられたものである、と結論づけた。

さて、以上の菅野説が成立するか否かは、同時代史料である「如法経所碑」の読みにかかっている。以下、私見を述べる。

第一に「真語宗」について。菅野氏は、これをもって文字通り「真言宗」とし天台密教の真言宗である通説に疑問を呈するが、「如法経所碑」の文面は、『平安遺文　金石文編』掲載の写真からも「言」ではなく「語」である。「真語宗」とは「真語の宗」であり、「真語」とは、「真理は一つであり、真実であると語る言葉」の意である［中村　一九八一］。その意味で、真如一実の理を説く語であるとする『山形市史　上巻』の読みは正しい［山形市史編纂委員会　一九七三］。ちなみに、佐伯有清氏は、「真語宗」とは空海の創始した真言宗のことではなく、天台宗でいう「真言」宗のことである、とする〔佐伯〔有〕一九八九〕。

また、「入阿」に関する菅野説にも承伏しかねる。「入阿」は「阿字門」に入るの意であり東密である、と菅野氏は断言し、もし天台僧であるならば「天台僧」、台密であれば「金剛仏子」と自称すべきである、とする。しかし、これも成立しない。そもそも「阿字」は密教であり、「東密」の独占物ではない。『密教大辞典』（法蔵館、二〇〇二年）では、顕教の阿字観を遮情無相の観、密教では表徳有相の観とすら述べる。阿字は、ことばの根本であり、本来生滅のないものであるという理を体得する〔中村　一九八二〕。つまり、「真語」と連語になり、同じことを繰り返したことになる。

また、埋経信仰における僧侶の自称は、台密や天台僧においても実に多様である。一例のみ上げる。たとえば出雲国鰐淵寺（天台宗）では、仁平三年（一一五三）石経筒銘文に「末法弟子僧円郎」とある（関秀夫編『経塚遺文』二一七号史料）。埋経行為を行う天台僧侶の自称を「天台僧」「金剛仏子」と限定するのは誤りである。以上の点から、「如法経所碑」の「真語宗」が「上述の通り東密の真言宗であれば」とする仮定は、成立しない。

さらには菅野氏が史料として提示した、高野山出土永久二年（一一一四）の、法華経写経、高野霊窟への埋納、弥勒出世を期し弘法大師入定の「願文」（『経塚遺文』六四号史料）を立石寺「如法経所碑」の「大師」に当てはめることも不可である。けだし、弥勒出世と埋経は、十二世紀埋経信仰のごく一般的な形式であり東密の独占物ではないからである。このことを示す事例を一つだけあげる。山梨県勝沼町出土「銅経筒」銘文に「山院主叡山学者尭範」「刀利」「慈尊出現ノ世」「康和五年（一一〇三）」などとある（『経塚遺文』四一号史料）。経塚出土の白山大善寺は天台宗寺院。後に真言宗へ改宗する。この「銅経筒」は、弥勒信仰に基づく後世の祈願と経塚営造に至る豊かな様相を刻する〔磯貝一九六二〕。ちなみに、立石寺西方、今の天童市貫津の昌林寺に安貞二年（一二二八）の白山御体があること（「昌林寺木製懸仏銘」『山形県史　古代中世史料2』三三一頁）を想起されたい。

また、保元三年（一一五八）十月、紀伊国海部郡比井郷では慈覚大師門徒と称する信阿らが法華経一部八巻を書写納経し、「慈覚大師之願力」に乗じて弥勒下生に期していた（『平安遺文　題跋編』二二三七号史料）。院政期の日本では、法華経書写（埋経）・慈覚大師・弥勒信仰のセットは、一般的であった〔追塩　一九九九〕。

次に、入定窟の木彫頭部に関して、菅野氏は、頭部切断の技法が十二世紀後半から出現する「いも接ぎ」であるとする浅井和春氏の指摘をうけ、前述の見解を補強する。しかし、科研費「奥州仏教文化圏に遺る宗教彫像の基礎的調査研究」（代表、有賀祥隆）で浅井氏と共同調査を行った長岡龍作氏より、胴体部がない現況から「いも接ぎ」と判断することの不可なることのご教示を受けた。記して感謝したい。頸部切断が鎌倉期である、という根拠は成立しない。なお、同上報告書『奥州仏教文化圏に遺る宗教彫像の基礎的調査研究』〔有賀　二〇〇六〕「立石寺頭部」記述担当者の伊東史朗氏も「いも接ぎ」のことは記していない。さらには、長坂一郎氏も、久原文庫本『高僧像』（長寛元年）所収の絵画と立石寺木彫頭部の類似性により、平安前期に制作された秀逸の円仁肖像彫刻である、と結論づけている〔長坂　二〇〇六〕。入定窟の創設、「如法経所碑」作成の時より「大師」とは、明らかに円仁である、と「意識」されていたのである。間違いない。木彫頭部は慈覚大師、「如法経所碑」の大師とは慈覚大師である、との通説をあらためて再確認するものである。

同碑文銘に対するさまざまな見解を生むのは、「真語宗僧」の「入阿大徳」による衆生救済（兼済在心、利物為事）、「同法五人」の如法経写経、「大師」の護持、とあるように、固有名詞たる人名や地名が一切、この碑銘に刻印されていない点に求められる。『経塚遺文』『平安遺文　金石文編』『平安遺文　題跋編』に掲載された史料では、願主や寺院名・地名・勧進僧名・結縁衆・講師・読師など、固有名詞が見られる。立石寺根本中堂東側池より出土した仁安二年三月二十三日の経筒銘でも「定果坊」と刻銘されてあった（「立石寺経筒銘」『山形県史　古代中世史料2』三〇九頁）。まさしく、このような固有名詞が出てこないことこそが、「如法経所碑」の特色である。

さらには安恵が承和十一年(八四四)出羽講師になって下向すると、それまでさかんであった法相宗が天台に変わったとする歴史(『拾遺往生伝』巻上四)をうけ、天台宗が九世紀後期には奥羽の宗教的系譜において重要な役割を果たしていたこと。さらにはその事跡を記した虎関師錬『元亨釈書』の記述をうけ、立石寺の安恵の開創、慈覚大師の勧請開山とする勝野隆信説[勝野 一九八〇]などが、通説的位置を有している。

また、佐藤弘夫氏は、東北地方の在地霊場の典型とも言うべき立石寺について、聖人信仰の広がりとともに本堂の奥に、いわば奥の院としての廟所を創設したこと。そのさい従前からあった遺骨に頭部がなかったので、祖師の肖像彫刻としてワンセットでいわば付け足したものである、と述べる。それは、骨意識の変化、祖師信仰の高揚のもとで創出された民衆を奥の院へと導く強力なる宗教装置の創出でもあった、と結論づける[佐藤(弘)二〇〇三]。百丈岩に慈覚大師入定窟が開削されたのは、平安後期十一世紀末から十二世紀のころである[佐藤(弘)二〇〇三、長坂 二〇一三]。そして、入定窟内金棺には五体の遺骨が納められることになった[山形市史編纂委員会 一九七三]。

重要なのは、従来から立石寺にあった「慈覚大師骨」と肖像彫刻慈覚大師頭部とがセットになって金棺に納められ、立石寺百丈岩の霊窟に「入定」し、浄土往生者の「舎利」(真身)となって舎利に結縁する人びとを浄土へと導いた、ということである[長岡 二〇一〇a]。全国でも類例がない強烈なかつ「大胆」なる祖師信仰の「創出」は、肖像彫刻木彫頭部の存在を必須条件としていたし、それ故にこそ、「如法経所碑」にいかなる固有名詞の登場をも許さないものとなっていた。祖師信仰の創設の瞬間において、以前から同寺に安置されていた慈覚大師肖像彫刻坐像の頭部が切断され、加工を施し、円仁のものと「信じられている」骨(舎利)とともに金棺内に入れられ「入定窟」に納められた。そして、その巌の上には、法華経書写と大師(慈覚大師)の護持を仰ぎ弥勒菩薩の出世に値遇し、参詣・結縁する有情の安養往生を願う「如法経所碑」も立てられたのである。その「大胆」かつ強烈な祖師信仰の原点には、固有名詞が入る余地などなかったのである。

十二世紀中期に、山寺立石寺が慈覚大師開山にかかる寺院であることは、奥羽のみならず、北陸地方にまで知れわたっていた。能登半島の七尾に安置された千手観音坐像の胎内銘文から、同仏が保元三年（一一五八）に造られたこと、さらには制作にさいし、その「小面十五躰出羽国立石寺慈覚大師霊木幷所々霊木等」が使用されていた〔和田 二〇一六〕。出羽国立石寺は慈覚大師入定の地なり、とする信仰は、十二世紀前期には成立していた。ますますもって「如法経所碑」の大師とは慈覚大師のことである、と確信するものである。あわせて、日本海交易によって、十二世紀中期には出羽国立石寺の慈覚大師信仰が能登半島にもたらされていることに注目したい。

群馬県新田郡尾島町世良田の長楽寺にある、永徳三年（一三八三）正月十四日慈覚大師画像賛（『群馬県史』資料編五）では、円仁が「文徳天皇貞観六年（八六四）正月六日に帰寂し、華芳峰に片足を留沓するも、その日のうちに空中に昇り「東方」に向かい下野州日光山供養を供養し、さらにその日のうちに羽州立石寺の入定窟に収まった」とあった。これと同様の奇瑞談は、十三〜十四世紀に書かれた『山門建立秘訣』『山門秘伝見聞』にも見え、日蓮も円仁批判を展開するとき、「慈覚大師の御はかは、いづれのところに有と申事きこへす候、世間に云、御頭は出羽国立石寺に有云々」という巷での風聞に拠っていた（弘安三年正月二十七日慈覚大師事『昭和定本日蓮聖人遺文　第二巻』三六一号文書）。出羽国山寺立石寺に慈覚大師入定窟があり、そこに頭部が納められている、という言説は、中世社会において、一般的に知れわたっていたのである。

第三節　里の念仏と経典を運ぶ聖たち

常行念仏堂は、常行不断念仏がおこなわれる立石寺仏会の中心的な場であり、同時に「山の念仏」が唱えられるところであった。もっとも、中世においては常行堂の詠唱念仏は難解であり、むしろ通俗化した融通念仏や六斎念仏が中世では流行していったという〔五来　一九八八a〕。おそらくは、山寺においても「山の念仏」の影響をうけた「里の念仏」ともいうべきさまざまな念仏が、麓の村里では唱えられ、また念仏聖の寺庵が存在していたと思われる。建仁元年（一二〇一）五月、出羽国成生荘の小畑村の寺で「倶舎七十五法名目」を写経した直顕一乗宗末流の僧の尋暁覚台坊は、この経典を読む者は、南無阿弥陀仏と唱えるべしと、経典の奥書に記していた（倶舎七十五法名目奥書『山形県史　古代中世史料1』九三四頁）。成生荘は、山寺立石寺を含む皇室八条院領荘園。小畑村は、この荘園のほぼ中央部に位置しており、そこに念仏聖の寺庵が営まれていたのである。

立石寺の常行念仏堂には、比叡山からと、もう一つ別の念仏のルートが延びていた。同寺から立谷川沿いに西へ六キロメートルほど歩むと、『山寺攬勝志』で「寺原に華表を立つ」〔岡千仭　一九〇二〕と記した石鳥居（山形県指定有形文化財）に至る。そこは、中世の羽州大道が交わる所であり、付近には念仏堂が建ち、文永三年（一二六六）九月十五日には善光寺本師一光三尊如来像と脇侍として青銅製観世音菩薩立像が奉納されていた。勧進僧は西阿弥陀仏であった（金銅造阿弥陀如来立像銘『山形県史　古代中世史料2』三八九頁）。この念仏堂は、庄外郷に建立されていた。庄外郷は、この一帯だけが成生荘の荘外、つまり国衙領であったことによる。中世の羽州大道に面し、立石寺への入り口に位置したこの念仏堂（如来堂）は、念仏聖の布教の場、さらには「里の念仏」が絶えない場所であった。

立谷川の南岸、中世の羽州大道沿いの「十文字」と称されるところにも、「阿弥陀寺」という念仏堂があった（宝樹山称名院仏向寺血脈譜『山形県史　古代中世史料2』一二五八頁）。山号名は、高声山。まさしく、高声念仏の世界が繰り広げられたのである。ここにも、高野山の不動院阿弥陀三尊像中尊や栃木県真岡市荘厳寺の三尊像と酷似した横幅の広い、偏衫型の銅造阿弥陀如来立像が安置されていた〔ドナルド・マッカラム　一九八六〕。同像は、善光寺阿弥陀如来像であり、十三世紀半ば以降に制作された〔東北芸術工科大学文化財保存修復センター　二〇〇七〕。また、今の山形市蔵王成沢の阿弥陀寺、同市七日町来迎寺の阿弥陀如来立像は、鎌倉後期の善光寺阿弥陀如来像であったとし〔長坂　二〇〇七〕、成生荘若松寺の子院であった本寿院にも鎌倉期造立の善光寺式如来像(中尊のみ)が安置されていた。出羽国は、日本でも有数の善光寺信仰の盛んな地域であった〔武田〔好〕一九七〇〕。鎌倉期に東国の御家人が出羽国荘園・公領の地頭に任命されたことにより、まず善光寺信仰がもたらされ、中世後期になって霊山信仰の盛況とともに善光寺信仰をもった廻国聖が多数出羽国を訪れるようになった、とする牛山佳幸論文もあった〔牛山二〇〇四〕。

踊念仏は、一遍の発明にあらず。信濃の善光寺の聖たちによって弘められた融通念仏があり、農民のあいだの大念仏、あるいは踊念仏になっていたのを一遍が取り入れた、とする五来重説があった〔五来一九八八a〕。善光寺系の念仏の上に、一遍の踊念仏がひろがったと考えられる。同様のことは、最上山形の地でも見られた。成生荘のほぼ中央、舞鶴山の西麓にある仏向寺は、弘安元年(一二七八)に一向俊聖が開いた、という念仏道場であり(宝樹山称名院仏向寺縁起『天童市史編集資料』第三三号)、出羽国南部最大の時衆一向派の拠点となっていった。俊聖が用いたという念仏鉦が、同寺に保存されている。「義阿　義空菩薩　永仁三年三月日」の刻印があり、一向の弟子が、師の示寂後八年に刻銘したと言われている(仏向寺鉦銘『山形県史　古代中世史料2』三二八頁)。同寺では、現在も十一月に踊念仏が執りおこなわれている。

また、立石寺の建つ宝珠山に続く西側の山中に、観音信仰の聖地、若松寺があった。同寺には諸国から参詣者が集い、草野氏関係者の「高木比丘尼」が「藤原真綱」「三位氏女紀葉光」らとともに、弘長三年(一二六三)五月八日、聖観音菩薩御正体(懸仏)を奉納していた(若松寺金銅製聖観音懸仏銘『山形県史　古代中世史料2』三一一頁)。草野氏出身である一向俊聖は、地方の観音霊場に現われて念仏を唱え、阿弥陀信仰の布教を実践する遊行聖であった〔落合二〇一六〕。山寺立石寺とその周辺は、出羽国でも有数の念仏のメッカであり、それは若松寺の観音信仰と重なって、仏教の中心性を構成していた。

さて、立石寺慈覚大師入定窟に納まっていた金棺蓋板の桟の横には、幅一二センチ、長さ一八センチの木製五輪塔婆型経筒が打ち付けられていた。経筒の銘文には、建長八年(一二五六)九月四日に、熊野で夢想した阿弥陀経を如法経のごとく書写したものであること、また南方修行門・西方菩提門・北方涅槃門・東方発心門を意味する梵字が墨書されており(立石寺木製五輪塔婆型経筒銘『山形県史 古代中世史料2』三一〇頁)、その中には、片仮名混じりの阿弥陀経一巻が入っていた(『山形市史　別巻2生活・文化編』)。そこから、熊野信仰と立石寺を結びつける聖たちの存在が浮かび上がってくる。

立石寺を囲繞する信仰的環境において、熊野信仰が重要な役割を果たしていた。慈恩寺では保元年間に熊野社が勧請されていたし(「慈恩寺伽藍記」『山形県史　慈恩寺史料』)、山形県の米沢盆地北端に鎮座する熊野大社は、熊野信仰のメッカであった。保延六年(一一四〇)三月、出雲・千貞女共が、熊野大社のすぐわきの別所山に経筒を埋納しており(別所山経塚出土経筒銘『山形県史　古代中世史料2』二七六頁)、また会津盆地では、永仁四年(一二九六)正月十五日、会津新宮権現の御正体を物部氏女(友安)・藤原氏女が奉納していた(新宮熊野社御正体銘『福島県史第七巻　資料編2古代中世資料』、金石文第五八三号資料)。熊野信仰を支えたのは、地域の領主の女性たちであった。東北地方は、他の地域に比しても熊野信仰はさかんであり[『名取新宮寺一切経調査報告書』東北歴史資料館一九八〇年、及川 一九七三、政次 二〇〇六、髙橋正 二〇〇六]、出羽国大山荘においては、蔵王・出羽三山・熊野三山などの山岳信仰が重層的に展開していた[伊藤(清)一九九七]。

立石寺の僧侶ネットワークには、さらなる広がりがあった。出羽国屋代荘堂森今善光寺の大般若経写経は、延文二年(一三五七)十二月、常陸国久慈西郡内の如来堂談議所に発注されて完成したものであった(『山形県史　古代中世史料1』「立石寺文書」三一・三八・三九・四〇号文書)。この書写を終えて堂森今善光寺に送られた大般若経は、後世のいつの時点かで山寺立石寺に移されることとなった。久慈西郡の談議所如来堂は、善光寺念仏聖の道場であったと考えられる[五来 一九八八b]。そう言えば、奥州津軽田舎郡猿賀山神宮寺学僧の源栄が、常陸国小野逢善寺(天台談議所)を居としながら『一乗拾玉抄』を書写していた〔中野〔真〕一九九八〕。奥羽と常陸国内の談議所とは、僧侶たちの往来によってつながっていた。

立石寺根本中堂に木製曼荼羅が安置されている。中尊に十一面観音、そのまわりに金剛界大日如来・釈迦などの八仏を配しており、「寛喜三年歳次辛卯三月八日、院主実賢　生年六十、留贈後見、共期仏恵」の銘を裏面に刻している(『山形県史　古代中世史料2』三一〇頁)。このようなあり方は、白山信仰につながるという〔麻木　一九八四〕。立石寺が建つ宝珠山と峰続きの西側山麓に昌林寺があり、そこには現存する我が国最古の木製懸仏が奉納されている。懸仏の銘には、安貞二年(一二二八)九月、勧進修行恵玄住房、仏子経円が昌林寺に白山御躰を造立したとある(『山形県史　古代中世史料2』三二一頁)。白山信仰が日本海ルートを通り、山寺の地にもたらされていたのである。

平安末から鎌倉中期にかけて、奥羽山脈の東側、今の名取市にある名取熊野新宮寺では、鎌倉中期の一切経写経事業にさいし、テクストとして山寺立石寺から別訳雑阿含経が借り出されていた。出羽国慈恩寺所蔵の経典も書写用テクストとなり、また同寺の執筆僧や京都から招請された校訂の専門僧も写経事業に参加していた〔東北歴史資料館　一九八〇〕。鎌倉後期の写経事業には、「羽州最上郡小鶴郷安養寺　永仁四年八月二十四日子時以血墨奉書了」の奥書のある大方等大集日蔵経巻八も持ち込まれていた。

律宗の叡尊が菩薩戒を授けた比丘衆のリストの中に、出羽国人の静海乗道房・幸意願智坊・光円道妙房の名が見える(「授菩薩戒弟子交名」『西大寺叡尊伝記集成』奈良国立文化財研究所)。立石寺域内にある律院安養院も、このような律宗僧たちの活動拠点であった。安養院には次のような伝承が残っている。村山地方は、かつて大湖のようになっていたが、慈覚大師が最上川の難所の一つ碁点の岩石を開削したので、湖水が干上がって肥沃な耕地となり、また舟運にも便利になった、と〔伊澤　一九〇八〕。この水田開発と舟運に関する伝承の背景には、水上交通に活躍した人びとの存在が想定される。水上交通に深く関与していた律僧は、寺社興行の大勧進を担っていた〔松尾　一九九五〕。立石寺を核

であり、雄島には数多の板碑が立ち、石窟は納骨の場であった［七海 二〇〇五］。かかる霊場の光景は、岩手県奥州市黒石寺や宮城県仙台市岩切東光寺の穴薬師にも見られるが［佐々木徹 二〇〇一a、山口〔博〕二〇一七b］、立石寺が松嶋立石寺と称され、松島瑞巌寺とともに関東御祈禱所と位置づけられるなど、まさしく奥羽を代表する仏教の聖地であった。

また、納骨のおこなわれる一帯は、山寺立石寺の聖なる慈覚大師入定窟の北に位置していた。如法堂より西の峰筋には開山堂が、そして東には釈迦堂があたかも左右の翼を広げるかのように存在し、その中間に子院が甍を並べていた。このうち釈迦堂の一帯は、開山堂とは、もう一つ別の世界、つまり、胎内くぐりを経て、目もくらむような絶壁をよじ登り胎内堂から地蔵堂・地獄谷・釈迦堂・準提堂と続く空間であった。それは、聖たちの修行の場であると同時に、六道輪廻の世界を擬似体験する場であった。立山においても地獄から極楽にいたる「生まれかわり」の世界があり、目もくらむような死出の山路で、六道の苦しさをつぶさになめて自己の罪を滅ぼし、清浄な身となって極楽へと昇華していく場が展開していた［伊藤〔唯〕一九八三］。五来重氏が善光寺で検証した擬死再生の儀礼と共通する風景が、山寺立石寺でも見られたのである［五来 一九八八b］。

胎内くぐりから釈迦堂・六地蔵・地獄谷・釈迦堂を経て六道輪廻の苦しみをつぶさに味わい、生前の罪を滅却し清浄な身体となった人びとは、準提堂脇の血池に至った。そこは婦女子のために血盆経を投じて観音を拝み、汚穢と罪障を除いたところであった［高達 一九八八］。このような血池は各地の霊山にあるが、なかでも立山は有名である。女人禁制の立山では、山麓に姥堂があり、そこでは擬死再生の儀式である「布橋大勧請」がおこなわれ、行を終えた女性には、女人往生の護符がわたされ、血盆経や血脈が頒布された［伊藤〔唯〕一九八三］。

血盆経に基づく血池地獄思想が広まったのは、中世後期のことである。産血で池水を穢した罪で女性が地獄に落ちるという観念が強調されていく背景に、女性の存在価値が家父長の後継者を産む母性機能に限定されていく状況があった［脇田 一九九二］。母性機能の強調は、必然的に出産への人びとの関心のたかまり、それゆえ女性の産血への触穢観念をことさらに誇張する傾向をうみ、女性をして滅罪と結縁への行動に駆り立てていくこととなった。

山寺立石寺の血池も、女性であることへの罪障観念の深化のもとで設定され、しかも、罪障滅却の擬似再生的空間の端に存在していた。あるいは、中世後期の山寺立石寺では、女たちがこの血池地獄まで行き血盆経を納めることはなかったのかもしれない。女性の参詣は、山寺の「聖なる空間」の麓までであり、結界の場としての姥堂は、山門を入ってすぐのところにあった。この姥堂とは、一般的には女人結界地にあって山上に登れない女性のための結縁の場でもあったし、山上の清浄と山下の不浄という、中世寺院の聖と俗とのコントラストの象徴でもあった［西口 一九八七］。この脱衣婆像を安置する姥堂が建てられたのも、室町期になってからである［杉崎 二〇〇八］。

立石寺に見る顕密仏教は、女人救済の方便を説き、女性を女人罪業論の呪縛のなかに抱き込んでいった［平雅行 一九八二］。一方で血盆経は安産の呪符として、妊娠から出産、健康にもどるまでの護符とされた［宮田 一九七九］。血盆経と女性と出産とは密接な関係にあり、立石寺でも同経の護符が、女たちに配られたものと推測される。

出産と立石寺との関わりで実に興味深いことがある。西方から立石寺の寺域に入るところ、ここより殺生禁断という場に地蔵堂がある。ここからさらに東方約四〇〇メートルほど立石寺よりに進むと、沢にかけられた小橋を渡る。橋の名は、産め橋。沢を大石沢、別名、産水川といった。大石沢は、千手院の峰の北より山寺立石寺山稜の北を流れ下り、当地に至った。つまり、この沢を遡上し途中から峰筋に入ると、やがて立石寺の聖なる空間、天華（狗）岩の下の聖女宮に到達するのである。宮の本地は如意輪観音。この如意輪堂に参詣すれば難産の患いなしといわれ、境内には樅の大木が立ち、泉がわき出る霊的な場であった［伊澤 一九〇八］。聖女宮は、血池とともに女性と立石寺との関係を物語る重要な場であった。それは、山上とは別の、女性のための祈りの聖地として設けられたものだった。聖女宮の脇を走る大石沢（産水川）は、源を千手院の峰の北に発し、山寺立石寺のある宝珠山の北から南西へと下ってきた沢であったし、聖女宮も天華岩の下、子子岩・鳴声岩・子安観音コロビツ岩・障子岩・納戸が島と称される奇岩の囲繞する場所にあった。聖女宮は、宝珠山との関係において人びとの信仰を集めたのであった。ちなみに立石寺常行堂の近くにも聖女堂があり（「山寺状」河北町教育委員会、二〇〇六年）、江戸初期の一月十八日、聖女堂牛玉加持が常行堂で挙行されていた（「寛延三年年中行事諸役帳」『山形市史資料第六八号　立石寺文書』第四九号文書）。

山と出産とは密接な関係があった。立石寺の聖なる山から流れ出る川が産水川と称されたことは、その何よりの証拠だった。産水川は、奇岩の聖なる山の霊力であるがゆえに安産への効力を持つものとされていたのである。奥羽山脈を越えた宮城県小牛田には難産の時に山の神を迎える習俗があったし、岩手県遠野地方附馬牛には、出産で苦しんでいる山神を助けた狩人の磐司が、豊かなる山の幸を約束されたという伝承がある［宮田 一九七九］。磐司と言えば、山寺立石寺の磐司磐三郎の説話は、あまりにも有名である。日常的には産褥を嫌う狩人が実は山神の出産に深く関わっていることは、まことに興味深い。女人である山の神は、血穢を恐れずウブ神の機能を発揮していること、血穢を恐れない少数の男の狩人が山の神の庇護をうけ、神化して狩人集団の祖神になっていくともいわれている［宮田 一九七九］。そこには、血穢をも克服できる力をもった奥羽の狩猟民の意識が根強く生き続けていた。

それにしても、安産を約束する神が祭られている宮の名称が、聖女宮というのも興味深い。聖女宮の本地仏は如意輪観音。如意輪観音の変化身は玉女であり、それは、玉女の強力な性的エネルギーを意識させるものだったという［田中（貴）一九八九］。中世社会において、巫女は出産に深くかかわっており、巫女がウブスナをまき、呪文をとなえ、時には髪を振り乱し、上半身裸体となって呪文をとなえ、さらには産婦をうしろ抱きして産婦の呼吸を整える産婆の役目も果たしたという［保立 一九八六］。立石寺にもおそらくはこのような出産にたずさわる巫女が存在していたと推測される。

また、巫女の中には、巫覡をする者もいたと思われる。元和年間の「立石寺一山中田帳」（『山形市史資料　第六八号』「立石寺文書」第三〇号文書)は、祭りの時に神楽を奉納する太夫ミコがいたことを記していた。中世末期の出羽において、山形平野の西にある白鷹丘陵の岩谷十八夜観音は口寄せ巫女(オナカマ)の聖地であった[鳥兎沼 一九八五]。この岩谷十八夜観音も慈覚大師開山伝承を色濃くもっており、奥の院の岩谷には、中世後期の石塔も安置されていた。山寺立石寺もまた、巫女の活躍する場であった。

第五節 「円仁置文」と立石寺の再建

平泉藤原氏が滅亡すると、奥羽の寺院は、鎌倉幕府の宗教政策下に入ることとなった。幕府は、天台教学優勢の奥羽の状況に対抗して、禅宗(臨済宗)と真言宗を保護しつつその政治支配を強めようとした[佐々木馨 一九八八]。文治元年(一一八五)三月、後白河院と鎌倉右大将の命で寺の再建がおこなわれた、とする慈恩寺の記憶は(出羽国村山郡瑞宝山慈恩寺伽藍記『山形県史慈恩寺史料』)、同寺が鎌倉幕府にいち早く取り入ろうとしたことの表われでもある。また鎌倉後期、得宗専制の奥羽支配の波は、立石寺にも及ぶようになった。同寺には、鎌倉期から南北朝期にかけての史料が四点所蔵されており、これらの文書をもとに、立石寺さらには陸奥国松島寺をめぐる得宗専制の動向について考察した入間田宣夫論文がある[入間田 一九八三]。同氏の研究によりながら、以下、論を展開する。

まず正慶元年(一三三二)十一月二十四日関東下知状写(『山形県史　古代中世史料1』「立石寺文書」一号文書)は、識乗坊に立石寺院主・別当職安堵を保証したものである。かかる関東下知状は、入間田論文で明らかにされたように、寺院に対する幕府の厚い保護と統制を意味しており、立石寺が「関東」御祈禱所であることを物語るものであった。湯之上隆論文は、この関東下知状は文書形式上から関東下知状と言えるか、なお検討を要すると述べつつも、立石寺が祈禱所であったことの可能性を否定するものではない、としていた[湯之上 二〇〇一b]。松尾剛次論文でも同様のことが確認されていた［松尾 二〇一六］。北条得宗家の奥羽への勢力拡大は、立石寺にも及んでいたのである。『山寺攬勝志』にある、北条時頼が立石寺の隆盛なることを妬んで禅寺へ改宗させ、阿所川院立石禅寺を寺号となしたとの記述は［岡 一九〇二］、上記の関東下知状写と符合する。さらには、江戸期に作成された「立石寺境内絵図」にも、常行念仏堂の南東に「阿所川院」と記載してあった［松尾 一九九九］。また、鎌倉後期になると、立石寺五大堂の奥に地蔵堂が建てられ、中には千体地蔵菩薩三尊像が安置された。地蔵菩薩・閻魔王・倶生神の三尊一具像は、死者供養と地獄からの救済を目的とし、中世鎌倉禅宗寺院でさかんであった信仰を取り入れたものであった［長坂 二〇一三］。これまた、立石寺が得宗専制のもと禅宗化していたことと合致する。

　鎌倉幕府が滅びると、立石寺内天台宗守旧派と禅宗派との間で寺院権力争奪戦が展開していった。元弘三年（一三三三）十月三日出羽国宣写（『山形県史　古代中世史料1』「立石寺文書」二号文書）は、出羽守の葉室光顕が、院主・別当職以下の権利を識乗坊に安堵したものである。前代から続く立石寺院主以下の伝統を保証したものであった。それは禅宗派が建武新政府に積極的に働きかけていったことをも意味する。一方、守旧派の天台宗僧侶たちも、同じような動きを展開していた。建武元年（一三三四）十二月八日後醍醐天皇綸旨案（『山形県史』「立石寺文書」三号文書）は、守旧派の興円阿闍梨に院主職以下の権利を安堵していた。興円阿闍梨は、院主・別当職を識乗坊から奪取しようとしたのである。

　一方、禅宗派の識乗坊は、足利政権との結び付きを強め、建武三年十二月八日には、院主・別当職が、尊氏より安堵されている（建武三年十二月八日足利尊氏御教書写『山形県史　古代中世史料2』「立石寺文書」四号文書）。その後、出羽における南北朝の内乱は、立石寺の天台派対禅宗派の宗教対立をもまきこんで展開していく。『山寺攬勝志』には、陸奥国霊山に拠った北畠顕家は院主興円に立石寺別当位記職を賜わったとあり、「興円率二其徒一、尽二力王事一、顕家陣没、後円秀忠円相継」と記していた。立石寺が南朝方、北朝方に分かれて鍔迫り合いをしていたことがわかる。興円の遺志を継いだ円秀・忠円らは、南朝との結びつきを得ながら、最終的に立石寺の院主・別当職を獲得していく。それは、南朝方福島県伊達市霊山や比叡山、笠置などのように古い由緒を持つ有力な「山の寺」が南朝方の拠点となっていた、という全国的状況にも相通じていた［仁木 二〇一一］。ただし、山寺峯の浦地区本院跡から康永三年（一三四四）の北朝年号が彫り込まれた五輪塔が出土しており［山寺峯の裏地区文化財調査会 二〇一一］、立石寺内では南朝方、北朝方の両勢力が入り乱れていたことがわかる。ちなみに陸奥国瑞巌寺は、最終的に天台宗に復帰できず、室町期になっても禅宗寺院の歴史を歩み続けていた。

戦国期、立石寺の大半の堂宇は倒壊し、衰退がひどかった。大永元年（一五二一）には、立石寺の衆徒らが伊達稙宗に味方したことを恨んだ天童頼長・成生十郎により、焼き討ちにされた（一相坊円海置文写『山形県史　古代中世史料1』「立石寺文書」八号文書）。そして、天文十二年（一五四三）、最上義守母を大檀那にして、一相坊円海による立石寺の再興がなされていった。それは、具体的にどのようなものであったのだろうか。この立石寺再興に関わる文書が、同寺に四点、所蔵されており、『山形県史　古代中世史料1』「立石寺文書」（以下、『県史』とする）や『山形市史資料第六八号』「立石寺文書」（以下、『市史』とする）に掲載されている。これらの史料に関して、武田喜八郎論文［武田 一九九八］・斎藤仁論文［斎藤 二〇一六］による検討もなされている。その先行学説をふまえ、以下考察を加えることにする。なお、『県史』『市史』に掲載された史料とともに、山形県立博物館で撮影された「立石寺文書」写真版を用いて分析したい（「立石寺文書」写真版の閲覧については、山形県立博物館に便宜を計らっていただいた。記して礼を申し上げる）。

天文十二年の立石寺再興に関わる文書とは、史料①貞観二年（八六〇）十二月三十日円仁置文写（『県史』「立石寺文書」二八号文書）、史料②天文十二年六月五日天台座主二品法親王尊鎮置文写（「同」六号文書）、史料③天文十二年六月十日天台座主二品法親王補任状（「同」七号文書）、史料④一相坊円海置文（「同」八号文書）の四点である。これらのうち、史料①「貞観二年十二月三十日円仁置文写」こそは、立石寺建立の故実を集約した珠玉の「創建神話」とされている。置文の内容は、次のようなものである。

史料①　貞観二年十二月三十日円仁置文写

円仁　私云慈覚大師□□□

　注進

立石寺四至東限国境　南限両子塚　西限酢川　北限六道辻

　甃《ワツカニ》免二三百八十町一ヲ、幷是レ以二沙金千両、麻布三千段ニ一、直買取所定二寺領ト一也

竊以ハ夫初メ従二知礼之筓《ベン》《カンザシ》一終至二懸車七十歳ノ初年ニ一、予年来所二持ス金剛杵ヲ一、乍《ナカラ》レ両ッ発レ誓随レ投ルニ、飛テ転二定於永代ノ灯油田ヲ一、余地余田ハ縦雖二廃壊スト一、金剛杵田ハ、敢無レ破損コトハ、為レ表ンカ二仏法王法ヲ一、譬如二牛角ノ互相守護スルカ一、令下久二住世一投上、所持両杵所坪定、或ハ書二千部妙経一安二惣持院ニ一、書二千部金光明経一置二文殊楼一、以二石墨草筆ヲ一、書二如法経一安二一宇ノ精舎一、横川ノ如法堂是也、写二千部ノ妙法花経一、利二上野・下野ノ衆生一、造二立奥州石蔵一、号二福遍ト一、切リ二敷羽州三崎ノ巖ヲ一称二根本ト一、建二立シ松嶋立石寺ヲ一、号二円仁ト一、処々換《カヘ》二名字一、篇々ニ現二長少ヲ一、今日於二勝地ノ霊崛ニ一行二五大尊之秘法ヲ一、於二爐壇岔《キウ》《タカシ》巌ニ一、修二百箇日ノ護摩一、独非レ為レ予普及二塵類一、上自二天子一下至二弊民一、平等利益ヲ乞也、累代ノ良吏察二此旨一、加《マスマス》被二当山仏法一令二ハ久住一、現当ノ望何ニ事カ不レ満哉

　　貞観二年十二月卅日

この置文では、以下のことが述べられていた。慈覚大師が沙金千両・麻布三千段をもって三百八十町の土地を買い求めて寺領としたこと。大師が誓いを発して金剛杵を投げることで定めた永代灯油田は、いつまでも絶えることがないこと。王法と仏法は、牛の両角の如く守護しあい、金剛杵田からの利得をもとにして書写された千部の妙経は総持

院に、千部の金光明経は文殊楼に、また石墨草筆で書かれた如法経を横川の如法堂にそれぞれ安置したこと。二千部の法華経を書写して上野・下野の衆生を利そうとし、奥州の石蔵を造立して福遍と号し、羽州の三崎の巖を根本とし、松嶋立石寺を建立して円仁と号したこと。また、勝地の霊窟において五大尊之秘法をおこない、爐壇、巖において百箇日の護摩を修するのは、上は天子より下は弊民に至るまで平等に利益をおよぼすためである、と。

立石寺においては、「清和天皇」宝塔が境内に造立され、また同天皇下賜の「立石倉印」が今にいたるまで受け継がれてきた。長瀬一男論文では、立石寺がこの正倉の印を用いて、徴税事務の役目も果たしていたとする［長瀬二〇〇四］。それは、三百八十町の金剛杵田を寄進して寺領となした、という「円仁置文」の言説にも相通じていた。

もっとも、この史料①「円仁置文」を貞観二年十二月三十日、円仁が作成したもの、とすることには、躊躇せざるを得ない。『県史』では、本文書を「研究の余地なしとはしない」と位置づけていた。その通りである。佐伯有清論文では、円仁が奥羽巡錫をしていることは誤りなしとして、その時期を八二九年から八三〇年に求めていた［佐伯一九八九］。そうであればなおさらのこと、奥羽巡錫という決定的瞬間をふまえた置文を作成すれば良いのにもかかわらず、円仁示寂の四年前の貞観二年を特定して「円仁置文」が「作成」されていた。何故なのだろうか。それが問題とならざるを得ない。

貞観二年という年が円仁の宗教体験に有する位置を探し求めていくと、以下のことが浮かび上がってくる。貞観二年、円仁は文殊楼院を創建すべきことを天皇に上奏し、特に造料を給わる詔勅を受けていた。そして、この文殊楼院こそが、慈覚大師の入定神話に決定的に重要な舞台となったのである。大師の臨終シーンを円仁の弟子たちの宗教体験を通して記した『真寂親王撰慈覚大師伝』は次のように描いていた。「黄昏の時、流星があって文殊楼院の東北の角に落ち、しばらくして四散した。これを見ていた僧侶たちはみな、慈覚大師が遷化した徴であると感嘆した」と。慈覚大師の示寂と復活は、「大師は神仙なり」という意識をうみ、やがて「棺より飛び出して東方に行き、その日のうちに立石寺に移った」という信仰を生み出すにいたった〔勝野 一九八〇〕。慈覚大師が、比叡山より東方、つまり山寺立石寺に「遷化」するためには、文殊楼院という奇跡をおこす「舞台」が必要だったのである。そして、貞観二年こそが、円仁遷化の舞台となる文殊楼院の造営が上奏された記念すべき年であった。

それのみではない。同年の四月には、延暦寺仏舎利会がとりおこなわれていた〔『日唐求法巡礼行記』〕。円仁請来の仏舎利が、総持院の塔下に安置されており、初めての仏舎利の供養が盛大におこなわれたのである。平安期、舎利信仰は根強いものがあった。仏舎利がもたらす奇瑞を求めて、多くの人びとが仏舎利を礼拝した。仏舎利は極楽往生を願う人びとの結縁の核となっていた。さらには、仏舎利への信仰が開山や高僧の墓所や遺骨への信仰と結び付き、高僧の遺骨は、神聖化されていったのである〔西口 一九八七、佐藤〔弘〕二〇〇三、長岡 二〇一〇a〕。仏舎利、そして開山上人の遺骨は、人びとを浄土に引接する力を持ち、それゆえに仏舎利と開山上人の遺骨の納められた霊場は、極楽往生を願う人びとの結縁の場となっていった。前節で述べた、入定窟に安置された慈覚大師真舎利の有する宗教的意味を想起されたい。仏舎利が安置されていた惣持院は、山寺立石寺の創建神話にとって、欠くことのできないもう一つの「舞台」であった。史料①にあるように、書写された経典を総持院と文殊楼院に納めなければならなかったのである。

第六節　天台座主尊鎮置文と円海置文

本節では、史料①「円仁置文」が作成された、その時、何があったのか、について考察していくことにする。まずは、史料②天文十二年六月五日天台座主二品法親王尊鎮置文写を読み込んでみたい。以下、その全文を掲げる。

立石寺　出羽国

謹案二当寺建立之濫觴一、群徒安全之ノ勝依怙、無レ過二此霊崛一、其レ慈覚大師本願意述之ノ旨ハ、貞観二年十二月晦日

之御記文ニ詳也、誰不レ敬レ之、何可レ疎レ之乎、抑此ノ寺ノ常燈者《ハ》、当初ニ被レ移二根本中堂之《ノ》燈火一訖、尋二彼源一ヲ、横ニ三国伝来、竪ニ三世不滅之熾盛光也、三火如レ次天地人ノ所レ現、過現当来照曜之《ノ》慈煙、誠ニ以広大ナル者哉《カ》、爰当二劇《ケキ》乱之便風一、燈炬消尽スト云々、太以テ悲嘆之《ノ》至極也、争無二相続之誘一哉、因レ茲遂二旧貫一、今所レ奉レ移二本山之《ノ》真火ヲ一也、此是挑二三火一燈ヲ一、古来無シレ替、自今以後無二退転一者カ、先ツ自国安泰ニシテ而、住民増二巨益一、他境帰ニシテ悲願一而、貴賤預ン二利生一而已

天文十二年癸卯六月五日

執行権大僧都法印大和尚永賢印（朱印影）

印（朱印影）座主二品法親王大和尚尊鎮印　印（朱印影）

この置文では、何よりも山寺立石寺の濫觴は、人びとの依るべき「霊崛」の存在に始まるとしていた。「霊崛」は、「円仁置文写」の「於二勝地ノ霊崛ニ一、行二五大尊之秘法ヲ一」の言説をふまえたものであった。山寺立石寺が奥羽最大の霊崛の場であること、それは「貞観二年十二月晦日之御記文」に明らかである、と天台座主尊鎮が認証していた。その上に立って、立石寺の法火が、延暦寺根本中堂から分与された三国伝来・三世不滅の熾盛光であること。立石寺再建にさいし、「旧貫」を遂げるために、「本山之真火」を移すべし、としたのである。先の「円仁置文」では、「惣持院」「文殊楼」「横川如法堂」における円仁の行実が記載され、それを受けて「松嶋立石寺」を建立し、「円仁」と号したと記していた。祖師円仁の出羽巡錫・立石寺開山の「歴史」を説明する上で、まことに適切な表現であった。「尊鎮置文」の冒頭に組み込まれた「円仁置文」の言説によって、立石寺の伝統と権威が承認され、天台座主尊鎮の名のもと「三火一灯」分与認可を導き出していったのである。

さて、この史料②「尊鎮置文」を発行してもらい、法火分与を拝する上でもっとも活躍した立石寺側の僧侶、つまり立石寺再興の立役者は、円海であった。同僧の行実は、史料④「一相坊円海置文」に記載されており『県史』『市

史』〕、多くの論者によって考察されてきた〔岡千仭 一九〇一、伊豆田 一九八四〕。屋上屋を架すことになるが、行論上、全文を以下、掲載する。

史料④

如法堂、大師御建立已来、勤行不《ツ》レ断《タヘ》之処ニ、天童ノ成生不儀之以二発向一、当寺悉令二破滅一、寺中家無一十余年、其間堂社破、已後漸雖レ令二帰山一、如法堂灯明、本山根本中堂之灯火ヲ、大師此寺被二移置一之間、遠路難渋之処、不レ及二取寄一過行、及二廿年一勤行無レ之、爰沙門一相坊円海、宿縁多厚之故、山形義守御母奉レ頼二大檀那ニ一、天文十二年癸卯卯月十三ニ令二歩行一、無レ難登レ山、東塔仏頂台教王院令二宿坊一、被二中堂之灯火申受一、北国之於二海中一、数度舟中ニ雖レ相二難風ニ一、無二相違一下着、同年八月廿五、同年十三年甲辰従二弥生上旬一、先例之任二法則一、勤行執行候、時之大聖院主広円阿闍梨相始也、功徳莫大也、大檀那現世安穏後生善生之願文、誠以不レ可二頓残一者也、仍当山之縁起古本、灯明下時之御状、為二末代一奉レ納二内陣一者也、願依二此功徳一、三界万霊有縁無縁大師預二引接一、殊為二春還芳公禅定尼大菩提一也

一相坊円海生年廿七(花押)

この史料④「円海置文」の内容は、以下の通りである。すなわち、「如法堂」が「天童成生不義之発向」で破滅されたこと。本山根本中堂の燈火を山寺に円仁が移して如法堂の火としたこと。山形義守御母を大檀那として再建をなさんとしたこと。天文十二年(一五四三)四月十三日に出発し、比叡山東塔教王院に宿坊しながら灯火を申し受け、北国経由で難風を克服し八月二十五日に出羽に到着したこと。翌年三月からは先例の「法則」に基づき勤行を執行したこと。時の立石寺院主広円阿闍梨がそれを始めたこと。落慶供養では、大檀那の現世安穏・後生善生の願文が奉ぜられたこと。「当山之縁起古本」「灯明下時之御状」は末代のために「内陣」に奉納されたこと。この功徳によって、有縁無縁の衆生が大師の引接にあずかり、殊には春還芳公禅定尼の大菩提のためならんことを、と。

円海は、「山形義守御母」を大檀那にして立石寺再興に獅子奮迅した。それにさいしては「山形義守御母」、つまりは最上義守の実母（中野氏妻、戒名は快庵良慶長光尼寿位）の強力な後ろ盾があった〔斎藤仁 二〇一六〕。円海は、比叡山延暦寺東塔の南谷の教王院（『東塔堂社並各坊世譜』）に宿泊し、延暦寺側との折衝、つまり延暦寺僧侶（後述する月蔵坊祐増）から取りなしてもらい、天文十二年六月五日付け天台座主尊鎮置文の下付、そして延暦寺の法火の分与にこぎ着けたのであった。前述の史料①は「当山之縁起古本」、史料②は「灯明下時之御状」、と称されていた。

史料②が記載された五日後、権律師実範は法印職に補任されていた（史料③『県』「立石寺文書」七号文書）。北海の荒波を越えて、八月二十五日に出羽山形立石寺にもたらされた法火は、再建の進む如法堂に灯され、時の院主（高僧なので大聖を冠されている）広円阿闍梨のもとで、儀軌・法則に即しての勤行が始まり、さらには再建落慶供養の場では、大檀那最上義守の御母の現世安穏・後生善生を祈る願文が奉ぜられ、また亡き春還芳公禅定尼の大菩提も併せて祈られたのである。ちなみに、これまでの通説を批判した斎藤仁論文では、この春還芳公禅定尼を、最上義定妻（義守継母、伊達尚宗女）とし、立石寺再興は最上氏独力でなしえたのではなく、伊達氏からの大きな支援があったとする。

さて、現存する「立石寺文書」においては、前掲の史料①、史料②、史料④は、一紙に書かれていた。『山形市史資料』六八号「立石寺文書」の伊豆田忠悦解説でも大小四枚継ぎ（山形県立博物館の写真版を見るに、あるいは六枚継ぎか）の一紙に記載された、とあった〔伊豆田 一九八四〕。史料①と史料②は、筆跡が同じであり、楷書体で書かれていた。それに対して史料④は、明らかに異筆で草書体風であった。写真版でも確認できる。そして、さらに史料④の奥、つまり一紙の最後に、①と②と同じ手で以下のような記述があった。

史料⑤

為二末代亀鏡縁起文一、雖レ書二載之一、正古本写留、旧本者相副、寺家江下之処也、寺家霊宝重宝不レ過レ之、不レ可レ

被レ処二聊爾一者哉、月蔵坊法印祐増、案清共書レ之

この史料⑤により、延暦寺月蔵坊祐増の存在が浮かび上がることとなった。同史料はまた、「円仁置文」の伝存状況をも示すものとして、武田喜八郎論文によって取り上げられ、斎藤仁論文でも分析されてきた。武田論文では、能書家月蔵坊祐増によって、史料①と②が清書されたこと。立石寺縁起の正古本を本山に写し置き、旧本は相添えて円海へ渡したこと。案文と清書本はともに祐増が記したこと、との指摘があった。もっとも、武田説では、「案文」については、具体的に何なのか、必ずしも明瞭にされなかった。そこで、この武田説をふまえて、斎藤論文では、史料①と②が清書本ならば、史料⑤に見える「案」とは史料④の円海置文であること。史料①は、延暦寺に保管されていた正本からの写し(清書本)であり、それを「旧本」として立石寺に下した、と述べていた。はたしてこのように読めるのだろうか。以下、検討してみたい。

まず何よりも確認しておきたいことは、史料⑤の文節が、史料②、史料④について記載されたのではなく、史料①「円仁置文」に付されたものであった、ということである。史料②では「貞観二年十二月晦日之御記文」、史料④では「当山之縁起古本」と表現された、かの「円仁置文」のことを記したのが、史料⑤の文節であった。史料⑤のなかで「月蔵坊法印祐増案清共書之」としたのは、史料①「円仁置文」の「案文も清書も月蔵坊祐増が書いた」ということである。斎藤論文では、史料④が草書体であり年月日の記載がないことに着目しているが、草書体で年月日がないからといって、「案」である、とはならない。また、史料①と②は、天文十二年六月に「清書」されたものであるが、史料④は翌十三年八月の仏会のことまで記していることより、史料①②の書かれた時期とでは、一年以上の隔たりがある。史料④の内容は、帰国した山形の法会のようすも描かれており、比叡山にいる祐増が書けるものではない。月蔵坊祐増が、史料①②の「清書」、史料④の「案」を、共に書いた、とはとうてい言えない。史料④は、あくまでも「一相坊実範(円海)」が書いたものである。

さらに、ここで再度確認しておきたいことは、史料①②④の文書が、上記のように一紙に記載されていることである。その一紙に記載された史料①と②は、確かに楷書で記してあり、一見すると「清書」であるが、楷書体であることが即「正文」であることにはならない。そもそも、史料①では、冒頭の行の「円仁」の直下に、やや小さい文字で「私云慈覚大師□□□」と記したり、「懸車」の右に「七十歳」と訓じ、「所坪」の右に「所持両杵」の文字を挿入させたり、と浄書（清書本）ならば、とうていあり得ぬ表記をしていた。かかる表記は、「正本」を写す際に誤記し、後に補塡したことから生じうるものである。現存する史料①は、月蔵坊祐増の清書本そのものではなく、「写」であった。この史料①を『市史』『県史』ともに「写」と位置づけているが、まさしくその通りである。

一方、史料②の尊鎮置文も、執行権大僧都法印大和尚永賢および座主二品法親王大和尚尊鎮の朱印は、山形県立博物館の立石寺文書写真からもわかるように、共に印影である。斎藤仁論文でも、そのような判断であった。一紙に記載されてある史料①と②は、ともに「写」である。なお、史料④は明らかに①・②と書き手が異なる。武田喜八郎氏が述べるごとく、「一相坊実範」の文字の上に「円海」そして「円海生年廿七（花押）」が書き塗られている。斎藤仁論文では、草書体であり、年月日がないことから、史料④「円海置文」を案文とするが、草書体であることから案文であるとは言えない。「円海生年廿七」と記されていることこそが、置文としての「歴史的瞬間」を逆に物語っており、本文なのである。

それでは、末代亀鏡として縁起文を書き載せたが、「正古本写留、旧本者相副、寺家江下之処也、寺家霊宝重宝不レ過レ之、不レ可レ被レ処二聊爾一者哉」とし、月蔵坊法印祐増が、案と清を共に書いたとする、史料⑤を史料①〜④の作成過程の観点からどう読み込めばよいのだろうか。そもそも案文には、古文書学的には、文書そのものの効力に即して作成される写しである「案文」（法令・命令布達、訴訟の証明文書、所領の分割移転、紛失状の作成）のほかに、もう一つ、原案を練り下書きをする、草案としての「案」がある［佐藤〔進〕一九七一］。後者の草案としては、佐藤進一論文でその典型的事例としてとりあげた長保元年(九九九)七月十五日検非違使別当宣草案(『平安遺文』三七九号文書)が有名である。平安期の公家世界においても、大治二年(一一二七)八月二十日では、源顕雅が仗座に参り、仁王会の呪願文の草案が奏せられ、補欠がほどこされていた(『中右記』同日条)。長承二年(一一三三)八月二十五日では、伊勢太神宮奉幣にさいし、少内記によって作られた宣命草が陣座に奉呈され、藤原忠宗らによって披見され、とりわけ死穢に関わる事項が検討され、内記に清書を命じている(『中右記』同日条)。長承三年三月十九日条はもっと決定的であった。藤原泰子(藤原忠実娘、鳥羽天皇皇后)を皇后宮職となすなどの「仰せ」が左大臣藤原家忠から大内記に下され、それに基づき作成された宣命の草が提出され藤原忠実の内覧を経て「清書」にまわされた(『中右記』同日条)。かの有名な藤原忠実内覧に関する一件である。

また、置文作成においても、以前の置文草案が保管され、後の時代にその草案が写されるということもあった。明恵置文案(『鎌倉遺文』四二六二号文書)では、明恵置文の「御草本」が保存されており、明恵没後、遺弟沙門青海によって建長六年(一二五四)十月十一日に書かれていた。「抑今置文者、依為当初事、後日皆改了」だったからである。「立石寺文書」の史料⑤の「案清共書之」の「案」とは、このような「草案」としての「案」であった。そうであればこそ、「案」に対して「清」と対句で表現されたのであり、案文も、そして清書本も共に月蔵坊祐増が書いた、としたのであった。

かの月蔵坊祐増とは、比叡山延暦寺東塔の有力寺院月蔵坊の祐増であり、天文十七年には法華会探題職を辞退した、という僧侶であった(延暦寺本院学徒申状『京都御所東山御文庫所蔵　延暦寺文書』五四号文書、八木書店)。弘仁十四年(八二三)に淵源を持つ法華会は、延暦寺のもっとも重要な仏会であり、北京三会に準じて執りおこなわれた。その仏会に参列した探題とは、寺院でおこなわれる竪義の場で、試験を受ける竪者が問者の質問に答え、探題が及落を判定する、という院政期仏会の中核にいた高僧のことであった[永村　二〇〇〇a、上島　二〇一〇a]。延暦寺の法華経会は、御斎会に準じておこなわれ、公請であった。探題になったのは、天台教学のトップにいる高僧であった。祐増もかかる僧侶であった。

そもそも史料①は、比叡山根本中堂の法火を分与してもらうために相応しい由緒正しき寺であることを証する決定的置文であった。それをもって、延暦寺天台座主との間を取り持ち、史料②「尊鎮置文」の下付、延暦寺法火の分与にいたるまで「指南」してくれたのが、この月蔵坊祐増であった(七月十日立石寺言上状『県史』一三号文書)。天台教学のトップにいた祐増は、延暦寺法灯の分火に相応しい古刹山寺立石寺のために故事を引用しつつ、「置文」の草案を練り作成した。その時、山寺立石寺に伝存されてきたと称される「旧本」も参考にしたと思われる。そして、新たに作成・清書された円仁置文は、天台座主尊鎮の置文②では「慈覚大師本願意述之旨、貞観二年十二月晦日之御記文詳也」とあるように、延暦寺法灯分火のための最大の根拠となり、「正古本」として書き留められ、「旧本」(以前より立石寺側にあった記憶としての旧本)に相添えて、実範(円海)に下されたのである。ちなみに、延暦寺側が写しとった「円仁置文」は、同寺に「記憶」されることとなった。元亀二年(一五七一)信長の比叡山焼き討ちを経て、天正十二年(一五八四)根本中堂が再建されるさい、その燈火は立石寺より「差し上げられる」ことになったのである(五月八日豪盛書状案『県史』第一二号文書)。

さて、天文十二年に延暦寺から新たに下付された「末代亀鏡」「正古本」「当山之縁起古本」の「円仁置文」と「灯明下時之御状」の「天台座主二品法親王尊鎮置文」の二つの本文書は、天文十三年三月の立石寺再建供養のさい、先例の法則の通りの仏会が院主広円阿闍梨のもとで再興される場で確認されることとなった。そして二つの置文が立石寺本堂内陣に奉納されるさい、史料①「円仁置文」と史料②「尊鎮置文」は、聖教書写の意味もあり、正字体(楷書)である「正古本」の通りに、一紙に複写された。そのさい、本来は、史料①の奥に記してあった月蔵坊祐増の「極書き」に相当する「別筆」史料⑤は、一紙状態の紙片の左奥に挿入された。史料①・②・⑤ともに書き手は同じであり、おそらくは、立石寺側の能書の僧侶であった。この史料⑤の一文こそは、円仁置文の歴史的正統性を示す、いわば極め書きであった。

寺社興行にさいし、このような極め書きをすることは、十四世紀前期の陸奥国中尊寺でも見られた。それが、中尊寺蔵のかの有名な「中尊寺供養願文」であり、その藤原輔方本の奥書があげられる。藤原輔方は、嘉暦四年(一三二九)、中尊寺僧信濃阿闍梨が持参してきた「中尊寺供養願文」に「極め書き」揮毫をして欲しいとの要請をうけ、願文を確認し、自分の先祖である藤原朝隆の筆であるとして「冷泉中納言藤原朝隆卿筆」と極めていた。さらには、「奥書」「端書」に及んだことを記していた[名児耶 一九七八、本書第Ⅱ部第一章]。「端書」「裏書」には、寺院の最重要史料である願文・置文・聖教などの伝存と寺の歴史を権威づける意味合いがあった。これと同じことが、立石寺再建時の「円仁置文」「尊鎮置文」でも見られたのである。

もっとも、史料②「尊鎮置文」は、比叡山延暦寺側からの立石寺再興として、史料①「円仁置文」と同様に決定的な文書になった。そこでは、立石寺再建が天台座主尊鎮法親王の意向をうけてなされたものである、と述べていた。史料②では、史料①「円仁置文」を「置文」でなく「貞観二年十二月晦日之御記文」と記していた。「尊鎮置文」を重視すべし、との思惑があったからに他ならない。そもそも天台座主尊鎮は、青蓮院尊鎮法親王として、十五世紀前半の室町幕府体制にあって、朝廷と幕府、戦国大名間の外交折衝を受け持ち、天皇家・幕府の祈禱も担うという(『御湯殿上日記』)、聖俗両世界に君臨した高僧であり、天文十年(一五四一)には、天台座主に復座していた(『公卿補任』)。

一方、立石寺側では、「尊鎮置文」は「灯明下時之御状」と認識されていた。

「一紙状態」には史料①「円仁置文」、史料②「尊鎮置文」が記載され、紙片の奥に史料⑤の記憶が書かれたが、史料②と史料⑤の間に史料④の円海置文が挿入され、全体として立石寺再建という歴史的瞬間を示す置文の世界がつくられていた。このうち円海置文は、明らかに在地世界、すなわち出羽国立石寺側からの目線で書かれていた(『山寺攬勝志』は円海を村山定顕の孫としている)。円海の事蹟を書き記し、「願依二功徳一、三界万霊有縁無縁大師之預二引摂一、殊為二春還芳禅定尼大菩提一也」とする言説は、京都延暦寺側からの置文である「尊鎮置文」に対して、在地側から発せられた「置文」という意識のもとに書かれたことを意味した。「円海置文」が、「尊鎮置文」と「別筆」の間の余白に、「円仁置文」「尊鎮置文」とは異筆の細字でもって書かれ「一相坊円海生年廿七」(花押)と記入されたのである。畿内から、そして在地側からの、双方からのはたらきかけがあったのである。

そう言えば、鎌倉初期の高野山領備後国太田荘における本年貢・公事体制は、荘園領主側からの一方的な取り決めではなく[藤木 一九八九、榎原 二〇一〇、苅米 二〇一三]、荘官そして百姓らの三大勢力の政治折衝によって成立し、その最終局面で鑁阿の手印が押され、「庄家庄官起請文幷鑁阿置文」と位置づけられていた(『鎌倉遺文』五七五号文書)[入間田 一九八六]。同じく正治二年(一二〇〇)、周防国で見られた阿弥陀寺々用料田設置も、知行国主東大寺重源の上からの動きのみによって達成されたにあらず。同国国衙在庁官人の主体的な起請文によって作られた強い地域的連帯を前提にして、重源の花押が付され「置文」となって初めて成立したのであった(『鎌倉遺文』一一六三号文書)[誉田 二〇〇〇a]。置文成立の背景に、王都の荘園領主、在地世界の領主、百姓などの勢力の交渉が存在していたのである。新たに王都から下付された「尊鎮置文」。それらをふまえて、在地側からの「円海置文」が付与されていったのである。

おわりに

山寺立石寺は、奥羽でも有数の天台教学の一大道場であり、さらには慈覚大師入定信仰を梃子に、在地世界の霊場として発展していった。中世後期の奥羽では、天台宗寺院の多くが衰退し、代わって曹洞宗寺院や浄土真宗寺院として再興していった[本書第Ⅳ部第一章]。立石寺は、在地民衆の祈り、女人救済を積極的に取り込み、在地社会で展開する幾重にも広がる信仰のネットワークをキャッチすることで、中世後期の歴史的変動期を乗り越えたのである。今のＪＲ山寺駅の東南からは一千枚近い銅銭も出土しており、立石寺の寺域は、貨幣経済で賑わう場、石工技術者が集住する都市的な場であった［山口（博）二〇一七ｂ］。このような聖と俗の二つの空間を有し、周囲の在地世界に信仰のみならず、政治、経済、文化の面でも中心性を帯びていた立石寺は、その地域社会における政治的・経済的位置はそれほど高くないものの、仁木宏氏が述べる「山の寺」に相通ずるものがあった［仁木二〇一一・二〇一五］。それ故にこそ、大永年間に、立石寺は天童氏の焼き討ちの憂き目にあったのである。

かつての仏教都市平泉では、顚倒した中尊寺伽藍、焼失した毛越寺円隆寺、無量光院は、中世後期になって再建されなかった。鎌倉幕府滅亡直後の建武新政権に、寺塔再興を、修辞を尽くした言上状にしたてて要請していたが、その建武元年八月日の二つの中状（『奥州平泉文書』第七四号文書）は、最重要文書として「中尊寺文書」のなかに位置づけられていた［入間田二〇一三ｂ］。一方、戦国期出羽立石寺では、前述の三つの置文が、寺社再興のための重要文書となった。在地世界の信仰を組み込むと同時に、延暦寺とのつながりを確保しようと、立石寺側が尽力したのである。さらに、付言するならば、織田信長の焼き打ちによって回禄に帰した延暦寺が再建されたとき、今度は、出羽国立石寺から法火が叡山に送られていた。天正十七年（一五八九）冬二十五日のことであった。その歴史的経緯に依りながら、円仁・尊鎮・円海の三つの置文を継承し、鎮護国家と「最上義光、預二医王（薬師仏）善逝之感応一」を祈る「豪盛置文写」が作成されていた（『県史』「立石寺文書」二九号文書）。「円仁置文」に見る立石寺法灯の正当性は、度重なる延暦寺との交渉、歴史の認証を経て、近世社会にも生き続けたのである。

第Ⅳ部　中世後期の仏教

第一章　中世後期出羽の仏教

はじめに

中世後期奥羽の仏教史研究は、中世前期に比して進んでいると言えない状況が続いてきた。また、奥羽仏教史の最高峰は、中世都市平泉に栄えた仏教であり、平泉藤原氏滅亡後は、暗黒の時代、あるいは、平泉仏教文化の亜流にしかすぎない、という思いを人びとに焼き付けてきた。しかし、近年の中世後期奥羽仏教史研究は、このような考え方を脱却し、当該時期の奥羽仏教の多様な実像を浮かび上がらせようとしている。

翻って、全国的状況を見るに、南北朝の動乱から室町期にかけての日本中世は、仏教と政治・在地社会との結合がより深化した時であった。王法に普遍的に要請された仏教政策とは、諸宗共存の実現であり、室町将軍はそこに自己の権力の正当性をアピールしていった［大田 二〇一四］。また、中世後期の在地世界の寺院は、地方勢力と幕府とをつなぐ回路として、地域勢力から期待されていたし、室町将軍の寺社興行政策も守護大名をまきこんで展開した［川本 二〇一四］。都と在地世界との政治・交通関係のさらなる展開にあって、「脈管」装置としての仏教は重要な役割をはたしていたのである。

また中世後期は、地域世界、民衆へと仏教が本格的に浸透していく時であった。鎌倉期に生まれた諸教団が社会に影響力を及ぼすのは戦国時代なり、とする「戦国仏教論」が提唱される所以である〔藤井二〇〇二、湯浅二〇〇九・二〇一五〕。そして寺院を核として結衆する聖俗の社会集団の組織構造、教学と救済、祈りと作善・報謝行の仏教の軸線は、織豊政権、幕藩制社会の試練を経て、近代日本へと連結していく。まぎれもなく中世後期仏教の持つ歴史的位置は、日本仏教史上でも重要なエポックとなったのである。

中世後期の奥羽社会においては、京都から北陸、奥羽の日本海諸湊、さらには北方蝦夷地世界まで広がる通商・交通関係がいっそうの進展をとげていた〔伊藤（清）二〇〇〇a、市村（高）二〇〇二・二〇一六a・b、高橋（一）二〇一六〕。日本海交通の一大拠点都市十三湊が栄えた時代であった〔国立歴史民俗博物館一九九四〕。このようなことに着目しながら、室町幕府政治体制下の奥羽政治史〔伊藤（喜）一九九九〕、蝦夷地から北東アジアにおける民族問題と奥羽との関係性について〔遠藤巖一九八八a〕、日本列島北部から蝦夷地にまで広がる浪人集団に関して〔入間田二〇〇一〕、それぞれの研究も進められてきた。また、これらの研究をふまえながら、中世後期奥羽の仏教をとらえようとする論考もあった〔誉田二〇〇〇f・g、佐々木馨二〇〇二〕。

もっとも中世後期奥羽仏教に関する同時代史料の決定的不足は、課題解決の最大の障壁ともなっている。新史料の発掘、そして書誌学的分析は、必要不可欠であり、この間もその努力が積み重ねられてきた。また文献史料は当然のこと、板碑などの石造文化財、金石文や絵画資料に関する調査研究の重要性が強調された。板碑・石碑などから得られる文字情報を丹念に読み解き、鎌倉幕府・室町幕府・五山十刹との関係性において松島延福寺（瑞巌寺）を浮かび上がらせた七海雅人氏の研究は、特筆すべき論考であった〔七海二〇〇五〕。さらには『熊野那智大社文書』の檀那職売券からもわかるように、中世の奥羽は、東国以西の列島における宗教的展開に敏感に連動していたことも、明らかになってきている〔菊地二〇一五、佐々木徹二〇一六〕。このように中世後期奥羽の仏教史に関する諸研究が深化してきた。

以上のような中世後期仏教史研究をふまえ、本章では、在地社会の構造的変動のなかで、奥羽、特には出羽の仏教の実像を再検討しようとするものである。仏教寺院を支えた社会諸集団とはどのような人びとであったのか。彼らの視線の先には何があったのか。逆に、彼らをそのように行動させた、その「力」とは何だったのか。奥羽仏教世界の一つ一つの地層を形成していった人びと（社会集団）を、その政治性、文化伝道のダイナミズムのなかで浮かび上がらせ、もって奥羽という地域社会に結実した仏教を明らかにしたい。それが本章の課題である。前章で論じたように、中世奥羽の仏教は、平泉仏教を抜きにして論じることはできないが、そうであればこそ中世後期の奥羽仏教とは何であったのか、という問いかけは、歴史発展の潮流を見極めようとしたときに、看過できない、と考えるものである。

第一節　室町幕府秩序と出羽国の仏教

(1) 官僧としての臨済僧

室町幕府体制は、奥羽の武士と京都の将軍とが緊密なる政治・儀礼・交通関係で結ばれる体制であった。奥羽の有力武士は、京都との政治的つながりのなかで自らの地域支配を全うしていたのであり、それ故にこそ京都との宗教的人脈関係も決定的に重要であった。かかる地域社会と京都との頻繁なる政治的往来を宗教的人脈のうえで束ねていたのが、臨済宗官寺体制であった。臨済宗が出羽の武士に強い吸引力を有していたのは、同宗が室町幕府政治秩序と表裏一体の関係を有し、幕府の使節遵行体制、外交の世界、室町将軍や京都に居館を有する有力守護との贈答関係に深く関わっていたからである。出羽国における最初の室町幕府体制下臨済宗寺院としては、夢窓疎石が開山となって延文四年（一三五九）、山辺荘の内におかれた安国寺が著名であり、貞治三年（一三六四）八月十日、斯波兼頼が倉持兵庫助入道に下した預置状にも同寺の塔を遠望できる地が記載されていた（『南北朝遺文　東北編』一五〇七号文書）。陸奥国でも大崎に安国寺が開基され、同寺は、室町幕府の奥羽支配の重要なる政治拠点に開基されたのであった。

一国に一つ置かれた安国寺のほかに特に重要だったのが、言うまでもなく室町幕府官寺体制として十刹・諸山に位置づけられた寺院であった。出羽国では、崇禅寺(春屋妙葩の開山)と光明寺(在中中淹の開山)が諸国十刹に、金剛寺(夢窓疎石の開山)と資福寺(大体正念の開山)が諸山となった。このうち奥羽全体で見ても崇禅寺と光明寺のみが諸国十刹に位置づけられていたが、それは、開山僧の夢窓疎石の僧格に起因したからと思われる[遠藤巖 一九八二]。奥羽にある十刹・諸山寺院は、たとえば、崇禅寺(大泉荘大宝寺)が武藤大宝寺氏、光明寺(出羽東山)が羽州探題最上氏、資福寺(出羽国屋代荘夏刈郷)が伊達氏、金剛寺が小野寺氏、金勝寺が白河氏などというごとく、京都御扶持衆、奥州探題・羽州探題の領内に一ヵ寺ずつ設定されていた[遠藤巖 一九八二]。このように全国の政治的拠点に置かれた十刹・諸山、はたまた京都五山を統括する機関(僧録)が京都相国寺内の鹿苑院におかれたが、その僧録司が記した公用日誌『蔭涼軒日録』に、前述の十刹・諸山のうち、「崇禅寺」「光明寺」「金剛寺」が頻出してくる。それは、後述のごとく、臨済宗寺院を介しての出羽国と京都との密接な関係を物語るものであった。

臨済宗僧侶は、室町幕府の使節遵行体制に重要な役割をはたしていた。その好例が、宝徳二年(一四五〇)、出羽国赤宇曽地頭小介川前伯耆守立貞の年貢対捍を譴責し、醍醐寺三宝院領としての所領安堵に関する遵行沙汰が、幕府(足利義政・細川勝元)―羽州探題―遵行使節小野寺氏―在地領主小介川氏へ、という次第に沿っておこなわれたが、この室町幕府遵行体制を補完するかたちで、三宝院門跡准后義賢の遵行依頼が白河荘金勝寺にいる有良に出されたことである(『大日本古文書』「家分け醍醐寺文書」一九七〇～四号文書)。有良は、京都御扶持衆小野寺家道にも醍醐寺三宝院領赤宇曾の遵行沙汰を「申し遣わし」、同時に京都にいる小野寺氏の在京執事矢野氏・最上山形氏執事豊田出雲守とも「談合」するよう三宝院門跡へ取りなしていた[遠藤巖 一九八八b]。また有良は、醍醐寺三宝院領赤宇曾の遵行沙汰を、実際は同宿の僧を使っておこなっていた。おそらくは、白河荘金勝寺に寄留していた臨済僧が、最上羽州探題領内の光明寺僧と連携しつつ小野寺氏のもとに書状を伝えたとも思われ、また武藤大宝寺氏ルートにおいては崇禅寺の僧が、遵行においての役割を期待されていたであろうし、実際に書状伝達の役目を代行したとすべきであろう。

臨済僧有良は、奥羽特別使節として活躍したことへの褒賞として、長禄二年（一四五八）には京都十刹の安国寺に入寺しており（『蔭凉軒日録』）、さらに再び白河荘金勝寺に東国使節僧として派遣されると、寛正元年（一四六〇）には古河公方足利成氏攻撃を命ずる室町将軍義政の「御内書」がとどけられ（「御内書案」『続群書類従』第二十三輯下）、奥羽の武将とともに室町幕府軍事動員体制の指揮命令系統の一翼をになう僧侶として位置づけられたこと、寛正三年秋の伊達大膳太夫持氏の上洛にさいしても同道を幕府に願い出ていること等々、奥羽の十刹・諸山ネットワークの上に立った宗教活動は当然のこと、室町幕府体制の政治支配、軍事指揮命令系統で重要な役割をはたしていた。かかる臨済僧は、有良のみにあらず、永享十一年（一四三九）永享の乱の時、奥州使節僧として奥州に派遣された中佐首座や、島津貴久が嘉吉元年（一四四一）に琉球を拝領したさい、「島津方御使」として九州に派遣された乾徳院等金などにその姿を求めることができ（『蔭凉軒日録』）、仏教のみならず軍事・外交などの幕府の国家的諸課題の一翼を担って、臨済僧はその指揮命令伝達系統において必須の役割をはたしたのであった。

もっとも京都から奥羽に至る以上のような臨済僧の活動は、前述の崇禅寺・光明寺・金剛寺などの十刹・諸山寺院、さらにはその下の臨済宗寺院によって形成された臨済宗ネットワークがあってこそ初めて可能であった。十刹・諸山ではないが、最上山形の万松寺、大泉（武藤）大宝寺氏の般若寺、さらに秋田土崎湊三ヵ寺の一つ大悲寺も忘れることはできない［笹尾 一九七六］。三戸南部には、応永二十一年（一四一四）ころに京都相国寺管轄下の臨済僧永祐が下向し滞在する臨済宗寺院も想定されるのであり［遠藤巖 一九九五］、臨済僧の法脈は奥羽北部まで及んでいた。

国家的な官寺体制として中央指向性を特色とする臨済宗寺院を経済的に支えたのは、京都に「屋形」の在京代官を置くとともに、代替りの時に京都上洛を遂げ、将軍への貢馬と将軍からの偏諱にあずかる京都御扶持衆や探題であった。前述の寛正三年、伊達持氏が上洛して三万疋もの銭を進上して公方に御目をかけられ、義政からも鎧・太刀・扇などが下されたこと、翌年の武藤大宝寺淳氏上洛のさいにも銭一万疋と馬十疋の献上があったことからもわかるように(『蔭凉軒日録』)、地方の上級武士と「京都」公方との主従関係を彩るのは、華麗なる贈答儀礼の世界であった。都で展開した将軍と両探題・京都御扶持衆との間の献上・下賜の政治的サイクルのただなかに、官僧としての臨済僧も生きていた。注目すべきは、諸山・十刹の住持補任には、公文御判(公帖)が必要であったが、その公帖発給権を足利義政が掌握し〔野田 一九九五〕、しかも坐公文発給の前提となる公帖官銭を幕府に支払ったのは、自らの領内にある寺院の新住持を推挙する京都御扶持衆であったことである〔今枝 一九七〇、斎藤(夏)二〇〇三〕。『蔭凉軒日録』に頻出する出羽国崇禅寺・光明寺・金剛寺の公文御判を支えたのは、室町将軍との贈答儀礼関係に自らの政治的権威を見いだそうとする京都御扶持衆武藤大宝寺氏や小野寺氏、羽州探題最上氏だったのである。

(2) 時衆僧の活躍

以上のように、臨済僧の存在意義は、京都と出羽国とを結ぶ政治・宗教関係の動脈であった点に求められるが、このような都鄙往来のネットワークのなかで発達した仏教は、臨済宗だけではなかった。都鄙往来の新たなる役割を担った仏教集団として、時衆僧の存在を忘れてはならない。『時衆過去帳』(神奈川県藤沢市清浄光寺蔵)によると、時衆遊行派九代遊行上人白木は、越後国府応称寺で最初の賦算を始めた後、宇都宮から延文二年(一三五七)初秋に陸奥国「牛袋」に入り、妙一房に帰命戒を授けて、その後、奥羽山脈をこえて庄内平野に至り、砂越において同年九月に尼衆「忍阿弥陀仏」の帰命戒を授け、北陸道に向かった。この九代遊行白木は、康安元年(一三六一)にも再び陸奥国「牛袋」に来遊して、「師阿弥陀仏」の帰命戒を授けており、以後の歴代遊行上人もしばしば「牛袋」に遊行していた。遊行上人が授けた法名はいずれも「師阿弥陀仏」。『時衆過去帳』に見る「牛袋」とは、陸奥国「大崎称名寺」のことである〔遠藤巖 一九九七〕。

さて、この遊行九代白木の遊行は、奥羽における遊行派の布教活動のあり方を象徴するものであった。それは、この賦算の場が、何よりも奥羽室町幕府政治秩序の重要拠点である大崎や、後に京都御扶持衆となる武藤大宝寺氏の拠点、砂越であったからである。称名寺は大崎領内最大の念仏道場であり、砂越氏一族が住む大宝寺(今の鶴岡市)にある長泉寺は、遊行第七世託阿開基の伝承を有し、のちに武藤大宝寺氏から「大梵字道場」の額を拝領しつつ、大永年間に遊行二十五代仏天が来遊し、「長泉寺衆」の尼に「亦一房」の帰命戒を授け(『時衆過去帳』)、さらには遊行していた二十九代遊行体光が永禄五年(一五六二)に入滅した寺院でもあった(新潟県十日町市来迎寺所蔵『時宗血脈相承之次第』)。

時衆遊行派と奥羽の室町幕府政治秩序とが密接不可分の関係にあった点については、斯波兼頼が応安六年(一三七三)八月に十代遊行他阿元愚より「其阿弥陀仏」の授戒をうけ、光明寺の開基となったという「遍照山光明寺由来記」(『山形市史　史料編Ⅰ　最上氏関係史料』)が有名である。後述のごとく、光明寺は羽州探題最上氏の居館のある都市空間のなかでもっとも重要な場所に位置していた。かかるあり方は、最上氏のみに限ったことにあらず、出羽庄内の大宝寺氏には、前述の「大梵字道場」長泉寺が、大崎には称名寺、奥州管領畠山氏(二本松殿)には称念寺、三戸南部に教浄寺、八戸南部に常福寺、斯波御所と稗貫氏領内に寺林光林寺、秋田安東の脇本に金光寺、白河に小峰寺など、羽州探題・奥州探題・京都御扶持衆の領内の拠点には遊行派寺院の存在は必須であった。奥州二本松出身の遊行上人は、十七代の暉幽以下、二十・二十五・二十八・二十九代の五名に及び[橘俊道一九七五]、十九代遊行上人の入戒の場も奥州畠山二本松の称念寺であったこと、男鹿脇本にも貞和二年(一三四六)の「南無阿弥陀仏」時衆名号板碑が立っていたこと(『男鹿市史　上巻』一九九五年)、また時代は下るが、永禄五年(一五六二)、脇本城主湊摂津守氏季が城下の時衆寺院金光寺の住持派遣を本寺藤沢寺に申請していること等々(「湊學氏所蔵秋田湊文書」『能代市史　資料編古代中世一』)、奥羽室町幕府政治体制と遊行派との密接な関係を物語る事例は多い。ちなみに宮城県石巻市鹿妻の専称寺廃寺跡と推定される菅原神社境内には、三二基の時衆系六字名号を刻した板碑が立っている(『石巻市史　第八巻　資料篇2　古代・中世編』石巻市、一九九二年)。

これら奥羽の室町幕府政治体制と遊行派との密接な関係は、『時衆過去帳』にみる帰命戒授与のあり方からもうかがえる。斯波兼頼の法名「其阿弥陀仏」は、歴代遊行上人のみに許された「他阿弥陀仏」の次に位置する高位であるが、かかる「其阿弥陀仏」法名を有しているのは、「出羽大将」「下国」「志波(斯波)殿出羽大将」「志波(斯波)殿シハ(斯波)」「ヘヌキ(稗貫)」と、いずれも奥羽の室町幕府体制下の中枢的役割をになった領主層であった。これは、ただに奥羽のみの状況であったのではなく、『時衆過去帳』全体に通ずる帰命戒授与の原則でもあった。『時衆過去帳』には、奥羽における多くの帰命戒下付のようすを記載しているが、「薄衣」(珠阿弥陀仏)・花岡(師阿弥陀仏)・松尾(来阿弥陀仏)などのように、京都御扶持衆として位置づけられない在地の人間は、「其阿弥陀仏」は持つことができなかったのである。

斯波兼頼に関して、興味深いことが言える。慶安五年(一六五二)七月、光明寺二十一世によって編纂された「遍照山光明寺由来記」(『山形市史　史料篇1最上氏関係史料』)では、応安六年(一三七三)八月、「漆山念仏堂」における十代遊行上人元愚との邂逅によって兼頼が帰依したことを、また山形市光明寺所蔵「斯波兼頼画像讃」(『山形県史　古代中世史料1』一二一二頁)でも十代遊行元愚より「其阿弥陀仏」号をうけたことを記している。しかしながら、『時衆過去帳』には、応安六年の斯波兼頼「其阿弥陀仏」授戒のことを記していない。それならば、斯波兼頼の「其阿弥陀仏」授戒は虚構であったのか。そうではなかった。『時衆過去帳』の原史料を見ると、授戒の記載方法は、遊行の道筋にそって忠実に記されただけではなく、地方の中核的念仏道場寺院において結縁の壮大なる儀式がおこなわれ、それに結衆した人びとの帰命戒をまとめて記入していたことに気がつく。このような帰命戒授与と『時衆過去帳』への記載の好例が、十五代遊行の場合であり、そこでは安徳天皇や一遍の家族などの物故者も含めた、敵味方の区別をはるかにこえた怨親平等の理念のもとに亡者の供養がおこなわれていた。

さらには、九条・二条殿・東洞院・二条関白・親王・春宮などの室町幕府体制の頂点に位置していた人びとの帰命戒のなかに混じって「其阿弥陀仏」（出羽大将）、「其阿弥陀仏」（志波殿出羽大将）として記載されていた人物たちは、斯波兼頼とその一族のことではなかろうか。従来、この「出羽大将」を「出羽大収」と読んできたが〔大橋 一九六四〕、「出羽大将」が正しく、事実、前述の「斯波兼頼画像讃」に「始号出羽大将修理大夫」と記されていたのである。斯波兼頼というと、「出羽国司按察使」「修理大夫」の官途が著名であるが、遊行上人の斯波兼頼に対する人物認識が「出羽大将」であったことは、「陸奥国大将」斯波家長・石堂義房との関係で重要である〔遠藤巖 一九七八b、小川信 一九八〇、渡部 二〇〇二〕。なお、最上氏の呼称については、伊藤清郎論文があった〔伊藤（清）二〇一四〕。

時衆遊行派が室町幕府秩序と密接な関係を有したのは、時衆僧侶が戦乱にあって「陣僧」としての役割をはたしていたからであった。応永七年（一四〇〇）、「牛袋」の聖（大崎称名寺遊行僧）が京都にのぼり、篠川公方からの大崎探題独立の室町幕府将軍御教書を拝領したこと（「余目氏旧記」）、嘉吉三年（一四四三）、南部義政の十三湊攻略に安藤氏を切り崩すべく活躍した「蓮阿弥」など（「新羅之記録」）、在地社会の外交世界において重要な役割をはたしていたのである〔誉田 二〇〇〇g〕。

もっとも時衆僧の念仏勧化は、京都室町幕府につながる武士に対してなされたのと同時に、奥羽在地社会にまで及んでいたことも忘れてはならない。文和三年（一三五四）、陸奥国比内郡重内・有平郷には、「相阿弥陀仏」「経阿弥陀仏」などの時衆僧侶の給田が設定されていたし（「新渡戸文書」）、十五代上人尊恵の遊行において帰命戒を授けられた地域だけでも、稗貫・水沢・似内・寺林・三戸・大里・浅利・田山・小坂・花岡・新里・松尾・下国・大崎・薄衣・大宝寺・秋田湊・寒河江などに及んでおり、出羽国内では、米代川流域への教線拡大が顕著であり、同門徒のなかに米代川水系の水運に生きる人びとがいた〔市村（高）二〇〇二〕。

ただし、忘れてならないことは、出羽南部の在地社会においては、一向俊聖を祖とする一向派の方が遊行派（藤沢派）よりも強大であり、十六世紀末には四〇ほどの天童一向派寺院が出羽国に広がっていたことである（滋賀県米原市蓮華寺蔵『八葉山蓮華寺末寺帳』）。出羽国南部では、天童一向派の歴史は遊行派よりも古く、石仏寺（天童市）旧蔵の文永三年（一二六六）銘の善光寺式金銅三尊仏に見るように、善光寺式如来を安置する寺院が同派には多く、善光寺信仰が教線拡大の土台となっていた［竹田 一九九六］。さらには、顕密教学の拠点である慈恩寺のなかにも、宝徳寺・松蔵寺が建てられていた。このように同派は、より在地密着型の時衆小王国を形成し、近世には時宗十二派の一つ一向天童派となったのであった。それは、より在地的な宗教ネットワークの樹立を意味していた。

(3) 臨済・時衆・真言宗体制

以上のように見てくると、中世後期出羽の仏教体制は、前代の鎌倉期に比して臨済宗と時衆（遊行派）を中核とするなかで展開していったと言わざるを得ない。それは、室町期の政治体制が京都との深い関係にあったことと密接に関係する。京都との政治的な交流関係は、仏教的人脈関係との相互補完関係にあり、臨済宗・時衆を核とする新たなる宗教構造を在地世界に形成したのであった。

その一方で、中世前期から続く顕密教学を基本とする出羽国在地世界の仏教体制は、永仁六年（一二九八）に造像された本尊弥勒菩薩を中心とする慈恩寺五尊像が、釈迦如来・地蔵菩薩の顕教系と降三世明王・不動明王の密教系仏像の混合によって構成され［麻木 一九八三a・b］、基本的に中世後期に入っても変化しなかったように、中世後期においてもその強靭なる生命力をなお保持していた。鎌倉幕府得宗専制による禅密体制［佐々木馨 一九九七］の推進のもと、天台宗から禅宗へと改宗していた立石寺では、鎌倉幕府の滅亡とともに、いち早く武家方について阿所川院院主職・別当職を保持しようとする禅宗勢力と南朝勢力との連携を図りながら復権を目指した天台宗勢力との角逐はあったものの〔入間田 一九八三、誉田 一九九五・本書第Ⅲ部第二章〕、結果的に天台宗山門派が勝利し、以後の室町時代においても変わることはなかった。また、後述のように、天台宗は、最上氏の都市山形の仏教体制において一つの核を構成していた。

それでは、中世前期と後期とでは、何らの変化も生じなかったのだろうか。そうではなかった。中世後期になって、真言密教が、前代よりもさらなる大きな流れとなって出羽国にもたらされていた。その典型的事例を羽州探題最上氏の都市山形に求めることができる。同都市を構えるにあたり、斯波兼頼は、時衆光明寺を建立したのみならず、かつて行基菩薩が開いたという五光山宝幢寺を都市山形に延文年間、再興したのであった。同寺には、八尺の仏像八体を安置する十八間の仏殿があり〈「羽州最上宝幢寺縁起」『山形市史編集資料』第十五号、山形市史編集委員会〉、さらには平安中期の檀像様式の十一面観音像が安置されていた。宝幢寺の僧都は、醍醐寺小野流から招請されており、同寺は、最上領の「鎮国安民」の祈禱所としての出羽最上領内真言宗の「頭梁」とされ、寒河江荘慈恩寺をも傘下に置くようになっていく〈宝幢寺「寺柄由来書上」『山形市史編集資料』第十五号〉。それは、羽州探題最上氏の都市山形における真言宗祈禱体制の出発であった。官寺としての臨済宗諸山光明寺、あるいは位牌所としての曹洞宗法祥寺などが都市山形にあったとしても、真言宗寺院宝幢寺は、鎮国安民の祈禱の担い手として重要な役割を担っていた。中世後期、出羽国における真言宗の発展は、室町幕府政治体制の成立とそれと連動する形でなされた都市形成と密接に関係していたのである。

このような真言宗寺院による密教祈禱体制は、他の領内にあっても同様に言えることであった。たとえば砂越氏においては来迎寺が、大宝寺氏の居館の西には羽黒山別院でもあった真言宗龍覚寺が開基されていた。京都御扶持衆小野寺領内では、同氏の絶大な保護を受けた横手平野南西部最大の真言宗寺院吉祥寺〈羽後町〉をはじめ、その末寺で小野寺氏祈願寺でもあった無量寿院や般若寺が横手城下に広がっていた〔佐藤〔久〕一九七六〕。安藤氏の場合、真言宗との結びつきはより深いものがあった。十三湊に来吽院をかまえ、さらには安藤氏の蝦夷地への渡海が同寺をはじめとする真言宗教団を率いての大移動であったことなど、鎌倉幕府の禅密体制の宗教構造をもっとも忠実に体現していたのが、安藤氏であった［佐々木馨　一九九七］。やや時代は下るが、本拠地を吉川から寒河江に移しつつ戦国大名化を進めた寒河江氏は、都市寒河江の構築にあわせて、同城二の丸北東隅に真言宗惣持寺を開創していた［寒河江市　一九九四］。

奥羽の仏教体制が天台宗から禅宗と密教に変化し始めるのは、鎌倉中期のことであり、前述の山寺立石寺、あるいは松島円福寺の事例がつとに有名であるが、これをもって出羽国内天台宗寺院が雪崩をうって真言宗・禅宗に改宗していったとすることは、必ずしも妥当ではない。むしろ、北出羽にあっては、室町時代前期において、天台宗寺院の真言宗への改宗が次々におこった事実にこそ着目すべきであろう。

たとえば、横手平野天台宗寺院の中核をなしていた吉祥院が、十四世紀後期に真言宗に改宗していたし［佐藤〔久〕一九七六］、何よりも注目すべきは、男鹿赤神神社の天台宗寺院日積寺の真言宗への改宗であった。「赤神山本山縁起」（男鹿市赤神神社所蔵）では、その時を明徳二年（一三九一）としている。遠藤巖論文は、同年の改宗に李氏朝鮮国の成立などを画期として「北海夷狄」の動向が明帝国と足利義満との間で意識され、その民族問題への意識が秋田湊・小鹿島にも影響を与えたとする［遠藤巖　一九九一a］。さらには、矢島の学頭坊福王寺も同年に真言宗へと改宗していた。そのような歴史のなかで、醍醐寺三宝院役僧仁乗上人の巡錫伝承［佐藤〔久〕一九七六］が生み出されてきた。前述の宝徳二年（一四五〇）、赤宇曾郷の醍醐寺三宝院領安堵をめぐる室町幕府遵行体制の史料と合わせて興味深いものがある。

以上のように見てくると、中世後期出羽の基本的仏教体制は、室町幕府体制の出羽と京都の政治・宗教的脈管と都鄙往来においてもっとも活躍し、そこに社会的存続意義を有していた臨済宗と時衆とを基本とする体制であり、さらには領内の平和と鎮護調伏を担う真言密教の体制であったと言える［原田　一九九八b・二〇〇七］。それは、単に鎌倉期の宗教構造の亜流だったのではなく、室町幕府政治体制の成立と、それに呼応する形で形成される中世都市、新たなる都鄙間交通の展開の上に成立してきた仏教体制であった。このような出羽国の基本的宗教構造の上に、室町幕府政治のなかに潜む北方世界の問題、さらには蝦夷地との交通関係や民族問題の動向を敏感に自己意識に植え付けていった日本海側の寺社の姿が浮かび上がってくるのである。

第二節　中世都市のなかの寺院

(1) 山形城下絵図を読む

中世後期において寺社は、都市的な場にあった。個々の領主の政治的領域を縦横無尽に超え、しかも世俗的な力では説明がつかないような「富」を生んでいく不思議な力を有する貨幣(銭)の内側に仏神の力あり、と考えられていた。商業的行為と宗教的行為は表裏一体であり、人びとと物資が集まる場には、必ず仏・神もいたのであり、宗教的な場(寺院)と都市は密接不可分の関係にあった[網野 一九九七]。そのような脈絡での中世都市研究は、もっとも進んだ分野であった。このような全国的状況をふまえた場合、出羽国の都市のなかで仏教的な場の特質、その構造をどのように紡ぎ出すことができるのだろうか。為政者がその都市を建設するにあたって、寺院に対する政治的意図はどのように投射されていたのだろうか。

近世幕藩体制成立にたどり着いた戦国武将は、伊達・南部・上杉・津軽の諸氏いずれもが本貫の地から城下を移動していた。城下の移動によって大名権力、家臣団統制の強化が図られ、近世大名へと脱皮していったのである。しかるに羽州探題家最上氏は、南北朝期から戦国・織豊期の大変動期を経て元和八年(一六二二)の山形藩最上氏の改易に至るまで、その拠点を山形に据え別地に移動しないという、他に類例を見ない歴史を有していた。そのため最上山形の都市には、室町時代の宗教構造が濃厚に沈殿していた。このことを念頭に置きながら、都市山形を描いた山形城下

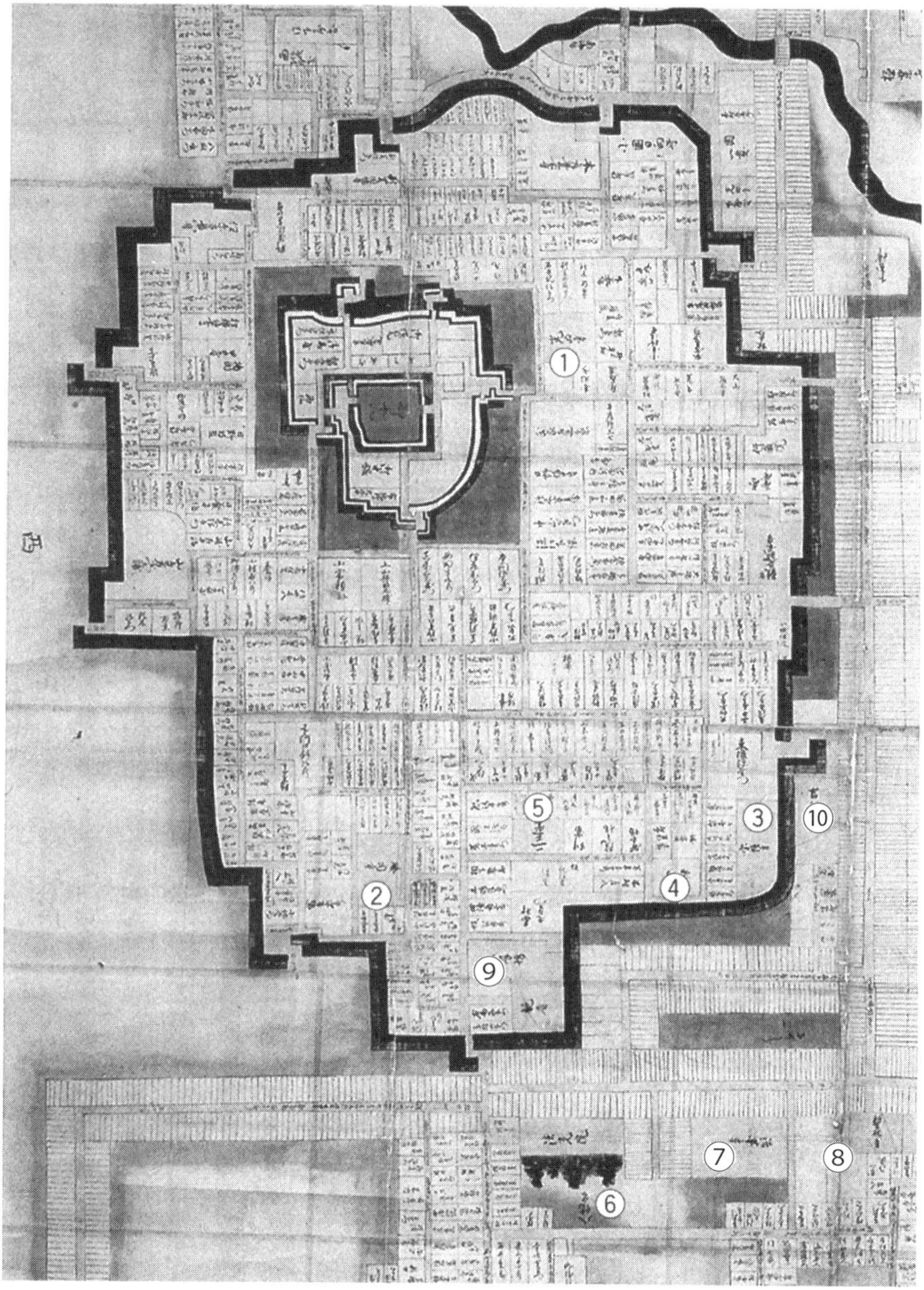

最上家在城諸家中町割図（部分、山形県立図書館所蔵）
①光明寺　②勝因寺　③宝幢寺　④新山　⑤二王堂　⑥八幡宮　⑦法華寺　⑧誓願寺
⑨来吽坊　⑩吉祥院

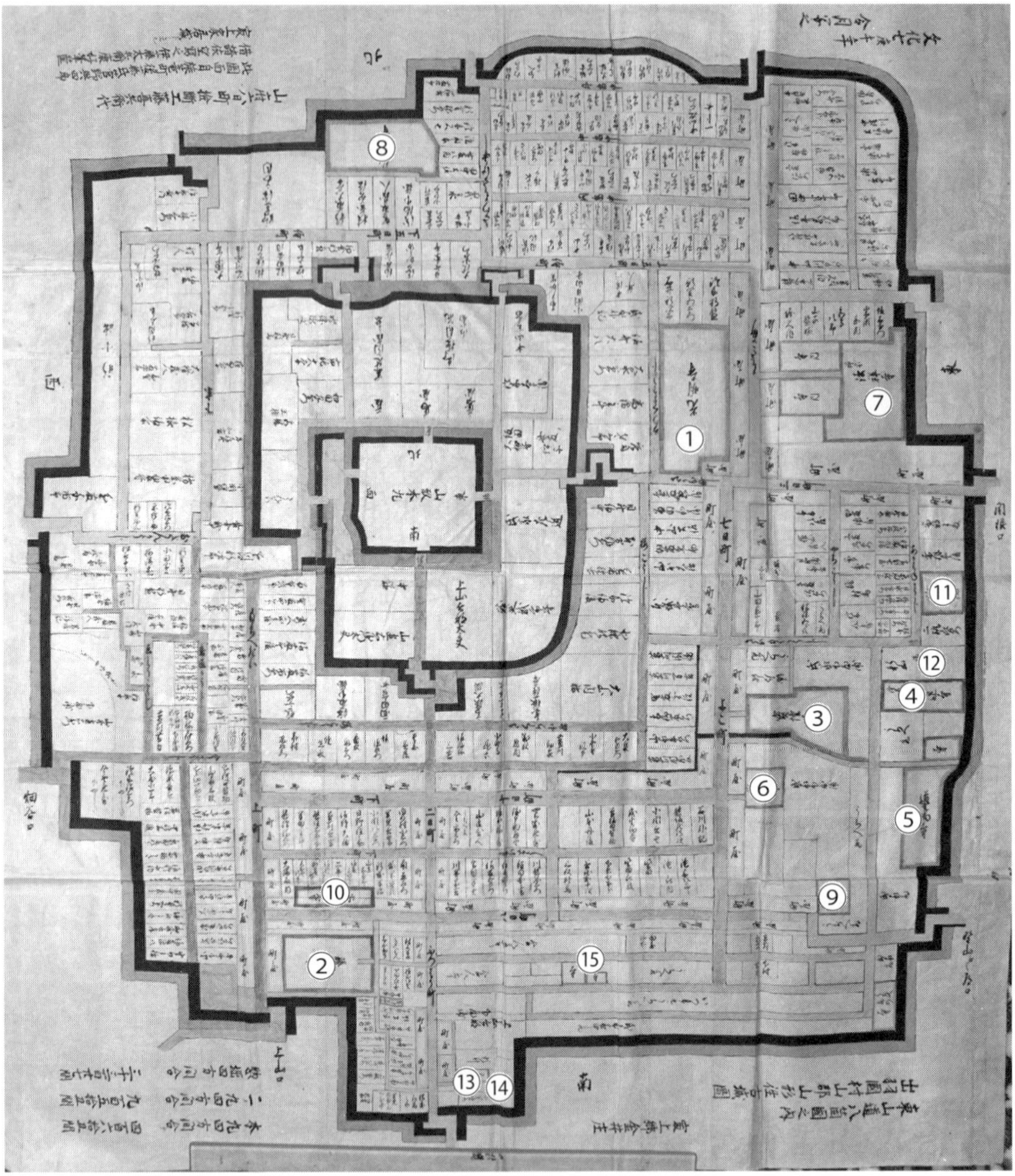

最上氏時代の山形城下絵図（伊藤幸夫氏所蔵本）

①光明寺　②勝因寺　③宝幢寺　④来迎寺　⑤道場寺　⑥誓願寺　⑦法祥寺　⑧龍門寺
⑨法花寺　⑩常念寺　⑪行蔵院　⑫新山　⑬来吽寺　⑭観音堂　⑮（正楽寺）

絵図を用いて分析を加えてみたい。

山形城下絵図については、二〇一三年に、山形県立博物館・山形県立博物館友の会が主催となって山形城下絵図の企画展が開催され、そのときの電子図録が公刊されている〔山形県立博物館友の会 二〇一三〕。そこには、最上時代城下絵図の諸本（秋元本・伊藤本・致道館本・涌谷亘理家本Ⅰ・藤原守春本・奥山孫四郎本・大場本Ⅰ・宝幢寺本Ⅰ・同Ⅱ・福島治助本・齋野五兵衛本・黒子本Ⅰ・武田安治本Ⅰ・厨本・山形北高校本Ⅱ・三図書館本・武田安治本Ⅱ）が掲載されている。これらは、三の丸の外側をも描いている城下絵図群と、描いていない絵図群とに大別できる〔斎藤仁 二〇一四〕。前者の城下絵図群のなかでもっとも古いのは、「藤原守春写之」と記された「最上家在城諸家中町割図」（山形県立図書館所蔵、以下、藤原守春本とする）であり、最重要絵図である。一方、後者の伊藤本には、三の丸の外側の町割記載がないものの、むしろこの本こそが、藤原守春本よりも古い時代の山形城下を描いたものである、とする研究がある〔市村〔幸〕二〇〇七・二〇一〇、斎藤仁 二〇一四〕。伊藤本は、藤原守春本の三の丸とあるところを「惣堀」と記しており、その内側には町屋や寺院を含んでいる。伊藤本に対する評価も、慶長元和期以前の豊臣期の山形城下を記したものとする説がある〔斎藤仁 二〇一四、市村〔幸〕二〇一〇、横山〔昭〕二〇一三〕。一方で、伊藤本そのものを疑問視する説〔武田〔喜〕二〇一三〕や伊藤本を本来の祖本と藤原守春本などとを両方見ながら作成した山形城下が形成されていく過程を示すものとする説〔伊藤〔清〕二〇一六〕がある。これらの諸研究を学びながら、山形城下の宗教構造は両絵図面にどう描かれているのかに焦点を絞って見ていくことにする。

藤原守春本には、三の丸が造られたのも江戸幕府が成立してからであるとはいえ〔横山〔昭〕一九九八〕、元和二年（一六一六）から同八年ころの最上山形藩城下町の景観が描かれている。そこには、禅宗（臨済・曹洞宗）・時宗・真言宗などの寺院が描写されていた。なによりも二の丸東枡形虎口の外に時衆光明寺が配されており、最上山形氏始祖の斯波兼頼創建にかかる同寺が近世の都市空間になっても重要であったことを示している。伊藤本では、惣堀のなかにあった寺院は、藤原守春本に見られるように三の丸造成にあって、その外側に移動させられ近世大名の城下町としての政治秩序体制がなされたというが［斎藤仁二〇一四］、それでも光明寺は、二の丸東大手から移動していなかった。

また、光明寺がこの地に実際に建っていたことは、永和二年（一三七六）八月の彼岸にたてられた結衆板碑からも首肯できる。同板碑は、キリーク（阿弥陀）を種子とし大無量寿経の阿弥陀如来四十八願のうち第十九願とともに、祖父・祖母・慈父・慈母の菩提を祈り、また「夫尋卒都者霊化生苦基来世作仏、我現保息災延命、方以長福寿風雨、偏依此現世五逆後世故也」の願文も彫りこんでいた（「光禅寺板碑銘」『山形県史　古代中世史料2』二九七頁）。一族二十人もの見事なる結衆板碑は、時衆結衆板碑と見て間違いない。あるいは、この板碑を造立した中心人物は、板碑造立の三年後の康暦元年（一三七九）に亡くなった斯波兼頼であったか。この光明寺が創建された地点には、キリークを種子とし、民部義尊の追善、文和四年（一三五五）八月九日の紀年銘を持つ板碑も立っていた（「大手町板碑銘」『山形県史　古代中世史料2』二九五頁）。光明寺建立以前、この地は宗教的霊地であったのである。それにしても、最上山形氏の居館に隣接して同氏始祖が開基し、室町時代奥羽の仏教体制の中核的役割をはたした時衆寺院が、最上山形氏の宗教的伝統の上に一貫して生き続けたことの意味は大きい。

次に注目したいことは、二の丸虎口から南に向かう都市空間のメインストリートに面して臨済宗勝因寺が建っていた点である。伊藤本においては、「ふつはり（吹張）町」の小路に門が開く広い境内を有する寺院として描かれている。同寺は、足利義澄の御内書をうけて相国寺鹿苑院寿顕から「諸国十刹」に位置づけられた寺院（『鹿苑日録』）。その時期は十六世紀前期であったか。最上領内の東山には光明寺があり、延徳三年（一四九一）の『蔭凉軒日録』にも同寺への入寺公帖の記事があることより、その後、光明寺がなんらかの理由で焼失し、代わって勝因寺が戦国期都市山形に十六世紀前期に再建されたかと考えられる。勝因寺が建てられたのは、最上氏の仏教体制において臨済宗寺院が必須不可欠の意味を有していたからに他ならなかった。

興味深いのは、この勝因寺が存在したと思われる今の山形駅西南部から、古代から中世、近世にわたる複合遺跡群(双葉町遺跡)が発見されたことである。幅四〜五メートルの東西及び南北に直線に走る多数の溝は、十四世紀から十六世紀にかけてのものであり、さらには、これらの溝からは、十二・十三世紀代の手づくねかわらけ・ロクロかわらけや白磁皿・龍泉窯系青磁器とともに多数の五輪塔が出土していた〔山形市教委二〇〇五〕。出土した五輪塔のなかには、十三世紀に遡るものもあった。出羽国大山荘の中心部に位置するこの遺跡には、墓所、祈りの空間、寺院が広がっていたのである。時衆光明寺と同様にもともとあった宗教的な場に、臨済宗勝因寺が開基されたと考えられる。この勝因寺も、伊藤本においては、惣堀のなかに描かれ、そして、光明寺と同じく新城下町建設においても、三の丸の外側に移動しなかった。奥羽第二の大名として山形城下を形成し、中世最上氏以来の仏教体制、聖俗の配置転換、寺院の移転を政策として断行することで、都市における政治権威・秩序体制の創出を図ろうとしても、なおそれを成就することは容易ならざることであった。

同様の寺院として、宝幢寺がある。藤原守春本では、三の丸の東南隅に同寺は見られる。伊藤本では、宝幢寺は「横町」の通りに面して門を開き、さらに道一つを隔てて東に来迎寺・道場寺を、南には誓願寺が、寄り添うように甍を並べていた。宝幢寺を核とした寺院群が広がっていたのである。宝幢寺が創建されたのは、延文二年(一三五七)のこと。醍醐寺小野裔流道助が宝幢寺住持にむかえられた(「羽州最上宝幢寺縁起」『山形市史編集資料』第十五号)。それは、中世後期都市山形における真言宗寺院建設ラッシュの始まりでもあった。まず、斯波兼頼の時代の康暦元年(一三七九)に払鬼山神照寺威徳院が建立されたのをかわきりに、二代目直家のときに最上家の湯殿山代参をつとめた新山寺が宝幢寺に接して開基され、また最上頼宗が地蔵院を建てていた(「近末寺由来起」『山形市史編集資料』第十五号)。さらに奥州探題大崎家と同じころ、上洛によって室町幕府足利義政より義字偏諱と左京大夫の叙位任官の授与をうけた最上義春は、帰国後、文明元年(一四六九)、真言宗龍福寺を建て、また城下の東方に諏訪明神を勧請していた。宝幢寺は最上領で真言宗の古刹慈恩寺をも配下に置き「一宗之頭梁」となっていく。中世後期の都市山形に、密教祈禱修法の一大拠点として宝幢寺が創建されていた。それは、京都の室町幕府の宗教構造とも共通していた。

さらに興味深いのは、藤原守春本においては、前述の勝因寺の東方に仁王堂と別当・院王坊・笹本坊が描かれていることである。伊藤本においては、惣堀の内側、絵図の南に「寺」と描かれていた。この仁王堂と別当は、平安後期に開山したと伝えられる天台宗正楽寺のことであり、同地点には現在も延文二年七月二十一日の紀年銘とキリークの種子を刻んだ逆修板碑、至徳四年（一三八七）の紀年銘と種子アーンクの板碑が立っており（『山形県史古代・中世史料2』二九五頁）、すでに室町初期から宗教的な場であったことがわかる。藤原守春本では、三の丸の外に六椹八幡宮を記しており（伊藤本に同社は記載されていない）、天台宗「来吽坊（院）」などの多くの社僧寺院を擁する聖地であった。以前より存在した天台宗の古刹を包摂して都市山形が形成されたのである。それは、中世後期仏教体制のアイデンティティーを最上氏が引き継いでいたことを意味する。室町幕府体制下の「御所」都市山形においては、天台教学を排除することなく、むしろ顕密仏教の聖地を宗教理念としたのである。伊藤清郎論文では、最上義光は、中世的世界観、顕密大系に代表されるような中世的精神に影響されて行動していた、と結論づけていた〔伊藤〔清〕二〇〇二〕。あわせて注目しておきたい。

このような都市空間における宗教構造は、決して最上山形だけではなかった。たとえば男鹿脇本においても、時衆金光寺・臨済宗光明寺が存在していたし、三戸南部氏においても真言宗永福寺・臨済宗聖寿寺・時衆教浄寺が重要な位置をしめていた。前節で論じたような臨済宗・時衆・真言宗を中核とする出羽国の仏教体制は、室町幕府政治体制のもとで展開する新たなる都鄙間交通と密接な関係を有しつつ、羽州探題最上氏・京都御扶持衆の領する都市の場において展開していたのである。

(2) 顕密寺院と曹洞禅

京都では、中世後期になると、十四世紀中葉には六勝寺・法成寺は名実ともに解体し、最勝講を頂点とする法会体系も姿を消し、国家的法会・寺家法会・院家法会が密接に関連した法会の体系、そして講会の公請による僧侶の教学昇叙システムも崩壊していた［上島享 二〇一〇a］。強訴によって朝廷の政治に混乱をもたらしていた山門・寺門らの顕教の僧侶に代わり、厳格な戒律のなかで修行する禅僧が、室町幕府の葬祭や追善仏事の重要な担い手として主役に位置づけられるようになった［原田 二〇〇七］。室町幕府は、真言密教をもその宗教政策のもとに組み込み、禅・教・律の体制、禅宗と顕密の併置政策が展開していった［原田 二〇〇七、大田 二〇一四］。このような室町幕府の仏教体制は、羽州探題府の山形でも例外ではなかった。

曹洞宗寺院について言えば、最上満直の菩提を弔うために最上満家が応永二年（一三九五）、小田島荘向川寺の三世可屋良悦をむかえて開基された法祥寺こそが重要であった（「宝幢寺本最上家系図」『山形市史　史料編1最上氏関係史料』）。先の山形城下絵図伊藤本によれば、光明寺の東の通り「旅篭町」に面して法祥寺が描かれていた。その境内は、光明寺と同様に広く、二つの寺内もあった。法祥寺は前述の宝幢寺などとともに、中世後期の都市山形の東部に広がる寺院群を形成していた。ちなみにこの法祥寺は、藤原守春本によれば、三の丸造成の時には、来迎寺などとともに三の丸の外に移転していた。また、文明二年（一四七〇）、最上義春の菩提寺として向川寺五世の朴堂良淳を招いて義秋が龍門寺を建てたが（「龍門寺文書」『山形県史　古代中世史料2』）、伊藤本では、同寺は惣堀のなか、二の丸の北端に存在し、藤原守春本では三の丸の外に移動していた。総じて、曹洞宗寺院は、三の丸造成期に家臣団居住空間の外に移動させられている。

ここで目を出羽国全体に転じてみると、檜山安東氏がその城下に曹洞宗国清寺を配したこと、男鹿脇本城下においても大龍寺があったこと等々、曹洞宗は、中世後期都市空間における武士の菩提寺として重要になっていた。武士の崇敬を集めた曹洞宗は一大発展をとげ、奥羽をして日本有数の曹洞宗王国へと導いていった。曹洞宗王国奥羽にあってその中心的寺院は、言うまでもなく「奥羽二州僧録」「二州(奥羽)之本寺」の大梅拈華山正法寺であった。正法寺の開山は峨山韶碩の弟子無底良韶である。同寺の二世には、貞和五年(一三四九)、安東盛季の帰依を受けて今の大館市花矢地区に補陀寺を開基したといわれる韶碩の弟子、月泉良印が入った。月泉のあとも峨山二十五哲の十六番、道叟道愛が正法寺塔主に入り、その後に金ヶ崎に永徳寺を開基した。月泉の弟子たちは、以後、次々に出羽各地に曹洞宗寺院を開いていった。一例を記すならば、大功宣策が寒河江荘法幢寺を、一峰良純が屋代荘瑞岩寺と大山荘万松寺を、霊翁良英が由利郡津雲出野嶋に高渓寺、同郡岩屋に永伝寺を、鳳凰正金が仙北郡油川に東禅寺を、それぞれ開基していた(「瑞雲開山月泉禅師嗣資之次第」『正法寺文書』)。まさしく陸奥国正法寺は出羽国曹洞宗寺院の創建に関わる禅僧を輩出し、出羽国内曹洞宗禅僧ネットワークの核であった。

もっとも出羽国の曹洞禅は、正法寺系だけではなかった。むしろ出羽国においては正法寺の法脈でない禅僧の活躍の方が日本海側との交通関係のなかで顕著であったといわなければならない。その一例を挙げるならば、峨山韶碩の弟子で九州から奥羽にかけて活躍した源翁心昭が永泉寺(遊佐荘)や正法寺(大泉荘)や最禅寺(雄勝郡)を、道叟道愛が出羽国北条荘に東正寺、六郷に永泉寺を、同じく峨山韶碩門下の無著妙融が出羽国大山荘安養寺を、越中国立川寺開祖の大徹宗令門下のうち日山良旭が小田島荘向川寺、大曲に大川寺を開基し、同じく越叟了閩が平鹿郡に龍雲寺を、通幻寂霊の法脈では、越後の香積寺の敬巖宗篤が小野寺氏領内に正平寺を、下野の長林寺の明岩桂光は秋田郡に宝勝寺を、それぞれ開いており〔『日本洞上聯燈録』、笹尾 一九九二〕、大源宗真の法脈では梅本聞本を開基とする越後国耕雲寺の進出が出羽国置賜地方において著しかった。また、峨山韶碩とともに瑩山紹瑾の双肩をなした明峰素哲の法脈も忘れてはならない。同法脈加賀国永祥寺の宝山宗珍が、仙北郡神宮寺で示寂したのは、延文二年(一三五七)であった(『日本洞上聯燈録』)。

これら曹洞宗の奥羽への教線拡大は、その多くが中世前期における顕密教学の聖地を選んでおこなわれる場合が多かった。そのもっとも端的な例が正法寺であり、同寺は陸奥国天台宗の巨刹「黒石寺奥の院」としての自己意識を有し［佐々木徹 二〇〇一a］、事実、正法寺が位置する場所は、黒石寺の南東二・五キロメートルであった。さらには、早くも建長三年（一二五一）に高麗僧了然法明によって曹洞禅が伝わり開基された玉泉寺も、奥羽最大の八宗兼学の道場、羽黒山寂光寺への登拝口にあったし、寒河江荘法幢寺が開基された場所も、出羽国南部の名刹慈恩寺の寺域空間であった。

曹洞宗が従前の密教的な在地的信仰を抱き込み、それを高邁なる禅の体系の中に取り組もうとした歴史は、『日本洞上聯燈録』のなかに多見できる。その好例が、羽黒山に詣でた了然法明が若王坂で村の翁に出迎えられ、問答によってその有する法力の力量を認められて羽黒殿に入ると、翁は忽然として神光を発し、まわりには異香がただよっていたとする霊験談である。曹洞禅僧に見るこのような霊験譚的説話成立の背景には、曹洞宗禅僧が地方展開を遂げるに際して、従来からの土着信仰の神から承認される形で各地に浸透していったことがあげられる［広瀬 一九八八d］。それは、何よりも曹洞宗禅僧の宗教活動が、出羽国の従前からの顕密教学上の聖地、山岳信仰の基層の上において開始されたこと［原田 一九九八a］、さらには地域の宗教的霊地が曹洞禅僧の修行の場であったことを物語っていた。

(3) 都市・貨幣・曹洞禅

奥羽における曹洞宗発展の象徴的存在である水沢正法寺の経営基盤は、周辺在地武士からの田畠寄進（宗教的営為から見れば正法寺への位牌納入と弔い）、江刺・柏山・東山「三郡」頭陀であった［佐々木徹 二〇〇一b・二〇〇四］。地域武士の存立・安泰と世上安穏の願いに応えていったのが曹洞宗正法寺である、とする佐々木徹氏の知見は、戦国期奥羽の仏教史をとらえる上で重要な視点となる［佐々木徹 二〇一六］。曹洞宗と密教的な祈禱との融合や曹洞宗寺院の地方武士菩提寺化、禅僧の持つ祈禱・授戒・葬祭の能力が地域社会の武士・民衆に評価された、とする広瀬良弘氏の考えもあった〔広瀬 一九八八b〕。これらの諸説は首肯できるとしても、曹洞宗禅僧の活躍の場が奥羽の在地土着的な土俗信仰に満ちた草深い農村部であり、そこに中世後期奥羽社会における曹洞宗大発展の主たる要因を求める笹尾哲雄論文〔笹尾 一九九二〕には納得できない。そもそも曹洞宗禅僧の修行の場と、日常的な宗教活動・布教の場、およびその宗教行為を支える社会的環境とは別問題である。中世後期の出羽国が、都市や貨幣経済・都鄙間交通のもと〔市村〔高〕二〇〇二・二〇一六a・b〕、蝦夷地に至るまでの全国的交易活動の進展、社会集団の移動がファナチックに進んだときであり、仏教はこのような社会の変化と密接に関わっていたのである。

かかる状況にあって一人曹洞禅僧は背を向け、貨幣・商業の世界とはまったく無縁の草深い農村に向かったのだろうか。否、そうではなかった。このことを示す好例が、出羽国飽海郡総光寺開山僧月菴良円の霊験譚である（『日本洞上聯燈録』）。道叟道愛の弟子、月菴良円は、陸奥国永徳寺で入門し、峨山紹瑾を総持寺に訪ね、後に年老いた道叟道愛に代わって永徳寺住持となって欲しいとの依頼をことわり、「深谷」に入り修行するが、江刺郡の「蓬萊寺」に参詣し「薬師仏」に祈ると、同仏から「一文大広銭を授ける。貴僧の仏縁はここにはない、出羽国飽海郡にある」との夢告を受ける。月菴良円は「自分が願うのは法宝であり世宝ではない」と言うが、医王仏は「汝の五種の縁は熟したので、この一文大広銭をもって徴となせ」と諭される。そこで月菴良円は出羽国庄内に赴き景勝の地に、至徳元年（一三八四）、総光寺を構えた、と。

この霊験譚で何よりも注目したいのは、月菴良円への医王仏の授法が「一文大広銭」であったこと。貨幣経済の進展する中、富の象徴としての「銭」が法物授受の根幹をなしていたことは、後述する本願寺教団に見る「有徳人」の世界に通じるものであり、曹洞宗禅僧と貨幣・商業への価値観念との結合を物語っている。曹洞宗禅僧も時衆や後述する本願寺門徒と同様の、貨幣経済の発展と密接に関わる価値意識を有していたのである。芳澤元論文においても、中世禅林が多くの職人集団、商人・有徳人を取り込んでいた、としている［芳澤 二〇一六］。

さらに言えば、総光寺が開基された場所は、一見すると草深い農村地帯のようではあるが、実際はさにあらず。出羽国庄内地方京都御扶持衆大宝寺氏砂越城の目前であり、しかも総光寺は、最上川の河岸から山麓伝いに遊佐荘にいたる陸上交通上にあり、まさしく陸上交通と内陸水運交通の結節点に位置していたのである。甲斐国一宮庄広厳寺に見る交通の要地で活動した長者と曹洞禅との関係［広瀬 二〇〇〇］は、出羽国でも同様に展開していたと言わざるを得ない。

曹洞禅開教の場所が、農村というよりむしろ陸上・河川交通の世界にあったということは、大徹宗令とその門派においてより顕著であった。越中国において同派門流の開基した寺院が立山方面から流れ出る白岩川と常願寺川の流域にあるように［広瀬 一九八八e］、出羽国小田島荘向川寺は最上川、山本郡大川寺は雄物川の眼前に開基されていたのであり、一見すると農村地帯であるにもかかわらず、そこは、むしろ「川の民」の活躍する世界であった。曹洞宗禅僧が、都鄙間交通に生きる社会集団と密接な関係を有していたことは、若狭国正明寺の住僧であった随芳が文明元年（一四六九）、蝦夷地の「於古支里島」に法源寺を開基した状況（「福山秘府」）に相通ずるものである。

曹洞禅僧が宗教活動をした社会的な場とは、羽州探題や京都御扶持衆の都市であり、さらには蝦夷地から日本海北部、北陸、そして畿内に及ぶ全国的な交易関係のなかで活躍する商人（有徳人）たちの集住する場であった。一人、曹洞禅僧のみがこのような中世後期出羽国の社会構造に無縁であり、草深い農村社会において活動していたのではなかった。そもそも曹洞宗禅僧を庇護した武士たちの居住空間とその社会的本質は、都市であったことにこそ留意すべきであろう。たとえば、前述の小田島荘向川寺三世の可屋良悦がいち早く斯波最上満家に迎えられて、応永二年（一三九五）には法祥寺を都市山形に建立したこと（「宝幢寺所蔵最上家系図」）、最上義秋も五世朴堂良淳を招いて父の義春のために龍門寺を同地に建立したこと（「龍門寺文書」）、その義春は室町将軍より将軍偏諱をうけたこと（「宝幢寺所蔵最上家系図」)等々、前述のごとく最上山形家の都市空間の構築と合わせて諸寺院が創建されていたのである。

それだけではない。檜山安東氏の城下北端に月泉門下の在天文龍が国清寺を、愛季が縄張りをおこなった城都男鹿脇本においては大龍寺が、いずれも都市空間のなかに開基されていたという事実。小野寺氏も都市空間横手に越後国香積寺四世敬巖宗篤を招請して長禄年中、大儀山正平寺を開基していた(「大儀山正平寺縁起並大義寺来由」)。また元中七年(一三九〇)、源翁玄妙が武藤氏の城下大浦城に開いた正法寺もあった。室町期曹洞宗寺院は、草深い土俗的な農村ではなく、何よりも羽州探題や京都御扶持衆支配下の都市と都鄙往来の結節点となる場を社会的土台としていたのである。このような動きは、浄土真宗本願寺教団よりも先行していたのであり、この点にこそ奥羽の地に曹洞宗が大発展した要因があったといっても過言ではない。

都鄙往来の流れにのった曹洞宗は、奥羽の在地世界において禅僧ネットワークを構築しえたのであり、その強力なる人脈の存在があったが故に『正法眼蔵』の謄写も可能であった。文明四年(一四七二)、後に最上山形龍門寺三世となる雪江道梅は、能登国総持寺大徹派塔頭伝法庵客寮の北窓軒下で、小田島荘長瀞の祖春沙弥の料紙半分の寄進を得て、七十五巻本『正法眼蔵』の謄写をおこなっていた。謄写された龍門寺所蔵『正法眼蔵』は、その後向川寺末の龍門寺に所蔵され、後にそれを底本にして陸奥国胆沢郡正法寺再建を使命とした寿雲良椿の発願によって永正九年(一五一二)、謄写がおこなわれていた[永久 一九七三]。さらには弘治三年(一五五七)から翌年にかけて、出羽国小田島荘夷沢県黒龍山向川寺において七十五巻本『正法眼蔵』が、同じ大徹派僧侶大岑受椿によって謄写されており、越中国大川寺に伝わっていた[広瀬 一九八八c]。

これら『正法眼蔵』の伝播は、曹洞宗の輪住制とも密接に関わりあう。出世道場である陸奥国正法寺の輪住には、寒河江荘法幢寺・由利郡高溪寺・村山郡正原寺・秋田補陀寺・油川大慈寺・横手正平寺から次々に禅僧が送り込まれており(「正法年譜住山記」)、このような輪住制こそが門徒僧の昇住システムの明確化と門派の結束を生み出していた

［原田 一九九八c］。徹底した住持遷替職の原則に基づく住持の頻繁なる交流関係、禅僧の移動こそが曹洞宗発展の最大の特色であり、そこで形成されるネットワークにそって『正法眼蔵』などの聖教の地域伝播がおこなわれたのである。このような聖教謄写のあり方は、教団内の番役体制のなかで厳格に聖教下付が系統づけられていた本願寺教団［金龍 一九九三］と相通ずる点もあるが、一法脈によって『正法眼蔵』などの聖教謄写が独占されなかったところに、曹洞宗発展の鍵があったと考えたい。曹洞宗寺院は、中世都市に宗教活動の基盤をすえ、その都市を政治的拠点にした室町期武士の宗教的願望である祈禱・授戒・葬祭をおこないつつ［佐々木徹 二〇一六］、師資の宗教的ネットワークを都市から都市へ、都市から農村へと広げていったのである。

第三節　移動の時代と寺院

(1) 北方世界の中の寺社

中世後期出羽国社会は、けっして閉鎖的農村社会にあらず、むしろ新たなる段階をむかえた都鄙間交通のただ中にあった。したがって、出羽国の仏教も他地域との関わりで発展していったのである。たとえば日本海交通の実力を評価された「奥州十三湊日之本将軍安倍康季」が後花園院の勅をうけて、文安四年（一四四七）勅願寺若狭国羽賀寺の再建修造にたずさわっていた（福井県小浜市羽賀寺所蔵「本浄山羽賀寺縁起」）。若狭国遠敷郡小南金屋で鋳造された梵鐘を師季（政季）が鹿角大日寺に納めていたことも忘れることはできない［遠藤巖 一九九一b］。下国安東師季（政季）が、応仁二年（一四六八）二月二十八日、熊野山御師米良実報院を通じて願文を那智山宝前に捧げていたことに（和歌山県熊野那智大社所蔵「米良文書」）象徴されるように、まさしく都鄙往来の申し子ともいうべき熊野御師たちは、奥羽の武士たちを檀那とすることで布教活動を展開していた［及川 一九七三、森毅 一九八九］。そう言えば「米良文書」には、代々の

「奥州もちわたつ」の先達が、糠部の九戸・一戸、出羽国山北山本郡稲庭殿・川連殿などの檀那たちを引率して熊野へと導いていたことが記述されていた〔笠原 二〇〇四、高橋正 二〇〇七、菊地 二〇一五〕。熊野先達職を買い取り、京都と陸奥国を往復しながら商業・金融の経済活動をなし、伊達家の政商的役割を果たしていた坂東屋富松の存在も忘れられない〔新城 一九九九、綿貫 二〇一五〕。

もっとも出羽国の都鄙間交通は、北陸地域とともに、北方蝦夷地との交易のなかで進展していた。たとえば、若狭国正明寺の曹洞宗明峰素哲法脈随芳が「於古支里島」に文明元年建立した法源寺は（「福山秘府」）、後に松前大館に移転し、武田（蠣崎）信広・光広の菩提寺となっていくが、永禄二年（一五五九）には蝦夷沙汰執行者檜山安東氏の国清寺の末に入ったこと、蠣崎季広よって同氏の菩提寺となった松前大館曹洞宗法幢寺が、永正九年（一五一二）のアイヌ民族の蜂起によって炎上した後、天文十五年（一五四六）若狭国宗源によって中興されるとともに秋田五条目円通寺を本寺としたことは（「福山秘府」）、曹洞禅僧の宗教活動が蝦夷沙汰執行者安東氏との関わりを得て、秋田と蝦夷地との宗教的ネットワークのなかで繰り広げられていたことを物語る。

蝦夷地への僧侶の移住は、道阿弥陀仏らが志苔館近隣に立てた「貞治の板碑」に見るように、すでに念仏衆によってなされていたが〔佐々木馨 二〇〇二〕、十五世紀末から十六世紀にはいっそう顕著となっていた。永正十六年（一五一九）京都本満寺法雲院地脊の蝦夷地開教、松前徳山と上ノ国に永正年間に法華寺を開いた本満寺玉持院の日尋（「福山秘府」）が、蝦夷地に渡る前の文亀二年（一五〇二）には秋田土崎湊に法華寺を創建していたこと〔笹尾 一九七三〕、そして何よりも「夷浄願寺」の蝦夷地開教が蓮如本願寺教団全体の意図のなかでおこなわれ、蝦夷地や油川・津軽から出羽日本海沿岸部にかけて次々に寺院を開基していったこと、夷浄願寺・西善寺などの本願寺教団ネットワークと蝦夷沙汰執行者安東氏を核とする室町幕府政治秩序とが相互補完的な様相を持っていたことなど〔誉田 二〇〇〇f〕、出羽国における仏教は蝦夷地にいたる社会集団の移動、そして蝦夷沙汰との密接な関係のもと、ファナチックに展開していた。

このような中世後期出羽国仏教のありようは、神仏の性格にも大きな影響を及ぼすことになった。出羽国、特に日本海側の神仏の性格に見る北方世界への強烈なまなざしこそが、陸奥国の神仏のそれとの大きな相違点であった。そのもっとも典型的事例が安東氏の厚き崇敬を受けた赤神権現社であった。遠藤巖論文によれば、「赤神権現縁起」諸本には、天和元年（一六八一）梅津利忠作成本・寛文四年（一六六四）根田俊與作成本・明徳二年（一三九一）筆写本の三種類があり、このうち明徳二年本では在地的神である眼光鬼・首人鬼・押領鬼が降臨した大光明（赤鬼、本地は十一面観音）を「恭敬供養」していく勧請物語に荘園制社会形成期の説話が隠されているが、注目すべきは根田本であり、そこには、赤神山日積寺大権現は前漢の武帝であり、白鳥に駕された飛車に乗り五鬼を伴い男鹿嶋本山に影向したこと、武帝は赤帝なるが故に薬師如来が本地の赤神権現となり、普賢菩薩・文殊菩薩などが五鬼の本地となったこと、最澄や円仁の赤神権現との関わりなどが記されており、鎌倉後期の神道説を顕密主義で統一した本地垂迹思想が色濃く反映しているという［遠藤巖　一九九一a］。このような赤神権現縁起にみるおどろおどろした異国情緒豊かな神話創作、太一派道教思想の影響こそは、男鹿嶋が蝦夷沙汰の世界と密接に関わり、北方世界との緊張関係をにらみ、中世国家の民族問題から国際的な視野の拡大の中で、その歴史を刻んできたことの何よりの証であった。

このように北方世界との関わりで神話を構成した神として、本地仏聖観音の脇侍に調伏の験力を有する軍荼利明王と北極星を本地とする如形の妙見菩薩を選び、男鹿日積寺の祭礼を勤仕しつつ、応永初年中の蝦夷地反乱に神力を発揮した羽黒権現もあった［誉田　二〇〇〇e］。羽黒権現は、下国安東康季と湊鹿季によって応永三年（一三九六）に秋田穀津に再興され（「秋田風土記」所収湊金左衛門許季覚書）、以後、男鹿赤神権現とともに湊家の神祇体系の中核を構成していくのであった。

一方、陸奥国側寺社の「国際意識」はどうであったのか。このことを教えてくれるのが胆沢郡正法寺である。永正九年(一五一二)に山形龍門寺で『正法眼蔵』の謄写をおこない、文明年間に回禄に帰した正法寺を再建した同寺七代住持寿雲良椿が、正法寺々号の謂れを「此境夷狄の地、仏法純熟し難くて、邪法のみ起こる故、正法をもって治める」ことに求めているものの、その意識構造は抽象的である。しかし、出羽国日本海側寺社の「国際意識」は、北方世界で展開するアイヌ民族問題、それと関わる安藤氏の蝦夷沙汰という政治的状況と敏感に反応しながら太一派道教思想まで組み込んで具体的に形成されていた。「赤神権現縁起」の世界や作成年代で問題となる長寛二年(一一六四)・正中二年(一三二五)・明徳二年という年代は、蝦夷地におけるアイヌ民族の動向や蝦夷沙汰の政治的画期の年と連動していた[遠藤巖 一九九一a]。

さらには、湊家と婚姻関係を有していた京都御扶持衆大宝寺系砂越家の都市近郊にある来迎寺の年代記に、応永二十六年(一四一九)「蒙胡起」と記載したのは、応永年間の蝦夷地反乱の反映でもあった(「来迎寺年代記」『山形県史　古代中世史料2』)。それは、十五世紀におけるアイヌ民族の躍動に代表される北東アジア諸民族の動向をうけ、これらの諸民族を服属させるために明の永楽帝の命により奴児干都司がアムール河下流域に設置されるとともに宦官の亦失羽哈(イシハ)の遠征もおこなわれたこと、かかる服属事業の総決算として前身のラマ教寺院観音堂を永寧寺として永楽十一年(一四一三)に再興し、アイヌ民族らの宗教支配を図ったことなど、躍動する北東アジア諸民族の世界に「平和」を創出しようとした明帝国の国家的課題の一翼をになった仏教寺院のあり方を想起させるものであった[斉藤・佐々木 二〇〇〇]。

(2) 戦乱と改宗

百年以上にわたる日本の戦国時代は、戦乱と飢餓の時代であり、その長さと社会に及ぼした深刻なる影響は、当時の東アジア世界全体においても希有な歴史現象であった。飢餓に苦しむ農民にとって、雑兵となって戦場に行き「儲けること」は生きるために不可欠なことであった。戦争は、農民にとってサバイバルシステムであった〔藤木 一九九五〕。未曾有の長期間にわたる破壊と戦争熱の時代は、人びとに中世的顕密主義の祈禱呪法の限界を痛感させ、曹洞宗禅僧が説く儒教道徳の魅力をもたらした。曹洞宗禅僧は、戦乱で死去した人びとの葬送に積極的に携わることだけでなく、儒教道徳の教化にもあたったのであり、それが曹洞宗発展の大きな要因でもあった〔広瀬 一九八八b〕。また、戦国時代、各寺院では「年代記」が不思議と多く書かれていた。たとえば、出羽国庄内砂越来迎寺の年代記を編集した僧侶の最大の問題関心は、「飢餓と戦乱」を追想することであった。「来迎寺年代記」に記載された「大飢渇」「大疾病飢渇」「人民餓死」の文言は、戦国時代に多見できるのは当然のこと、敏達天皇の治世までさかのぼって記載されていた。飢餓と戦乱のすさまじさは、年代記編者の意識を根底から規定し、僧侶をして仏力による「平和創出」の困難さを吐露させるものであった。

このような中にあって、出羽国の仏教体制の全体像も変化していくこととなった。まず、室町幕府政治秩序のなかでもっとも重要な宗教的役割をはたしていた臨済宗寺院は、十六世紀にはその多くが退転してしまった。その典型的事例が、崇禅寺の焼失である。十刹の一つとして『蔭凉軒日録』に頻出していた同寺は、天文二十三年（一五五四）、武藤大宝寺氏と砂越氏との戦乱にまきこまれて般若寺ともども焼失し（「来迎寺年代記」）、ついに再建されなかった。状況は、羽州探題の都市山形でも同様であった。光明寺は十六世紀になると、その所在さえも定かでなくなり、斯波直家の菩提所である金勝寺や安国寺も退転し、後に曹洞宗として再興されていったのであり、北出羽最大の都市土崎湊に開基された大慈寺も臨済宗から曹洞宗へと改派した。室町幕府の官寺であった臨済宗寺院は在地性に乏しく、僧侶も京都中央志向が強かったこと、公帖官銭の出資も京都御扶持衆の経済力に強く依存していたことなど、同宗が生き延びていく上でその弱点は、あまりにも大きかった。

真言宗や時衆の寺院も厳しい状況に立たされていた。天台宗の古刹山寺立石寺は、大永元年（一五二一）天童頼長らによって焼き討ちにされ、「寺中の家一つも無きこと十余年、その間堂社破る」状況であったし（一相坊円海置文「立石寺文書」『山形県史　古代中世史料1』）、「羽黒山睡中問答并縁起」（『山形県史　古代中世史料2』）を貫く論調は、羽黒山寂光寺の「住侶忍餓」「寺家衰弊」「貧窮」であった。また古刹寺院を支えた経済基盤も流動的戦国社会のなかで衰退していた。それは、近世において二八一二石三斗という稀有の御朱印地を下付された寒河江荘慈恩寺においても例外ではなかった。同寺を支えた在家体制にあって、在家田畠の売買・譲渡がしきりにおこなわれた結果、在家の分解がおこり寺院のさまざまな公事を確保すべく設定された在家公事役は崩壊に向かっていった〔誉田慶恩　一九七七b〕。顕密寺院は、修験者が地域社会に入り、民衆の宗教的願望に応えることで民衆化していく努力を重ねていた。

十五世紀以降、室町幕府体制の宗教構造の一翼を担ったが故に幕府の手厚い保護を受けていた遊行派時衆は、遊行が形式化するようになって本来の宗教的新鮮さと感性を減退させ、京都と地方を結ぶ糸、情報ネットワークシステムを硬直化させることとなった〔田中〔純〕二〇〇〇〕。確かに、永禄五年（一五六二）二十九代遊行体光が出羽国庄内大宝寺の長泉寺に遊行していること、また男鹿脇本城下でも時衆金光寺の新住持派遣を藤澤清浄光寺に要請していること等々（永禄五年（ヵ）十月十二日相阿書状写「湊學氏所蔵秋田湊文書」『青森県史　資料編中世2』）、戦国後期においても戦国大名配下都市の寺院構成のなかで、時衆遊行派の有する政治的役割は否定できないものの、かつてのように大発展することはなかった。

戦国期、出羽国在地社会の宗教構造の変化を考える上で見過ごせないのが、改宗の問題である。鎌倉期や南北朝期に開かれていた顕密寺院が、戦国期に曹洞宗に改宗していったのである〔大坂　一九九六〕。その傾向は北出羽で顕著であり、寺伝などから見るだけでも実に約七〇ヵ寺ほどの寺院が、江戸幕府開府までの約二百年の間に天台宗・真言宗、および密教系宗派から曹洞宗へと改宗していった。北出羽でおきたこのような改宗の背後には、曹洞宗の強靭なる寺社興行力があったと推察する。

同様のことは、新興教団である浄土真宗本願寺教団でも言える。同教団の出羽国における発展は、後述のごとく北陸地方からの宗教集団の移住と連動して引き起こされた出羽国から北陸地方へという交通関係によって展開していった。文明五年(一四七三)、出羽・奥州の「道俗男女」が越前国吉崎道場の蓮如のもとに群参したこともさることながら(「御文」一―二『日本思想大系　蓮如一向一揆』岩波書店)、南出羽唯一の斎相伴衆寺院専称寺二世反願正が足の障害をおして願正の遺骨を首に掛けて北陸道に向かったことを記した「願正御坊縁起」(『山形県史　古代中世史料2』)は、最上郡念仏衆の本願寺教団参入の反映でもあった。専称寺開基に決定的役割を果たした寺井御坊は、加賀国能美郡寺井にあった称仏寺であり、浄土真宗に帰依する以前は時衆であった[金龍　一九九八]。願正が布教したという成生荘は、全国でも有数の時衆一向派の拠点道場仏向寺があり、念仏衆のメッカであった[誉田　一九九五・本書第Ⅲ部第二章]。出羽国念仏衆たちの北陸地方教団への参入は、伝統的念仏衆らの祈りの世界を、本願寺系の組織化・形式化された「祈り」へと変化させるものであった。

(3)　移動する寺院の本尊

奥羽から本願寺に向かう人びとの動きの根底にあったのは、畿内・北陸から出羽・蝦夷地への僧侶集団の移動、全国的な都鄙往来の進展と連動して発生した商品・貨幣・富・社会集団の移動であった。農村まで巻き込んで展開するかかる流動的な社会構造こそが、戦国社会をもっとも規定するものであった[宮崎(克)一九九五、誉田　二〇〇〇g]。このような状況は奥羽、特にその北部においてより劇的に展開していた。出羽国庄内より津軽に移住し針医業をして町方療治にあたった粕谷平助先祖のように、弘前藩主津軽為信に仕官した家臣のなかには、陸奥国南部領や出羽・甲州、さらには京都などから移住してきた浪人が数多くいた(「国文学研究資料館所蔵「津軽家文書 由緒書抜」『青森県史　資料編中世2』)。

方便法身尊像（秋田市本敬寺所蔵）
（法量）縦 71.4 センチ、横 28.7 センチ。（総高）58.2 センチ、（仏身）44.8 センチ、（肘間幅）14.5 センチ（絹目）縦糸二本組で 1 センチあたり 16 から 15 本。（裏書）縦 36.8 センチ、横 29.1 センチ。

かかる移住者集団によって彩られる流動的な北奥羽から蝦夷地にいたる社会では［入間田 二〇〇二］、前述のごとく、曹洞宗僧随芳や法華宗日尋らによる布教がなされたが、とりわけ本願寺教団こそが、このような社会状況をふまえた宗教教団であった。それは、本願寺教団の中核的門徒が富裕なる有徳人たちであったことと関係する［藤木 一九九六］。近江堅田の有徳人がはるか蝦夷・奥羽まできていたこと（「本福寺跡書」『日本思想大系　蓮如・一向一揆』岩波書店）、有徳人河内屋嘉兵衛とともに浄応寺が南河内より秋田大館に移っていること、本願寺教団の寺院が松前から油川・鯵ヶ沢・男鹿脇本・土崎湊・金浦・酒田などの港湾都市に次々と開かれていったことなど、はるか畿内・北陸から蝦夷地に交易活動に向かう有徳人ら社会集団の移動の波に乗って、本願寺教団の教線は拡大していった［誉田 二〇〇〇g］。

このような状況は、奥羽地域社会における社会集団の移動とも構造的に連動していた。その典型的事例が奥羽山脈を越えて陸奥国和賀・稗貫・斯波郡より横手平野に移住してきた善証寺（秋田県美郷町）・光徳寺（秋田県横手市）であった。善証寺は、陸奥国斯波郡にあった関東二十四輩の一人是信ゆかりの道場であり、光徳寺も同国和賀郡黒沢尻に開基された寺院で、本願寺法主実如より文亀三年（一五〇三）二月十七日に開基僧円祐法名状が下付されるとともに、永正十二年（一五一五）一貫代の方便法身尊像が同寺二代僧の正乗に下されていた。「飢饉」によって正乗が和賀郡から平鹿郡に移住したのは、その四年後のことであった。さらには、今の美郷町にある本願寺系寺院のうち実に十ヵ寺が、また横手市の十七ヵ寺のうち九ヵ寺が、元は陸奥国に開基され、十六世紀ころに奥羽山脈を越えて横手平野に移住してきたものであり、またこれら寺院の門徒には星野源蔵や和賀一族の子孫、照井氏など、数多くの陸奥国側の領主層がいたのである［誉田 二〇〇〇g］。

このような移住する教団の有する本尊の体系とは、いかなるものであったのだろうか。本願寺教団寺院に掲げられた法物のうち、本願寺法主から下付された「方便法身尊像」こそが道場成立の指標とされている［井上〔鋭〕一九六八a］。本願寺法主自らの筆によって裏書が書かれた絹本着色の方便法身尊像は「常住物」であり、紙本墨書で裏書もないいわゆる蓮如六字名号は、道場成立以前の法物であるとされている。この観点で奥羽の法物を見ていくと、陸奥国で本願寺教団がいち早く栄えた和賀・稗貫・斯波郡に蓮如期や実如下付の方便法身尊像が六例あるにもかかわらず、出羽国側では蓮如期はおろか実如下付にかかる方便法身尊像すらも発見できない［誉田 二〇〇六・本書第Ⅳ部第二章］。文亀元年（一五〇一）に蝦夷地松前にあった浄願寺に実如から方便法身尊像が下付されており、この尊像を日本海側ルートの教線拡大に位置づけて論じることもできるが、同寺は北奥羽から蝦夷地に及ぶ最大の斎相伴衆寺院であることにこそ注目すべきであろう。

このような奥羽における方便法身尊像のあり方に対して、紙本墨書のいわゆる蓮如六字名号や十字名号などの名号本尊は、陸奥国より出羽国の方に多く現存していた。とすれば、出羽国本願寺教団寺院は、これらの名号本尊を道場本尊としていたのではなかろうか。しかし、このことをもって出羽国本願寺教団宗教活動が陸奥国のそれに比して遅

蓮如授与の法名状(秋田県美郷町照楽寺所蔵)
(縦 27.5 センチ、横 31.7 センチ。楮紙、裏打有り。花押は縦 4.0 センチ、横 4.7 センチ)。

れていた、とすることは早計である。そもそも本願寺教団布教の主たる方策であった御文の下付において、出羽国は陸奥国となんら遜色はなかった。出羽国に現存する実如証判御文は、金覚寺(村山市)・善応寺(由利本荘市)・敬正寺(能代市)・浄福寺(酒田市)の四例であり、このうち金覚寺と善応寺の証判御文は、文亀三年(一五〇三)から永正十一年(一五一四)ころにかけての実如から下付されたものであった[誉田 二〇〇六・本書第Ⅳ部第二章]。

それだけではない。奥羽全体における本願寺教団のようすを示す同時代史料として、文明十六年(一四八四)四月十八日蓮如より出羽国平鹿郡照楽寺二世の浄専に下付された法名状を忘れるわけにはいかない。蓮如授与の法名状は、照楽寺のものを含めて全国的に十一通と極めて少ない[山口(昭)二〇〇二]。しかも注目すべきは、蓮如の花押が陰士花押であること。秋田県大館市浄応寺所蔵の方便法身尊像裏書も陰士花押であるが、全国的にも陰士花押が五点という僅少さのなかで、この照楽寺の事例は特筆すべき法名状である、と言わねばならない。さらに文明十五年五月末に死去した順如の死後、一年近くたっても蓮如が陰士花押を使用していたことは、本願寺法主継嗣の本質にかかわる重大な問題を内包している。また、明応八年(一四九九)七月六日には実如が照楽寺五世の了願にも法名状を下付していた。陸奥国上戸沢から移住し、京都御扶持衆小野寺氏領内稲庭に浄願坊祐綱が道場を構えたのは、応永二年(一三九五)であったこと。その後、山科本願寺にも出仕していた浄願子息の浄専には蓮如より、六郷に移住した了願には実如よりそれぞれ法名状が下付されていたことを「六郷寺院由緒記」（秋田県美郷町照楽寺所蔵）は記していた。

出羽国北部では、上記の照楽寺の他にも、実如・証如の下付した法名状が多見できる。西誓寺（釈善正／永正三年八月六日／釈実如、釈願入／天文三年七月二十六日／釈証如）、賢徳寺（釈乗恩／天文九年九月十九日／釈証如）、浄願寺（釈了明／永正二年十一月十八日／釈実如、釈了乗／天文十五年八月二十四日／釈証如）が、現在までに確認できる法名状であり、陸奥国が前述の光徳寺のみであることを想起すれば、出羽国北部の特色ある状況と言わなければならない。法名状の本質は加冠状にあり、得度のときに下付されたものとされているが［大喜 一九九二］、流動的な出羽国北部の社会状況にあって、法名状は、本願寺法主と出羽国道場主との強い宗教的紐帯としての役割をはたしていた。それは、前述の名号を道場本尊としてきた状況と合わせて鑑みると、移動と流動的な社会ならではは法物であったと言わねばならない。「名号から絵像、絵像から木仏」という一直線的な本尊の発展、寺院の発展論ではとらえられない［青木馨 二〇〇〇］、このような出羽国の寺院本尊のありようは、注目されて余りあると言わなければならない。

かかる宗教移動の時代は、十六世紀後期、一向一揆の解体後、北陸地方より大量の本願寺教団寺院の宗教移民に及んでクライマックスを迎える。かかる教団寺院のなかでも特筆すべきは加賀国能美郡安宅長崎真宗寺門徒の土崎移住であった。そのうちの一つ朝倉氏一族によって能美郡安宅長崎に開かれたという本敬寺には、光明が白毫より上下に突き抜ける身光形の方便法身尊像が蓮如より下付されていた。下付された年は、裏書の摩滅がひどく、判読するに困難であるが、遅くても文明の初期であったか。さらに同寺には蓮如住持前期の紙本墨書六字名号もあり、それはすでに以前から出羽国に道場をかまえていた他の寺院には見られない古さを誇るものであった。この本敬寺の本寺である真宗寺は、安宅長崎より海のルートで秋田に入って寺を再建したあと、再び南下し新潟に移住していた。また、越後国五箇庄の浄光寺門徒も、十六世紀後期に紙本墨書蓮如六字名号を有しつつ能代湊に移住して敬正寺を構えていた。

能代湊や秋田土崎湊、金浦には浄土真宗寺院が数多く建てられていた。織豊政権による一向一揆の解体にともなって引き起こされた本願寺教団のファナチックな宗教移住は、有徳人を有力門徒にしつつ畿内・北陸から蝦夷地まで布教活動を展開していた同教団のもっとも行き着いた姿であった。

近世幕藩体制の成立は、このような移動の時代の終わりを意味した。寺院は、城下の都市空間内か農村部に固定され、寺院を支える信者たちも移動を禁止され、檀家制度のなかに組み込まれていった。また、最上氏・湊秋田氏・小野寺氏・大宝寺武藤氏など探題・京都御扶持衆の名家が滅亡するか改易・転封となるなかで、中世以来の名家が十七世紀前期には、出羽国より姿を消した。代わって鳥居・佐竹・酒井氏などが入部し、中世以来の宗教構造と寺院配置は、新藩主の宗教理念に沿って改編させられた。

おわりに

最後に、明らかにしたことを簡単に要約して本章を閉じる。

㈠　京都との密接な政治・儀礼・交通関係のもとにあった室町幕府体制下の出羽国では、その基本的仏教体制は臨済宗・時衆・真言宗によって担われていた。官僧としての臨済宗寺院は、幕府の使節遵行体制の一翼を担うとともに出羽国京都御扶持衆・探題家と室町将軍との贈答儀礼関係に支えられていた。遊行派時衆僧も京都御扶持衆・探題家と密接な関係を有しており、在地世界における外交官の役割をはたしていた。また出羽国南部では一向派のネットワークが優勢であった。もっとも室町幕府体制下の探題家・京都御扶持衆領内鎮護安民の祈禱の役割を担ったのは、真言宗であった。京都との新たなる交通関係のもとで出羽国の真言宗は、室町期前期に隆盛となった。

㈡　中世後期出羽国の都市空間は、基本的仏教体制である時衆・臨済宗・真言宗の寺院と従前からの顕密寺院を包摂する形で構成され、寺院創建も都市領主の京都との新たなる交通関係と密接な関係を有しつつなされていた。曹洞宗僧も、従前からの顕密教学の聖地や山岳信仰の基層をふまえて修行をおこなっていったが、同時に、交易活動・貨幣経済の進展する出羽社会にあって、商業・貨幣経済への強い価値意識を有しつつ、いち早く羽州探題家や京都御扶持衆の都市空間に寺をかまえていった。出羽の在地世界で、また北東日本海から蝦夷地にかけて進展する交通往来に乗り、また都鄙間交通の結節点をふまえることで、禅僧ネットワークを素早く構築したところに、出羽国で曹洞禅が大発展した最大の原因があった。

(三)　出羽国の寺社は、蝦夷地との交通関係の進展、北方民族問題の深まりと密接な関係にあった。男鹿赤神権現社に典型的に見られるように、日本海側寺社の縁起・寺伝には、観念的な蝦夷意識を有する陸奥国寺院と違い、北方世界の緊張関係が具体的かつ敏感に反映されていた。寺社が「戦乱と飢餓」をその年代記に記憶していった戦国期、臨済宗寺院の衰退、遊行派時衆の伸び悩み、出羽国北部顕密寺院の曹洞宗への改宗がおき、室町前期の仏教体制は、変化していった。社会集団が移動する流動的な戦国の社会にあって、移動する集団や有徳人を門徒とする本願寺教団が、出羽国への教線を拡大していったが、その本尊のあり方も方便法身尊像よりは名号を本尊とするものであり、法主(蓮如・実如)との宗教的人格関係を意味する法名状が、出羽国北部では他地域よりも濃厚に見られた。

第二章　戦国期奥羽本願寺教団法物考

はじめに

中世後期奥羽の寺院史研究は、同時代史料が決定的に少ない、という障壁の前に立たされている。畿内の東寺・東大寺・石清水八幡宮や高野山などの寺社権門に残された膨大な古文書群に比し、奥羽寺院史料の少なさに、溜め息が出るばかりである。このようなこともあり、従来の研究ではどうしても同時代史料とは言えぬ寺伝や後世の編纂物に頼って論を進めなければならなかった。

しかし、まったく同時代史料がないわけではない。確かに古文書は僅少ではあるものの、各寺院に所蔵されている「本尊」や各種の聖教類は、貴重な同時代史料となる。これらに書誌学的な分析を加えることによって、奥羽社会の新たな仏教世界を浮かび上がらせることはできるのではなかろうか。本章では、寺院史料の中核とも言うべき法物を分析対象とすることにより、戦国期奥羽社会における新興仏教勢力の具体像を明らかにし、地域仏教史の問題に一石を投じようとするものである。(1)分析の対象は、十五世紀後半から十六世紀前半にかけての蓮如・実如期の奥羽本願寺教団寺院とする。

第一節　奥羽の方便法身尊像

浄土真宗の蓮如期奥羽本願寺教団の寺院史料として、長善寺(岩手県花巻市石鳥谷)方便法身尊像について、光明のあり方、絹目の数、袈裟田相部の文様、料絹にしめる仏身の比率を目安に考察してみることから論をおこしたい。(2)同絵像は、絹本着色。料絹は、縦八三・二、横三九・〇センチ。尊像の総高は五四・〇センチ、仏身四〇・五センチ、光輪の直径一七・五センチ、肩幅は一四・三センチである。仏身より発する光明は、上部に七本、下部に九本を配す。截金文様の袈裟表田相部は卍繋ぎ文、条葉部は花弁に切箔を散らす。袈裟裏は網目文、偏衫表は麻の葉繋ぎ文、同裏は斜格子文、裾および裾の縁は斜格子であり、石川県小松市真入寺の方便法身尊像と同様の文様である。絹目は、一センチあたり縦糸二本組みで十五本を数える。裏書は完全に剥離している。

さて、裏書もないこの絵像は何時ころの送付にかかると考えればよいのであろうか。まず何よりも注目されるのが、四八本の光明のうち、上と下に向かう光明が白毫から真上・真下に突き抜けていることである。このような形状は、文明十五年(一四八三)五月以前の順如期の方便法身尊像に見られるとされている。(3)また、四八本の光明のうち頭部真上と蓮台真下に伸びる光明を含め、二八本は白毫の位置から、他は身体部から発しており、それは文明六年(一四七四)の修復、順如裏書がある滋賀県栗東市西琳寺の方便法身尊像と同じ半身光形である。(4)さらに注目すべきことは、長善寺方便法身尊像の袈裟田相部截金文様が卍繋ぎ文である点である。最近の研究では、文明十五年以前の袈裟田相部截金模様は、卍繋ぎ文が基本であり、文明十六年以後の袈裟田相部の截金模様は、卍繋ぎ文と雷文の両者であるという。(5)この知見からも、長善寺絵像は、文明十五年以前のものであると考えられる。また、絹目が一センチ当たり縦糸二本組みで十五本であることも重要である。天正三年(一五七五)、秋田土崎に加賀より移住してきた同国長崎門徒の方便法身尊像（秋田市本敬寺所蔵）も文明十五年以前の絵像であるが［本書第IV部第一章］、その絹目も縦糸十五本であり、長善寺と同様である。絹目が縦糸十五本というのは、蓮如期絵像で使用された料絹の基本的あり方と考えて良い。以上の考察から、長善寺方便法身尊像は、文明十五年以前の本願寺住持順如より下付された可能性が極めて高いと結論できる。管見では、文明十五年以前に奥羽の寺院・道場に下付された方便法身尊像は未だ報告されておらず、この長善寺絵像が初見であると考える(6)。

この長善寺方便法身尊像は、後世になってから同寺に移入したものではなかった。同絵像が文明年間から当寺に送付されたことを示す傍証史料は、延享元年（一七四四）、長善寺十二世法雲が記した「由緒書」である。同由緒によると、長善寺の開基僧は法道で、俗姓は多川右京之進（生国不詳）。寛正二年（一四六一）、出家して法道となり、「同郡同邑於大石野、建立一宇、云長善寺」とする。そして、法道は「文明十五癸卯年、京都於山科本願寺、門跡蓮如上人ヨリ弥陀之本尊一幅賜、大永三癸未年三月廿五日寂」したと言う。大石野とは、今、長善寺が建っている花巻市石鳥谷

絹目	裏書	袈裟田相部
21	なし	卍繋ぎ
15	なし	卍繋ぎ
17	54.5×25.3	（摩滅）
15	なし	卍繋ぎ
13	なし	格子文・斜格子文
18	なし	（摩滅）
18	なし	格子文・斜格子文
17	35.5×26.0	斜格子文
18	なし	卍繋ぎ
15	39.3×17.3	格子文・斜格子文
		卍繋ぎ（写真）
15	36.0×29.2	（摩滅）
16	(38.7×23.5)	（摩滅）
		格子文・斜格子文
	25.1×15.4	斜格子文
20	27.0×17.3	雷文
	なし	柳文
	27.0×20.0	格子文
22	29.8×21.8	（摩滅）
	30.2×14.4	（摩滅）
	30.2×14.4	（摩滅）
20	47.0×20.5	雷文
20	32.0×19.0	斜格子文
20	45.5×23.3	斜格子文
20		
	32.4×18.8	斜格子文
20	なし	（摩滅）
20	なし	格子文・斜格子文

表１　奥羽の方便法身尊像

所在地	所蔵者	下付年	下付者	願主	料絹	総高	仏身	肩幅
弘前市	法源寺				101.8×38.6	84.1	65.0	17.8
花巻市	長善寺				83.2×39.0	54.0	40.5	14.3
大迫町	妙琳寺	文亀三年	実如	妙祐	86.0×37.0	51.6	41.3	12.2
盛岡市	光照寺				90.5×37.0	62.0	46.1	15.2
紫波町	光円寺				79.0×37.8	58.3	43.5	13.8
紫波町	光円寺				81.5×32.5	55.5	44.5	12.8
北上市	松崎阿弥陀堂				70.7×31.0	43.3	32.8	9.8
大船渡市	西光寺	永正10年	実如	□道	41.0×19.2	23.0	16.2	
住田町	浄福寺				96.3×39.0	64.5	48.0	14.5
大館市	浄応寺	文明15年	蓮如	道願	62.5×28.3	44.4	33.2	10.8
秋田市	浄願寺	文亀元年	実如	弘賢				
秋田市	本敬寺				71.5×29.0			
横手市	長安寺	明応6年	実如	浄□	85.9×38.4	53.4	39.6	
横手市	光徳寺		実如		91.8×37.0	51.7	38.4	11.0
横手市	光徳寺		証如		34.6×16.4	19.8	14.3	4.7
横手市	円浄寺	□□□□	証如		63.8×29.3	35.8	24.8	
横手市	円浄寺				35.5×16.5	20.1	13.2	4.6
横手市	円浄寺		教如		35.0×16.0	21.1	15.1	4.3
横手市	西誓寺				62.9×29.2	37.5	27.4	9.2
横手市	西誓寺		顕如		41.4×19.2	22.5	15.7	5.1
大森町	賢徳寺		顕如		41.4×19.2	22.5	15.7	5.1
酒田市	浄福寺				82.2×36.9	52.4	46.0	12.0
鶴岡市	広済寺				40.5×18.0	23.0	16.0	5.5
鶴岡市	広済寺		教如		76.0×30.5	43.5	32.5	11.5
鶴岡市	広済寺	（記載なし）	教如		32.5×14.8	19.0	13.8	5.5
鶴岡市	広済寺	（記載なし）	教如	道願・妙円	40.5×19.5	22.1	16.1	5.3
東根市	光専寺				67.0×29.8	47.3	34.7	11.8
東根市	光専寺				63.0×29.2	37.3	27.2	10.0

図１　方便法身尊像（長善寺所蔵）

町新堀に大石野の小字名が見え、同地のことと考える。(7) また「享和二年（一八〇二）宝物記帳」においても、同方便法身尊像は「寺号仏　願主法道坊教信　蓮如上人御免」と記載されていた。絵像の表に関する前述のごとき考察から、同尊像は文明十五年以前の送付にかかるとしたが、同寺の「由緒書」からも、絵像は文明十五年の順如が亡くなる直前に法道に下付されたものであったと言える。(8)

それにしてもかかる方便法身尊像が奥州稗貫郡北端の寺院に存在したことは、特筆すべきことである。畿内・北陸から遠く離れた奥羽の地に、いち早く十五世紀後期の本願寺住持下付の方便法身尊像がもたらされたのである。ちなみに、本願寺住持蓮如の奥羽布教を示す一次史料は、他にも二点ある。その一つは、今の秋田県美郷町照楽寺所蔵の文明十六年四月十八日照楽寺二世浄専に送付された法名状であり、(9) もう一点は、蓮如が長禄二年（一四五八）に松島に巡詣し、多賀国府に滞在したことを記した蓮如書状である。(10) 先の長善寺所蔵の方便法身尊像が十五世紀後期の本願寺住持から奥羽の地に下付されても、何ら不思議ではなかったと言える。

以上の認識に立ち、あらためて奥羽における蓮如・実如送付にかかる方便法身尊像を通覧した場合、どのようなことが言えるのであろうか。私のおこなった奥羽の方便法身尊像に関する調査は別表1の通りである。(11) これらの方便法身尊像のうち、裏書を有する絵像として、妙琳寺（岩手県花巻市大迫）の方便法身尊像がある。絹本着色で、絹目は一センチあたり十七本プラスマイナス一。衣紋の截金文様は摩滅がひどく、不明である。光明は、白毫から上にV字形に伸びるが、すべての光明が白毫から発する放光形をとらず、下部十四本の光明は身体から出ている。また、尊像の左側と右側では光明の発するところが若干ずれており、右側の方が白毫の位置から発していないというアンバランスを有する。表は実如期のものと断定して良い。裏書は、上部裏に横に貼り、次のように読める。

> □□□願□釈□如（花押）
> 文□□□癸□七月廿二日
> 稗貫郡衣更著郷
> 方便法身尊像
> 截牛村奥州
> 願主釈尼妙祐（カ）

この裏書の一行目を「和賀稗貫郷村志」・「妙琳寺由緒書」は、「大谷本願寺実如（花押）」と読み、「釈」の字を記載していないが、実見では、「釈」のツクリがかろうじて判読でき、釈の字はあったとしなければならない。「如」の字は、「女」の一画と二画目がX字に交差する形から縦に立ちはじめており、大永期の実如名乗りと矛盾はしない[12]。花押は、一部が欠損しているが実如のものである。二行目を「和賀稗貫郷村志」・「妙琳寺由緒書」は、「文亀三年癸亥七月廿二日」と読む。問題なのは、宛所を「截牛村」と書いてから「奥州」と記している点である。本来ならば「奥州稗貫郡衣更著郷截牛村」とすべきにもかかわらず、国の名前が最後に記してある。奥州の文字は後筆かと勘ぐりたくなるが、かかる事例は他にもあること[13]、奥州の文字が別筆とは断定しずらいことなどより、最初から前掲のように記載されていたと考えたい。「願主釈尼妙祐」のうち、最初の四文字は判読できるが、最後の文字は「祐」とかろうじて読めるか。今は、「和賀稗貫郷村志」・「妙琳寺由緒書」の読みに従うことにする。以上の分析より、妙琳寺方便法身尊像を、文亀三年（一五〇三）七月二十二日、実如が奥州稗貫郡衣更著郷截牛村釈尼妙祐に下付したものと結論づ

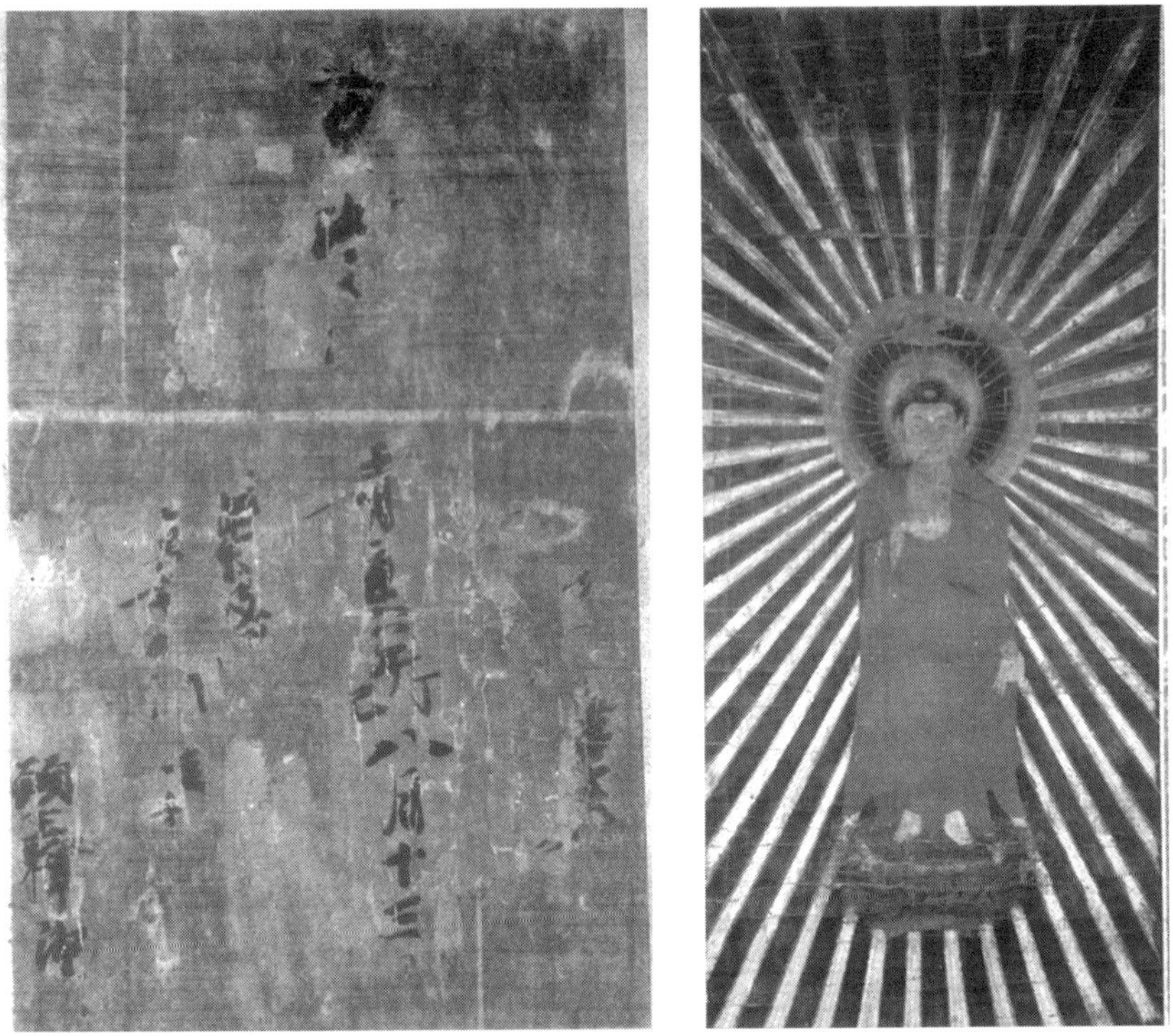

図2　方便法身尊像と裏書（長安寺所蔵）

けることができる。

さて、この妙琳寺より少し早く送付された方便法身尊像として、長安寺（横手市）の事例をとりあげる。[14] 同尊像の法量は、縦八五・九センチメートル、横三八・四センチメートル。如来の総高五三・四センチメートル。仏身三九・六センチメートル、光輪の直径一三・三センチメートル。絹目縦糸二本組みで一センチ当たり十六本。光明は不完全な放光形。截金文様は摩滅して見えない。ただし、絹目と光明より実如初期の尊像と判断する。問題は裏書である。裏書の料紙は、縦三八・七センチメートル、横二三・五センチメートルであるが、裁断された二紙よりなり、「方□法身」の文字が上段に、下段に右より「□□□□如　明応六年丁巳八月十三　願主釈浄□」などの文字がかろうじて判読できる。しかし、料紙は損傷がひどく、また「方便法身尊像」の文字の右真下に「明応六年丁巳八月十三日」があること、「明応」の「明」の上に明らかに「土」と「一」の文字らしきものがあるなど、本来の文字列の位置関係を無視して、再表装の段階で文字の記された小紙片を貼り付けている可能性が大である。問題なのは、所付(充所)である。日付と願主の間に二行分の文字列が確認できるが、その一行目は、「此」の下に「糸」、その下は「皮」と読め、「紫波」と判読できる。二行目の下の方の一文字は、あるいは「徒」か。もし、二行目の下の一文字が「徒」とすれば、その上は、「門」、つまり「門徒」と判読できる。(15) また「徒」の下に「禾」らしき文字片が見える。

　興味深いのは、文政五年(一八二二)九月の「世代書上」(長安寺所蔵)に、同寺開基僧の浄教は「奥州南部和賀郡新堀之住人」で、本山にて出家し、浄教の法名をもらい、明応年中に蓮如から本尊と寺号を送付されたこと。本寺は、盛岡本誓寺なり、と記している点である。この新堀は、現在も稗貫郡の北端、紫波郡と接する地名であり、また前述の長善寺が最初に開基された場所でもあった。対岸には北上川中流域最大の時衆寺院寺林光琳寺もあった。長安寺尊像は、まず「紫波郡」の南端(新堀)に明応六年(一四九七)、送付されたのであった。しかも注目したいのは、いまも長安寺に所蔵されている料紙が唐紙と楮紙の二幅の在家用紙本墨書蓮如六字名号(タイプB―2)である。この在家用六字名号は、前述の尊像とともに実如から浄教に下付され、長安寺方便法身尊像をお参りする在地の信者たちへの念仏教化に資したのであった。

方□法身

□　□□□如
□明応六年丁巳八月十三
□
□紫波□
□□　□徒□
願主釋浄□

次に夷浄願寺（秋田市）の尊像を取り上げる。同絵像の袈裟田相部は、卍繋ぎ文。白毫から上に向かう光明はV字形で、四八本の光明が白毫から発する放光形である。裏書は別装にしてあり、以下のように読める。

方便法身尊像
大谷本願寺釈実如（花押）
文亀元年辛酉十二月廿八日
夷嶋松前津
願主釈弘賢

裏書の最初の行にある実如の名乗りのうち、「如」の一画と二画目はXのように交わり、年代的には文亀元年ころに見られる実如の筆跡である。花押や二行目、三行目の「方便法身尊像」は、実如真筆にまちがいない。しかし、年月日の行と「方便法身尊像」の行との間に下付先地名の第一行目が来るべきなのにそのようになっていないこと、したがって年月日の行と所付の行との間に、あるいはすり消したのではないのかと思われるような不自然な空間があること、「夷嶋松前津」の「夷」の字体が他の字に比して細すぎることの三点に問題点が残る(16)。残念ながら、本願寺史料研究所で撮影した写真により判断せざるを得ないなかで、今のところ、本絵像は、実如から弘賢に送付された可能性を物語るものと判断しておくしかない。

次に横手市光徳寺所蔵の方便法身尊像を分析する。同尊像の光明は、白毫から上方向にV字型に伸び、上部六本、下部八本で完全な放光形をなす。袈裟田相部は斜格子文と格子文の組合せである。もっとも袈裟田相部が格子文と斜格子文との組合せは、証如・顕如期からの流行であると佐々木進氏は指摘しているが、大永年間（一五二一～一五二八)に送付された西光寺(大船渡市)所蔵の方便法身尊像の袈裟田相部が格子文と斜格子文との組合せ文様であることより、実如期における同文様は否定されるべきではない。光徳寺所蔵方便法身尊像の表は、実如期のものと考えて誤りない。同絵像の裏書は、摩滅がひどく、「釈実□(花押)」「□□法□□□」と読めるのみである。なお、この裏書に関しては、同寺所蔵「由緒書」(明和四年、光徳寺十二世義琳作)、及び菅江真澄「雪の出羽路」では、以下のように記す(17)。

方便法身尊像
　　大谷本願寺釈実如　御花押
　　永正十二年乙亥七月廿八日書之
　　奥州和賀郡
　　久留沢尻　　新田光徳寺
　　　　　　願主　釈正乗

菅江真澄は光徳寺の法物を実際に見て「雪の出羽路」に記しており、その読みが正確であることは、今も現存している実如送付の円祐法名状が、真澄の読みの通りであることからも首肯できる。和賀郡久留沢尻とは、今の岩手県北上市。光徳寺所蔵「由緒書」によると、初代開基僧円祐が黒沢尻に下向し蓮如六字名号を本尊として興(光)徳寺を開基したのは、延徳年中(一四八九〜一四九二)のことであり、それから二十年あまりして、実如より方便法身尊像が光徳寺に下付されたのである。この光徳寺が奥羽山脈を越えて仙北郡に移転したのは、永正年間(一五〇四〜一五二一)のことであった。

次に、明らかに表の尊像は古いものの裏書が剝離している事例として、盛岡市光照寺の方便法身尊像を考察する。同絵像の光明は上部六本、下部八本で、白毫から上方にV字型をとる。また、上腕部から下にかけての下部十六本の光明が白毫付近から発しておらず、完全な放光形となっていない。着目すべきは、絹目が一センチあたり縦糸二本組み十五本で、また袈裟田相部截金文様が卍繋ぎ文であることである。このことより光照寺方便法身尊像は、遅くとも蓮如晩期のものであると考えてほぼ誤りないと考える。この方便法身尊像は、光照寺において寺号仏として位置づけられていた。同寺の開基僧は、信円。関東二十四輩の一人是信とともに関東から斯波郡にいたり、同郡彦部の地に草庵を開いたという。また、寺伝ではこの方便法身尊像について「当寺第十二世浄的カ文明五年越前吉崎ニ於テ蓮如上人ヨリ授与サレタモノ　久シク当寺ノ本尊トシテ奉安セシト云ウ」と記している。[18] 文明五年にこの方便法身尊像が斯波郡に送られたか否は定かではないにしても、蓮如晩年までに下付されたことは間違いないと判断する。

また、岩手県北上市東和町松崎阿弥陀堂の方便法身尊像も実如送付にかかる可能性が大である。かつて裏書があり、二十年ほど前の表装再修理のとき破棄されたという。『真宗重宝聚英』では、[19] 袈裟田相部は格子文・斜格子文の組合せ文様。上部六光明、下部八光明で、絹目は一センチあたり十八本。『真宗重宝聚英』では、実如期の絵像としているが、その判断は誤りないと考える。後述のごとく松崎阿弥陀堂は、是信の開基、和賀氏の菩提寺とされた寺である。

以上のように、蓮如・実如期に奥羽に開基された寺院に対して本願寺から下付された方便法身尊像は、長善寺・妙琳寺・長安寺・光徳寺・夷浄願寺・光照寺・松崎阿弥陀堂所蔵の七例である。これらの寺院のうち、浄願寺をのぞき他の寺院は全て和賀・稗貫・斯波郡に下付されたものであった。これのみではない。前著で論じたごとく、実如から明応八年に「奥州此波郡平澤河原道場」に「常住物」として下付された光明六字名号の「方便法身尊号」の存在も重要である。[20] この尊号を加えると七点の「常住物本尊」が蓮如・順如や実如から斯波・稗貫・和賀郡の真宗寺院に下付されていたのである。それは、奥羽に下付された「常住物本尊」の大半を占める。[21] かかる「常住物本尊」は安定的な道場・寺院の成立を意味する、という通説に従えば、斯波・稗貫・和賀郡は、奥羽全体でも本願寺教団の開教のもっとも先進的かつ安定した地域であったことになろう。

しかし旧稿で論じたごとく、(22) この地域の本願寺教団寺院の多くは退転し、実如期から証如期にかけて出羽国側への移転を余儀なくされていた。とすれば、斯波・稗貫・和賀郡の本願寺教団寺院の安定、それ故の「常住物本尊」の送付と結論づけるだけでは不十分となる。また蓮如期より開教が始まったと言われている日本海側においては、浄願寺以外に方便法身尊像は見出せないのはなぜなのか（その浄願寺の尊像にも前述のように疑問点が残る）、その理由も考察しなければならない。そのためには、奥羽に送付された法物の全体像を明らかにしていくことが必要である。以下、この点を次節で考察していくことにする。

第二節　名号本尊の時代

蓮如・実如による布教の方法として、御文が本願寺から門徒寺院に送られたことは、よく知られている。そこでまず、奥羽の寺院に届けられ、今も現存する証判御文について考察する。いわゆる実如証判御文は、今までの私の調査で六例、確認できている。そのうち、山形県村山市金覚寺と秋田県由利本荘市善応寺の証判御文は、文亀三年（一五〇三）から永正十一年（一五一四）ころにかけての実如証判であり、(23) また、山形県酒田市浄福寺と岩手県花巻市光徳寺の御文には、永正十三年以降の実如の証判が記されている。(24) 御文の送付状況において、出羽側も陸奥側もほとんど大差なかったことが実如証判御文のあ

図3　絹本着色光明十字名号
（善応寺所蔵）

り方から言えるのであり、日本海側の開教が、陸奥国側に比して遅れていたと言えない。

一方、御文と同じく膨大に届けられた蓮如名号はどうであろうか。今まで調査などで知りえた法物を列挙してみる

表2　奥羽の名号一覧

所在地	寺院名	金字金泥名号	十字	九字	六字	絵像下付時期
つがる市	西教寺			(い)		
弘前市	円明寺				Ｂ２・蓮悟	なし
弘前市	法源寺				Ａ２	(不明)
盛岡市	徳玄寺				Ａ２？？	
花巻市	妙琳寺				Ｂ２	実如
紫波町	光円寺				Ｂ２	顕如(？)
大船渡市	千田基久兵衛		(お)		Ｂ２	
大船渡市	真称寺				Ａ２	
住田町	浄福寺				Ａ１	証如(？)
花巻市	円徳寺		(う)			(不明)
能代市	敬正寺				Ａ２・Ｂ２	
秋田市	夷浄願寺		(あ)		Ｂ２	実如
秋田市	(某寺)				Ａ２・Ｃ２	
秋田市	西善寺		(絹本)			(不明)
秋田市	本敬寺				Ｃ２・Ｂ２	蓮如
角館市	本明寺				Ａ２	証如(？)
美郷町	善証寺	あり(十字)	(え)	(え)	Ｃ１	(不明)
美郷町	珀浄寺				Ｂ２	
横手市	西誓寺		(え)		横はね型	顕如
横手市	円浄寺		(い)		Ｂ２・Ｃ１	証如
横手市	光徳寺				Ｂ２	実如
由利本荘市	善応寺	あり(十字)			Ａ２・Ｂ２	(不明)
由利本荘市	超光寺				Ｂ２	(不明)
酒田市	浄福寺	あり(十字)			Ｂ２	証如(？)
酒田市	安浄寺	あり(十字)			Ａ２	(不明)
鶴岡市	広済寺	あり(九字)				教如
山形市	円龍寺				横はね型	
仙台市	称念寺				Ｃ２	実如(？)

と、表2のようになる。[25] この表より奥羽では楷書体の墨書六字名号は見られないこと、草書体蓮如六字名号は出羽国側と陸奥国側でそう大きい差が見られないことがわかる。このことは、前節で述べた日本海側には蓮如・実如期方便法身尊像が希薄であったことに比して大きな違いである。また、青木馨氏の墨書草書体蓮如六字名号の分類に従えば、草書体タイプAは蓮如直筆、草書体タイプBは実如筆とされており、実如下付の「蓮如名号」の方が蓮如真筆よりも多い、という全国的な状況は、奥羽のそれとも合致する。[26]

もっとも陸奥国側においては、六字名号を本尊としていた時間は、比較的短期間であったと考えられる。たとえば、前述の陸奥国和賀郡久留沢尻光徳寺に蓮如六字名号(タイプB―2)が下付されているが、「光徳寺由緒書」ではこのことを開基僧の円祐が「先祖伝来ノ名号並ニ蓮如上人ヨリ拝領之六字名号右二幅ヲ本尊トシテ一宇ヲ草創」したと記している。この円祐は実在の僧侶であり、前著で述べたように[27]、実如が文亀三年(一五〇三)二月十七日に「釈円祐」の法名状を給していた。あるいは、前述の蓮如六字名号は、実如継職直後ころに円祐に与えられたものであったか。光徳寺に寺号仏としての方便法身尊像が送られたのは、それから十年余り後の永正十二年(一五一五)の時であった。六字名号から方便法身尊像の送付まで二十年ほどしか要しなかったのであり、名号本尊の時代は短期間であった。同様のことは、陸奥国稗貫郡妙琳寺でも言える。同寺のタイプB―2六字名号は、方便法身尊像の文亀三年よりもわずかに早く妙琳寺に与えられたものであったし、先述した長善寺や光照寺では蓮如六字名号がないことより、おそらく当初から方便法身尊像が本尊とされ、その後に木仏本尊の時代になったと考えられる。陸奥国側では、蓮如六字名号の下付はあったとしても、名号本尊の時代は短かったと言わなければならない。

一方の日本海側はどうであったか。陸奥国側とほぼ同様の法物授受の歴史を有するのは、夷浄願寺である。同寺には前述のように文亀元年送付にかかる方便法身尊像があるが、青木馨氏の分類の楷書体十字名号タイプ(あ)が存在することより、蓮如期に十字名号が本尊としての機能をもった時があり、比較的短期間の内に方便法身尊像が下付されたと思われる。それは、夷浄願寺が奥羽最大の手継寺院であったことの何よりの証である。

しかし、かかる夷浄願寺のあり方は、日本海側では決して一般的でなかった。むしろ典型的事例は、秋田県横手市西誓寺の場合であった。同寺には、タイプB―2と酷似する「弥」文字の最後の点が横はね型の蓮如六字名号が送られている。北西弘氏は、青木馨氏が分類された蓮如六字名号草書体タイプB―2のなかで、「弥」の最後の点が横はねとなっている名号は、実如筆と言うよりも蓮如筆である、との知見を明らかにしている。[28] 西誓寺の六字名号は、まさしくこのタイプであり、蓮如筆のものであると考えたい。さらには、西誓寺に、「正信偈文」二幅が所蔵されており、それは蓮如送付にかかる愛知県弥富市光蓮寺や名古屋市中区浄念寺のものと全く同じ筆跡である。[29] 西誓寺では、おそらく墨書六字名号を本尊として、その両脇に蓮如筆正信偈文が脇掛とされていたと思われる。[30] ちなみに明和三年(一七六六)に記載された西誓寺所蔵「大略由緒記」では、祐可と願正が蓮如とともに奥州に下り教化をしたこと、蓮如の帰京のさい、蓮如から「名号と偈頌文」を拝領し、願正は出羽国最上郡にて布教し、祐可は平鹿郡で布教したことを記す。西誓寺二世の善正には永正十三年(一五一六)八月六日の法名状が実如から出されていることから、祐可に蓮如六字名号が与えられたのは、蓮如の最末期であったとも考えられる。しかるに西誓寺に方便法身尊像が送られるのは、さらに時代が下り、証如のときであった。

菊池一族の出羽開教のもう一つの担い手であった浄福寺(山形県酒田市)も同様である。同寺所蔵にかかる本願寺系法物で注目したいのは、(a)方便法身尊像、(b)蓮如六字名号草書体タイプA―2、(c)蓮如六字名号草書体タイプB―2、(d)御俗姓御文、(e)実如証判御文である。これらの法物の給付年代は、天正十九年(一五九一)に浄福寺第二世永照が記した「篠華山浄福寺由緒記」(『山形県史　古代中世史料2』)の内容と現存する法物とを照合することによって、浄福寺における法物のありようが復元できる。まず「浄福寺由緒記」のうち法物授受に関わる要点のみを記す。(あ)弘賢(浄願寺開基僧)と明順(浄福寺開基僧)は、吉崎留住中の蓮如の命により、文明五年(一四七三)に「本尊一幅」と「御俗姓御文」を頂戴して蝦夷・松前の在々所々を経廻し勧化する。(い)文明の頃、酒田の一字から蓮如のもとに参上し「宝物等」を授与される。(う)文亀元年、本願寺へ弘賢とともに登山し、実如より蓮如真筆の「八幡大菩薩之御文」「夷の字」「実如上人御染筆等数品」を拝領する。(え)二世の妙順(明順娘)が証如より「小幅ノ本尊並御加ノ御文一帖」を拝領する。

さて、上記の法物のうち、(c)は(う)に、(e)は(え)に該当する。(e)は、実如の「実」の字が金龍氏の名乗り分析に従えば、実如最末期のものであることより、(う)の「実如上人御染筆等数品」ではなく、(え)の「御加ノ御文一帖」であると考える。問題は、(a)である。(a)の尊像は、裏書はあるものの摩滅がひどく、本来、発給者である本願寺住持位署の箇所に一文字の墨痕がかろうじて確認でき、それは「証」と読めなくもないが、断定はできない。同絵像の絹目は一センチあたり縦糸二十本を数え、袈裟田相部が雷文であることより、実如晩期か証如初期に下付された絵像であるとの知見を得た。[31] したがって、(a)は、(え)の「小幅ノ本尊」に該当するが、料絹縦八二・二センチ、横三六・九センチは、一貫代の大きさであり、寺伝の記載との整合性を失う。[32] そこで気になるのが『飽海郡誌』にのる「当寺宝物弥陀如来影像裏書」「方便法身等形文明六甲午年七月廿四日釈蓮如　願主明順」の記事である。[33] もしこの寺伝が正しければ、文明六年、蝦夷開教に赴く明順に方便法身尊像が蓮如から下付されたことになり、それは全国的に見ても画期的な法物となる。しかし、今、この尊像を浄福寺の法物群から発見することはできない。そして何よりも、「夷浄願寺」が外の浜から蝦夷松前に渡り、ようやく実如下付方便法身尊像を掛ける道場を開いたのが文亀元年以降であることを考えれば、この『飽海郡誌』の信憑性は疑わざるをえない。そもそも、所付がないのは決定的に疑問である。また、文明二年から十五年までは、順如が本願寺住持となっており、当該期間下付の蓮如裏書方便法身尊像は確認されていないことからも、[34]「本尊」を文明六年下付の絵像とすることはできない。

とすると「本尊」とは何か。そこで注目されるのが「本尊」とともに蓮如から授かったという(あ)「御俗姓御文」である。これを現存する浄福寺の法物から探し出すと(d)となり、しかもこの(d)は、蓮如にはあらず証如下付にかかることである。[35]また、(a)も前述のように証如初期の可能性があることより、「浄福寺由緒記」を記した永照は、(a)・(d)を(あ)の「本尊一幅」・「御俗姓御文」としたのではなかろうか。とすれば実際的には(い)蓮如下付の法物、つまり蓮如六字名号タイプA―2(b)こそが、証如初期から実如最末期に方便法身尊像が送付されるまで本山系法物の中心的役割をはたしていたのではなかろうか。

名号が本尊として機能していた事例は、円浄寺(横手市)でも観察することができる。同寺では、実如下付の十字名号タイプ(い)が本尊となっていたと思われ、方便法身尊像が送付されたのは証如の時であった。出羽南部最大の斎相伴衆寺院である専称寺(山形市)への方便法身尊像送付は、天文三年(一五三四)六月であった。また、武藤大宝寺氏城下に開基され田川惣道場と称された広済寺の法物においても、一貫代の方便法身尊像は教如下付のものであった。日本海側では、むしろ証如期になって方便法身尊像が下付されていたのであり、それ以前は比較的長期間にわたって名号が本尊的な機能を有していたのである。

もっともかかる六字・十字名号は、後世になってから寺院に移入されることもあり、裏書のある方便法身尊像よりは史料的信憑性に欠けるとされ、さらに方便法身尊像の下付が道場成立の指標であることや、かの有名な「蓮如上人一語記」冒頭の一文に「他流ニハ、名号ヨリハ木像ト云ナリ、当流ニハ木像ヨリハ絵像、絵像ヨリハ名号ト云ナリ」[36][37]とあることより、墨書六字名号を方便法身尊像の下付される道場成立以前の未発達な「祈り空間」の礼拝物と考えられやすい。しかし、六字名号が道場本尊として機能していた時期の意味が蒲池勢至氏によって強調され、[38]また、青木馨氏は、名号→絵像→木仏というあまりにも有名な図式、つまり蓮如期からその門徒集団・寺院が順調に発展し、近世に到達したという一寺院順調発展論的視座を批判している。[39]同氏によれば、三河(東海)では蓮如六字名号が道場本尊として機能し、実如期に絵像木尊化が急速に進み、逆に名号が他地域に比べ極端に少ないこと、一方、飛騨では、蓮如期から絵像本尊化が進み、実如期に名号の本尊機能の比重が大になるという。絵像本尊化しない道場、六字名号が本尊化している道場、名号を有したまま没落していく寺院への視座は重要である。

名号本尊と違い、方便法身尊像は、確かに諸先学が述べられるごとく、「祈り空間」の成立とそれを支える集団の経済的安定を物語る常住物であった。その限りにおいて名号は、移動が基本であり、未完の祈り空間を象徴する「本尊」でもあった。それはとりもなおさず出羽国日本海側の本願寺教団の開教が、北陸や畿内から移住する社会集団によってなされたという歴史現象の反映なのであり、本願寺教団の本質を投影していると言わなければならない。青木氏は、三河と飛騨に見られる名号と方便法身尊像との推移の違いを「生産性の差異、つまり経済的背景を主な要因と見るべきとも思われる」と述べているが(40)、それは、「祈り空間」に参加していく社会集団をその流動性のなかでとらえることによってこそ可能であろう。そして何よりも出羽・北奥日本海側地域で見られた六字・十字名号など名号本尊の長き存在こそは、十五世紀後期から十六世紀中頃における、当該地域における社会諸集団の移動・移民の反映でもあった。

第三節　在地世界の法物と本願寺教団

戦国期奥羽本願寺教団の具体像を知るうえで見逃すことができないのは、和賀・稗貫・斯波郡の初期真宗門流の動向である。同門流は、関東二十四輩の十番弟子であった是信が親鸞の命により奥州布教におもむき、和賀郡万塩一つ柏に清浄院を開き、のちに斯波郡彦部に移って本誓寺を開山したことに始まる。和賀郡から斯波郡にかけて是信の弟子たちは真宗の教線を拡大し、ここに「和賀門徒」と言われる奥羽でも有数の真宗教団を形成したとされる。僧侶たちは、和賀郡一帯の在地有力者のもとに赴いて布教をし、その家に名号などを与えて一族の祭祀権を確立し、やがて

図４　(左)連坐ノ御影と(右)方便法身尊像(光照寺所蔵)

それに阿弥陀如来画像・孝養太子像なども加わり、民間信仰としての「まいりの仏」(十月仏)を生み出したと言われている。数百年間にわたって岩手の地でさかえたこのような念仏信仰のあり方を見事に解明したのが、司東真雄氏や門屋光昭氏であり、その民俗学的研究は他の追随を許さないものである[41]。

ここでは法物に対する史料論的分析によって得られた知見から、若干の私見を述べてみることにする。まず、問題にしたいのは「和賀門徒」の実態や如何に、ということである。室町期以降の「和賀門徒」は、一歴代僧によって統率されていたのだろうか。そもそも「和賀門徒」が教団を構成した、とするならば、現存する「まいりの仏」の法物群に、ある一定の法則性があってよいにもかかわらず、それがいっこうに確認できないのは何故なのか。「まいりの仏」阿弥陀如来絵像や六字名号が、是信直系の寺院から「下付」されていたとはとうてい思えず、逆に在地の真言宗寺院などにおいて書かれ、それが念仏衆によって法物として安置されていたものもあった。(42)そもそも「和賀門徒」中心寺院の歴代が是信の法脈を独占していたならば、是信真筆の六字(十字)名号なるものが存在してもよいにもかかわらず、現実的にもまた伝承の世界からもついぞ発見できなかったし、是信以後の「和賀門徒」全体を統率する歴代も確定していなかった。それは、和賀郡から斯波郡に活躍する初期真宗念仏者が一教団をなすようなものではなく、むしろ複数の是信系門流善知識の寄せ集めであったことの何よりの証左であった。確かに門流の中心的存在が本誓寺や善証寺であることは間違いないとしても、かかる門流は、常に自己分裂の危険性を内包していたのであり、それ故にこそ善知識による門流の個別的主従制化の動きが時代的要請となっていた。(43)蓮如による善知識の否定、弥陀・親鸞・本願寺法主という血脈を柱とする宗派の成立は、このような時代的要請に応えたものであった。

奥羽でも状況は同じであった。十五世紀後期、斯波から稗貫郡に及ぶ是信系初期真宗門流寺院の本願寺教団への改派が始まったのであり、その動きは奥羽の本願寺教団成立史にとっても重大な意味を有するものであった。このような本願寺教団への改派の典型的事例は、光照寺である。同寺の方便法身尊像は、前節で考察したように十五世紀後期にかかるものであり、寺号仏として安置されてきた。明和三年(一七六六)に記載された光照寺開基僧信円画像の銘文(盛岡市光照寺所蔵)によれば、和泉国出身の信円は是信と共に常陸国稲田で親鸞の弟子となり、親鸞の命により奥州に下り、文永二年(一二六五)春に死去したという。(44)また寺伝では、斯波郡彦部村に寺院をかまえ、南部盛岡藩の開封とともに盛岡三つ割の地に移ったとする。同寺の信円は、是信の弟分に相当する僧侶。光照寺への方便法身尊像下付は、是信系門流有力寺院の本願寺への改派を雄弁に物語っていた。

もっとも北上川流域初期真宗門流の中心とも言うべき本誓寺がいつ本願寺に転派したのか、その時期を特定することはできないが、天文十七年(一五四八)十一月二十一日、本願寺報恩講中におこなわれた改悔で「本誓寺子　専照」が出言名乗りしており[45]、証如段階の本誓寺は本願寺教団寺院であったこと、明治初期に書かれた「奥州岩手郡盛岡本誓寺略縁起並び宝物目録」によれば、蓮如筆六字名号、実如筆八箇条御文、実如筆末代無知御文が同寺に下付されていることから、やはり蓮如から実如の時代にかけて、本誓寺は本願寺への改派をなしていたと考えられる。

かかる是信系初期真宗門流の本願寺への改派は、斯波・稗貫郡から本願寺教団への新たなる流れを誘発する中で展開していった。たとえば、稗貫郡妙琳寺の方便法身尊像願主の釈尼妙祐は、同郡衣更着郷領主衣更着掃部の妻であり、文明のころ一族滅亡とともに出家し、京都に上り、文亀三年(一五〇三)、同絵像を送付されていた。稗貫郡からの篤信門徒の本願寺参入を意味する。また文明十五年(一四八三)以前に長善寺に方便法身尊像が下付されたことも見逃せない。長善寺が開基された大石野は、北上川のすぐ東岸に位置し、是信門流の本誓寺・光照寺が建つ彦部からわずか四キロほど南にあった。本誓寺間近の寺院に早くも蓮如期に方便法身尊像が下付されたことの意味は重大である。また、明応六年(一四九七)本願寺住持実如から方便法身尊像を下された長安寺も、本誓寺下であった。

光照寺・妙琳寺・長善寺・長安寺などの方便法身尊像は、稗貫・斯波郡の是信系初期真宗門徒や在地の篤信の念仏衆らが、蓮如から実如期にかけて次々に本願寺教団に参入していったことを物語る。それは、北陸方面からの社会集団の移動を基調にして展開した日本海側における本願寺教団の開教とは別の、在地世界からの動きであった。畿内における蓮如本願寺教団の飛躍的発展にとって決定的要因となったのは、文明十三年(一四八一)、初期真宗仏光寺経豪(興正寺蓮教)の本願寺改派であった。金龍静氏はそれを「雪崩のごとき帰参」として表現していた[46]。吉田一彦氏は、諸門流の転宗・転派がおこなわれたことで重要なのは、蓮如期よりは実如期であるとしている[47]。真宗諸門流の本願寺への転派は、蓮如後期から実如初期にかけて畿内からはるか遠く離れた陸奥国からもわきおこったのであり、このような在地世界からの畿内に向かう宗教集団の動きがあったからこそ、短時間の内に本願寺教団は全国的な一大宗教集団になっていったのである[48]。

では、かかる転派とは在地世界の伝統的な念仏信仰のあり方を放棄し、いわば本願寺教団に従属的に組み込まれることであったのだろうか。そうではなかった。是信門流では、本願寺への改派後も従前からの法物を「祈り空間」のなかに掛けていた。その好例として、和賀郡浮田の松崎阿弥陀堂がある。同堂は、もと是信が開いた阿弥陀寺、また和賀氏の菩提寺であったとされ、近世初頭の廃寺、享保二年（一七一七）に盛岡藩援助による再建をへて、幕末期の再廃に至った寺院である。この阿弥陀寺が本願寺に参入したのは、実如のころであった。しかし、この念仏衆は従前からの法物を破棄することなく、むしろ逆に九点に及ぶ「善導大師画像」「聖徳太子画像」「阿弥陀如来画像」「聖徳太子講讃図」「六字名号」などの圧倒的量の在地系法物（いわゆる「まいりの仏」）を念仏堂に掛け続けており、それらの中に混じって実如下付の方便法身尊像を祀っていた。

また、前述の光照寺においても、独自の「連坐ノ影像」が作られ、法物として重宝されていた。その絹本着色墨書十字名号からは十八本の光明が発し、右上に高麗縁上畳に座る親鸞、左下に是信、親鸞の下に信円を配しており、是信門流の正統性を描いた明らかに本願寺系とは異なる連坐像であった[49]。それだけではない。蓮如より寺号を下付されて再興した善証寺においては、およそ本願寺系のものとは異色の、むしろ斯波郡在地系法物との類似性が濃厚な方便法身尊号（光明十字名号）を「本尊」としていたのである。本誓寺においても同様であった。何よりも「本誓寺宝物目録」のなかに本願寺実如や証如下付にかかる方便法身尊像が見出せなかった。同寺には蓮如六字名号も下付されたが、それが本尊とはならなかった。同寺の「祈り空間」で「本尊」としての役割を果たしていたのは、親鸞聖人御木像であった。本願寺下付の親鸞聖人御影でなく、また千葉県常敬寺や東京都報恩寺などの親鸞聖人像[50]とも異なる陸奥国斯波郡本誓寺親鸞聖人像。それは蓮冠の親鸞であり、稲田にて陸奥国布教を是信に命じた四十三歳壮年期親鸞の生身像であった。この親鸞聖人木像を「本尊」としつつ、左右に六字名号のある阿弥陀如来画像(名体不離之尊像)や「光明品」などによって同寺の「祈り空間」は構成されていたのであり、本願寺下付の法物体系に依拠しない「本尊」が長く用いられていたのである。

日本海側ではどうであったか。同地域にあっては、本願寺の開教が宗教移民的な色彩を濃厚にしたために、むしろ流動性を象徴する蓮如六字・十字名号が本尊とされていた。前節で考察した通りである。しかしこの日本海側においてすらも、蓮如や実如下付の紙本墨書名号に先行する名号が「祈り空間」において重要な位置をしめていた事例を発見することができる。その典型的事例が、善応寺(本荘市)の十二の化仏を配した絹本着色光明十字名号である。(51)この光明十字名号を、寛保元年(一七四一)六月十日、善応寺十三世によって記された「霊宝書上」では、「正信偈大意」・「六字名号」とともに、蓮如より下付されたものと記しているが、蓮如以前にさかのぼるものであることは、他の事例からして歴然たるものがある。(52)もっともこの光明十字名号は、奥羽の在地社会から発生したものではなく、北陸から移動してきた集団の伝統的な礼拝物であったか。菅江真澄は、この名号を、善応寺(本荘市)前身である尊重寺の「本尊」と記していた。(53)

このような蓮如以前の絹本着色名号本尊の事例として、広済寺(山形県鶴岡市)の九字名号がある。同寺は、肥後国出身の菊池為光が秋田から田川に入り、出家して京都御扶持衆武藤氏の都市大宝寺の柳内に永正十三年(一五一六)道場を構えたことに始まり、田川惣道場の役割を担ったという寺伝を有する。同寺所蔵の絹本着色九字名号は、名号の部分を切り抜いて補修した跡があり、その名号の字体は蓮如以前のものである。如信上人の弟子が寺を開いたとされる西善寺(秋田市)の事例も重要である。同寺は斎相伴衆寺院で湊秋田家とも関係が深く、開基僧浄教が本願寺第三世覚如より親鸞真筆の十字名号を賜り、男鹿脇本に西善寺を開基し、以後「本尊」として礼拝してきたことをその寺伝に記すとともに、絹本墨書十字名号を今に伝えていた。(54)

本願寺系の絵像を依用せずとも、先祖伝来の本尊仏を遵守し続けた改派寺院の姿は、九州においても見られた(55)。さらには、寛正二年(一四六一)八月二十一日美濃国不破郡垂井の善妙に下された方便法身尊像は、光明四十六条を有する明らかに他門流のものであり、本願寺改派のさい提出した尊像を蓮如が本尊として追認したものであった(56)。本願寺方便法身尊像や名号本尊が在地世界にもたらされ、その結果、在地の寺院の法物体系が劇的なまでに改編され、駆逐されたわけではなかったのである。

かかる本願寺下付法物と在地世界伝来法物との関係は、本願寺教団の法物のあり方を考えるとき大いに参考となる。前述のように、蓮如や実如から次々に方便法身尊像の「本尊」が送付された斯波・稗貫・和賀郡は、全国でも有数の初期真宗門流の活動が見られた地域であり、本願寺とは別系列の法物を多数有していた。たとえば、本誓寺の左右に六字名号のある阿弥陀如来画像(名体不離の尊像)、願教寺(盛岡市)の天地左右に六字名号を配する阿弥陀如来絵像(阿弥陀如来四方六文字の名号)、正養寺(紫波町)「名体不離の尊像」などはつとに著名であるが、これ以外にも数多くの名号本尊・光明本尊・人物画像・孝養太子像が念仏堂に掛けられていたことを忘れてはならない(57)。是信系真宗門流の法物群は、蓮如筆紙本墨書六字名号とは異なる、まばゆいばかりの美術的感性に裏打ちされた弥陀救済、摂取不捨の光明を放っていたともいえる。弥陀の救済をこのような美術的感性から解放しようとしたところに、親鸞教学の名号本尊の意識があったのであり(58)、それ故にこそ、本願寺とは異なる法物を守り続けるかかる是信系真宗門流のあり方が、「蓮如上人一語記」に載る浄祐叱責事件を生み出す背景となっていたとも言えよう(59)。

是信門流寺院およびその念仏門徒の「本尊」に対する意識は、このような在地世界の伝統的な宗教的感性に培われていた。斯波・稗貫郡で生まれた法物群は、たとえ在地系ではあるにせよ、念仏衆の阿弥陀如来絵像全体のなかでもけっして無視できるものではなかった(60)。そのような法物の世界に生きてきた念仏衆が本願寺に転派していく時に、墨書六字名号に満足せず方便法身尊像の下付を願うのは、まことに自然なことであった。彼らは在地世界の伝統的本尊意識をもとに、より洗練された絹本着色の尊像（法物）の下付を本願寺法主に期待したのであった。このような在地世界からの方便法身尊像申請に応えていったが故に、本願寺教団は発展したと言ってもよい。奥羽の寺院世界をとりまく社会集団の流動性は、出羽国側の不安定、陸奥国側の安定ということでは決してなかった(61)。出羽側の名号本尊、陸奥側の方便法身尊像、という地域的な差異が発生する原因の一端には、本願寺教団の開教に先行する在地世界で培われた宗教的感性があったのである。

おわりに

本章では、奥羽本願寺教団寺院の法物に関する書誌学的分析から、次の点を明らかにした。一つは、蓮如・実如期の方便法身尊像が、斯波・稗貫・和賀郡に集中していること、一方の日本海側の道場には、夷浄願寺をのぞき、実如最末期から証如期にかけて尊像が下付されていたことである。第二に、日本海側には比較的多くの蓮如（実如）筆十字名号・六字名号が下付されていたが、この墨書名号を本尊とする時間は、斯波・稗貫・和賀郡は短く、日本海側は長かった。それは、日本海側の本願寺教団の開教が、北陸から移住する社会集団を中心になされたことの反映であった。第三に、奥羽本願寺教団の成立にとって重要な意味をもったのは、斯波・稗貫を中心とする是信系真宗門流の本願寺への参入であり、それは蓮如後期からすでに始まっていた。陸奥国からも引き起こされた諸門流の本願寺への転派があったからこそ、短期間の内に本願寺は全国的教団になっていったのである。しかし、当該時期の本願寺法主は、宗教的感性に培われてきた在地世界からの法物への願いを無視して一方的に法物を下付するものではなかった。

さて、十六世紀後期、かつて蓮如や実如から下付された法物を携えて多数の真宗門徒が北陸や畿内から移住し、奥羽に寺院を開基していた。それらは、近世成立期の本願寺教団成立の大きなうねりである。しかし、それらの寺院に伝わる法物に関する分析は、本章では紙面の関係でなしえなかった。これらの法物の中には、たとえば本敬寺（秋田市）所蔵の「蓮如御母公御真筆六字名号・蓮如上人六歳御筆十字名号」のように蓮如・実如期奥羽本願寺教団寺院では見られないものもあった。

さらには、奥羽の寺院に数多く所蔵されている在地的法物（非本願寺系法物）の有する意味を明らかにする必要がある。これらの法物は、本尊、さらには脇掛としての地位も喪失していくが、はたして一年間の祈り全体のなかでも、宗教体験としての役割をもまったく持たなくなっていったのだろうか。在地的な法物が、蓮如真筆の法物として「創作」「変身」し、やがてそれに物語（「読み縁起」）が付与されていく。村上学氏は、その多くを近世後期の成立としているが[62]、このような「法物の物語」と「神学の創出」のなかには、本願寺教団成立の当初より、在地社会、そして民衆の側から如来に向かう「事件」「言葉」が潜んでいるのではなかろうか。いわゆる談義本に関する分析もふくめ、多様な法物の民衆史的考察は、今後の研究課題として残されている。

注

（1）　榎原雅治「荘園公領総社と一国祭祀―若狭三十三所と一宮―」（『日本中世地域社会の構造』校倉書房、二〇〇〇年、初出一九九〇年）、宮島敬一『戦国期社会の形成と展開』（吉川弘文館、一九九六年）、および『同朋大学仏教文化研究所研究叢書Ⅲ　実如判五帖御文の研究　研究篇上』（法蔵館、二〇〇〇年）に掲載された、青木馨「蓮如・実如下付本尊・名号より見た三河教団の特色」、本多正道「実如と西国九州門徒の動向」など。

（2）　方便法身尊像の調査にあたっては、光明のあり方、絹目の数、袈裟田相部の文様のあり方、料絹にしめる仏身の比率が目安となる。脊古真哉「実如裏書の方便法身尊像」（『同朋大学仏教文化研究所研究叢書Ⅴ　実如判五帖御文の研究　資料篇』法蔵館、二〇〇三年）を参照のこと。なお、本稿で絵像や尊像と記した場合は、方便法身尊像のことをさすものとする。

（3）　吉田一彦・脊古真哉「本願寺順如裏書の方便法身尊像（一）」（『名古屋市立女子短期大学研究紀要』第五七号、一九九九七年一月)。

(4)　佐々木進「実如裏書の方便法身尊像」(『近江の真宗文化』栗東歴史民俗博物館、一九九七年)。

(5)　吉田一彦・脊古真哉(注3論文)、佐々木進(注4論文)。

(6)　山形県飽海郡役所編『飽海郡誌』(一九二二年、名著出版より一九七三年に復刊)は、文明六年、浄福寺に方便法身尊像が下付されたことを記しているが、同絵像は確認できない。吉田一彦・脊古真哉・小島惠昭の諸氏は、「本願寺蓮如裏書の方便法身尊像(一)」(『名古屋市立大学人文社会科学部研究紀要』第八号、二〇〇〇年)で、蓮如継職後から順如示寂の文明十五年五月までの間において、裏書を有する方便法身尊像を二二例、紹介しているが、そのなかに奥羽の寺院に送られたものはない。さらに、三氏による蓮如方便法身尊像の珠玉の調査報告・研究である『同朋大学仏教文化研究所研究叢書Ⅶ　蓮如方便法身尊像の研究』(法藏館、二〇〇三年)においても、同様であった。この研究報告書では、「裏書」のある方便法身尊像の悉皆調査に基づき、「裏書」を「文書」ととらえ、文字史料としての「裏書」についての徹底した書誌学的分析が加えられている。順如が厳然たる本願寺住持として方便法身尊像を確認されるだけでも十四点発給しており、本願寺教団隆盛に尽力していた、との新知見は、従来の戦国期浄土真宗史の通説を再考させるものであった。このような厳密なる研究手法を念頭におきつつ、本章では、裏書を有さない方便法身尊像をも分析の対象としている。東北地方の寺院を調査していくと、後世になってからの表装修理で裏書が剝離し紛失した絵像本尊に出会うことがしばしばある。「文書」としての「裏書」のない方便法身尊像であっても、その形容から分析することに意味なしとしない、と筆者は考えている。寺院史料の決定的僅少の東北地方においては、なおさらである。なお裏書の剝離した方便法身尊像で寛正以前下付と推定される石川県小松市真入寺の事例が、山口昭彦氏によって紹介されている。

(7)　『角川日本地名大辞典 岩手県』(角川書店、一九八五年)。

(8)　実際は下付者が順如であったにもかかわらず蓮如とされることは、吉田・脊古(注3論文)においても指摘されている。ただし、蓮如下付であることを全く否定できるものでも必ずしもない。脊古真哉氏は、注2論文のなかで、光明が上下に突き抜ける形式の絵像の最下限を文明十六年二月二十六日下付の裏書がある大阪府千早赤阪村西楽寺所蔵絵像としている。本文でも述べたように「長善寺々伝」では、この絵像は文明十五年に蓮如から下付されたとしている。裏書が未発見のなかで、推測の域しかないのであるが、順如が死去した文明十五年五月以降、同年十二月までのうちに、長善寺へ蓮如から本尊像が下付された可能性も否定できない。

(9) 秋田県美郷町照楽寺所蔵蓮如下付法名状。なお、この法名状に見る蓮如の花押は、陰士花押である。本書第Ⅳ部第一章を参照のこと。

(10) 新潟県上越市浄興寺所蔵八月一日浄興寺御房あて蓮如書状(『真宗史料集成』第二巻「諸文集」二六四号、同朋舎出版、一九八三年)。なお、この史料中に見える「ここ」は「こう」のことである。詳細は、本書第Ⅳ部第三章を参照のこと。

(11) なお、これ以外にも山形県天童市願行寺に証如下付の尊像、仙台市称念寺に三方正面阿弥陀如来絵像がある。

(12) 金龍静「三従考および御文章編纂史考」(行信仏教文化研究所『行信学報』十三号、二〇〇〇年五月)。

(13) 岐阜市浄性寺の方便法身尊像裏書では「河野慶祐下尾州」となっている。『蓮如上人と尾張　名古屋教区教化センター研究報告　第4集』(真宗大谷派名古屋教区教化センター、二〇〇〇年)。

(14) 長安寺の方便法身尊像の調査に際しては、金龍静氏から多大なるご教示をいただいた。

(15) なお、最初に道場・寺院の所在地を記し、続いて手次関係を記すという順如期と同様な裏書記載が実如期にも見られることが、舂古真哉氏によって明らかにされている。この場合は、「門徒」の文字は、充所の最後にくる。舂古真哉「蓮如・順如期の方便法身尊像裏書」(『同朋大学仏教文化研究所研究叢書Ⅶ　蓮如方便法身尊像の研究』法蔵館、二〇〇三年)。

(16) 舂古真哉氏のご教示による。なお、舂古真哉注2論文を参照のこと。

(17) 『菅江真澄全集』第六巻(未来社、一九七六年)。

(18) 盛岡市仏教会編集・発行『盛岡の寺院』一九九五年。

(19) 『真宗重宝聚英』第八巻八八頁(同朋舎出版、一九八八年)。

(20) 同尊号については、拙著『中世奥羽の民衆と宗教』第一部第四章(吉川弘文館、二〇〇〇年)を参照のこと。

(21) なお、仙台市称念寺所蔵の方便法身尊像も実如期である可能性がある。

(22) 誉田慶信(注20論文)に同じ。

(23) 金龍氏の分類によれば、金覚寺・善応寺の実如証判は、X2型。浄福寺・光徳寺はⅡ2型である。金龍静(注12論文)。

(24) 「奥州岩手郡盛岡本誓寺略縁起並び宝物目録」(盛岡市立中央公民館所蔵)によると、岩手県盛岡市本誓寺に実如証判御文が、また仙台市称念寺にも実如証判御文が所蔵されている。称念寺所蔵御文の実如名乗りは、前述の浄福寺や光徳寺と同時期のⅡ2型である。

(25) 言うまでもなく、墨書蓮如名号には裏書がなく、後世になってから寺院に移入したこともあり得るので、奥羽に現存する名号の全体量のなかで考察していく必要がある。このような名号の巨視的な量的分析手法として、青木馨論文(注1)に学ぶことが重要である。なお、名号の分類編年は、『同朋大学仏教文化研究所研究叢書Ⅰ　蓮如名号の研究』(法蔵館、一九九八年)による青木馨氏の研究成果に基づく。また、本表の他にも山形県寺院総覧編纂委員会編『山形県寺院大総覧』(山形総合出版社、一九六九年)によれば、同県真宗寺院のうち十二ヶ寺が「蓮如六字名号」を有していることがわかり、蓮如名号所蔵寺院の数は今後調査が進めばもっと増えるであろう。

(26) 青木馨(注1論文)。

(27) 誉田慶信(注20論文)。

(28) 北西弘「蓮如上人と実如上人の六字名号」(『蓮如上人筆跡の研究』春秋社、一九九九年)。

(29) 『蓮如上人と尾張　名古屋教区教化センター研究報告　第4集』(真宗大谷派名古屋教区教化センター、二〇〇〇年)図版の四四ページを参照のこと。

(30) 青木馨(注1論文)。

(31) 山口昭彦氏のご教示による。

(32) 佐々木求巳氏は、この「小幅ノ本尊」を天文十四年五月廿八日に証如より妙順に下付された五百代の絵像とし、浄福寺に現存する旨を記すが(佐々木求巳『近代之儒僧公巌師の生涯と教学』立命館出版部、一九三六年)、私の調査で同絵像に接することはできなかった。

(33) 山形県飽海郡役所編『飽海郡誌』(名著出版、一九七三年復刊)。

(34) 吉田一彦・脊古真哉・小島惠昭(注6論文)。

(35) 金龍静氏の教示による。

(36) 井上鋭夫『一向一揆の研究』二七～二九ページ(吉川弘文館、一九六八年)。
(37)「蓮如上人一語記」『真宗史料集成』第二巻(同朋舎出版、一九八三年)。
(38) 蒲池勢至「名号の祭祀形態と機能」(『同朋大学仏教文化研究所研究叢書Ⅰ　蓮如名号の研究』法蔵館、一九九八年)。
(39) 青木馨(注1論文)。
(40) 青木馨(注1論文)。なお、吉田一彦・脊古真哉・小島恵昭「総説　本願寺流真宗と方便法身尊像」『同朋大学仏教文化研究所研究叢書Ⅶ　蓮如方便法身尊像の研究』(法蔵館、二〇〇三年)では、絹本着色・本願寺住持の裏書を有する方便法身尊像を道場本尊とし、紙本墨書の名号を道場本尊とすることは誤りである、としている。本願寺流、本願寺住持の「下付」という視座に限定すれば、そのように言えるかも知れないが、「事実」として、在地社会の「祈り空間」に紙本墨書の名号が存在し、信仰されてきたことの歴史的意義を、私は無視できない。
(41) 司東真雄『岩手の歴史論集』Ⅱ中世文化(司東真雄岩手の歴史論集刊行会、一九七九年)、同編著『まいりの仏(十月仏)』(北上史談会、一九七六年)、門屋光昭「まいりの仏と聖徳太子」(『岩手の民俗』第三号、岩手民俗の会、一九八二年)、同「まいりの仏(十月仏)の祭祀」(『岩手県立博物館研究報告』第三・第四号、一九八五年八月・六年八月)、同「東国の太子信仰研究序説」(『盛岡大学紀要』第二〇号、二〇〇一年)など。なお、本章では、太子信仰を始めとする岩手県における初期真宗信仰の様相を書誌学的に分析できなかった。今後の私の研究課題にしたい。
(42) 北上市東和町熊谷基氏所蔵「高僧連坐像」は、江刺の新山神社の神宮寺、新山寺へ真言入檀のさい描かれたものである。『真宗重宝聚英』第八巻八四頁(同朋舎出版、一九八八年)。
(43) 神田千里「中世の『道場』における死と出家」(『史学雑誌』九七編第五号、一九八八年五月)、金龍静「蓮如上人の本尊観・善知識観」(教育新潮社『宗教』一九九五年二月号)。
(44) 盛岡市仏教会編(注18)に同じ。
(45) 青木忠夫「史料紹介　本願寺証如筆、報恩講等年中行事関係文書」(『同朋大学仏教文化研究所研究紀要』第十八巻、一九九八年八月)
(46) 金龍静「宗教一揆論」(『岩波講座日本通史第十巻』岩波書店、一九九四年)。
(47) 吉田一彦「実如の継職と初期の実如裏書方便法身尊像」(『同朋大学仏教文化研究所研究叢書Ⅲ　実如証判御文の研

究』研究篇下、法蔵館、二〇〇〇年)。

(48) 吉田一彦氏は、「日本仏教史上の蓮如の位置」(『同朋大学仏教文化研究所研究叢書Ⅶ　蓮如方便法身尊像の研究』法蔵館、二〇〇三年)のなかで、蓮如から実如期の本願寺教団の勢力拡大に関して方便法身尊像裏書を題材に本願寺流に参入していった集団に関する分析をおこない、初期真宗門流に属したりその流れを汲む寺院・道場が集団的に本願寺に改派したときには、「〇〇門徒」と記載された裏書を有する方便法身尊像が本願寺から下付された、と述べている。この吉田氏の知見をもってすれば、前述の長安寺所蔵方便法身尊像裏書に見る「〇〇(門)徒」も、斯(紫)波郡を中心とする初期真宗門流の集団的な本願寺参入を意味することになると推測されよう。

(49) 同様の連坐像として、高田門徒の北陸進出をうかがわせる秘鍵寺(福井市花堂北)の六字名号がある。この金泥六字名号からも光照寺と同様に十八本の光を発す。また高麗縁上畳に坐し、右上から左下、そして右下へと交互に「親鸞」「真仏」「順信」「顕智」を描く。『真宗重宝聚英』第一巻、一六一頁(同朋舎出版、一九八八年)。

(50) 津田徹英「親鸞の面影―中世真宗肖像彫刻研究序説―」(『美術研究』第三七五号、二〇〇二年三月)。

(51) 同名号は、四八本の光明に十二の化仏を描く。料絹は縦一〇一・五センチ、横三六・五センチ。絹目は縦糸で二十本。絹本着色で十字名号は金泥をほどこす。

(52) たとえば、名古屋市名東区民珉光院所蔵「十字名号」や同市南区西来寺所蔵「十字名号」。(注29)に記載された「初期の真宗」の法物を参照されたい。

(53) 菅江真澄「月の出羽路」(『菅江真澄全集』第七巻、未来社、一九七八年)。

(54) 西善寺所蔵「御当家御由緒故実略記」。

(55) 本多正道(注1論文)。

(56) 真宗大谷派名古屋教区教化センター「センタージャーナル」二四号、一九九六年十二月。

(57) 本誓寺阿弥陀如来絵像(『真宗重宝聚英』第三巻、六頁、同朋舎出版、一九八九年)、願教寺阿弥陀如来絵像(『同』八頁)、正養寺阿弥陀如来絵像(『同』九頁)。

(58) 千葉乗隆氏の『真宗重宝聚英』第一巻「総説」(同朋舎出版、一九八八年)。

(59) 浄祐叱責事件については、誉田慶信(注20)論文を参照のこと。

(60) 宮崎円遵氏は、「尊号から尊像へ」(『郷土乃新井』六ノ一〇、一九六三年、後に『宮崎円遵著作集　第四巻真宗史の研究(上)』に再録、永田文昌堂、一九八七年)のなかで、これら岩手県の非本願寺系阿弥陀如来絵像を引用し、本願寺系方便法身尊像の成立過程を論じている。

(61) 川本慎自氏は、「室町幕府と仏教」(『岩波講座　日本歴史　第8巻　中世3』岩波書店、二〇一四年)のなかで、地方寺院の側から中央寺院と本末関係を契約・構築することによって「宗派」が形成されていった方向性の存在を指摘している。上田純一氏も、中央から地方への布教という「下降型」のみにあらず地方から中央寺院との関係を形成しようとする「上昇型」地方寺院の動きに着目していた(「書評　竹貫元勝『日本禅宗史』」『花園大学研究紀要』二三号、一九九一年)。本章で明らかにした在地世界からの動きも、上記の説と同じ脈絡で考えられる。また、湯浅治久論文「東国仏教諸派の展開と十四世紀の位相」(中島圭一編『十四世紀の歴史学』高志書院、二〇一六年)では、南北朝の内乱のとき、空白化した政治地図のなかで、都鄙間交流において、武士の交流が先細りとなるのとは対照的に寺院間の交流はさらに活発となり、寺院は自力救済に努める傾向が見られること。十四世紀末から十五世紀前半にかけて、千葉氏一族の血縁に連なる武士や、非血縁の名字を持つ土豪(侍)層、そして村落上層、の三層の人びとによって日蓮宗が受容されていたことが結衆板碑から読み取れることなどを論じていた。板碑にみる小規模な信仰集団が、より総合され、重層化しつつ地域的な教団を構成していったのである。それは、湯浅氏が述べるように、十五世紀の仏教信仰の地域への定着の一つのモデルでもある。「結衆」から「交名」に至る回路は、下層の人びとも含めた構成員の自己主張が表に出てきた結果である。板碑、そして信仰世界も武士団における「信仰の展開がまずみられ」、そこから百姓が主体的に出現するプロセス、つまり村落の「結衆」の出現していくという仏教信仰の在地世界への定着のメカニズムは、当該時期の奥羽を考察する時に、大きな示唆を与えるものである。

(62) 村上学「縁起に見る蓮如上人」(『講座　蓮如』第二巻、平凡社、一九九七年)。なお、親鸞伝については、塩谷菊美氏の優れた研究『語られた親鸞』(法蔵館、二〇一一年)がある。

第三章　出羽国南部の本願寺教団

はじめに

中世前期において、顕密仏教が体制的な仏教であり、その平易な教えと方便（積善）によって、支配者のみならず民衆をも救済していた。圧倒的大多数の中世人にとって、仏教と言えば、顕密仏教のことであった。親鸞や日蓮の、いわゆる「鎌倉新仏教」が日本仏教史上、厳然たる位置に立ちえたのは、戦国期以降のことであった。その時代になって初めて「鎌倉新仏教」は、自立した存在として、社会的基盤をもって民衆に受容されるようになったのである。このことからして、いわゆる「鎌倉新仏教」とは、むしろ「戦国仏教」というべきであり、それ故に仏教が社会に浸透していく実像とその意味を問うことが重要である、と藤井学・湯浅治久論文では強調していた［藤井二〇〇二、湯浅二〇〇九・二〇一五］。

近世社会において巨大宗教権門となる浄土真宗や禅宗寺院は、変革期の戦国社会にあって、京都や「本山」の新たなる権門寺院を核として、教え・救済・行に関わる全国的ネットワークを張り巡らし、在地世界に「定着」していった。それならば、その時、在地世界、とりわけ奥羽では何がおきていたのだろうか。奥羽という地域社会に「戦国仏教」が根をおろそうとする、その瞬間の状況とはいかなるものであったのか。京都からの、そして在地からの動きは、どのように絡み合っていたのだろうか。さらには、奥羽の地に受容されたといっても、奥羽の各地域において差異はなかったのだろうか。その差異を規定していったものは何なのか。それが問題になるのではないか。このような問題意識のもと、本章では、戦国期から近世初期の出羽国南部村山地方の仏教について考察してみたい。素材として、浄土真宗寺院をとりあげることにする。

第一節　蓮如の松島来訪

新潟県上越市浄興寺に、年未詳八月一日蓮如自筆書状が所蔵されている。この書状は、浄土真宗史研究者のあいだでは知られていたが［井上（鋭）一九六八b］、東北中世史研究者は、ほとんど注目してこなかった。同文書は、『真宗史料集成』第二巻「諸文集」二六四号文書（同朋舎出版）や、『大系真宗史料　文書記録編4宗主消息』宗主自筆消息（蓮如）二七号文書（法蔵館）などにおいて翻刻紹介されている。『図録　蓮如上人余芳』（本願寺出版社）一〇二頁には、同史料の鮮明な写真版が掲載されており、この写真版に基づき解読し、分析を加えることとする。まず、同史料を紹介する。

松前三位公之　　返々御志難レ有候。こうに
一緒、上様へ御旁　　留候て、今泉までも立寄
中候へく候　　候はす候、京都之事ハ
無二子細一候由是にて聞候、

誠今度其方までも可二立寄一可レ存候之処、物忩之由奥にて聞候上、はや思留候、思召寄預二御状一候、難レ有候、
結句二百疋御志之至為レ悦候、内々ハ老体事にて、御渡候之間、可二見参入一候へ共、無力次第候、国も静候て、

ふと可二上洛一候、坂東下向事、路地之中無二子細一、松島まで令二下向一候、心安可レ被二思食一候、返々国中物忩無二勿体一候、毎事期二上洛之時一候、恐々謹言。

八月一日　　　蓮如(花押)

内容は以下のようなものである。蓮如が、浄興寺(当時は信濃国水内郡太田荘長沼にあり)に立ち寄ろうと思っていたが、世情不安定なことを「奥」(奥州)でも聞いたので、行くことを思い留めたこと。浄興寺が二百疋の銭を添え、手紙を送ってくれたことに感謝していること。内々は老体の自分なので、おいでになっている貴方(浄興寺)に見参すべきところであるが、今は無力であること。国が鎮まったら上京しようと思っていること。「坂東下向」の道中、何事もなく松島まで下向できたので、安心して欲しいこと。「こう」に今滞在中であり、「今泉」には行く予定がないこと。京都のことも別状ないことを奥州でも見聞している、と。

充所がなく、朱筆で「浄興寺御房」とあるが、先学が述べているように[千葉 一九九八、北西 一九九九a]、この書状が長沼三位殿(浄興寺)充て五月二日付蓮如書状(『真宗史料集成』第二巻「諸文集」三一二号文書)と密接な関係にあることからも、八月一日付蓮如書状も朱筆通り、浄興寺充てと考える。

さてこの書状で何よりも注目したいのは、坂東下向の一環として松島に参詣し、しばらく「こう」に逗留していることである。金龍静氏は、「こう」を越後の国府とするが[金龍 一九九七]、千葉乗隆論文に述べられているように、明確に多賀国府のことである[千葉 一九九八]。『親鸞聖人門侶交名牒』(『真宗史料集成』第一巻、同朋舎出版、一九八三)でも奥州を「奥」と表記していることから、八月一日浄興寺宛蓮如書状の「奥」も奥州のことである。坂東下向で松島を参詣し、こう(多賀国府)に滞在している蓮如のもとに志納金が届いたので、信州浄興寺に返事を記したのが、この書状である。

それにしても多賀国府にいる蓮如のもとに、信州長沼の浄興寺から書状や志納金が送り届けられること、国中の世情不安、つまりは前述蓮如自筆書状中の「物忩」が、千葉乗隆氏が述べるように、具体的には信濃国の小笠原宗康方と小笠原持長方との家督相続をめぐる内紛のこと、さらには京都本願寺内の様子までも多賀国府に滞在している蓮如のもとに達していることなど、本願寺教団が有していた通信伝達網には驚くべきものがある。本願寺教団が比較的早い段階から独自の物資流通や通信伝達網を有していたことは、鍛代敏雄論文にて指摘されているが［鍛代 一九九九］、多賀国府周辺にも、このような交通関係の結節点とも言うべき都市的な場が広がっており、そこには蓮如が滞在するような寺院もあったのである。

それでは、蓮如が立ち寄らなかったとする今泉とはどこなのだろうか。千葉乗隆論文では、今の陸前高田市に今泉の地名があることより当所とするが［千葉 一九九八］、その根拠もなく、首肯できない。いまの仙台市東南部に「今泉」があり、そこには鎌倉から室町期にかけて地頭クラスの館が存在していたが［仙台市史編さん委員会 二〇〇〇］、蓮如がここを訪れる歴史的必然性は探し出せない。ではどこなのか。そこで考えなければならないことは、蓮如にとって、「今泉」は「松島」と同じように訪れたい地であったと言うことである。そもそも蓮如の坂東・松島下向は、単なる物見遊山にあらず、覚如がかつて訪れた地を自分も来訪し、時空を超えて「面受」することであった。本願寺開祖の覚如が、二代目如信の三十三回忌に松島までできていることは『慕帰絵詞』に描かれているが、それは、親鸞・如信・覚如と続く三代伝持のためであり、蓮如もその面受に連なろうとした。蓮如の信仰に大きな影響を与えたのが覚如であったことを想起する時、蓮如の脳裏に宿る「今泉」とは、覚如時代の「今泉」であったに違いない。そしてその今泉とは、安積の「今泉」ではなかったか。現在の福島県田村市船引町今泉、あるいは須賀川市岩瀬の今泉であったか。確かに蓮如のころの安積門徒はほとんど壊滅状態であったが、覚如のころ大谷本廟再興には安積門徒法智が尽力していた［誉田慶恩 一九七七a］。蓮如は、安積門徒の故地を訪ね、大谷本願寺再興を支援した安積門徒の地「今泉」で覚如と「面受」したかったのではあるまいか。

しからば、この書状は何年のものなのか。これについては、①永享十一年(一四三九)とする金龍静説[金龍 一九九七]、②宝徳元年(一四四九)とする千葉乗隆説[千葉 一九九八]、③長禄二年(一四五八)とする北西弘説[北西 一九九九ａ]がある。このうち、浄土真宗本願寺派宗務所発刊『本願寺史』が、②の説をとっていることから、宝徳元年説が通説となっている。諸先学がおこなっている蓮如の花押分析を試みにみると、北西論文で明らかにしたように、長禄二年を境にした蓮如花押の変化に注目したい。すなわち、蓮如初期の花押は花押下部の空穴には横に一線、縦に二線の単純なものであったが、長禄二年からは横に二線、縦に二線が入るようになることである[本願寺史料研究所 一九九八]。前述の浄興寺あて蓮如書状も後者のタイプであることから、宝徳元年のものとは言えず、北西論文で述べたように、長禄二年のものとすべきである[北西 一九九九ａ]。

とすると、これも先学が指摘しているように、長禄二年の「坂東・松島」下向は、実悟の編集した各種の蓮如行実や『大谷本願寺通記』にも記載されていない旅であったことになる。空善の記憶のなかにある二回の奥州下向にも、長禄二年の奥州下向がなかった。金龍氏が言われるように、蓮如の坂東・奥州下向は、蓮如の子供ですら年次の復元が不可能であった[金龍 一九九八]。蓮如の「東国下向」は、一回目は不詳、二回目は応仁か文明二年、三回目は文明五か七年ごろという通説的見解をうけ、金龍論文では、蓮如の奥州下向は、文安四年(一四四七)、永享二年の少なくとも二回であったと述べている[金龍 一九九八]。となれば、浄興寺所蔵蓮如自筆書状の長禄二年の奥州下向は、さらなるもう一つの奥州下向であることを意味する。

いずれにしても、前述の浄興寺所蔵自筆蓮如書状は、蓮如の奥州下向がまぎれもない歴史的事実であることを示していた。とすれば、応仁二年(一四六八)蓮如の松島来訪のさい、信元が六字名号を拝領して弟子となり、のちに仙台領最初の真宗寺院となった正楽寺(仙台市)を開山したという寺伝[『仙台市史　第一巻』第三章、仙台市史編纂委員会 一九五四]、あるいは文明五年、蓮如とともに松島に下向した願正が出羽国専称寺を開いたとする「願行寺願正御坊縁起」

（『山形県史　古代中世史料2』）は、蓮如奥州下向の事実をうけて作られたことになる。蓮如本願寺教団の奥州布教は思いのほか早くから始まっていたと言わざるを得ない。そこで、次節では、願正が出羽国最上郡に開いた専称寺について考察してみたい。

第二節　専称寺の法物を読む

今の山形市寺町にある専称寺は、最上義光夫人の菩提寺、最上山形領内における本願寺教団の触頭として有名である。同寺院は、松島に下向していた蓮如の命をうけた弟子の願正によって今の村山地方に開基された。そのことを記した天童市願行寺所蔵「願正御坊縁起」（『山形県史　古代中世史料2』）にそって、出羽国最上郡本願寺教団史が叙述されてきた。私も、前書においてこの史料を用いて分析を加えた［誉田 二〇〇〇g］。本節では、これらをふまえながらも、同寺に関わる同時代史料（法物）を使用して、さらなる検討を重ねてみたい。まず、専称寺に関わる法物を列挙する。

「専称寺関係史料」

【Ⅰ】

	下付年月日	法物名（主題）	発給者	願主
①	（年月未詳）	太子・七高僧像	顕如	
②	（年月未詳）	親鸞聖人絵伝	顕如	
③	天正九年十月廿日	蓮如上人真影	教如	乗念

④	文禄四年十二月十五日	顕如上人真影	教如	（切断）	
⑤	（年月未詳）	紙本墨書　十字名号	教如（カ）		
⑥	（年月未詳）	願正影	教如	教正	
⑦	（年月未詳）	正信偈文	教如（カ）		
⑧	慶長二年	最上義光夫人画像	教如（黒印）		
⑨	慶長二年	駒姫画像	教如		
⑩	天文三年六月十四日	方便法身尊像	証如	慶了	
⑪	天正九年十月十七日	親鸞聖人御影	顕如	乗念	
⑫	（年月未詳）	阿弥陀如来画像			
⑬	（年月未詳）	紙本墨書六字名号			
⑭	天正十六年十月十三日	親鸞聖人御影	教如	教正	

①～から⑨は山形市専称寺所蔵、⑩～⑬は天童市高擶願行寺所蔵、⑭は中山町柏倉清子氏所蔵

【Ⅱ】「専称寺門徒」と記載された諸寺院史料（『山形県史　古代中世史料２』）

	下付年月日	法物名（主題）	下付者	宛所	願主
⑮	慶長十七年二月二日	顕如上人真影	教如	谷地村安楽寺	浄西
⑯	慶長十五年十月十日	親鸞聖人御影	教如	小田嶋庄谷地郷長楽寺	祐賢
⑰	天文十六年五月十一日	方便法身尊像	証如	谷地長願寺	専覚

【Ⅲ】「改悔出言」関係史料
青木忠夫「史料紹介　本願寺証如筆、報恩講等年中行事関係文書」(『同朋大学仏教文化研究所紀要』十八号、一九九八年)天文十二年十一月二十一日・二十七日条

以上の法物を本願寺より下付された時系列にそって記すと、次のようになる。

方便法身尊像(証如)→親鸞聖人御影・聖徳太子・七高僧・親鸞聖人伝絵(顕如)、蓮如上人真影・顕如上人真影→正信偈文・願正影

さて、これらの法物のなかで注目すべきは、本願寺住持証如が下付した方便法身尊像であり、裏書には「大谷本願寺釈証如(花押)／天文三年甲午六月十四日／出羽国最上郡村山郷高楡村専称寺常什物也／方便法身尊像・願主□□」とある。ちなみに『山形県史　古代中世史料2』では、現在所在不明としている。山形県教育委員会文化課『山形県文化財報告書』の読みに従い、願主の下の三文字を「釈慶了」とする。裏書に「常什物」とあること、「専称寺」の寺号がすでに記載されていることより、この方便法身尊像は、寺号仏である可能性が高い。明治三十一年(一八九八)に編述された専称寺所蔵「最上首山専称寺歴代通塞記」の寺宝目録にある通りである。ちなみに、紙本墨書の蓮如六字名号は他の寺よりの伝来とあり、同朋大学仏教文化研究所『蓮如名号の研究』(法蔵館、一九九八年)に見る蓮如六字名号とは別系統のものである。

さて、専称寺には、天正九年(一五八一)、親鸞聖人御影が顕如から下されていた。天正九年の親鸞御影の送付は、日本全体、東北地方に視野を広げた場合、特段に早いとはいえない。同年、夷浄願寺門徒で奥州外浜油川の釈敬了にも親鸞御影が送られていた。最上山形領の触頭としての専称寺の現存する法物は、豊富であるとは決していえない。同じく願正開基の寺伝を有する秋田県横手市の西誓寺には、本願寺住持実如や証如直筆の法名状、方便法身尊像、多

彩な六字名号など豊富な法物が所蔵されていた。

そもそも、前章で論じたように、戦国期奥羽に本願寺住持から下付された裏書のある方便法身尊像のうち、現存する最古のものは、いまの秋田県横手市長安寺所蔵の絵像本尊である。それは、明応六年（一四九七）に陸奥国斯波郡の門流（手次寺院）下にあった浄□に、実如から方便法身尊像が送られたものであった。また、裏書のない蓮如期・実如期の方便法身尊像も、陸奥国斯波郡・和賀郡・稗貫郡に下付されていた。これまた前章で明らかにした通りである。

それに対して、日本海側出羽国、とりわけ村山地方では実如初期の裏書を有する方便法身尊像や、裏書が剝離していたと思われる同絵像は、現在まで確認できていない。現存する方便法身尊像で最古のものは、『山形県史　古代中世史料2』五九二頁に紹介されている天文十二年（一五四三）八月十四日今町村西教坊に証如から下付された方便法身尊像である。現在、山形県天童市蔵増の誓賢寺に所蔵されている。もっとも、同寺には嘉永三年（一八五〇）「当山由緒略書」（『天童市史編集資料』三三号）なるものがあり、その寺伝に基づき、村井重友が蓮如の弟子になり、専称寺開基僧の願正も西教坊に来たとし、さらには専称寺より古い尊像が今の天童市下山口蓮光坊に下された、としている［天童市史編さん委員会 一九八一］。しかし同絵像の表は明確に江戸期のものであり、裏書に見える「蓮如」は、「達如」の読み間違いである。つまりは、山形県村山地方における実如前期、蓮如期の方便法身尊像の存在は、確認できないのである。

それでは、出羽国村山地方に、蓮如期・実如期の本願寺教団は成立していなかった、と即断できるのであろうか。そもそも、蓮如・実如期に本願寺教団が爆発的発展をとげるさい、本尊としての方便法身尊像をはるかに上回る紙本墨書の六字名号や御文が門徒・念仏衆に送られ、また本願寺実如から在地社会へ、地域から本願寺へ、地域から地域（門徒同士）へ、と幾重ものネットワークが形成されていた［金龍 二〇〇〇a］。その状況は、今の村山地方でも確認できる。村山市金覚寺所蔵の実如証判御文が、それである。金龍氏の「実如」文字の筆跡編年に関する分析に基づけば、金覚寺の実如の文字はX２型であり、それは文亀三年（一五〇三）から永正十一年（一五一四）ころのものであるという。同寺所蔵「明順坊了勝置文」によれば、明応八年（一四九九）、実如証判御文をたずさえて村山地方に来住したとあり、現存する証判御文が明応八年ころのものであるか不確かであるが、蓮如独特の字体である「佛」のハネや「後」の異体字など、蓮如自筆本をテキストにして御文を書いていると考えられることから、蓮如の残像がまだ色濃い実如前期の証判御文であることは間違いない（金龍氏のご教示による）。そういえば、善応寺（秋田県由利本荘市）の実如証判御文もX２型であった。他に山形県では、酒田市浄福寺の実如証判御文がII２型（永正十三年以降）であった［誉田 二〇〇六・本著第IV部第二章］。今後、調査をすすめれば、実如証判御文は増えるかも知れない。方便法身尊像だけで本願寺教団は、語れないのである。

さらに、紙本墨書のいわゆる蓮如名号も忘れることはできない。金覚寺や浄福寺（酒田市）には蓮如六字名号タイプB―２（同朋大学仏教文化研究所編『蓮如名号の研究』法蔵館、の分類に基づく）が所蔵されていたし、円龍寺（山形市）にも蓮如七男蓮悟筆の蓮如六字名号が送られていた［北西 一九九九b］。蓮如名号は今後の調査により、さらにその数が増えるであろう。

前章において、東北地方においては、六字名号から方便法身尊像へ、と道場本尊が短期間のうちに変化した陸奥国北上川流域・斯波御所周辺の寺院と、名号本尊を基本とする日本海側の寺院群の、二つの潮流が存在していた［誉田二〇〇六・本著第IV部第２章］。山形県村山地方は、まさしく後者の潮流にあった。村山地方は、名号本尊の時代が長かった、と考えるものである。それでは、秋田県側と山形県村山地方の本願寺教団の歩みは、同じであったのだろうか。次節では、本願寺教団の儀式体系における最上山形専称寺の位置について考察してみたい。

第三節　親鸞聖人御影・前住画像と本願寺の儀式体系

本願寺教団は親鸞御影教団でもある。現在の東・西本願寺ともに、生身の親鸞像が安置された御影堂こそが本堂であり、それは阿弥陀堂よりはるかに巨大である。親鸞が鎌倉期に説いた教えは、本願寺の実質的開祖である覚如によって大きく変化する。覚如の教学を受け継ぎ、本願寺大発展の功労者となった蓮如は、御文を全国各地の念仏衆に送り、蓮如の教えこそ親鸞の直説なりとし、違犯の者には「開山聖人の罰をこうむるべし」との文言を付与していく。阿弥陀如来の本願に目覚め、極楽往生間近であることを感得した門徒は、親鸞の恩に身を粉にしても報謝すべし、と教化されていく。親鸞への報謝行(報恩講)こそが、本願寺門徒である上でもっとも大切なことであった。その意味で、親鸞聖人御影は決定的に重要であった。また、実如の時は、蓮如画像が、証如の時は実如画像が、前住画像として重視された〔金龍 一九九九〕。たとえば、実如画像は、夷浄願寺ですら証如から下付されなかった。斎相伴衆寺院の西善寺(秋田市)にもなかった。津軽真宗寺院の触頭弘前市真教寺に証如の寿影を証如から下付された、と「寺伝」にはあるが、確認されていない。

夷浄願寺了明に永正十一年三月二十八日、実如から親鸞聖人御影が下されたことを記した裏書の写が、同寺所蔵資料のなかにある(『青森県史　資料編　中世3』)。夷浄願寺は、東北地方本願寺教団でも別格の寺院であることより、永正期に親鸞御影が存在しても不思議ではないが、親鸞聖人御影裏書の実物は確認できない。さらに言えば、戦国期奥羽の本願寺教団寺院において、夷浄願寺以外に親鸞御影が下付されたことを示す史料はない。親鸞聖人御影、ましてや前住真影が、真宗各寺院に下付されたのは、教如期以降であった。

以上のことをふまえたとき、出羽専称寺に天正九年(一五八一)、親鸞御影が下されたのも決して遅いとは言えないことに気がつく。同年は、東北地方の寺院に親鸞御影が下された時であった。私が確認しただけでも、安祥寺（酒田市）、専徳寺（弘前市）、法源寺（同）、源勝寺（能代市）を数える。本願寺教団にとって、天正九年は教団存亡に関わる重大局面に立たされた時である。石山戦争により、前年の天正八年には石山本願寺が焼亡し、顕如のいる紀州鷺森へ教如が赴き面会するも赦されず、紀州・大和・美濃・飛騨高山・越前・越中五箇山へ点々としている時であった。本願寺再建のために真宗門徒の多大なる篤志が必要となっていた。親鸞御影の乱発は、本願寺再建のために必要止む得ざる手段だったのである。村山地方からも本願寺への志納金が届けられていた（「願善寺文書」『山形県史　古代中世史料2』五二七頁）。

そもそも、本願寺が上下関係を内包しながら巨大教団と成長したのは証如の時であった。如来の権化（生身仏）としての親鸞、その教説を一身に引き継いだ本願寺住持証如のもとで、教えをいただき報謝することを確認する儀式が重視された。証如の日記である『天文日記』を一読すると、そこには平安貴族の儀式の世界と見間違うばかりの情景が描かれている。石田晴男氏は、証如をとりまく贈答・通信関係を分析し、公家・将軍家・門閥寺院・有力守護と緊密に交際していた本願寺の人脈を明らかにしている［石田（晴）一九九一］。

本願寺証如への奉仕活動は親鸞への報謝行であり、奉仕メンバーに選ばれることは最大の名誉であった。上山し本願寺での奉仕活動をするなかで、証如の食事（斎）を準備し、さらには食事の座の末端で住持とともに斎を「相伴」できることは、この上ない名誉なことであった。斎相伴衆寺院がそれである。まさしく、本願寺住持との共同飲食による序列関係の再生産のただ中にあり、在地世界に帰っては証如の教え（生身仏親鸞の直説）を聞法した者として、今度は本願寺住持に成り代わって親鸞の教えを権威をもって在地門徒に垂れることができたのである。『天文日記』によると、奥羽で斎相伴衆寺院として出てくるのは、専称寺・西善寺・夷浄願寺・真教寺であった。なかでも、蝦夷沙汰執行者安藤氏の外護をうけた西善寺と夷浄願寺は、本願寺の年中行事のなかでもっとも重要な儀式である報恩講の斎相伴衆であった〔誉田 二〇〇〇f〕。

一方、出羽専称寺は報恩講の番衆ではなかったが、『天文日記』天文十五年（一五四六）と二十年の二月二日条に斎相伴衆と位置づけられていた。この二月二日とは、前住の実如の命日であった。『天文日記』を見ると、毎月、二日（実如）と二十八日（親鸞）には必ず斎が執りおこなわれていた。親鸞の命日とともに前住（実如）の命日（斎）がとりわけ重視されていたのである。そう言えば、ごく最近まで山形県村山地方の本願寺教団寺院では、前住職や親族の命日の勤行（斎、この日は肉食禁止の精進日であった）が厳格に執りおこなわれていた。出羽専称寺の報謝行は、このような本願寺儀礼体系のなかに位置づけられていたのである。

それでは、専称寺は、本願寺の報恩講とまったく無縁であったのか。そうではなかった。報恩講のときにおこなわれる「改悔出言」に、専称寺の僧侶が出席していたのである。青木忠夫氏の紹介する史料〔青木 一九九八〕によると、天文十二年十一月二十一日と二十七日の改悔出言のなかに出羽国専称寺が見える。報恩講の日の日没直前におこなわれ、群集が「後生御免」を証如に願望し、信仰告白と「名乗り」がなされ、証如がそれを認可するとともに改悔人の名を急ぎ書き留めた。そして、告白された信心を法主が認可することにより、後生御免権を有した証如のさらなる権威化がすすんだのである。さらにいえば、後生を本願寺住持により権威づけられた専称寺は、村山地方においても報土往生の予定者として人びとの崇敬を集めていくこととなった。村山地方において専称寺が真宗寺院の触頭たりえたのは、このような本願寺儀式体系のなかにあったからである。

ちなみに天文十七年十一月二十一日の改悔出言には、「専照　本誓寺下奥州」が参加していた。この本誓寺は、初期真宗門流の一つ是信門流の一大拠点寺院であり、北上川中流域真宗の中核を担った寺院である。光明本・阿弥陀如来絵像・十字名号・「唯信鈔文意」など、蓮如本願寺教団以前の法物を数多く所蔵する。蓮如六字名号や実如証判御文があることより、十五世紀後期には本願寺教団に参入したと考える。「本誓寺下奥州」とあるから、本誓寺門徒の専照が、本願寺に出仕し、改悔出言に参加していたことになる。十六世紀中期において本誓寺の勢力は、北上川流域から横手平野にかけて緩やかではあるが、初期真宗門流の人的繋がりを保っていたと思われる［誉田 二〇〇六・本書第Ⅳ部第二章］。

さて、出羽専称寺が本願寺斎相伴衆寺院たりえた背後には、羽州探題の一翼をになった天童氏がいた。「余目氏旧記」や「御内書案」（『続群書類従』『山形県史　古代中世史料2』）にある、長禄四年（一四六〇）、足利義政による古河公方足利成氏攻撃軍事動員体制を記した史料に、室町幕府体制下の天童氏の姿を垣間見ることができる。国人を動員して成氏を追討せよと命じられた左京大夫（最上義春）と「修理大夫」（天童氏）には、羽州探題職権である軍事指揮権が付与されていた［遠藤巖 一九八二］。本願寺教団と室町幕府秩序との緊密な関係こそは、東北地方において濃厚にみられた現象であった。北奥でも夷浄願寺や西善寺が、京都御扶持衆安藤氏と密接な関係にあった。『天文日記』天文十五年七月二十三日条によれば、安藤堯季より事付かった蝦夷錦が夷嶋浄願寺によって証如のところに届けられていた。三年前の同月には、安藤友季・鉄船庵への書状が、出羽西善寺からの要請をうけて証如から音信されていた［誉田 二〇〇〇ｆ］。

このように本願寺教団と探題家・京都御扶持衆が、東北の地においてそれぞれの勢力維持のために相互補完関係にあったのである。探題家天童氏の根拠地に隣接する高擶の地に開基された専称寺が、斎相伴衆寺院となっていくのも自然の流れであった。門徒農民に外護され成長していく領内真宗寺院を統制するため、最上武士団と専称寺歴代とのあいだに姻戚関係が結ばれていた［誉田慶恩 一九七七ａ］。

もっとも実如期初期に開基された古い寺が番衆寺院に必ずなる、というものでもなかった。初期真宗門流の代表格である奥州斯波郡の本誓寺、さらには酒田の浄福寺、田川道場と言われ光明九字名号を有する広済寺（鶴岡市）は、番衆にはなっていない。斯波門徒浄祐の邪義を蓮如が厳しく批判する叱責事件もあり（「実悟旧記」）、本願寺教団内の本誓寺の位置は高くなかった。酒田の浄福寺は夷浄願寺と同じく菊池一族によって開基されていたにもかかわらず、番衆寺院にならなかった。寛正五年(一四六四)に上洛をとげ足利義政に謁見した出羽守武藤義淳が、政治支配の拠点を鶴岡に置いたにもかかわらず、「田川道場」広済寺は、本願寺教団の番衆寺院ではなかった［本書第Ⅳ部第二章］。その理由は不明である。逆に比較的開基の新しい寺院が室町幕府政治体制と補完関係をにらみながら番衆に連なる例もあった。天文年間、証如の弟子が津軽大浦の近くの坪貝に開基した真教寺は、『天文日記』天文十六年十二月九日条に報恩講にかかる三十日番衆として出てくる。大浦は糠部南部氏の津軽支配の拠点であった。蝦夷地との交易活動の活況、蝦夷地にて活躍する商人たちへの布教の思惑が見え隠れする。本願寺から東北地方へと延びる宗教交通体系のネットワークの結節点にあった番衆寺院の存在意義は、やはり大なるものがある［誉田二〇〇〇f］。

第四節　願正影

出羽専称寺の歴史を知ろうとする時、天童市高擶願行寺所蔵「願正御坊縁起」(『山形県史　古代中世史料2』)は、重要史料である。本縁起に依拠しつつ、『山形県史』や『山形市史』では、出羽国南部の本願寺教団の歴史を叙述していたし、私も前著において、コンテクスト論の視点から、同史料の分析を試みた［誉田二〇〇〇g］。

本寺伝では、文明五年(一四七三)、越前国菅生出身の願正が蓮如の奥州布教に同行し、松島から出羽国に入り、文明七年に高擶に道場を開いたのを出羽開教の嚆矢であるとする。文明五年といえば、蓮如は吉崎御坊に拠って大々的な布教をしている時であり、日本海交通を利用して数多の門徒が蓮如のもとに群参していた。文明五年八月十二日の御文に「加賀・越中・能登・越後・信濃・出羽・奥州七ヶ国ヨリ、カノ門下中、コノ当山へ道俗男女参詣イタシ、群集セシム」とある通りである。文明五年という年は、蓮如による布教のエポックとして、「願正御坊縁起」にも付与されたのだろう。さらには、前節で述べたとおり、長禄二年(一四五八)をふくむ、蓮如の奥州下向、出羽国最上郡の開教の記憶も付与されていた。吉崎御坊を起点とする本願寺教団発展の瞬間という意識と、蓮如の松島参詣、願正による出羽国開教、という二つの要因によって寺伝が創られていった。

そもそも願正とはいかなる人物なのか。前書にて明らかにしたことであるが[誉田二〇〇〇g]、以下のことを確認しておきたい。願正は、「空善記」「実悟旧記」「蓮如上人御一代聞書」に登場する。大坊主蓮智を批判する篤信の門徒であり、加賀国江沼郡熊坂荘の荘官、長享一揆の指導者として、「蓮如上人御一代聞書」などを通してよく知られていた僧侶であった[遠藤一 一九九一、金龍 一九九八]。かかる願正の開基にかかるとする寺伝は、出羽国村山地方から秋田県横手市、宮城県の真宗寺院にも多見できる。戦国の動乱と飢饉にあけくれる東北地方にあって、篤信で強い指導力をもった蓮如推薦の高僧が「招請」されていったのである。

この願正に対して専称寺二代住職で、足を引きずりながら高野山参詣を試み、加賀国大勝寺で寺井坊に出逢い真宗の教義に触れて回心し、寺井御坊の出羽下向の道筋を創った反願正の物語は、在地世界から北陸・京都に向けての人びとの動きがあったことの反映であった。金龍氏によれば、寺井御坊は加賀国能美郡寺井[金龍 一九九八]。「天文日記」には寺井称仏寺が頻出しており、同寺は、覚心坊覚阿が唯正と称し、延徳元年に創立されたという。時衆寺院であり、願正は「滋の井権大納言藤原公光の三男」。称仏寺も滋野井姓であるという。そこには、色濃い時衆の記憶が宿っていた。

さて、「願正御坊縁起」には、三代の寺井御坊まで、蓮如あるいは実如下付であるとする法物の記述はなかった。酒田市浄福寺所蔵「篠華山浄福寺由緒記」(『山形県史　古代中世史料2』一二一二頁)では、開基僧の明順が蓮如から本尊一幅、御俗姓御文を賜り、また実如からもいわゆる八幡大菩薩御文・六字名号を拝領したことを記している。そして、この寺伝を裏付ける法物が今も所蔵されている。たとえ法物が現存していなくても、初代の僧が蓮如名号を賜って寺院を開いたとする寺伝が一般的であるのに、なぜか「願正御坊縁起」では、専称寺初代、二代、三代住持に対して、本願寺から法物が譲与されたことを記していなかった。

そう言えば、現存する専称寺関係法物も証如期以降のものであった。前節で触れたように、「大谷本願寺釈証如／天文三年甲申六月十四日／方便法身尊像／出羽国最上郡村山郷高楡村専称寺常什物／願主慶了」（天童市願行寺所蔵）や「天正九年教如下付親鸞聖人御影」「文禄四年顕如真影」「教如筆正信偈文」がそれらである。これらの法物を念頭においた場合、今の山形県村山市金覚寺の永禄元年明順坊了勝置文には、現存しないものの蓮如御裏御本尊、現存する蓮如六字名号や実如証判御文のことが記してあった。やはり蓮如期から実如期、十五世紀末から十六世紀初期にかけて、専称寺の歩みには紆余曲折があったと言わざるを得ない。それが、寺伝にも反映し、普通は見られる蓮如や実如からの法物授受の寺伝を作り得なかった、と考えたい。ちなみに専称寺四代住職教証が証如裏書のある絵像本尊を賜ったとあり、法物では最古の記述となっているが、前述のように願主は教証ではなく慶了である。

出羽専称寺願正に関わって、山形県東根市光専寺所蔵の慶長二年下間頼□書状（『山形県史　古代中世史料2』）に着目したい。この書状では、宣如段階で、願正の出羽開教が本願寺においても「事実」とみなされ、光専寺は「願正以来之門徒」として認証されていた。専称寺と光専寺（加賀国専光寺門徒）とのあいだに争いがあったとされているが、願正の法脈に連なるべし、という思いが、在地世界でも展開したことを意味する。専称寺とは異なる教線拡大の流れが村山地方では見られたのである。さればこそ、本願寺との直接的繋がりのなかで寺伝が創られていくことに注目したい。篤信の僧、願正は、専称寺開基にとって決定的に重要であった。

それは、法物においても鮮明に描出されている。その象徴的事例が教如証判の「願正影」である。この法物は、山形県指定有形文化財になっており、『天童市史　上巻』四三四頁に裏書の写真版が掲載されている。それを見ると『山形県史　古代中世史料2』の読みは不十分であり、正確には

大谷本願寺釈教如（花押）
羽州最上郡高楡専称寺　願正影
願主釈教正

と読める。願主の教正は、前述のように、天正十六年十月十三日に親鸞聖人御影を教如から送られている。大谷本願寺以下の文字は、筆跡から教如筆であることは間違いない。それでは、「願正影裏書」はいつ記されたか。小泉義博論文［小泉 一九九八］の教如花押編年に従って、裏書の花押を分析すると、慶長二年（あるいは天正十年か）が浮かび上がる。専称寺には、豊臣秀次の切腹に連座して処刑された最上義光娘駒姫の菩提を弔うために描かれた駒姫画像が所蔵されている。同画像と願正影は、あるいは同じ時に専称寺に納められたのかもしれない。とすれば、その年は慶長二年になろう。

願主の教正は、「願正御坊縁起」においては「教証」と記載された人物であったと思われる。専称寺「最上首山専称寺歴代通塞記」には、三代壽全教正と出てくる。それによれば、教正は石山戦争に参加し、教如の教を拝受したという。この教証の代から山形専称寺の歴代住持が「教」を通字とした、とある。

「願正影」の裏書の形式も特異であった。この願正影を画像分類のどこに当てはめれば良いのであろうか。北西弘論文では［北西 一九八一］、諸師真影の裏書を紹介しているが、それによれば「〇〇真影」という言い方であり、また裏書の記載形式は、方便法身尊像や親鸞聖人御影と同じである。しかるに本画像では「願正影」とし、しかも所付けの真下に記していた。この「願正影」の裏書の書き方は、右より「本願寺住持署判・下付年月日・充所・主題・願主」という記載様式を踏襲してきた本願寺住持下付の方便法身尊像などの法物と比較して［脊古 二〇〇三a・b］、下付年月日がないこと、宛所と主題（願正影の文字）との間に一文字分の空白があるものの同一行に記載されていること、この二つの点において、本願寺住持下付法物の「裏書」と趣をやや異にしていた。それもあってか、『山形県の文化財』(山形県教育委員会)では、教如の「極書」であるとしていた。しかし、本願寺教如の花押までを添えられた本史料は、「裏書」の意識のもとに揮毫されたと考えて良い。むしろ、その裏書の記載形式の特異性にこそ、意味があるのではなかろうか。

まるで見下ろすかのように、所在地名専称寺の真下に記載された願正の文字。そこには、「村山地方の願正」に対する教如の目線を感じないわけにいかない。願正「真影」ではなく願正「影」と記したことにも、教如の在地寺院への目線の位置がうかがえる。教如は、「空善記」「実悟旧記」「蓮如上人御一代聞書」に記載されている、かの「願正」を知っていたはずである。

別言すれば、強力な指導者である「願正」が村山地方の真宗開教の権化であり、その願正開基のもっとも由緒正しい寺院としての専称寺を教如に確認してもらい、村山地方における真宗寺院の触頭たらんとした同寺の意図を読み取らずにはおられない。かかる専称寺側の意図を教如は、否定できなかったのである。本願寺教団は、在地世界との綱引きのなかで成立していく。

おわりに

初期浄土真宗門流の本願寺教団への転派の動きは、北上川中流域で鮮明に見られた。そこでは、転派以後も従前から礼拝の対象とされた種々の絵像や名号は、破棄されることはなく、「まいりの仏」として人びとの「祈り空間」の「本尊」とされていった［本書第Ⅳ部第二章］。一方の出羽国最上郡は、時衆念仏がさかんな地域であった。第Ⅲ部第二章で論じた通りである［落合 二〇一六］。本願寺教団の専称寺は、このような最上郡成生荘の念仏の伝統をふまえ開基された。「願正御坊縁起」に見る転派転宗前の反願正の姿は、村山地方の人びとの信仰風景そのものであった［誉田 二〇〇〇g〕。成生荘の仏光寺は、村山地方の遊行派十五箇寺を末寺とする全国でも有数の道場であった。それもあってか出羽国南部では、念仏衆から本願寺への転派、参入のうねりは、陸奥国北上川中流域ほどには、大きな趨勢にならなかった。

さらにいえば、出羽国南部においては、北奥で見られたような〔誉田二〇〇〇g〕、奥羽山脈を越え陸奥国側から出羽国側へと移動していく真宗寺院は、ごく希であった。社会集団の地滑り的移動が見られた北奥世界と、出羽国南部とで様相が異なっていた。立石寺、慈恩寺、若松寺などの鎌倉期以来の顕密寺院も、中世末期の社会変動を乗り切り、近世社会へと生き延びていったのである。出羽国南部では、独立性豊かな家臣団を内包した戦国大名最上氏が、近世幕藩体制にたどり着いていた。中世奥羽の北と南で異なる歴史変動は、仏教のありようにも反映していたのである。

初出一覧

第Ⅰ部　平泉・仏教の系譜

第一章　中世平泉仏教の水脈　「中世成立期奥羽宗教世界の一断面―頭・護持僧・達谷窟―」（第二・第三節『六軒丁中世史研究』第十四号、二〇〇九年）を基に補筆

第二章　平泉・仏教の系譜　「平泉・宗教の系譜」（入間田宣夫編『兵たちの極楽浄土』高志書院、二〇一〇年）を基に補筆。

第三章　白河院政期の出羽守と平泉藤原氏　「白河院政期の出羽守と『都の武士』」（伊藤清郎編『最上氏と出羽の歴史』高志書院、二〇一四年）

第Ⅱ部　平泉の仏会と仏土

第一章　唱導相仁と源忠已講　「日本中世仏教のなかの平泉」（『平泉文化研究年報』第十三号、二〇一三年）に補筆。

第二章　平泉の園池と仏会　「平泉造園思想に見る仏教的要素―平泉庭園と仏会―」（藪敏裕編『平泉文化の国際性と地域性』汲古書院、二〇一三年）

第三章　藤原基衡の千部一日経　「平泉仏教の歴史的性格に関する文献資料学的考察」（『平泉文化研究年報』第十四号、二〇一四年）に補筆

第四章　円隆寺額と藤原基衡　「院政期平泉の仏会と表象に関する歴史学的研究」（『平泉文化研究年報』第十五号、二〇一五年）のうち「Ⅰ円隆寺の寺額に見る表象」に補筆。

第五章　奥羽の仏土から都へ　「院政期平泉の仏会と表象に関する歴史学的研究」（『平泉文化研究年報』第十五号、二

〇一五年）のうち「Ⅱ鎮守府将軍秀衡の高野山五大多宝塔釈迦如来開眼供養」と「平泉藤原氏と仏会」（『岩手県立大学盛岡短期大学部研究論集』第十八号第三節、二〇一六年）をもとに補筆。

第Ⅲ部　村と山寺の仏教

第一章　骨寺村の御霊信仰　「金聖人霊社について」（『平成二五年度骨寺村荘園遺跡村落調査研究概報』一関市博物館、二〇一四年）と「中世骨寺村荘園の信仰世界―山王岩屋と金聖人霊社を中心に―」（『平成二六年度骨寺村荘園遺跡村落調査研究報告書』一関市博物館、二〇一五年）をもとに補筆。

第二章　山寺立石寺と置文　「中世成立期奥羽宗教世界の一断面―頭・護持僧・達谷窟―」第一節（『六軒丁中世史研究』第十四号、二〇〇九年）と「立石寺」（網野善彦・石井進編『中世の風景を読む第一巻　蝦夷の世界と北方交易』新人物往来社、一九九五年）をもとに大きく補筆。

第Ⅳ部　中世後期の仏教

第一章　中世後期出羽の仏教　「中世後期出羽の宗教」（伊藤清郎・誉田慶信編『中世出羽の宗教と民衆』高志書院、二〇〇二年）に補筆。

第二章　戦国期奥羽本願寺教団法物考　「戦国期奥羽本願寺教団法物考」（細井計編『東北史を読み直す』吉川弘文館、二〇〇六年）に補筆。

第三章　出羽国南部の本願寺教団　「『法難史』のなかの親鸞と蓮如」（入間田宣夫編『東北中世史の研究　下巻』高志書院、二〇〇五年）の「おわりに」と「戦国期村山地方の本願寺教団を再考する」（『山形史学研究』第四一・四二合併号、二〇一二年）をもとに補筆。

あとがき

『中世奥羽の民衆と宗教』（吉川弘文館、二〇〇〇年）を書き下ろした時、中世奥羽の仏教についての考察は、入り口に達しただけである、との思いが涌いていた。その年の八月、『中世出羽の宗教と民衆』（高志書院）の出版企画があり、その編集執筆にむけて、秋田県大仙市のとある温泉で、山形県・秋田県から集まった新進気鋭の研究者たちと二日間にわたる勉強会がもたれ、私も中世後期の奥羽仏教について一つの展望を発表した。その時、私の心に火がついた。『中世奥羽の仏教』を編んでみよう、と。あれから十八年。ようやく本書を発刊することができた。

中世奥羽の仏教関係古文書は少なく、新資料の発掘から私の研究は始まった。ルーペを片手に絵像の絹目を数えたり、法量を測ったり、とマニアチックに寺院資料を調査していた。得られた知見をもとに、奥羽仏教史の一コマを北陸真宗史研究会で発表する機会に恵まれた。同研究会には、『大系真宗史料』（法藏館）の史料調査・編集に携わっている第一線の研究者が多数参加していた。

その後、私の問題関心は、平泉研究に傾いていった。平泉は、中世のみならず東北史の根幹に直結している、と考えたからである。『奥州藤原史料』『平泉町史　史料編一』を徹底的に読み込み、さらには柳之御所遺跡・無量光院跡などの発掘調査報告書を読解していくことから、私の研究は始まった。

平泉研究の大きな転換点となったのは、岩手大学藪敏裕教授から、共同研究を誘われた時であった。中国の著名な研究者との人脈関係を有している藪教授のお供をし、西安・洛陽・寧波・杭州・龍泉・鄭州などにおける調査や学術交流会に同行させていただいた。敦煌莫高窟の壁画に描かれた浄土変相図を食い入るように見たり、高山病に罹りながらもチベットのラサのポタラ宮に宿る仏教文化を調査することもできた。東北地方から外の世界に出たことがない私にとって、中国の文物考古研究所の諸先生方との学術交流は、国際意識を開眼させる上で重要な経験となった。私自身も、浙江省文物考古研究所でのＵＵＲＲシンポジュームにおいて、平泉仏教についての愚見を発表する機会に恵まれた。このような研究環境を与えてくれた藪先生、岩手大学の先生方のご厚情に深く感謝申し上げる。

また、岩手大学平泉文化研究センターの研究協力者、岩手県教育委員会との共同研究者として、平泉文化フォーラムで三年間、研究報告をおこなった。そこで私の平泉研究は大きく展開することとなった。岩手県・一関市・奥州市・平泉町の各教育委員会の発掘担当者からは、そのつど最新の研究成果を教えていただいた。文献資料に書いてある事実が、考古学の発掘調査から浮かび上がってくることを知り、学際的研究の意義を痛感させられた。

あわせて一関市博物館の骨寺村荘園遺跡村落調査研究会に参加し、「骨寺村絵図」に描かれた中世農村の信仰世界を考える機会を得た。在地世界の場に立ち、絵図を脳裏に焼き付け、徹底的に初心に帰って史料を読み込み、新視点を捻出していく方法論を、博物館長入間田宣夫先生が主宰される研究会で鍛えられた。

また、東北大学柳原敏昭教授代表の科学研究費助成事業（基盤研究Ｂ）「平泉研究の資料学的再構築」に研究分担者として参加し、中尊寺所蔵史料を閲覧できた。菅野成寛氏を始めとする中尊寺の方々のご厚意に、改めて感謝の意を表する次第である。

平泉研究は、国際的な視野に立った文理融合型研究の申し子であった。そうであればこそ、「東北史とは何か」を考えてみたいと思った。私にとって東北地方は、「生存の原点」だったからである。奥羽の場から京都、日本の歴史に向かって新しい歴史学を提起してきた東北大学日本史研究室の学風に連なりたい、との思いが私の心底に流れていた。

岩手県は、二〇一一年の大震災から未だに復旧・復興していない。「地方の時代」の美名のもと、歯が抜けたように過疎化と貧困化が進む東北地方が、私の生活している「場」である。経済的理由により四年制大学に進学できず、岩手県立大学盛岡短期大学部に入学してくる若者と共に、私は学んできた。向学心に燃え授業に食いついてくる学生の瞳は、いかなる「歴史的な場」に立ち、そこから何を課題として紡ぎ出し社会全体をどう見ようとしているのか、と私に問い続けた。中世奥羽の仏教を、人間(社会集団)の具体的行動のなかでとらえようとしたのも、上記の理由からである。

出羽国(山形)と陸奥国(岩手)に住んでいくうちに、中世奥羽の歴史を多様性のなかで明らかにしたい、と私は思うようになった。『青森県史』中世史料編の調査編集に関わったこともあり、弘前の斉藤利男氏からは、北奥の「場」に立って日本史全体を照射していく研究手法を教わった。また、山形史学研究会で出羽国の仏教について発表する機会を伊藤清郎氏から与えていただいた。感謝の限りである。

もっとも、中世全体の奥羽仏教史を編むことは、至難の業であった。結句、本書においては、鎌倉期の奥羽仏教に関する論攷が貧弱そのものとなった。鎌倉期の奥羽社会で何があったのか、奥羽全体の宗教史関係の資料・文書を初心に帰って調べ読み込んでいくこと。それが、私の次の研究課題である。また、本書では、民衆と仏教思想に関わる研究論文を削っている。民衆思想の「場」から仏教をとらえること。これも課題として残すこととなった。

高志書院『東北中世史叢書』の企画があるので、君の論著を出さないか、という「天の声」を私に届けてくれたのは、入間田宣夫先生であった。刊行予定より四年も遅れて、ここにようやく入間田先生の学恩に報いることができた。また、二〇〇〇年以来、本著を出版するまで、高志書院の濱久年氏には、多大なる御教示と御援助をいただいた。記して感謝申し上げる。

来年、私は古稀を迎える。その前年に、この拙い研究書を上梓できたこと、望外の幸せである。もう少しだけ研究できる時間と余力はありそうだ。東北と民衆の「場」から歴史を徹して見つめん、との決意をさらに強くするものである。

二〇一八年三月

残雪多き彼岸の日を迎えて　誉田 慶信

引用文献一覧

青木　馨　1998「墨書草書体六字名号について」同朋大学仏教文化研究所『同朋大学仏教文化研究所研究叢書Ⅰ　蓮如名号の研究』法蔵館
青木　馨　2000「蓮如・実如下付本尊・名号より見た三河教団の特色」同朋大学仏教文化研究所『同朋大学仏教文化研究所研究叢書Ⅲ　実如判五帖御文の研究　研究篇下』法蔵館
青木忠夫　1998「史料紹介　本願寺証如筆、報恩講等年中行事関係文書」『同朋大学仏教文化研究所紀要』18 号
秋山光和他編　1992『平等院大観　第三巻　絵画』岩波書店
麻木脩平　1983a「平安時代の慈恩寺の教学と法華彫像」『山形県地域史研究』9 号
麻木脩平　1983b『本山慈恩寺の仏像』解説、山形県教育委員会
麻木脩平　1984「立石寺」麻木脩平・柏倉亮吉他編『文化誌日本　山形県』講談社
姉崎岩蔵　1970『由利郡中世史考』
天野哲也・小野祐子　2007「『北の古代末期防御性集落』の成立・発展・消滅と王朝国家」天野・小野編『古代蝦夷からアイヌへ』吉川弘文館
網野善彦　1986『異形の王権』平凡社
網野善彦　1997『日本中世に何が起きたか－都市と宗教と「資本主義」－』日本エディタースクール出版部
阿部泰郎　1998「守覚法親王における文献学」阿部泰郎・山崎誠編『守覚法親王と仁和寺御流の文献学的研究　論文篇』勉誠社
阿部泰郎　2005「総説」国文学研究資料館編『真福寺善本叢刊第二期 11　記録部五　法儀表白集』臨川書店
荒木志伸　2012「山寺立石寺」『季刊考古学』121 号
有賀祥隆　2006『平成 15・16・17 年度科学研究費補助金基盤研究(A)（1)課題番号 15202003　研究成果報告書　奥州仏教文化圏に遺る宗教彫像の基礎的調査研究』
井川定慶　1967『法然上人伝全集』法然上人伝全集刊行会
生駒孝臣　2014『中世の畿内武士団と公武政権』戎光祥出版
伊澤榮次　1908『山寺名勝志』宝砬堂
石田一良　1988「中尊寺建立の過程にあらわれた奥州藤原氏の信仰と政治」『平泉町史　総説・論説編』平泉町
石田晴男　1991「『天文日記』の音信・贈答・儀礼からみた社会秩序－戦国期畿内の情報と政治社会－」『歴史学研究』627 号
石母田正　1990『石母田正著作集　第 11 巻』「平家物語」岩波書店、初出 1957
伊豆田忠悦　1984『山形市史資料』68 号「立石寺文書　解説」山形市
磯貝正義　1962「山梨県勝沼町出土の経筒について」『日本歴史』174 号
一関市博物館　2017『骨寺村荘園遺跡村落調査研究　総括報告書』一関市博物館
市村高男　2002「中世出羽の海運と城館」伊藤清郎・山口博之編『中世出羽の領主と城館』高志書院
市村高男　2016a「古代・中世における日本海域の海運と港町」中世都市研究会編『日本海交易と都市』山川出版社
市村高男　2016b「中世港町の成立と展開－中世都市論の一環として－」市村高男他編『中世港町

論の射程　港町の原像　下』岩田書院
市村幸夫　2007「新出史料の山形城下絵図について」『歴史館だより』14
市村幸夫　2010「慶長期の山形城下絵図」『山形市文化振興事業団紀要』12 号
出光泰生　2002「『金光禅師行状』について」弘前大学『国史研究』113 号
伊藤清郎　1997『霊山と信仰の世界』吉川弘文館
伊藤清郎　2000a「中世出羽国における地方都市的場」『中世都市研究』7 号
伊藤清郎　2000b『中世日本の国家と寺社』「中世国家と八幡宮放生会」高志書院、初出 1977
伊藤清郎　2002「最上義光と宗教」『国史談話会雑誌』43 号
伊藤清郎　2014「最上氏の呼称について」伊藤清郎編『最上氏と出羽の歴史』高志書院
伊藤清郎　2016『人物叢書　最上義光』吉川弘文館
伊藤喜良　1993『日本中世の王権と権威』「南北朝動乱期の社会と思想」思文閣出版、初出 1985
伊藤喜良　1999『中世国家と東国・奥羽』「北辺の地と奥州探題体制」校倉書房、初出 1997
伊藤真徹　1974『平安浄土教信仰史の研究』第 3 篇第 1 章、平楽寺書店
伊藤　信　1957「辺境在家の成立」『歴史』15 号
伊藤唯真　1981『浄土宗の成立と展開』「勢観房源智の勧進と念仏衆」吉川弘文館
伊藤唯真　1983「仏教の民間受容」『日本民俗文化大系　4　神と仏』小学館
井上　正　1986「美濃・石徹白虚空蔵菩薩坐像と秀衡伝説」『仏教芸術』165 号
井上鋭夫　1668a『一向一揆の研究』序章、吉川弘文館
井上鋭夫　1968b『一向一揆の研究』「史料篇　浄興寺史料」吉川弘文館
井上寛司　2006『日本の神社と「神道」』「日本の『神社』と『神道』の成立」校倉書房、初出 2001
井上満郎　1984「御霊信仰の成立と展開－平安京都市神への視角－」柴田實編『御霊信仰』雄山閣出版
井原今朝男　1995『日本中世の国政と家政』「中世国家の儀礼と国役・公事」校倉書房、初出 1986
今泉隆雄　1992「律令国家とエミシ」今泉隆雄他編『新版古代の日本　東北・北海道』角川書店
今枝愛真　1970『中世禅宗史の研究』「公文と官銭」東京大学出版会
入間田宣夫　1982「平泉藤原氏と出羽国」『山形県史』通史編第 1 巻、山形県
入間田宣夫　1983「中世の松島寺」渡辺信夫編『宮城の研究』第 3 巻、清文堂
入間田宣夫　1986『百姓申状と起請文の世界』「庄園制支配と起請文」東京大学出版会、初出 1980
入間田宣夫　1993「都市平泉の生活を復元する」高橋富雄・三浦謙一・入間田宣夫編『奥州藤原氏と平泉』河出書房新社
入間田宣夫　1998『中世武士団の自己認識』「中世奥北の自己認識－安東の系譜をめぐって－」三弥井書店、初出 1990
入間田宣夫　2001「北方海域における人の移動と諸大名」網野善彦・石井進編『北から見直す日本史』大和書房
入間田宣夫・豊見山和行　2002『北の平泉、南の琉球』中央公論出版社
入間田宣夫　2004a「北から生まれた中世日本」小野正敏他編『中世の系譜』高志書院
入間田宣夫　2004b「藤原秀衡の奥州幕府構想」上横手雅敬編『源義経　流浪の勇者－京都・鎌倉・平泉－』文英堂
入間田宣夫　2005a『北日本中世社会史論』「鎮守府将軍清原真衡の政権構想」吉川弘文館、初出 1998
入間田宣夫　2005b『北日本中世社会史論』「中尊寺領の村々の歴史的性格」吉川弘文館、初出 2001
入間田宣夫　2007a「平泉藤原氏による建寺・造仏の国際的意義」『アジア遊学』102 号
入間田宣夫　2007b『平泉藤原氏と南奥武士団の成立』歴史春秋社
入間田宣夫　2009「骨寺村所出物日記にみえる干栗と立木について(覚書)」『季刊東北学』21 号
入間田宣夫　2013a『平泉の政治と仏教』「中尊寺造営に見る清衡の世界戦略－『寺塔已下注文』の記

事をめぐってー」高志書院、初出 1997
入間田宣夫　2013b『平泉の政治と仏教』「鎌倉期における中尊寺伽藍の破壊・顛倒・修復記録について」高志書院、初出 2005
入間田宣夫　2013c『平泉の政治と仏教』「清衡が立てた延暦寺千僧供の保について」高志書院、初出 2006
入間田宣夫　2013d『平泉の政治と仏教』「義経と秀衡－いくつもの幕府の可能性をめぐってー」高志書院、初出 2006
入間田宣夫　2013e『平泉の政治と仏教』「御館は秀郷将軍嫡流の正統なり」高志書院、初出 2009
入間田宣夫　2013f『平泉の政治と仏教』「都市平泉研究の問題点」高志書院、初出 2010
入間田宣夫　2013g『平泉の政治と仏教』「安倍・清原・藤原政権の成立史を組み直す」高志書院、初出 2012
入間田宣夫　2013h『平泉の政治と仏教』「中尊寺供養願文の偽作説について」高志書院、初出 2013
入間田宣夫　2014a『藤原清衡　平泉に浄土を創った男の世界戦略』集英社
入間田宣夫　2014b「骨寺村絵図に描かれた駒形根と六所宮について(覚書)」『一関市博物館研究報告』17 号
入間田宣夫　2016『藤原秀衡－義経を大将軍として国務せしむべし－』ミネルヴァ書房
岩沼市史編纂室　2014「岩蔵寺遺跡発掘中間報告」
上島　享　2010a『日本中世社会の形成と王権』「中世国家と仏教」名古屋大学出版会、初出 1992
上島　享　2010b『日本中世社会の形成と王権』「日本中世の神観念と国土観」名古屋大学出版会、初出 2004
上島　享　2010c『日本中世社会の形成と王権』「中世王権の創出とその正当性－中世天皇の特質－」名古屋大学出版会、初出 2010
上田純一　1911「書評　竹貫元勝『日本禅宗史』」『花園大学研究紀要』23 号
上野　武　1993「『陸奥話記』と藤原明衡」『古代学研究』129 号
牛山佳幸　2000『「小さき社」の列島史』平凡社
牛山佳幸　2004「出羽国における善光寺信仰の展開－特に山岳信仰との関係についてー」『山岳修験』34 号
烏兎沼宏之　1985『霊を呼ぶ人びと』筑摩書房
榎原雅治　2000a『日本中世地域社会の構造』「荘園公領総社と一国祭祀－若狭三十三所と一宮－」校倉書房、初出 1990
榎原雅治　2000b『日本中世地域社会の構造』「荘園文書と惣村文書の接点－日記と呼ばれた文書－」校倉書房、初出 1996
榎原雅治　2010「中世後期の政治思想」宮地正人他編『新体系日本史 4　政治社会思想史』山川出版社
海老名尚　1993「中世前期における国家的仏事の一考察」『寺院史研究』3 号
遠藤　巖　1974「平泉惣別当譜考」『国史談話会雑誌』17 号
遠藤　巖　1976「中世国家の東夷成敗権について」『松前藩と松前』9 号
遠藤　巖　1978a「中世初期陸奥・出羽両国の国守一覧表」小林清治・大石直正編『中世奥羽の世界』東京大学出版会
遠藤　巖　1978b「南北朝内乱の中で」大石直正・小林清治編『中世奥羽の世界』東京大学出版会
遠藤　巖　1982「室町幕府と出羽国」『山形県史』通史編第 1 巻、山形県
遠藤　巖　1986「秋田城介の復活」高橋富雄編『東北古代史の研究』吉川弘文館
遠藤　巖　1988a「応永初期の蝦夷反乱－中世国家の蝦夷問題によせてー」北海道・東北史研究会編『北からの日本史』三省堂
遠藤　巖　1988b「京都御扶持衆小野寺氏」『日本歴史』485 号

引用文献一覧

遠藤　巖　1991a「出羽国小鹿島赤神権現縁起の世界」新野直吉・諸戸立雄両教授退官記念歴史論集『中国史と西洋世界の展開』みしま書房
遠藤　巖　1991b「ひのもと将軍覚書」小川信先生の古稀記念論集を刊行する会『日本中世政治社会の研究』続群書類従研究会
遠藤　巖　1993「藤原清衡」『歴史読本』38巻11号
遠藤　巖　1994「米代川流域の中世社会」『秋田県埋蔵文化財センター研究紀要』9号
遠藤　巖　1995「室町期三戸南部氏研究ノート」宮城教育大学社会科教育講座『新しい世界史認識の総合的研究』
遠藤　巖　1997「大崎氏研究－もう一つの見方」大崎氏シンポジゥム実行委員会
遠藤　徹　2010「村上天皇雲林院供養と大法会の舞楽法要」栄原永遠男他編『律令国家史論集』塙書房
遠藤　一　1991『戦国期真宗の歴史像』「菅生願性と一揆と教団」永田文昌堂、初出1984
遠藤聡明　1992「天童三宝寺弁識『金光上人事蹟』にみる『金光禅師行状』」『仏教論叢』36号
遠藤基郎　2005「平泉藤原氏と陸奥国司」入間田宣夫編『東北中世史の研究　上巻』高志書院
遠藤基郎　2008『中世王権と王朝儀礼』「天皇家王権仏事の運営形態」東京大学出版会、初出1994
遠藤基郎　2015「基衡の苦悩」柳原敏昭編『東北の中世史1　平泉の光芒』吉川弘文館
塩谷菊美　2011『語られた親鸞』法蔵館
及川大渓　1973『東北の佛教』国書刊行会
追塩千尋　1999『日本中世の説話と仏教』「慈覚大師廻国・寺院草創伝説について」和泉書院、初出1997
追塩千尋　2006『中世南都の僧侶と寺院』「平安期の薬師寺」吉川弘文館、初出2000
大石直正　1980「外が浜・夷島考」関晃教授還暦記念会編『日本古代史研究』吉川弘文館
大石直正　1984「中尊寺領骨寺村の成立」『東北学院大学東北文化研究所紀要』15号
大石直正　1990「陸奥国の荘園と公領－鳥瞰的考察－」『東北文化研究所紀要』22号
大石直正　2001a『奥州藤原氏の時代』「奥羽の摂関家領と前九年・後三年合戦」吉川弘文館、初出1986
大石直正　2001b『奥州藤原氏の時代』「奥州藤原氏の相続形態」吉川弘文館、初出2000
大石直正　2004「絵図研究の成果」『岩手県一関市埋蔵文化財調査報告書第5集　骨寺村荘園遺跡』一関市教育委員会
大石雅章　1994「寺院と中世社会」『岩波講座 日本通史　第8巻中世2』岩波書店
大坂高昭　1996『秋田県曹洞宗寺伝大要』無明舎出版
大島英介　1953「奥州におけるウンナン神とホウリョウ神」『史潮』48号
大曽根章介　1977「院政期の一鴻儒」『国語と国文学』54巻8号
大田壮一郎　2014『室町幕府の政治と宗教』「室町幕府の追善仏事に関する一考察－武家八講の史的展開－」塙書房、初出2002
大塚徳郎　1984『みちのくの古代史－都人と現地人－』刀水書房
大友義助　1977「羽州山寺における庶民信仰の一考察」『山形県民俗・歴史論集第一集』東北出版企画
大野達之助　1972『上代の浄土教』吉川弘文館
大橋俊雄　1964『時宗史料 第一 時衆過去帳』時宗清浄光寺内 教学研究所
大橋俊雄　1985「金光房」『国史大辞典』6巻82頁、吉川弘文館
大矢邦宣　1999『図説みちのくの古仏紀行』河出書房新社
大矢邦宣　2004「『中尊寺供養願文』を読む」中尊寺仏教文化研究所『論集』2号
大矢邦宣　2006「古代北奥への仏教浸透について」義江彰夫・入間田宣夫・斉藤利男編『十和田湖が語る古代北奥の謎』校倉書房

大矢邦宣　2008『平泉　自然美の浄土』里文出版
大矢邦宣　2013『図説平泉　浄土をめざしたみちのくの都』河出書房新社
岡　千仭　1901『山寺攬勝志』保砬会
岡田清一　1993「基成から秀衡へ」『古代文化』416号
岡田清一　2004「奥州藤原氏と奥羽」上横手雅敬編『源義経　流浪の勇者－京都・鎌倉・平泉－』文英堂
小川弘和　2015「東アジア・列島のなかの平泉」柳原敏昭編『平泉の光芒』吉川弘文館
小川　信　1980『足利一門守護発達史の研究』吉川弘文館
荻美津夫　2007『古代中世音楽史の研究』「雅楽－宮廷儀式楽としての国風化への過程」吉川弘文館、初出1988
奥富尊之　1997『天皇家と多田源氏』三一書房
落合義明　2016「出羽の霊場と武士団－成生荘を中心に」中島圭一編『十四世紀の歴史学－新たな時代への起点－』高志書院
小野健吉　2009『日本庭園－空間の美の歴史』岩波新書
小野功龍　1966「供養舞楽と法会形式の変遷について」『相愛女子大学相愛短期大学研究論集』12の2
柿島綾子　2013「12世紀における仁和寺法親王－守覚法親王登場の前史－」小原仁編『「玉葉」を読む』勉誠出版
笠原信男　2004「宮城県における修験の活動－中世熊野先達・持渡津をめぐって－」『東北歴史博物館研究紀要』5
月光善弘編　1977『山岳宗教史研究叢書7　東北霊山と修験道』名著出版
勝野隆信　1980「慈覚大師入定説考」福井康順編『慈覚大師研究』早稲田大学出版部
加藤和徳　2004「山寺地区の中世石造物収録」『さあべい』21号
門屋光昭　1982「まいりの仏と聖徳太子」『岩手の民俗』3号
門屋光昭　1985・86「まいりの仏(十月仏)の祭祀」『岩手県立博物館研究報告』3・4号
門屋光昭　2001「東国の太子信仰研究序説」『盛岡大学紀要』20号
蒲池勢至　1998「名号の祭祀形態と機能－道場から寺院へ」同朋大学仏教文化研究所『同朋大学仏教文化研究所研究叢書Ⅰ　蓮如名号の研究』法蔵館
上川通夫　2007『日本中世仏教形成史論』「中世仏教と『日本国』」校倉書房、初出2001
上川通夫　2012a『日本中世仏教と東アジア世界』「日本中世仏教の成立」塙書房、初出2006
上川通夫　2012b『日本中世仏教と東アジア世界』「尊勝陀羅尼の受容とその転回」塙書房、初出2010
上川通夫　2012c『日本中世仏教と東アジア世界』「中世山林寺院の成立」塙書房
神谷美和　2015「骨寺村荘園遺跡の宗教施設に関する調査研究－山王窟、馬頭観音堂・駒形根神社と羽黒派修験明覚院、ウナネ社－」『平成26年度骨寺村荘園遺跡村落調査研究報告書』一関市博物館
苅米一志　2013「荘園の寺社における年中行事－荘鎮守と領家祈願寺を例に－」遠藤基郎編『生活と文化の歴史学2　年中行事・神事・仏事』竹林舎
川合　康　1996『源平合戦の虚像を剥ぐ－治承・寿永内乱史研究－』講談社
川勝賢亮　1984「多宝塔の歴史」「天台多宝塔の本尊」川勝編『多宝塔と法華経思想』東京堂出版
川崎利夫　1995「成生荘型板碑論」『羽陽文化』138号
川崎利夫　2005「成生荘型板碑再論」『郷土てんどう』33号
川島茂裕　1998「中尊寺供養願文の研究史と毛越寺説(2)－中尊寺供養願文と毛越寺の研究(3)－」『富士大学紀要』31巻2号
川島茂裕　2002「藤原清衡の妻たち」入間田宣夫・本澤慎輔編『平泉の世界』高志書院

引用文献一覧

川島茂裕　2003a「藤原基衡と秀衡の妻たち－安倍宗任の娘と藤原基成の娘を中心に－」『歴史』101号
川島茂裕　2003b「寺塔已下注文に見える運慶について」『岩手史学研究』86号
河音能平　2003『天神信仰の成立－日本における古代から中世への移行－』「王土思想と神仏習合」塙書房、初出1976
川端　新　1996「院政初期の立荘形態－寄進と立荘の間－」『日本史研究』407号
川本慎自　2014「室町幕府と仏教」『岩波講座日本歴史　第8巻中世3』岩波書店
神田千里　1988「中世の『道場』における死と出家」『史学雑誌』97編5号
菅野成寛　1991「平泉無量光院考－思想と方位に関する試論－」『岩手史学研究』74号
菅野成寛　1994a「平泉出土の国産・輸入陶磁器と宋版一切経の舶載－二代藤原基衡と院近臣－」『岩手県平泉町文化財調査報告書』38
菅野成寛　1994b「都市平泉における鎮守成立試論－霊山神と都市神の勧請－」『岩手史学研究』77号
菅野成寛　1995「藤原秀衡・泰衡期における陸奥国衙と惣社－都市平泉研究の視角から－」『岩手史学研究』78号
菅野成寛　2002「平泉の宗教と文化」入間田宣夫・本澤慎輔編『平泉の世界』高志書院
菅野成寛　2005「鎮守府付属寺院の成立－令制六郡・奥六郡仏教と平泉仏教の接点－」入間田宣夫編『東北中世史の研究』上巻、高志書院
菅野成寛　2006「中尊寺十界阿弥陀堂の成立－ＣＤ『甦る都市平泉』と平泉寺院研究－」『宮城歴史科学研究』60号
菅野成寛　2009「『陸奥国骨寺村絵図』の宗教史－窟信仰と村の成り立ち」『季刊東北学』第21号
菅野成寛　2010「平安期の奥羽と列島の仏教－天台別院・権門延暦寺・如法経信仰－」入間田宣夫編『兵たちの極楽浄土』高志書院
菅野博史　2001『法華経入門』岩波書店
菊池勇夫　2009「近世地誌のなかの骨寺・山王岩屋」『季刊東北学』21号
菊地大樹　2015「人々の信仰と文化」白根靖大編『東北の中世史3　室町幕府と東北の国人』吉川弘文館
貴志正造　1976『全訳吾妻鏡』新人物往来社
鍛代敏雄　1999『中世後期の寺社と経済』「本願寺教団の交通網」思文閣出版、初出1987
北西　弘　1981『一向一揆の研究』「裏書集」春秋社
北西　弘　1999a『蓮如上人筆跡の研究』「蓮如上人の花押」春秋社
北西　弘　1999b『蓮如上人筆跡の研究』「蓮如上人と実如上人の六字名号」春秋社
北西　弘　1999c『蓮如上人筆跡の研究』「本泉寺蓮悟筆六字名号」春秋社
木村茂光　2016『頼朝と鎌倉街道－鎌倉政権の東国支配－』吉川弘文館
京樂真帆子　2011「文献史料から見た平安庭園」奈良文化財研究所『平安時代庭園の研究　古代庭園研究Ⅱ』
京樂真帆子　2016「平安京における牛車文化－都を走る檳榔毛車」仁木宏編『日本古代・中世都市論』吉川弘文館
京樂真帆子　2017『牛車で行こう－平安貴族と乗り物文化－』吉川弘文館
金龍　静　1993「戦国期本願寺教団の法物考」福間光超先生還暦記念『真宗史論叢』永田文昌堂
金龍　静　1994「宗教一揆論」『岩波講座日本通史　第10巻』岩波書店
金龍　静　1995「蓮如上人の本尊観・善知識観」教育新潮社『宗教』1995年2月号
金龍　静　1997『歴史文化ライブラリー　蓮如』吉川弘文館
金龍　静　1998「菅生の願正考」蓮如上人研究会編『蓮如上人研究』思文閣出版
金龍　静　1999「黎明期の松前専念寺考」『印度哲学仏教学』14号
金龍　静　2000a「実如の生涯」同朋大学仏教文化研究所『同朋大学仏教文化研究所研究叢書Ⅲ　実

如判五帖御文の研究　研究篇上』法蔵館
金龍　静　2000b「三従考および御文章編纂史考」行信仏教文化研究所『行信学報』13号
工藤雅樹　2009『平泉藤原氏』無明舎出版
工藤美和子　2008『平安期の願文と仏教的世界観』思文閣出版
窪田大介　2011『古代東北仏教史研究』「九世紀陸奥国における寺院の展開」法蔵館
窪田大介　2016「安倍・清原氏と仏教」樋口知志編『前九年・後三年合戦と兵の時代』吉川弘文館
熊谷公男　1994「『受領官』鎮守府将軍の成立」羽下徳彦編『中世の地域社会と交流』吉川弘文館
熊田亮介　1992「式内の神々」今泉隆雄他編『新版古代の日本　東北・北海道』角川書店
熊田亮介　2003『古代国家と東北』「古代国家と蝦夷・隼人」吉川弘文館、初出1994
倉田　実　2011「文学から見た平安時代庭園」奈良文化財研究所『平安時代庭園の研究　古代庭園研究Ⅱ』
栗本徳子　1991「白河院と仁和寺－修法からみる院政期の精神世界－」『金沢文庫研究』286号
粟山圭子　2002「二人の国母－建春門院滋子と建礼門院徳子－」『文学』3巻4号
黒田俊雄　1975『日本中世の国家と宗教』「中世における顕密体制の展開」岩波書店、初出1968
黒田俊雄　1982「鎮魂の系譜－国家と宗教をめぐる点描－」『歴史学研究』500号
黒田俊雄　1983『歴史学の再生』「民衆史における鎮魂」校倉書房
黒田日出男　1986『境界の中世　象徴の中世』東京大学出版会
黒田日出男　2000『中世荘園絵図の解釈学』「陸奥の村絵図と堺相論」東京大学出版会
黒羽亮太　2015「円融寺と浄妙寺－摂関期のふたつの墓寺－」『日本史研究』633号
小泉義博　1998「本願寺教如の花押」『北陸史学』47号
小岩弘明　2015「骨寺村の『日記』に記された公事を再検証する」『一関市博物館研究報告』18号
小岩弘明　2016「『陸奥国骨寺村絵図』からみる景観とその変遷」『平成27年度骨寺村荘園遺跡村落調査研究報告書』一関市博物館
高達奈緒美　1988「血の池地獄の絵相をめぐる覚書－救済者としての如意輪観音の問題を中心に－」『絵解き研究』6
国立歴史民俗博物館　1994『中世都市十三湊と安藤氏』新人物往来社
小林　剛　1950「伝慈覚大師の木造頭部について」山形県文化遺産保存協会『山寺の入定窟調査について』
小原嘉記　2013「国衙の儀礼と政務」遠藤基郎編『生活と文化の歴史学2　年中行事・神事・仏事』竹林舎
小松茂美　1973『平等院鳳凰堂色紙形の研究』「平安朝における『能書人々』」中央公論美術出版
小松茂美　1996『小松茂美著作集　第11巻　平家納経の研究3』旺文社
五味文彦　1984『院政期社会の研究』「儒者・武者及び悪僧」山川出版社、初出1981
五味文彦　1993「『吾妻鏡』と平泉」平泉文化研究会編『日本史の中の柳之御所』吉川弘文館
五味文彦　2007『王の記憶－王権と都市－』新人物往来社
五味文彦　2009『日本の中世を歩く－遺跡を訪ね、史料を読む－』岩波新書
五味文彦　2012「世界遺産登録後の平泉を考える」『平泉文化研究年報』12号
五味文彦　2014「『中尊寺供養願文』の成立」『放送大学日本史学論叢』、中島圭一編『十四世紀の歴史学』高志書院2016に再録
小峯和明　1995「神祇信仰と中世文学」『岩波講座日本文学史　第5巻13・14世紀の文学』岩波書店
小峯和明　2006a『院政期文学論』「『江都督納言願文集』の世界(1)」笠間書院
小峯和明　2006b『院政期文学論』「『江都督納言願文集』の世界(3)」笠間書院
小峯和明　2009『中世法会文芸論』「表白の世界」笠間書院、初出1995
五来　重　1976『仏教と民俗－仏教民俗学入門－』角川書店

引用文献一覧

五来　重　1988a『踊り念仏』平凡社
五来　重　1988b『善光寺まいり』平凡社
斉藤利男　1992『平泉－よみがえる中世都市－』岩波新書
斉藤利男　1998「軍事貴族・武家と辺境社会」『日本史研究』427号
斉藤利男・佐々木馨　2000「ロシア連邦内での奴兒干都司」『青森県史研究』5号
斉藤利男　2006「安倍・清原・平泉藤原氏の時代と北奥世界の変貌－奥大道・防御性集落と北奥の建郡－」義江彰夫・入間田宣夫・斉藤利男編『十和田湖が語る古代北奥の謎』校倉書房
斉藤利男　2007「都市衣川・平泉と北方世界」入間田宣夫編『平泉・衣川と京・福原』高志書院
斉藤利男　2009「北の辺境世界と平泉政権－『北の都』平泉の首都性と宗教思想－」『説話文学研究』44号
斉藤利男　2010「仏教都市平泉とその構造－平泉の神社と奥州藤原氏－」入間田宣夫編『兵たちの極楽浄土』高志書院
斉藤利男　2011『奥州藤原三代－北方の覇者から平泉幕府構想へ』山川出版社
斉藤利男　2013「平泉『北方王国』と平泉の三つの富」藪敏裕編『平泉文化の国際性と地域性』汲古書院
斉藤利男　2014『平泉　北方王国の夢』講談社
斉藤利男　2015「平泉藤原氏と北奥武士の統合－平泉型『安全保障』体制の成立－」『岩手大学平泉文化研究センター年報』3集
斉藤利男　2016『「平泉の文化遺産」拡張登録に係る共同研究成果品3「アジアにおける平泉文化資料集　2016」文献史料(日本古代～十二世紀)』編集発行　岩手県教育委員会・一関市教育委員会・奥州市教育委員会・平泉町教育委員会
斎藤夏来　2003『禅宗官寺制度の研究』「初期足利政権の公帖発給－『招聘』と『分与』の相克－」吉川弘文館、初出2001
斎藤　仁　2014「最上氏時代山形城絵図の再検討」伊藤清郎編『最上氏と出羽の歴史』高志書院
斎藤　仁　2016「戦国期における出羽国立石寺の様相と近世的変容」『歴史』126輯
佐伯有清　1989『円仁』吉川弘文館
佐伯智広　2012「鳥羽院政期王家と皇位継承」『日本史研究』598号
寒河江市　1994『寒河江市史』上巻
狭川真一　2011『中世墓の考古学』高志書院
櫻井芳昭　2012『牛車』法政大学出版会
笹尾哲雄　1973『秋田県名僧列伝』普門山大悲禅寺
笹尾哲雄　1976『大悲寺七百年史』大悲禅寺
笹尾哲雄　1992『秋田県に於ける曹洞宗史の研究』普門山大悲禅寺
佐々木馨　1988「文永五年の蝦夷反乱の仏教史的意味」『北からの日本史』三省堂
佐々木馨　1997『中世仏教と鎌倉幕府』「『禅密主義』の東国蚕食」吉川弘文館、初出1994
佐々木馨　2001『アイヌと「日本」－民族と宗教の北方史』「和人地の形成と宗教の伝播」山川出版社、初出1998
佐々木邦麿　1975「中尊寺における顕密宗旨の再検討」『大正大学研究紀要』文学部・仏教学部　60
佐々木邦世　1997「よみがえる『信の風光』－秀衡の母請託『如意輪講式』を読む」中尊寺仏教文化研究所『論集』創刊号
佐々木進　1997「実如裏書の方便法身尊像」『近江の真宗文化』栗東歴史民俗博物館
佐々木太四郎　1984『山寺・立石寺千手院考』田宮印刷所
佐々木徹　2001a「陸奥黒石寺における『往古』の宗教的コスモロジー」『岩手史学研究』84号
佐々木徹　2001b「奥の正法寺の三郡頭陀」東北学院大学中世史研究会『六軒丁中世史研究』8号
佐々木徹　2004「平泉諸寺社・伊沢正法寺と中世社会－南北朝期奥州葛西領における地域社会秩序

の構造転換－」『民衆史研究』68 号
佐々木徹　2016「戦国期奥羽の宗教と文化」遠藤ゆり子編『東北の中世史 4　伊達氏と戦国争乱』吉川弘文館
佐々木求巳　1936『近代之儒僧公巌師の生涯と教学』立命館出版部
笹本正治　1996『中世の災害予兆－あの世からのメッセージ－』吉川弘文館
佐多芳彦　2008『服制と儀式の有職故実』「牛車と平安貴族」吉川弘文館、初出 2004
佐竹　昭　1983「平安中・後期の赦について」『地域文化研究』9 巻
佐藤久治　1976『秋田の密教寺院』秋田真宗研究会
佐藤健治　2005「摂関家と寒河江荘」『西村山地域史の研究』23 号
佐藤進一　1971『古文書学入門』法政大学出版局
佐藤弘夫　2003『霊場の思想』吉川弘文館
佐藤道子　2000「楽・舞－天上の荘厳地上の荘厳」『アジア遊学』17 号
佐藤嘉広　2012「『平泉－仏国土（浄土）を表す建築・庭園及び考古学的遺跡群－』の紹介」『月刊　文化財』580 号
佐藤嘉広　2013「平泉の『都市』計画と園池造営」藪敏裕編『平泉文化の国際性と地域性』汲古書院
東海林良昌　2009「随他扶宗・随自顕宗について」『仏教大学総合研究所紀要』16 号
司東真雄　1976『まいりの仏（十月仏）』北上史談会
司東真雄　1978『岩手の歴史論集Ⅰ古代文化』「岩手県地方における真言宗の初期伝播考」司東真雄岩手の歴史論集刊行会、初出 1977
司東真雄　1979『岩手の歴史論集Ⅱ中世文化』司東真雄岩手の歴史論集刊行会
柴田　實　1984「祇園御霊会－その成立と意義－」柴田編『御霊信仰』雄山閣出版社
島原弘征　2012「無量光院跡の舞台遺構について」東北史学会発表、岩手大学
清水　擴　1995「平泉の仏教文化と鎌倉－建築史の視点から」蘇れ黄金平泉祭実行委員会『平泉と鎌倉』
清水　擴　1992a『平安時代仏教建築史の研究－浄土教建築を中心に－』「多宝塔の性格と形態」中央公論美術出版、初出 1983
清水　擴　1992b『平安時代仏教建築史の研究－浄土教建築を中心に』「法成寺伽藍の構成と性格」中央公論美術出版、初出 1986
清水　擴　1992c『平安時代仏教建築史の研究－浄土教建築を中心に』「六勝寺伽藍の構成と性格」中央公論美術出版、初出 1985
清水　健　2009「水神社蔵線刻千手観音等鏡像雑攷」『東北の群像　みちのく祈りの名宝』東北歴史博物館
下村周太郎　2007「日本中世の戦争と祈祷」『鎌倉遺文研究』19 号
白幡洋三郎編　2014『「作庭記」と日本の庭園』思文閣出版
白石　克　1998「『日本中世印刷史』の開催にあたって」『三田評論』998 号
信仰の造形的表現研究委員会代表千葉乗隆編　1988a『真宗重宝聚英　第 1 巻』161 頁、同朋舎出版
信仰の造形的表現研究委員会代表千葉乗隆編　1988b『真宗重宝聚英　第 8 巻』88 頁、同朋舎出版
信仰の造形的表現研究委員会代表千葉乗隆編　1989『真宗重宝聚英　第 3 巻』6,8,9 頁、同朋舎出版
真宗大谷派名古屋教区教化センター　1996「センタージャーナル」24 号
真宗大谷派名古屋教区教化センター　2000『蓮如上人と尾張　名古屋教区教化センター研究報告第 4 集』真宗大谷派名古屋教区教化センター
新城美恵子　1999『本山派修験と熊野先達』「坂東屋富松氏について－有力熊野先達の成立と商人の介入－」岩田書院、初出 1981
新間一美　2003『源氏物語と白居易の文学「源氏物語」の結末－長恨歌と李夫人と－』和泉書院

引用文献一覧

菅　真城　1997「院政期における仏事運営方法－千僧御読経を素材として－」『史学研究』215 号
杉崎貴英　2008「日本中世における冥府彫像とその場をめぐる序論的覚書(上)」『京都造形芸術大学紀要』13 号
杉本　宏　2003「浄土への憧憬－無量光院と宇治平等院－」『平泉文化研究年報』3 号
杉本　良　2006「霊場としての国見山廃寺」東北中世考古学会編『中世の聖地・霊場』高志書院
鈴木弘太　2014「骨寺村と中尊寺を繋ぐ道」藤原良章編『中世人の軌跡を歩く』高志書院
鈴木弘太　2017「岩手県指定文化財『木造来迎阿弥陀及菩薩像』の基礎検討－いわゆる『松川二十五菩薩像』について－」『一関市博物館研究報告』20 号
鈴木琢也　2006「北日本における古代末期の北方交易」『歴史評論』678 号
鈴木治子　1991「『横川花臺院迎講記録』：解説ならびに翻刻」大正大学国文学踏査 16
鈴木　尚　1950「山寺入定窟の棺内人骨について」山形県文化遺産保存協会『山寺の入定窟調査について』
須藤英之　2006「山寺立石寺」東北中世考古学会編『中世の聖地・霊場』高志書院
妹尾達彦　2016「世界史の中の平泉」『歴史評論』795 号
関根達人　2006「津軽阿闍羅山周辺の宗教遺跡」東北中世考古学会編『中世の聖地・霊場』高志書院
脊古真哉　2003a「実如裏書の方便法身尊像」同朋大学仏教文化研究所『同朋大学仏教文化研究所研究叢書Ⅴ　実如判五帖御文の研究　資料篇』法藏館
脊古真哉　2003b「蓮如・順如期の方便法身尊像裏書」同朋大学仏教文化研究所『同朋大学仏教文化研究所研究叢書Ⅶ　蓮如方便法身尊像の研究』法藏館
脊古真哉・吉田一彦・小島惠昭　2003c「総説　本願寺流真宗と方便法身尊像」同朋大学仏教文化研究所『同朋大学仏教文化研究所研究叢書Ⅶ　蓮如方便法身尊像の研究』法藏館
仙台市史編さん委員会　2000『仙台市史　通史編 2』338 頁、仙台市
外山至生　1986「悪路王伝説の考察」『北奥古代文化』14 号
曽根原理　2016「宗教と信仰」髙橋　充編『東北の中世史 5　東北近世の胎動』吉川弘文館
孫　玄齢　1990『中国の音楽世界』岩波新書
平　雅行　1982「中世仏教と女性」女性史総合研究会編『日本女性生活史　第 2 巻中世』東京大学出版会
平　雅行　1992『日本中世の社会と仏教』「中世移行期の国家と仏教」塙書房、初出 1987
平　雅行　1997「殺生禁断の歴史的展開」大山喬平教授退官記念会編『日本社会の史的構造』思文閣出版
平　雅行　2005「殺生禁断と殺生罪業観」脇田晴子・平雅行他編『周縁文化と身分制』思文閣出版
大喜直彦　1991「法名と法名状について」『仏教史学研究』34 の 2
高木　豊　1973a『平安時代法華仏教史研究』「法華唱題とその展開」平楽寺書店
高木　豊　1973b『平安時代法華仏教史研究』「法華講会の成立と展開」平楽寺書店
高取政男　1982『民間信仰史の研究』「御霊会の成立と初期平安京の住民」法蔵館
髙橋一樹　2016「中世北東日本海の水運と湊津都市」中世都市研究会編『日本海交易と都市』山川出版社
高橋慎一朗　2010a「都市周縁の権力」吉田伸之・伊藤毅編『伝統都市 2　権力とヘゲモニー』東京大学出版会
高橋慎一朗　2010b『中世都市の力－京・鎌倉と寺社』「寺院における僧坊の展開」高志書院
髙橋　正　2006「熊野信仰の東北への伝播－北部出羽国を中心として－」『熊野信仰と東北』「熊野信仰と東北展」実行委員会
高橋　正　2007「出羽国北部における熊野信仰の師檀関係に関する覚書」『秋田県立博物館研究報告』32 号

高橋富雄　1958『奥州藤原氏四代』吉川弘文館
高橋富雄　1968「岩蔵寺の調査について」岩沼町教育委員会『岩沼町志賀岩蔵寺予備調査報告書』
高橋富雄　1977『天台寺－みちのくの守護の寺－』東京書籍
高橋富雄　1984『平泉の世紀　藤原清衡』清水書院
高橋富雄　1986「『吾妻鏡』と平泉」高橋富雄編『東北古代史の研究』吉川弘文館
高橋富雄　2008『高橋富雄東北学論集　地方からの日本学　第16集　念仏あづまみちのく－角張成阿と金光上人－』歴史春秋社
高橋昌明　1975「将門の乱の評価をめぐって」林陸朗編『論集　平将門研究』現代思潮社
高橋昌明　1992『酒呑童子の誕生』中央公論社
高橋昌明　1999『武士の成立　武士像の創出』「遊興の武・辟邪の武」東京大学出版会、初出1997
高橋昌明　2007a「西の福原と北の衣川・平泉」入間田宣夫編『平泉・衣川と京・福原』高志書院
高橋昌明　2007b『平清盛　福原の夢』講談社・選書メチュエ
高橋昌明　2011『増補改訂清盛以前－伊勢平氏の興隆－』平凡社
高橋昌明　2013a『平家と六波羅幕府』「六波羅幕府と福原」東京大学出版会、初出2007
高橋昌明　2013b『平家と六波羅幕府』「平重盛と四天王寺万灯会について」東京大学出版会、初出2004
高橋昌明　2013c『平家と六波羅幕府』「六波羅幕府再論」東京大学出版会、初出2009・2012
龍口恭子　1990「千日講の基礎的考察」日本仏教史の研究会編『日本の社会と仏教』永田文昌堂
武田喜八郎　1983「建保四年の『三部経伝授記』について」『山形県地域史研究』8号
武田喜八郎　1998「山寺立石寺一山の復興と、一相坊円海(実範)について」『山寺芭蕉記念館紀要』3号
武田喜八郎　2013「藤原守春本と新出の『山形城内絵図』の問題点について」『山形市文化振興事業団紀要』14号
竹田賢正　1996『中世出羽国における時宗と念仏信仰』光明山遍照寺
武田好吉　1970『出羽の善光寺式三尊像』詩趣会
多田伊織　2002「ニワと王権－古代中国の詩文と苑」金子裕之編『古代庭園の思想－神仙世界への憧憬－』角川書店
橘　俊道　1975『時宗史論考』法蔵館
田中塊堂　1953『日本写経綜鑒』三明社、1974年に思文閣から再版
田中純子　2000「北陸時衆について」『日本宗教文化史研究』4巻1号
田中貴子　1989「玉女の成立と限界」『シリーズ女性と仏教　4』平凡社
田中　淡　1988「中国建築・庭園と鳳凰堂－天空飛閣、神仙の苑池－」秋山光和他編『平等院大観－建築』岩波書店
田中　淡　2009「中国庭園の初期的風格と日本古代庭園」『東アジアにおける理想郷と庭園』奈良文化財研究所
田中　恵　2001「奥六郡の神仏像」岩手日報社出版部『いわて未来への遺産　古代・中世を歩く　奈良～安土桃山時代』岩手日報社
玉井　力　1981「受領巡任について」『海南史学』19号
竺沙雅章　2000『宋元佛教文化史研究』「宋代における東アジア佛教の交流」汲古書院
千葉乗隆　1988信仰の造形的表現研究委員会代表千葉乗隆編『真宗重宝聚英　第1巻』「総説」同朋舎出版
千葉乗隆　1998「甲信越における本願寺教団の展開」『講座蓮如　第6巻』平凡社
中世都市研究会編　2016『日本海交易と都市』山川出版社
中世諸国一宮制研究会編　2000『中世諸国一宮制の基礎的研究』岩田書院
津田徹英　2002「親鸞の面影－中世真宗肖像彫刻研究序説－」『美術研究』375号

引用文献一覧

土谷　恵　1987「小野僧正仁海像の再検討－摂関期の宮中真言院と醍醐寺を中心に－」青木和夫先生還暦記念会編『日本古代の政治と文化』吉川弘文館

土谷　恵　1998「中世初頭の仁和寺御流と三宝院流－守覚法親王と勝賢、請雨経法をめぐって－」阿部泰郎・山崎誠編『守覚法親王と仁和寺御流の文献学的研究－論文編』勉誠社

天童市史編さん委員会　1981『天童市史』上巻「中世の宗教文化」天童市

同朋大学仏教文化研究所　1998『同朋大学仏教文化研究所研究叢書Ⅰ　蓮如名号の研究』法藏館

東北芸術工科大学文化財保存修復センター　2007『山形市仏像詳細調査報告書 2006』

東北中世考古学会　2006『中世の聖地・霊場－在地霊場論の課題』高志書院

東北歴史資料館　1980『名取新宮寺一切経調査報告書』

戸田芳実　1967『日本領主制成立史の研究』「領主的土地所有の先駆形態」岩波書店

戸田芳実　1994a『日本中世の民衆と領主』「律令制からの解放」校倉書房、初出 1975

戸田芳実　1994b『日本中世の民衆と領主』「初期中世史の見方」校倉書房、初出 1978

ドナルド・F・マッカラム　1986「山形県内の善光寺式三尊像の一系統」山形県文化財保護協会『羽陽文化』122 号

冨島義幸　2000「平泉・建築とその空間」『平泉文化フォーラム 2000　瓦からみた平泉文化』

冨島義幸　2001「変容する両界曼荼羅」『朝日百科　国宝と歴史の旅』朝日新聞社

冨島義幸　2017「松川阿弥陀迎接像の造形とその特徴－平泉仏教文化圏における位置づけをめぐって－」『一関市博物館研究報告』20 号

豊永聡美　2006『中世の天皇と音楽』「鎌倉期以前における天皇と音楽」吉川弘文館、初出 2001

中井真孝　1994『法然伝と浄土宗史の研究』「専修念仏停止と法然上人伝」思文閣出版、初出 1984

中井真孝　2005『法然絵伝を読む』思文閣出版

中尾　堯　2001『中世の勧進聖と舎利信仰』「生身仏信仰と舎利信仰」吉川弘文館、初出 1977・1993

長岡龍作　2008「救済と表象－『中尊寺供養願文』一寺院に投影された意味について－」『季刊東北学』16 号

長岡龍作　2010a「みちのく・肖像の風景」三浦秀一他編『人文社会科学講演シリーズⅣ　東北人の自画像』東北大学出版会

長岡龍作　2010b「平泉の美術と仏教思想」入間田宣夫編『兵たちの極楽浄土』高志書院

中川委紀子　2014『根来寺を解く－密教文化伝承の実像－』朝日新聞社

長坂一郎　2006「立石寺　木造慈覚大師頭部について」千歳栄編『慈覚大師円仁　追慕の情景』東北芸術工科大学東北文化研究センター

長坂一郎　2007「山形の仏像」東北芸術工科大学文化財保存修復センター『山形市仏像詳細調査報告書　2006』

長坂一郎　2009「山形・立石寺根本中堂木造毘沙門天立像について」東北芸術工科大学文化財保存修復センター『山形市仏像詳細調査報告書　（追補版）2008』

長坂一郎　2013「立石寺五大堂岩窟内木造地蔵菩薩像および冥官像－中世・立石寺の霊場形成についての一試考－」『山形市文化振興事業団紀要』14 号

長坂一郎　2015「羽黒権現・軍荼利明王の成立について」新川登亀男編『仏教文明と世俗秩序　国家・社会・聖地の形成』勉誠出版

長瀬一男　2004「山寺立石寺の創建に関わる流通試論－大和朝廷の東北経営と天台宗密教寺院の配置－」『環太平洋文化』20 号

中野真麻理　1998『一乗拾玉抄の研究』「『一乗拾玉抄』と猿賀山神宮寺」臨川書店、初出 1998

中野豈任　1988『忘れられた霊場－中世心性史の試み－』平凡社

中村　元　1981『佛教語大辞典』東京書籍

永村　眞　1989『中世東大寺の組織と経営』「中世東大寺の再建活動」塙書房、初出 1980

永村　眞　2000a『中世寺院史料論』「寺院史料の生成と機能」吉川弘文館

永村　眞　2000b『中世寺院史料論』「表白・自謙句・番句」吉川弘文館、初出 1998
名兒耶明　1978『平安藤原朝隆中尊寺供養願文(模本)・南北朝北畠顕家中尊寺供養願文(模本)』二玄社
七海雅人　2002「鎌倉幕府と奥州」柳原敏昭・飯村均編『鎌倉・室町時代の奥州』高志書院
七海雅人　2005「鎌倉・南北朝時代の松島」入間田宣夫編『東北中世史の研究　下巻』高志書院
奈良文化財研究所　2009『東アジアにおける理想郷と庭園』
仁木　宏　2011「日本中世における『山の寺』研究の意義と方法」日本遺跡学会『遺跡学研究』8 号
仁木　宏　2015「宗教一揆」『岩波講座日本歴史　第 9 巻中世 4』岩波書店
西口順子　1987『女の力－古代女性と仏教－』平凡社
西口順子　2004『平安時代の寺院と民衆』「いわゆる『国衙の寺』」法蔵館、初出 1981
仁和寺紺表紙小双紙研究会　1995『守覚法親王の儀礼世界－仁和寺蔵紺表紙小双紙の研究－基幹法会解題・付録資料集：論考・索引篇』勉誠社
布谷陽子　2005「承久の乱後の王家と後鳥羽追善仏事」羽下徳彦編『中世の地域と宗教』吉川弘文館
野口　実　1977「秀郷流藤原氏の基礎的考察」『古代文化』29 巻 7 号
野口　実　1988「相撲人と武士」中世東国史研究会編『中世東国史の研究』東京大学出版会
野田泰三　1995「東山殿足利義政の政治的位置をめぐって」『日本史研究』399 号
野中哲照　2014a『後三年記の成立』「『奥州後三年記』の成立圏」汲古書院、初出 1995
野中哲照　2014b『後三年記の成立』「『奥州後三年記』の成立年次」汲古書院、初出 1995
野中哲照　2014c『後三年記の成立』「『後三年記』と『中尊寺供養願文』との共通位相」汲古書院
野中哲照　2015a『後三年記詳注』「注釈篇『後三年記』詳注」汲古書院、初出 1994
野中哲照　2015b『後三年記詳注』「『奥州後三年記』欠失部の表現」汲古書院、初出 1996
野中哲照　2017『陸奥話記の成立』「前九年合戦の物語と『後三年記』の影響関係」汲古書院、初出 1997
野本覚成　2014「叡山文庫蔵『妙法蓮華経』版本現況と藤原基衡経」『叡山学院研究紀要』36 号
野本覚成　2015「基衡経千部『妙法蓮華経』の写経速度について」『叡山学院研究紀要』37 号
羽柴直人　2002「平泉の道路と都市構造の変遷」入間田宣夫・本澤慎輔編『平泉の世界』高志書院
羽柴直人　2014『比爪－もう一つの平泉－』岩手県立博物館
羽柴直人　2016「奥州藤原氏時代の北奥への交通路」『歴史評論』795 号
パスカル・グリオレ　2012「文字の呪力と予言をめぐって－扁額を中心に」『アジア遊学』159 号
林屋辰三郎　1953『中世文化の基調』「仏師雲慶について」東京大学出版会
濱島正士　1984「多宝塔の初期形態について」川勝賢亮編『多宝塔と法華経思想』東京堂出版
浜田　隆　1971「金光明最勝王経金字宝塔曼荼羅図」藤島亥治郎監修『中尊寺』河出書房新社
速水　侑　1975a『平安貴族社会と仏教』「光明真言と平安浄土教」吉川弘文館
速水　侑　1975b『平安貴族社会と仏教』「貴族社会と秘密修法」吉川弘文館
原田正俊　1998a『日本中世の禅宗と社会』「禅宗の地域展開と神祇－紀伊半島・臨済宗法燈派を中心に－」吉川弘文館、初出 1991
原田正俊　1998b『日本中世の禅宗と社会』「中世後期の国家と仏教」吉川弘文館、初出 1997
原田正俊　1998c『日本中世の禅宗と社会』「中世禅林の法と組織－禅宗寺院法と公界の基礎的考察－」吉川弘文館、初出 1984
原田正俊　2007「中世仏教再編成期としての 14 世紀」『日本史研究』540 号
繁田信一　2011「御霊会の平安時代中期における実相－御霊信仰をめぐる常識を見直すための予備的考察－」神奈川大学大学院歴史民俗学研究科『歴史民俗資料学研究』 16 号
樋口健太郎　2013「藤原忠実の追善仏事と怨霊」『日本歴史』787 号
樋口知志　2001「『陸奥話記』と安倍氏」『岩手史学研究』84 号
樋口知志　2011『前九年・後三年合戦と奥州藤原氏』「藤原清衡論」高志書院、初出 2008

肥後和男　1984「平安時代における怨霊の思想」柴田實編『御霊信仰』雄山閣出版社
永久岳水　1973『正法眼蔵の異本と伝播史の研究』中山書房仏書林
久野修義　2001「中世日本の寺院と戦争」歴史学研究会編『戦争と平和の中近世史』青木書店
日野顕正　1981「古代の宗教文化」『天童市史』上巻、天童市
平泉町教育委員会　2004『岩手県平泉町文化財調査報告書第 89 集(西光寺跡第 2 次発掘調査報告)』
平泉町教育委員会　2010『特別史跡無量光院跡発掘調査報告書Ⅵ』
平泉町教育委員会　2011『特別史跡無量光院跡発掘調査報告書Ⅶ』
平泉町教育委員会　2012『特別史跡無量光院跡発掘調査報告書Ⅷ』
平泉町教育委員会　2015『岩手県平泉町文化財調査報告書第 124 集(西光寺跡第 9 次発掘調査報告)』
平岡定海　1974「平安時代における弥勒浄土思想の展開」宮田登編『民衆宗教史叢書　第 8 巻弥勒信仰』雄山閣出版
平川　南　1980『名取新宮寺一切経調査報告書』「解説篇」東北歴史資料館
広瀬良弘　1988a『禅宗地方展開史の研究』「禅僧と戦国社会－東国に活動した禅僧達を中心として－」吉川弘文館、初出 1978
広瀬良弘　1988b『禅宗地方展開史の研究』「曹洞宗発展の形態と要因」吉川弘文館、初出 1978
広瀬良弘　1988c『禅宗地方展開史の研究』「『正法眼蔵』の謄写と伝播」吉川弘文館、初出 1982
広瀬良弘　1988d『禅宗地方展開史の研究』「曹洞禅僧における神人化度・悪霊鎮圧」吉川弘文館、初出 1983
広瀬良弘　1988e『禅宗地方展開史の研究』「越中における曹洞宗の展開－大徹門派の展開を中心に－」吉川弘文館、初出 1984
広瀬良弘　2000「長者・戦国大名と曹洞禅の展開」『戦国史研究』40 号
藤井　学　2002『法華文化の展開』法蔵館
藤木久志　1989「荘園の歳時記」『週刊朝日百科　日本の歴史・別冊　歴史の読み方 9　年中行事と民俗』朝日新聞社
藤木久志　1995『雑兵たちの戦場－中世の傭兵と奴隷狩り－』朝日新聞社
藤木久志　1996「飢饉と戦争からみた一向一揆」『講座蓮如　第 1 巻』平凡社
藤島亥治郎　1995『平泉建築文化研究』吉川弘文館
藤原正己　2000「『平家物語』の＜音＞の風景－『祇園精舎の鐘の声』をめぐって－」日野照正頌寿記念『歴史と佛教の論集』自照社出版
古谷紋子　2013「平安前期の牛車と官人統制」『日本歴史』783 号
文化財保護委員会　1959『埋蔵文化財発掘調査報告』第 3「無量光院跡」
保立道久　1986『中世の愛と従属－絵巻の中の肉体－』平凡社
保立道久　2004a『義経の登場－王権論の視座から－』日本放送出版協会
保立道久　2004b『黄金国家－東アジアと平安日本－』青木書店
堀　裕　　1997「護持僧と天皇」大山喬平教授退官記念会編『日本国家の史的特質　古代・中世』思文閣出版
本願寺史料研究所　1998『図録　蓮如上人余芳』「蓮如上人自署花押集」本願寺出版社
誉田慶恩　1977a『東国在家の研究』「在家と一向衆」法政大学出版局、初出 1954・55
誉田慶恩　1977b『東国在家の研究』「在家諸役の崩壊」法政大学出版局、初出 1973
本多正道　2000「実如と西国九州門徒の動向－新出史料をめぐる諸問題－」同朋大学仏教文化研究所『同朋大学仏教文化研究所研究叢書Ⅳ　実如判五帖御文の研究　研究篇下』法蔵館
誉田慶信　1992「安倍氏・清原氏・藤原氏」今泉隆雄他編『新版古代の日本　東北・北海道』角川書店
誉田慶信　1993「藤原泰衡」『歴史読本』38 巻 11 号
誉田慶信　1995「立石寺」網野善彦・石井進編『中世の風景を読む 第 1 巻 蝦夷の世界と北方交易』

誉田慶信　2000a『中世奥羽の民衆と宗教』「国衙在庁官人と起請文」吉川弘文館、初出 1978
誉田慶信　2000b『中世奥羽の民衆と宗教』「国家辺境の守護神」吉川弘文館、初出 1983
誉田慶信　2000c『中世奥羽の民衆と宗教』「都鄙往来のなかの一宮祭礼」吉川弘文館、初出 1986
誉田慶信　2000d『中世奥羽の民衆と宗教』「中世民衆神学の視座」吉川弘文館、初出 1994
誉田慶信　2000e『中世奥羽の民衆と宗教』「北方史のなかの中世羽黒山」吉川弘文館、初出 1995
誉田慶信　2000f『中世奥羽の民衆と宗教』「蓮如本願寺教団の蝦夷・北奥布教」吉川弘文館、初出 1999
誉田慶信　2000g『中世奥羽の民衆と宗教』「戦国期奥羽の本願寺教団－移住・浪人・往来の視座から」吉川弘文館
誉田慶信　2002「中世後期出羽の宗教」伊藤清郎・誉田慶信編『中世出羽の宗教と民衆』高志書院
誉田慶信　2005a「二つの法難コンテクスト」羽下徳彦編『中世の地域と宗教』吉川弘文館
誉田慶信　2005b「『法難史』のなかの親鸞と蓮如」入間田宣夫編『東北中世史の研究　下巻』高志書院
誉田慶信　2006「戦国期奥羽本願寺教団法物考」細井計編『東北史を読みなおす』吉川弘文館
誉田慶信　2008「平泉・宗教の系譜－仏教都市建設の根底にあるもの」『季刊東北学』16 号
誉田慶信　2009「中世成立期奥羽宗教世界の一断面－頭・護持僧・達谷窟－」東北学院大学中世史研究会『六軒丁中世史研究』14 号
誉田慶信　2010「平泉・宗教の系譜」入間田宣夫編『兵たちの極楽浄土』高志書院
誉田慶信　2012「戦国期村山地方の本願寺教団を再考する」『山形史学研究』41・42 合併号
誉田慶信　2013a「日本中世仏教のなかの平泉」『平泉文化研究年報』13 号
誉田慶信　2013b「平泉造園思想に見る仏教的要素－平泉庭園と仏会－」藪敏裕編『平泉文化の国際性と地域性』汲古書院
誉田慶信　2014a「平泉仏教の歴史的性格に関する文献資料学的考察」『平泉文化研究年報』14 号
誉田慶信　2014b「白河院政期の出羽守と『都の武士』」伊藤清郎編『最上氏と出羽の歴史』高志書院
誉田慶信　2014c「金聖人霊社について」『平成 25 年度骨寺村荘園遺跡村落調査研究概報』一関市博物館
誉田慶信　2015a「院政期平泉の仏会と表象に関する歴史学的研究」『平泉文化研究年報』15 号
誉田慶信　2015b「中世骨寺村荘園の信仰世界－山王岩屋と金聖人霊社を中心に－」『平成 26 年度骨寺村荘園遺跡村落調査研究報告書』一関市博物館
誉田慶信　2016「平泉藤原氏と仏会」『岩手県立大学盛岡短期大学部研究論集』18 号
前川佳代　2008「『苑池都市』平泉－浄土世界の具現化－」『平泉文化研究年報』8 号
前川佳代　2016「平泉の都市生活－都市と祭礼」『平泉文化研究年報』16 号
前川佳代　2018「庭園文化にみる京都と平泉－御室地域と毛越寺－」京都女子大学宗教・文化研究所『研究紀要』31 号
政次　浩　2006「東北の熊野信仰と出羽三山信仰についての覚書」『熊野信仰と東北』「熊野信仰と東北展」実行委員会
松井吉昭　1991「陸奥国骨寺村絵図」荘園絵図研究会編『絵引荘園絵図』東京堂出版
松尾剛次　1988『鎌倉新仏教の成立』吉川弘文館
松尾剛次　1995『勧進と破戒の中世史』「勧進の体制化と中世律僧－鎌倉後期から南北朝期を中心に－」吉川弘文館、初出 1982
松尾剛次　1999「立石寺絵図に見える『阿所川院』」『山形県地域史研究』24 号
松尾剛次　2016「鎌倉祈祷所再考－禅・律寺に注目して－」『日本仏教綜合研究』14 号
松薗　斉　1997『日記の家』吉川弘文館
丸山　仁　2006a『院政期の王家と御願寺』「院政期における洛南鳥羽と洛東白河」高志書院、初出 1998

引用文献一覧

丸山　仁　2006b『院政期の王家と御願寺』「平泉藤原氏と鎮護国家大伽藍一区」高志書院、初出2001
三浦圭介　2005「平安後期の北奥世界」『東アジアの古代文化』125 号
三浦圭介　2006「北奥の巨大防御性集落と交易・官衙類似遺跡」『歴史評論』678 号
美川　圭　1996『院政の研究』「公卿議定制から見る院制の成立」臨川書店、初出 1986
宮崎円遵　1987『宮崎円遵著作集　第 4 巻　真宗史の研究(上)』「尊号から尊像へ」永田文昌堂、初出 1963
宮崎克則　1995『大名権力と走り者の研究』校倉書房
宮崎康充　1991『国司補任』第五巻　続群書類従完成会
宮島敬一　1996『戦国期社会の形成と展開－浅井・六角氏と地域社会－』吉川弘文館
宮田　登　1979『神の民俗誌』岩波書店
村上　學　1997「縁起に見る蓮如上人」『講座蓮如　第 2 巻』平凡社
村山修一　1984「祇園社の御霊神的発展」柴田實編『御霊信仰』雄山閣出版
村山修一　1996『天神御霊信仰』「御霊のルーツと官祭御霊会前後の風潮」塙書房
目時和哉　2007「伝『中尊寺供養願文』再考」東北学院大学中世史研究会『六軒丁中世史研究』12 号
元木泰雄　1996a『院政期政治史研究』「院政期における大国受領－播磨守と伊予守－」思文閣出版、初出 1986
元木泰雄　1996b『院政期政治史研究』「後白河院と平氏」思文閣出版、初出 1992
元木泰雄　2011『河内源氏－頼朝を生んだ武士本流－』中央公論社
本中　眞　1994『日本古代の庭園と景観』「浄土庭園」吉川弘文館
森　毅　1989『修験道霞職の史的研究』名著出版
盛岡市仏教会編　1995『盛岡の寺院』盛岡市仏教会
八重樫忠郎　2013「平泉・毛越寺境内の新知見」橋口定志編『中世社会への視角』高志書院
八重樫忠郎　2015『北のつわものの都　平泉』新泉社
柳澤　孝　1967「高尾曼茶羅の白描本」『高尾曼茶羅の研究』吉川弘文館
柳田圀男　1969「人を神に祀る風習」『定本柳田圀男集　第十巻』初出 1926
柳原敏昭　2007「『寺塔已下注文』の新解釈をめぐって」入間田宣夫編『平泉・衣川と京・福原』高志書院
山形県立博物館友の会　2013『第 5 回共同企画展　私たちのたからもの－山形城下絵図－』
山形市史編纂委員会　1973『山形市史』上巻、495 頁
山形市教育委員会　2005『山形県山形市埋蔵文化財調査報告書第 24 集　双葉町遺跡』
山岸常人　1990『中世寺院社会と仏堂』「内陣・礼堂・後戸・局」塙書房、初出 1986・89
山岸常人　2001「日本の塔の形式と意味」『朝日百科　国宝と歴史の旅』下巻、朝日新聞社
山口昭彦　2001「史料採訪調査概要」(2) 真宗大谷派大聖寺教区教化委員会『大聖』9 号
山口博之　2017a『中世奥羽の墓と霊場』「首が護る城」高志書院、初出 1999
山口博之　2017b『中世奥羽の墓と霊場』「中世奥羽の霊場」高志書院、初出 2015
山下信一郎　2011「儀式の場としての庭園－内裏花宴及び行幸儀礼からみた－」奈良文化財研究所『平安時代庭園の研究－古代庭園研究Ⅱ－』
山田雄司　2001『崇徳院怨霊の研究』「崇徳院怨霊の鎮魂」思文閣出版
山田雄司　2007『跋扈する怨霊－祟りと鎮魂の日本史－』吉川弘文館
山寺峯の裏地区文化財調査会－茨木光裕・佐藤正一・川崎利夫　2011「山寺峯の裏地区本院遺跡の第 1 次発掘調査報告」『さあべい』27 号
藪敏裕・劉海宇　2011「古代中国と平泉庭園」『平泉文化研究年報』11 号
山本真吾　2006『平安鎌倉時代に於ける表白・願文の文体の研究』「表白・願文の定義」汲古書院、初出 1999

山本信吉　1971「中尊寺経」藤島亥治郎監修『中尊寺』河出書房新社
湯浅治久　2009『戦国仏教－中世社会と日蓮宗－』中央公論出版
湯浅治久　2015「戦国仏教」歴史科学協議会編『歴史の「常識」を読む』東京大学出版会
湯浅治久　2016「東国仏教諸派の展開と十四世紀の位相－律宗・禅宗・日蓮宗－」中島圭一編『十四世紀の歴史学』高志書院
湯之上隆　2001a『日本中世の政治権力と仏教』「護持僧の成立と歴史的背景」思文閣出版、初出1981
湯之上隆　2001b『日本中世の政治権力と仏教』「中世廻国聖と『社寺交名』」思文閣出版、初出1986
横内裕人　2008a『日本中世の仏教と東アジア』「仁和寺御室考－中世前期における院権力と真言密教－」塙書房、初出1996
横内裕人　2008b『日本中世の仏教と東アジア』「自己認識としての顕密体制と『東アジア』」塙書房、初出2006
横山昭男　1998「近世都市山形の成立と最上義光」山形郷土史研究協議会『研究資料集』20号
横山昭男　2013「近世城下町山形の成立と最上義光」『放送大学公開シンポジューム・講演会関連報告書　最上義光を考える小論集』
横山和弘　2002「法親王制成立過程試論－仁和寺御室覚行法親王をめぐって－」『仁和寺研究』3号
義江彰夫　1991「都市平泉の構成と発展－柳の御所発掘に寄せて－」『歴史手帖』19巻7号
義江彰夫　2006「王朝国家と武士の成長－神仏信仰との関わりから」義江彰夫・入間田宣夫・斉藤利男編著『十和田湖が語る古代北奥の謎』校倉書房
芳澤　元　2016「宗教勢力としての中世禅林」『歴史評論』797号
吉田一彦・脊古真哉　1997「本願寺順如裏書の方便法身尊像(2)」『名古屋市立女子短期大学研究紀要』57号
吉田一彦　2000「実如の継職と初期の実如裏書方便法身尊像」同朋大学仏教文化研究所『同朋大学仏教文化研究所研究叢書Ⅳ　実如判五帖御文の研究　研究篇下』法蔵館
吉田一彦・脊古真哉・小島惠昭　2000「本願寺蓮如裏書の方便法身尊像(一)」『名古屋市立大学人文社会科学部研究紀要』8号
吉田一彦・脊古真哉・小島惠昭　2000 同朋大学仏教文化研究所『同朋大学仏教文化研究所研究叢書Ⅶ　蓮如方便法身尊像の研究』法蔵館
吉田一彦　2003「日本仏教史上の蓮如の位置」同朋大学仏教文化研究所『同朋大学仏教文化研究所研究叢書Ⅶ　蓮如方便法身尊像の研究』法蔵館
吉田敏弘　2008『絵図と景観が語る骨寺村の歴史－中世の風景が残る村とその魅力－』本の森
劉海宇　2018「中尊寺供養願文写本の基礎的研究－書の視点から－」『岩手大学平泉文化研究センター年報』6集
脇田晴子　1992『日本中世女性史の研究－性別役割分担と母性・家政・性愛－』「母性尊重思想と罪業観－中世の文芸を中心に－」東京大学出版会
和田　学　2016「日本海交易と能登七尾」中世都市研究会編『日本海交易と都市』山川出版社
渡部正俊　2001「石堂氏小考」小林清治編『中世南奥の地域権力と社会』岩田書院
綿貫友子　2015「人と物の交流」白根靖大編『室町幕府と東北の国人』吉川弘文館

【著者略歴】
誉田 慶信（ほんだ よしのぶ）
1950 年、山形県生まれ
1976 年、東北大学大学院文学研究科博士課前期を修了
博士（文学）
2016 年、岩手県立大学盛岡短期大学部を定年退職
現在、岩手県立大学盛岡短期大学部名誉教授、岩手大学平泉文化研究センター客員教授

主な著書・論文
『中世奥羽の民衆と宗教』吉川弘文館、「中世後期出羽の宗教」伊藤清郎・誉田慶信編『中世出羽の宗教と民衆』高志書院、「戦国期奥羽本願寺教団法物考」細井計編『東北史を読み直す』吉川弘文館、「平泉・宗教の系譜」入間田宣夫編『兵たちの極楽浄土』高志書院、「平泉造園思想に見る仏教的要素－平泉庭園と仏会－」藪敏裕編『平泉文化の国際性と地域性』汲古書院

東北中世史叢書 4
中世奥羽の仏教

2018 年 5 月 25 日第 1 刷発行

著　者　誉田 慶信
発行者　濱　久年
発行所　高志書院

〒101-0051 東京都千代田区神田神保町 2-28-201
TEL03 (5275) 5591　FAX03 (5275) 5592
振替口座　00140-5-170436
http://www.koshi-s.jp

印刷・製本／亜細亜印刷株式会社

ISBN978-4-86215-180-3